KB240140

상생과 공영의 동아시아 질서:
공동의 비전을 향하여
〔제1권〕

| 일러두기

I. 이 책의 외국인 집필진들의 한글 번역 성명 표기는 다음과 같은 기준으로 구분하였다.

  1. 일본과 중국의 필자들은 통상 성(姓)을 앞에, 이름을 다음에 쓰는 용례(用例)에 따라 한글 표기는 성(姓), 이름 순으로 쓴다. 괄호 안의 영문표기도 성을 앞에, 이름을 뒤에 쓴다. 이 경우 영문 성은 전체를 대문자로 표기하였다.

    예) 일본 → 와다 하루키(WADA Haruki), 가와이 마사히로(KAWAI Masahiro)
        중국 → 장윈링(ZHANG Yunling), 리 다오쿠이(LI Daokui)

  2. 미국, 호주 등 서구의 필자들은 이름을 앞에 쓰고 성(姓)을 뒤에 쓴다. 괄호 안의 영문표기도 같은 순서로 쓰며, 성은 대문자로 표기하였다.

    예) 도널드 그렉(Donald GREGG), 존 하워드(John HOWARD)
        가레긴 토스니안(Garegin TOSUNYAN)

II. 이 책의 국내외 필자들의 소속 및 직책은 본 국제회의의 개최시점(2009년 8월)과 이 책 발행 시점 사이의 기간 차이 때문에 일부 필자들의 경우 변경이 있을 수 있는 바, 기본적으로는 국제회의 개최 당시의 직책과 직위를 기준으로 명기하였다.

상생과 공영의 동아시아 질서:
공동의 비전을 향하여
〔제1권〕

동아시아재단 · 제주평화연구원 편

Shaping New Regional Governance in East Asia:

A Common Vision for Mutual Benefit and Common Prosperity

[Volume I]

Edited by

East Asia Foundation • Jeju Peace Institute

ORUEM Publishing House
Seoul, Korea
2010

발간사

평화는 인류의 꿈입니다. 지구상에 역사가 기록된 이래 전쟁이 없었던 날이 손에 꼽을 정도라는 사실만 봐도 그렇습니다.

우리에게도 평화는 몸에 맞지 않는 옷처럼 여겨졌던 적이 있습니다. 오랜 시간 제주 4·3은 금기된 역사였습니다. 섬이라는 특성은 가혹한 출륙금지령처럼 제주의 평화와 번영에 걸림돌이 되기도 하였습니다.

그러나 겨우 10년 사이에 상황은 크게 달라졌습니다. 직접적으로 2000년 제주 4·3특별법 공포와 2001년 제1회 제주평화포럼 개최는 제주가 가야 할 새로운 길을 제시하였습니다. 제주 4·3은 화해와 상생의 기회로, 제주평화포럼은 '평화의 섬 제주'에 불을 지피는 역할을 했던 것입니다.

이제 제주는 세계 평화의 섬입니다. 대한민국 정부도 이를 공식 선포하였습니다. 그리고 지난 다섯 차례의 제주평화포럼을 통해 우리 제주는 평화를 갈망하는 세계 지도자들이 진지한 대화와 이해의 폭을 넓히는 소중한 무대로 발돋움하고 있다고 자부합니다.

특히 제5회 제주평화포럼은 평화의 섬 제주를 더욱 주목하는 계기가 되었습니다. 세계 담론 차원에서 평화와 안보 의제를 논의할 수 있는 깊이와 비전 제시능력을 보여줬기 때문입니다. 무엇보다 제5회 포럼에서는 "상생과 공영의 동아시아의 질서"라는 대주제로 동북아에 국한되지 않은 보다 폭넓은 국제적인 협력의 가능성을 열었다는 점에서 그 뜻이 각별합니다. 그리고 인류의 꿈인 평화가 우리 곁에 한발 더 다가오는 데 기여했다고 생각합니다.

「제5회 제주평화포럼 결과물」은 우리의 노력에 대한 결실인 동시에, 앞으로 제주가 평화의 섬으로서 한반도 평화정착과 세계평화의 중심지로 한 단계 올라서는 차원에서 발간하게 되었습니다. 평화는 신뢰와 정비례하다고 합니다. 제주평화포럼이 보다 높은 영향력을 발휘하기 위해서라도 신뢰받을 수 있는 평화사업을 지속적으로 추진해야 합니다.

제5회 제주평화포럼이 성공적으로 개최되는 데에는 제주특별자치도뿐만 아니라 국제평화재단, 그리고 동아시아재단의 지원이 매우 중요했습니다. 아울러 회의를 조직한 제주평화연구원과 외교통상부, 국토해양부, 국제교류재단, 동북아역사재단, 제주국제자유도시개발센터, 대통령직속 미래기획위원회, 제주대학교와 제주발전연구원 등의 기관이 후원해주셨습니다. 대단히 감사합니다. 또한 본 책자를 발간하는 데 기여하신 동아시아재단의 관계자 여러분들께도 심심한 감사의 마음을 전합니다.

도민 여러분과 제주를 사랑하시는 모든 분들께 평화의 섬 제주에 변함없는 관심과 성원을 부탁드립니다.

감사합니다.

2010년 4월
제5회 제주평화포럼 조직위원장
제주특별자치도 도지사 김태환

차 례

상생과 공영의 동아시아 질서
공동의 비전을 향하여
〔제1권〕

제10부 동아시아 평화체제 건설   361

차 례

상생과 공영의 동아시아 질서
공동의 비전을 향하여
〔제2권〕

제6부 국제화시대의 한국 교육: 제주 영어도시 사례 연구

제7부 동아시아의 금융시장 발전과 제주 국제금융센터

제8부 '글로벌 코리아' 브랜드: 국제적 맥락 속의 국가 전략

세계 지도자의 동아시아 상생과 공영에 대한 비전

환영사

김세원
국제평화재단 이사장

제주특별자치도 및 동아시아재단이 함께 주최하는 제5회 제주평화포럼에 참석하신 모든 분들을 환영합니다. 특히 휴가 시즌 중에 바쁜 일정에도 불구하고 자리를 빛내주신 모든 참석자분들께 이번 제주평화포럼의 공동주최 기관인 국제평화재단을 대표해서 진심으로 감사의 말씀을 전하고 싶습니다. 이번 제5회 제주평화포럼의 주제는 "상생과 공영의 동아시아 질서: 공동의 비전을 향하여"입니다. 이미 아시겠지만 동아시아가 바로 올해 회의의 주제입니다. 제주평화포럼에서는 지금까지 동북아 지역과 관련된 중요한 주제들이 논의되어 왔고, 이제는 이전 회의들에서 성공적으로 다루어진 부분들을 토대로 동아시아의 평화와 번영을 향한 새로운 관점을 가지고 회의의 범위를 넓힐 때입니다.

올해 포럼은 한국의 새 정부 출범 이래 갖는 첫 번째 회의입니다. 우리 정부는 출범 이후 국내적으로는 과감한 개혁을 수행해 왔고 국제적으로는 한국의 향상된 국제적 지위에 상응하는 적극적인 외교정책을 펼쳐왔습니다.

2009년 6월 1~2일에 제주도에서 열렸던 아세안과 한국의 특별정상회담은 한국 정부에 의해 추진되는 "신아시아 구상"을 이행하는 첫걸음이었습니다. 이 회담에서 동아시아의 비즈니스 주체들 사이에 전략적 협력에 대한 합의가 있었는데 이는 무역, 투자, 문화와 관광, 녹색성장이 포함된 영역에서 상호 협력을 위한 노력을 가능하게 할 것입니다. 상품과 서비스, 투자를 교환하게 되는 아세안-한국 간의 FTA는 이러한 구상을 강력하게 지원할 것이며 특히 강화된 경제협력을 통한 평화와 번영을 위한 새로운 비전은 동아시아 공동체 형성에 기여할 것입니다. 국제사회에서 긴밀한 협력이 이 목표를 수행하는 데 중요한 역할을 할 것이라는 데에는 의문의 여지가 없으며 이것이 바로 이번 제주평화포럼의 기본 전제입니다.

이번 제5회 제주평화포럼에서는 이러한 필요성에 의해서 보다 더 일관된 형태로 다양한 주제들이 논의될 것입니다. 물론 우리는 동아시아 평화의 안정화에 방해가 되는 요인을 분석하기 위해 전통적인 안보 주제들도 여전히 심도 있게 다룰 것이며 제주 프로세스를 통한 다자 안보레짐을 제도화함으로써 이러한 문제들을 위한 해법을 찾고자 할 것입니다. 이러한 전통적인 주제들과 함께, 변화하는 국내외적 환경을 반영하는 새로운 논제들 역시 각각의 세션에서 논의될 것입니다. 특히 현재의 경제위기를 맞아 외적인 발전 전략을 모색하고 있는 동아시아는 국제금융 영역에서의 새로운 질서와 자유무역의 레짐의 재확립을 필요로 합니다. 또한 참석자들로부터 "새로운 성장 동력 산업", "휴먼 뉴딜"과 "국가 브랜드"와 같은 한국의 새로운 국가적 발전 전략에 대한 건설적 평가와 의견을 기대합니다.

훌륭한 학자들과 전문가들뿐만 아니라 세계적인 정치, 외교, 언론 분야의 지도자들이 이번 3일 동안 의견을 공유해주실 것입니다. 저는 이런 생생한 토론을 통해서 이번 제5회 제주평화포럼이 동아시아의 평화와 번영을 위해 건설적인 제언을 이루어 낼 수 있기를 진심으로 바랍니다.

마지막으로 후원기관과 주최기관, 제주평화연구원을 포함하여 이번 포럼을 위해 애써주신 분들께 감사의 말씀을 전하며 제 환영사를 마무리하고자 합니다. 여러분의 관심과 성원에 다시 한번 깊이 감사드립니다.

새로운 동아시아 질서의 건설:
상호 이익과 공동 번영의 비전

한승수
대한민국 국무총리

이 자리에 초대해 주신 제주특별자치도와 제주평화연구원, 그리고 동아시아재단의 관계자 여러분께 감사의 말씀을 드립니다. 또한 모든 참석자들과, 특히 포럼에 참석하기 위해 멀리 외국에서 오신 귀빈 여러분께 진심으로 감사드립니다.

제주도는 공동의 이익과 번영을 위한 심도 있는 논의를 할 수 있는 이상적인 장소입니다. 이는 제주도의 수려한 자연경관과 날씨, 맛있는 지역 음식 때문만은 아닙니다. 오히려 다음의 두 가지 이유에서 제주도는 평화에 대해서 생각해볼 수 있는 최적의 장소입니다.

첫째, 제주도는 2005년에 세계 평화의 섬으로 지정되었습니다. 이곳은 일반인과 전문가들이 모두 모여 "적극적인 평화를 실행하기 위한 문화적, 사회적, 정치적 제도"를 마련하기 위해 노력하는 공간입니다. 적극적인 평화는 단순히 전쟁의 부재를 뜻하는 것이 아니라 영속적인 평화와 안정을 실현시키기 위해 지속적인 노력을 경주하는 것이며 인간의 권리를 보호하고 사회의 정의를 구현하는 상태를 의미합니다.

둘째, 제주는 현대 한반도 역사에 중요한 분기점이 되었던 역사적인 정상회의가 개최되기도 하였습니다. 일찍이 1991년 한-소 정상회담은 양국의 화해 분위기를 조성하는 데 큰 역할을 하였습니다. 또한 아시아 지역협력의 새 장을 열게 된 한-아세안 특별정상회의 역시 올해 6월에 이곳 제주에서 열렸습니다. 이번 포럼이 제주도가 동아시아 공동 비전과 세계 평화를 위한 중심점의 역할을 하는 또 다른 도약의 장소가 되기를 기대합니다.

상생과 공영의 동아시아지역 질서에 관한 공동비전을 말씀드리기에 앞서 21세기 동아시아가 조우하는 국제환경을 간략하게 살펴보고자 합니다.

글로벌 시대를 맞으며 우리는 상호의존과 협력의 시대를 살게 되었습니다. 인적·물적 교류가 급속히 증대되는 국제환경 속에서 더 이상 특정 집단의 이익에만 매몰되어 있을 수는 없습니다. 제로-섬 패러다임은 현대 국제관계에서 더 이상 유효하지 않습니다. 21세기의 도전과제를 이해하고 해결하기 위해서 우리는 함께 고민해야 하고, 함께 행동해야 합니다.

첫째, 미국의 금융위기는 전 세계로 확산되어 더욱 많은 사람들에게 큰 영향을 미치고 있습니다. 이러한 위기를 극복하는 과정에서 더 이상 미국의 힘만으로 해결책을 찾기는 어렵고 G20과 같은 국제 공조의 틀이 요구되고 있습니다. 지난 2년 동안 워싱턴과 런던에서 있었던 G20 정상회담에서는 산업국과 신흥국의 정상들이 모두 모여 국제 문제들에 대한 집단적 협력을 촉구한 바 있습니다.

둘째, 테러리즘, 기후변화, 대량파괴무기의 확산, 질병 등과 같은 비 전통 안보의 중요성이 증가하고 있다는 것도 주목해야 합니다. 이러한 위협은 국경과 지역에 제한되지 않는 초국가적 문제인 만큼 한 국가가 아닌 국제적 공조를 통해서만 효과적으로 대응할 수 있습니다. 세계화는 국제관계의 역학에서 근본적인 변화를 가져왔습니다. 시대에 뒤처진 제로-섬 게임의 방식을 고수할 것이 아니라 모두에게 이익을 주는 포지티브-섬 게임(positive-sum game) 시각에서 접근하는 지혜가 필요합니다. 이런 관점에서 특히 수십 년 동안 냉전으로 인한 적대감과 그 유산이 잔존하는 동아시아가 조화와 공존, 공동 번영을 위해 변화할 필요가 있습니다.

1970년대 이래 동아시아 내에서 ASEAN+3, 동아시아정상회의(EAS), 아세안 지역포럼(ARF), 한중일 정상회담 등과 같은 지역 협력을 위한 다양한 다자기구들이 창설되었습니다. 아직은 견고한 안보협력구도가 정착되지는 못했지만 올바른 방향성을 견지하고 있다는 점에서 이러한 노력들은 의미 있게 평가될 수 있을 것입니다. 특히 지난해 12월 후쿠오카에서 개최되었던 한중일 정상회담은 동북아 역사에 획기적인 것이었습니다. 이는 그동안 주요 지역적, 국제적 회담에서 주로 방관자적 입장을 취해 왔던 삼국 정상들의 유례없는 만남이었으며 여기에서 각국의 정상들은 회담의 정례화에 합의했는데, 이는 명실 공히 한중일 삼국 협력을 보다 높은 수준으로 끌어올릴 선구적인 사건이라고 말할 수 있습니다.

동아시아가 상생과 공영을 위한 새로운 비전을 가진 공동체로 거듭나기 위한 비전에 대해서 말씀드리도록 하겠습니다.

첫째, 우리 모두 '평화로운 동아시아'를 위해 함께 노력해야 합니다. 먼저 한반도와 동아시아의 평화에 가장 큰 위협 요인인 북핵 문제를 해결하고 한반도는 물론 동아시아 그리고 전 세계에 상존한 위협에 대처하기 위해서 공동의 지혜와 노력이 필요합니다. 이것은 6자 회담 당사국들의 노력을 통해서 해결되어야 하며 북한은 이에 부응하여 핵무기를 포기하고 국제사회의 질서에 동참하여야 합니다.

동아시아는 여전히 군사적으로 강하게 무장된 지역입니다. 2008년의 군사비 지출 통계를 보면 중국이 2위, 일본이 7위 그리고 한국이 11위를 차지하고 있습니다. 이처럼 군비규모 및 군사력 확장 측면에서 여전히 높은 수준의 긴장이 유지되고 있고 이러한 긴장과 불신이 지역 질서에 영향을 미쳐 왔습니다. 여기에 더하여 계속되는 영토 및 역사 갈등이 적대감을 부추기고 서로간의 불신을 조장하고 있습니다. 이를 해결하기 위한 외교적 노력이 특히 중요하며 특히 다자협력을 통한 문제 해결에 각별한 노력을 기울여야 합니다.

둘째, 동아시아와 세계의 미래를 위한 핵심적인 협력의 동력은 지속 가능한 발전과 녹색성장이라 할 수 있습니다. 20세기에는 환경에 대한 고려 없이 경제성장에만 집중하여 왔고 이는 화석연료에 대한 과도한 의존과 이에 기반한 양적 성장에만 치중하게 한 결과를 낳았습니다. 그러나 지금은 탄소 배출로 인한 심각한 환경 문제를 인식하고 지속가능한 발전에 대한 관심이 점차 높아지고 있습니다. 이를 해결하기 위해서 동아시아의 모든 국가들은 21세기는 환경친화적이고 지속가능한 발전전략을 모색해야 합니다. 이미 환경과 경제발전을 조화시키는 녹색성장전략 방안이 제안되기 시작하였습니다. 2008년 8월 15일 대한민국 건국 60주년을 맞이해서 이명박 대통령은 새로운 국가비전으로 '저탄소 녹색성장' 전략을 발표하였고 일본 정부는 지난 4월 '녹색 경제와 사회를 위한 혁신(Innovation of Green Economy and Society)'을 천명했습니다. 많은 에너지를 소비하고 있는 중국 역시 '자원 절약 사회 구상(Resource Saving Society Initiative)'과 '국가 기후변화 프로그램(National Climate Change Program)'을 발표했습니다. 한·중·일의 녹색성장은 본질적으로 동일선상에 있습니다. 즉, 3국이 서로 협력할 때 지속가능한 동아시아의 녹색통합을 위한 시너지 효과를 거둘 수 있을 것입니다.

저는 올해 5월 니케이 신문이 주최한 제15차 아시아 미래 국제회의에서의 기조연설을 통해서 녹색성장이 동북아시아 지역협력의 중요한 과제임을 강조하면서 동아시아 녹색성장 네트워크와 같은 형태로 대화와 협력의 장을 창설할 것을 제안하였습니다. 이러한 협력을 통해 3국의 정책 결정자와 전문가들이 함께 모여 녹색통합을 위한 논의를 할 수 있을 것입니다. 환경과 성장의 공존 가능성에 대한 모색은 동아시아뿐 아니라 전 세계에서 받아들여지고 있는 추세입니다. 2009년 6월 말 파리에서 열린 OECD 각료급 위원회에서도 '녹색'과 '성장'은 함께 갈 수 있다는 공감대를 형성하였고, 이에 기반하여 채택된 '녹색성장 선언(Declaration on Green Growth)'은 전 세계적으로 새로운 성장을 위한 패러다임으로 생각되고 있습니다.

셋째, 다자협력의 틀을 상호 이해와 공동의 번영을 위한 동아시아 공동체로 전환시켜야 할 필요가 있습니다. 이를 실현시키기 위해 모든 나라들이 구체적이고 안정된 협력 기제(機制)를 창조하기 위해 노력해야 합니다. 지난해 아시아 금융위기를 해결하기 위하여 제창된 치앙마이 이니셔티브는 다자협력의 성공적 사례이며 여기에서 한국 정부는 지도적인 역할을 수행했습니다. 지역 내 협력을 증진하는 이러한 구상들이 바로 동아시아 공영을 실행시킬 초석의 역할을 할 것입니다.

아시아의 괄목할 만한 발전에 비추어 볼 때 동아시아는 21세기를 선도하는 역할을 할 것이며, 동아시아의 다자협력은 전 세계에 미치는 파급효과가 클 것입니다. 게다가 공동 번영을 위한 동아시아의 비전은 전 세계의 공영과 번영을 위한 중요한 기반이 될 것입니다. 세계 최빈국에서 수십 년 만에 세계 14위의 경제대국으로 성장한 한국의 사례는 역사상 유례를 찾아보기 힘든 성공신화입니다. 이제 한국은 성공을 바탕으로 한국은 국제사회에 보다 적극적인 역할을 통해 공헌을 하고자 하며 특히 동아시아 공동의 비전을 위해 보다 적극적인 역할을 하고자 합니다.

한국의 비전을 구체화하기 위한 실천계획을 세 가지로 말씀드리겠습니다.

첫째, 한국은 적극적인 역할을 통해 역내 다자안보협력을 강화하고자 합니다. 특히 북한 핵문제의 평화적 해결은 한반도와 동아시아 안보를 위한 최우선의 과제입니다. 북한의 도발적인 언행에도 불구하고 한국 정부는 남북대화를 위해 지속적인 노력을 기울이고 있습니다. 원칙을 지키면서 남북한의 공동 번영을 위해 국제사회와 협력하면서 협력적 관계 수립을 위한 노력을 계속하고 있습니다.

저는 지역의 안보협력 강화에 공헌했던 유럽의 '헬싱키 프로세스'를 모델로 한 '제주 프로세스'가 동아시아의 다자안보협력체를 강화하는 데 중요한 역할을 할 것이라고 생각합니다. 제주 프로세스가 지속적인 대화를 통해서 국가 간의 역내 투명성을 제고하고 상호신뢰를 구축하는 다자협력의 장이 될 것이라는 것을 믿어 의심치 않습니다. 2007년 제4회 제주평화포럼에서는 제주평화선언을 채택하면서 제주 프로세스를 구체화시켰습니다. 제5회 제주평화포럼 역시 제주 프로세스를 강화하고 동아시아 다자협력의 견고한 초석을 다질 수 있는 계기를 마련할 것입니다.

둘째, 한국은 지속가능한 아시아라는 공동의 비전 아래 녹색성장을 위한 협력에 선도적 역할을 수행하고자 합니다. 특히 한국 정부는 지난 1월 이후로 새로운 국가 비전인 저탄소 녹색성장을 현실화하기 위해 노력해왔습니다. 녹색 뉴딜(Green New Deal)은 미래 성장을 위한 장기적인 정책비전과 일자리 창출을 위한 단기 경기부양책을 포괄하는 정책인데 일자리를 창출해 나가면서 동시에 저탄소 경제를 만들어가는 것을 말합니다. 우리 정부는 향후 4년간 50조를 투자하여 96만 개의 일자리를 창출할 것입니다. 일단 경제가 현재의 금융위기에서 벗어나면 녹색 뉴딜정책은 단계적으로 철수될 것이며 녹색성장만이 주요 경제 목표로 남아 있을 것입니다. 녹색성장 정책의 성공적인 수행을 위해서 우리 정부는 신성장 동력 17개 산업을 발표하였습니다. 이 중 6개 프로젝트는 녹색산업기술 분야에, 다른 6개 프로젝트는 최신기술 산업 분야에 그리고 나머지 5개는 고부가가치 기술 분야에 집중되어 있습니다. 우리 정부가 추진하는 10년 연동 계획을 포함한 녹색성장 5개년 계획은 사상 유례없는 시도입니다. 이 계획을 통해 다른 나라와 녹색성장의 경험을 공유함으로써 지속가능한 동아시아의 발전을 가능하게 할 것입니다.

이러한 시도는 지난 5월 서울에서 개최된 동아시아 기후 포럼에서 채택된 '동아시아 저탄소 녹색성장을 위한 서울 구상(Seoul Initiative for Low Carbon Green Growth of East Asia)'에 잘 나타나 있습니다. 우리 정부는 '동아시아 기후 파트너십(East Asia Climate Partnership)'을 출범시키며 향후 5년에 걸쳐 2억 달러의 기금 프로젝트를 통해 동아시아 기후관련 협력을 추진하기로 했습니다. 이러한 저탄소 녹색성장 정책의 공유를 통해서 동아시아 국가들이 국제사회에서 녹색 선구자가 되어 가치 있는 결과를 생산해 낼 것을 기대합니다.

끝으로, 한국이 동아시아 번영을 위한 공동비전을 실현하기 위한 제3의 행동 계획을 수립할 것을 제안하고 싶습니다. 이를 위해 포괄적인 동아시아 협력을 강화하기 위한 외교적 노력이 필수적으로 요구되며 이는 한국 외교 정책의 주요 정책목표 중 하나이기도 합니다. 우리 정부는 세계 평화와 번영에 공헌하기 위해 '글로벌 코리아(Global Korea)'를 기치로 하는 외교정책을 펼치고 있습니다. 우리는 또한 한국이 국제적으로 존경받는 선진국이 되기 위해 '창조적이고 실용적인' 외교정책을 추구하고 있습니다.

다시 말해, 한국은 한반도를 넘어서는 외교정책을 구상하고 국제사회와의 교류와 협력을 증진하기 위해 노력하고 있습니다. 세계와의 실질적 교류의 증대는 글로벌 코리아를 달성하는 데 중요한 초석이 될 것입니다. 우리정부는 동아시아 공동의 번영을 위한 구체적 정책을 수립하면서 다른 아시아 국가들과의 협력을 증진하기 위해 '신아시아 구상(New Asia Initiative)'을 천명했으며, 이를 통해 2015년까지 공적 개발원조를 증액하여 아시아 개도국과 경제성장의 경험을 공유할 것입니다. 동시에 우리정부는 구체적인 경제 조건들을 충족하기 위한 맞춤형 계획들을 실행하고 FTA관계를 확장함으로써 다른 아시아 국가들과의 실질적인 경제 협력 강화를 계속해 나갈 것입니다. 한국은 아시아 국가들과 포괄적 협력을 강화함으로써 글로벌 코리아의 목표를 달성하고 동아시아의 새로운 질서를 형성하는 데 일조할 것입니다. 한국의 실천 계획이 다른 동아시아 국가들로 하여금 공동 번영을 달성하기 위한 계획을 수립하고 실천해 나가는 데 일조할 수 있기를 바랍니다.

경영 용어 중에 '패러독스 경영(Paradox management)'이라는 말이 있습니다. 이는 상호 이질적이며 때로는 상충되는 요소들을 하나의 조직에서 조화롭게 공존할 수 있도록 하는 경영 기법을 말합니다. 저는 이러한 역설적 경영이 평화롭고, 지속가능하며, 공영의 동아시아를 건설하는 데 필요하다고 생각합니다. 우리는 환경의 지속가능성과 경제적 가치, 군사력과 인권 등에 있어서 상충되는 가치들이 동아시아지역 내에서 조화를 이룰 수 있도록 하는 방법을 모색해야 합니다. 동아시아에서의 역설적 경영은 안보와 경제, 환경을 아우르는 다자협력을 통해 실현될 수 있습니다. 공동의 노력을 통해서 동아시아의 평화와, 지속가능한 발전을 위한 공동 비전을 이루어 낼 수 있을 것이며 글로벌 코리아는 동아시아 협력을 위해 신뢰할 수 있는 실천 계획을 만들어 낼 수 있을 것입니다.

중요한 거버넌스로서 그의 중요성 증대를 전제하고 있는 트랙 2(Track II) 협의의 역할은 정부로부터, 재계와 시민사회에 이르기까지 매우 다양합니다. 제가 외교부 장관으로 재직하던 2001년에 처음 구체화된 제주평화포럼은 명실 공히 동아시아 국가들 사이의 다자협력을 증진시키는 데 중요한 역할을 하는 포럼으로 자리 잡았습니다. 이번 5회 포럼이 새로운 지역질서를 형성하고 상호 이익과 공동 번영을 증진하는 데 있어서 더욱 중요한 역할을 하길 기대합니다.

제주포럼과 제주평화연구원의 성공을 기원하면서 이만 줄이겠습니다.

감사합니다.

동아시아의 상생과 공영을
위한 공동 비전

유명환
외교통상부 장관

내외 귀빈 여러분들을 모시고 오늘 이렇게 오찬사를 하도록 초대해주셔서 대단히 감사드립니다. 우선 이 아름다운 섬에 관한 재미있는 이야기를 하나 말씀드리겠습니다. 다른 지역과는 달리, 제주도에서는 볼 수 없는 세 가지가 있다고들 말합니다. 즉, 제주는 일찍이 "삼무도(三無島)"라 불리어져 왔는데 이것은 대문이 없고, 거지도 없고, 도둑도 없는 섬이라는 뜻입니다. 이는 이웃 간의 신뢰와 상부상조의 정신이 있을 때 가능한 것이며, 이것으로부터 제주도가 전통적으로 평화로운 공동체를 이루어 왔음을 알 수 있겠습니다.

국가 간의 장벽이 빠르게 사라지고 있는 현재의 세계화 시대에 평화 공동체를 지켜온 제주도는 우리가 함께 추구해야 할 모델이라고 생각합니다. 2005년 평화의 섬으로 지정되면서, 제주도민들은 제주도가 평화를 위한 세계적인 메카가 될 수 있도록 많은 노력을 기울이고 있습니다. 이런 관점에서 2001년에 시작된 제주평화포럼은 동아시아의 평화와 다자 안보협력에 크게 기여해 오면서 제주도가 진정한 "세계 평화의 섬"이 되는 데 지속적인 뒷받침이 되어왔습니다.

한반도와 동아시아의 새로운 평화구조 형성

전 세계 교역량의 5분의 1을 넘게 차지하면서 세계경제에 동아시아가 차지하는 비중은 점차 증가하고 있는데 그럼에도 불구하고 역내 국가들 간의 협력과 연대는 그러한 경제적 수준에 이르지 못하고 있습니다. 동아시아 국가들은 협력을 강화하고 ARF와 같은 포럼 등과 같은 형태로 평화를 정착시키기 위한 다양한 노력을 기울여 왔습니다. 그러나 북한 핵문제를 포함한 전통적 위협뿐만 아니라 테러와 질병, 기후변화, 빈곤과 해적문제 등과 같은 비전통적 불안정 요소들이 여전히 존재하며 따라서 동아시아 국가들 사이의 평화 정착을 위한 보다 더 적극적인 협력이 필요한 상황입니다. 한국 역시 더욱 적극적인 역할을 모색하고 있습니다.

북한의 핵 프로그램과 핵확산 억지를 위한 노력

무엇보다도 북핵 문제는 역내 가장 시급하고도 중요한 문제입니다. 이를 해결하기 위해 6자 회담이 진행되어 왔으며, 작년까지 많은 진전이 있었고 그중에는, 2005년 9·19공동선언과 2007년 2·13선언이 도출되기도 하였습니다. 그러나 올해 초 북한은 장거리 로켓을 발사했고 많은 국제사회로부터의 반대에도 불구하고 2차 핵실험을 강행하면서 긴장이 고조되었습니다. 이에 대해 국제사회는 UN안보리 결의 1874호 등을 동원하면서 북한의 도발에 대한 제재를 감행했습니다.

현재 북한은 이처럼 다양한 제재들에 직면해 있지만 그 태도에는 근본적인 변화가 보이지 않고 있습니다. 북한의 핵 보유는 절대로 용납될 수 없는 데 이것은 북핵이 동북아 평화와 안보에 대한 직접적인 위협일 뿐만 아니라 핵의 비확산이라는 기본 원칙을 뒤흔드는 것이기 때문입니다.

이처럼 6자 회담국들은 완벽하고 철저한 방법을 통해서 북한을 비핵화하려는 강한 의지를 가지고 있습니다. 이들은 또한 북한과 진지한 자세로 협상을 하기 위해서 많은 노력을 경주하고 있습니다. 그리고 국제사회는 북한의 행동에 대한 응분의 대가가 있어야 한다고 요구하고 있으며, UN안보리 결의 제재가 충실하게 이행될 수 있도록 국제사회가 긴밀히 협력하고 있습니다. 아울러 6자 회담국들은 이 회담이 북핵 문제를 해결하기 위한 중요한 틀로 남아 있어야 한다는 데 의견을 같이 하고 있습니다.

북한을 위한 대화의 문은 언제나 열려 있습니다. 앞으로 북한은 그들의 핵 보유가 자신들의 안보와 번영을 보장해주지 못하며, 도발의 대가로 보상을 얻어내는 지금까지의 방식은 더 이상 통하지 않는다는 것을 알아야 합니다. 북한이 즉각 6자 회담으로 돌아와서 진지한 자세로 협상에 임해야 하며 시간이 결코 그들의 편이 아니라는 것을 인식하여야 합니다. 우리는 모두 북한의 비핵화를 확실하게 검증하는 것이 매우 어려운 과제라는 것을 잘 알고 있습니다. 그럼에도 불구하고 이 문제가 지닌 지역적, 세계적 차원의 시사점을 생각해 볼 때, 우리 모두 최선의 노력을 다해야 한다는 것은 확실합니다. 대한민국 정부 역시 다른 관련국들과의 긴밀한 협력을 통해서 북핵 문제를 평화적으로 해결하기 위해 노력할 것입니다.

동아시아의 평화 및 협력의 틀을 위한 기반

이와 같이 우리는 북핵 문제를 평화적으로 해결해 나가기 위해서 노력하는 한편, 남북 관계의 발전과 동아시아 평화체제 마련을 위해서도 힘쓰고 있습니다. 북핵 문제를 해결하는 과정에서 6자 회담의 틀이 정착되었으며, 이러한 6자 회담은 앞으로도 역내 국가들 사이의 상호 이해와 신뢰를 증진하고 효과적인 지역 안보 체제를 발전시키는 데 기여할 것입니다. 이러한 의미에서 다자 안보협력을 위한 틀을 만드는 것은 한반도뿐만 아니라 동아시아에 평화와 공동 번영을 가져올 것입니다.

이명박 대통령은 지난 3월 호주와 인도네시아에의 방문기간 동안 "신아시아 구상"을 발표했습니다. 이것은 한국의 외교정책의 중요한 기조이며 동아시아의 공동 번영에 대한 적극적 기여 의지를 표명하는 것입니다. 한승수 총리의 오늘 아침 기조연설에서 볼 수 있듯이 한국 정부는 상호 이익과 공동 번영의 동아시아 질서를 위한 비전을 추구하면서 안보뿐 아니라 경제와 문화의 영역을 아우르는 다양한 형태의 다자협력을 위해 노력할 것입니다.

결론

세계적 도전 과제를 해결하는 데 있어서 동아시아 국가들이 차이를 넘어서 긴밀하게 협력해야 하는 시대가 왔습니다. 한국 역시 이러한 노력에서 중심적인 역할을 하고자 합니다. 올해 6월, 한-아세안 특별 정상회담이 제주도에서 열렸습니다. 저는 이 회담을 통해서 한국 정부가 동아시아협력 강화를 위해 보다 적극적인 기여를 하고 있다는 점에서 매우 의미 있는 걸음을 했다고 생각합니다.

저는 또한 신뢰와 평화의 전통을 지닌 제주도에서 이 회담이 열린 것은 매우 적절하다고 생각합니다. 제주도의 상부상조 정신이 제5회 제주평화포럼과 같은 미래를 위한 국제적 회의를 통해 이 지역에서 펼쳐지길 기대합니다. 진심으로 이번 제5회 제주평화포럼이 동아시아의 상호 이익과 공동 번영의 비전을 이루는 이정표 역할을 하기를 기대합니다. 마지막으로 이 회의가 여러분 모두에게 유익한 시간이 되기를 바라며 한국과 제주도에서 즐거운 추억을 가지고 돌아가실 수 있기를 바랍니다.

감사합니다.

동아시아 신다자주의:
공통 이익과 공동 이해의 확대

반기문
유엔 사무총장

아름다운 섬 제주를 찾게 되어 기쁩니다. 특히 UN의 여러분들과 함께 한국의 정부 관계자 여러분, 정계 관계자 여러분, 그리고 저명한 학자 여러분들을 뵙게 되어서 기쁘게 생각합니다. 저는 10년 전 외무부 차관 시절, 이 포럼을 시작하는 데 함께했으며 장관으로 재직하면서는 제주평화연구원의 설립에도 관여했었습니다. 수년 동안 제주평화포럼은 아시아와 세계에 대한 이해와 협력을 증진시키고 지역을 넘어서는 "글로벌 코리아"를 위한 비전을 만들어 나가는데도 큰 기여를 해왔습니다. 앞으로도 제주평화포럼이 UN과 같은 여러 기관들과의 협력관계를 늘리고 세계 평화와 발전을 위해 중심적인 역할을 하기를 기대합니다.

우리는 지금 중요한 변화와 도전의 시점에 와 있습니다. 식량, 연료, 질병과 금융의 전 영역에서 많은 사람들이 일찍이 경험해보지 못한 복합적인 세계적 위기에 직면해 있으며 특히 환경 문제는 매우 심각합니다. UN의 사무총장으로서 저는 가끔 '더 많은 재원이 있었더라면 문제를 더 쉽게 해결할 수 있을 것'이라는 말을 듣곤 합니다. 그러나 사실 우리의 재원은 충분합니다. 정작 우리에게 부족한 것은 오히려 정치적인 의지이며 지도자들은 이러한 중요한 상황에서 이러한 정치적인 의지를 발휘해야 할 필요가 있습니다.

현재는 21세기의 도전에 대응할 수 있는 새로운 형태의 다자주의가 요구됩니다. 새로운 다자주의는 결과를 중시하고 많은 사람들의 삶에 진정한 변화를 가져올 것입니다. 그런데 이것은 우리의 독립과 공동의 이익을 인식하면서 함께 행동할 때에 성공할 수 있습니다. UN과 같은 공동의 행동을 위한 기구들 역시 매우 중요합니다. 아시아의 역할이 세계의 새로운 질서를 만들어 나가는 데 매우 중요하다는 것은 의심의 여지가 없습니다. 아시아의 역동성의 증가는 우리 시대를 새롭게 규정하면서 세계 정치구조를 재편하고, 경제적 리더십의 틀을 변화시켰으며, 사람들로 하여금 빈곤에서 벗어날 수 있게 했습니다. 세계적 경제침체 중에서도 아시아는 성장 동력을 잃지 않았으며, 세계를 경제적 수렁에서 빠져 나오게 하는 희망이 되었습니다.

그러나 앞으로 정치적, 경제적 잠재력을 더욱더 발휘하고 세계 무대에 어울리는 지위를 얻기 위해서 아시아는 내적으로 더욱 강하면서 어려움을 분담할 수 있는 힘을 갖추어야 합니다. 공동의 시장과 기반을 구축하고, 공동의 목표를 달성하기 위해 더 큰 영향력을 발휘해야 합니다. 물론 여기에는 이념적 차이나 민감한 역사 문제를 비롯한 영토문제, 정치적 분쟁, 경제발전상의 차이 등 여러 가지 어려움들이 뒤따를 것입니다. 그러나 우리는 우리 모두가 공동의 역사와 가치, 전통을 기반으로 한 특별한 아시아 공동체의 일원이라는 것을 알고 있습니다.

지금은 전 세계의 공동선을 위한 힘을 발휘해야 할 때입니다. 이는 단순히 자원을 제공하는 데 국한되는 것이 아닙니다. 아시아는 성장하는 에너지와 역동성, 그리고 아이디어와 혁신을 이끌어 내는 실질적인 힘을 가지고 있으며, 이것으로 세상을 변화시키고 모두에게 이익을 가져오게 할 것입니다. 지금 전 세계적으로 지역통합이 이루어지고 있습니다. 유럽의 통합은 번영과 사회 발전의 원동력이 되었고, 아프리카 지역 역시 아프리카 연합을 만들어 공동의 힘을 모으고 직면한 문제에 함께 대처하고 있으며, 남미와 북미 국가들도 자유무역지대를 만들기 위해 공동의 노력을 기울이고 있습니다.

이제 아시아도 경제적, 사회적 발전과 더불어 세계에 대한 시각을 보다 넓게 확장해야 할 것입니다. 저는 여기서 동아시아의 새로운 다자주의 구축을 위해 3가지 축을 제안합니다. 이를 통해 동아시아 국가들이 서로에 대해 경쟁보다는 협력자로서 함께할 것을 제안하고 싶습니다.

우선, 안보 축입니다. 며칠 전이 바로 1945년에 히로시마와 나가사키에 원폭투하가 있었던 날이었습니다. 오늘날 우리는 또 한 번의 전환기를 맞고 있습니다. 핵 보유가 안보를 위해 필수불가결하다는 생각은 무너지고 있고 비핵화가 세계적인 의제가 되어가고 있습니다. 미국과 러시아 대통령이 핵무기 감축을 논의하고 있으며 제네바 군축회의가 성과를 거두기도 했습니다. 수십 년 만에 처음으로 핵 없는 세상을 만들기 위한 논의가 진행되고 있습니다. 이제 이를 기회로 삼아야 합니다. UN에서는 WMD라는 새로운 캠페인을 시작했는데 이는 대량 살상무기를 뜻하는 것이 아니라 "우리는 반드시 무장해제해야 한다(We Must Disarm)"는 내용입니다. 모든 국가들이 핵확산 금지의 중요성을 인식하고 있습니다. 새로운 다자주의를 통해 아시아는 전면적으로 이러한 움직임에 동참해야 할 것입니다.

아시아는 더 많은 역할을 담당해야 합니다. 저는 지역 평화와 안보를 위한 미래지향적인 협력을 강화하고 민주주의를 추구하는 지금의 추세를 환영합니다. 동남아시아지역에서 아세안은 중요한 역할을 하고 있으며 아세안 지역포럼(ARF)은 매년 안보에 대한 다양한 의견을 교환할 수 있는 틀을 마련해주었습니다. 상호 신뢰 구축과 예방외교를 통한 지속적 노력을 촉구하고 싶습니다. 이를 통해서 합의에 기반한 아래로부터의 외교를 이루어 낼 수 있을 것입니다. 한편 한반도 비핵화에 대한 6자 회담은 가장 어렵고도 논란이 있는, 진정한 국제안보문제라 할 수 있는 북핵 문제를 해결하기 위해 창설되었습니다. UN 사무총장으로서 한반도의 상황에 우려를 표하지 않을 수 없습니다. 이 문제가 한반도뿐 아니라 아시아지역 전체와 전 세계에 영향을 미치고 있는 만큼 우리는 6자 회담의 재개를 위해 다 함께 노력해야 합니다. 성공적인 6자 회담은 보다 광범위한 동북아의 다자안보 체제를 만드는 데 기여할 수 있을 것입니다. UN 사무총장으로서 저는 이를 위한 지원을 아끼지 않을 것입니다.

두 번째로는 경제적인 축입니다. 우리는 모두 아시아가 세계경제에서 중요한 역할을 하기 시작했다는 데에 동의하고 있습니다. 단적으로 G20이나 G8 회담에서 아시아 국가들의 역할을 보면 이를 잘 알 수 있습니다. 4월에 런던에서 있었던 G20 정상회담에서 가장 취약한 국가를 돕기 위해 1조 달러 정도를 요청한 바 있습니다. 피츠버그에서 열릴 G20 회의에서 저는 이 약속에 대한 이행을 촉구할 것입니다. 아시아는 보다 적극적이고 책임감 있는 역할을 할 필요가 있습니다. 모두들 아시는 바와 같이 우리는 새천년 개발 목표(Millennium Development Goals)의 중간 지점에 와 있습니다. 우리 모두 열심히 노력해서 2015년까지 이 목표를 달성할 수 있어야 합니다. 이를 위해 실제로 실행될 수 있는 구체적이고 확실한 다자주의에 대한 재다짐이 필요합니다. 9월 24일에 피츠버그에서 열릴 G20 회의에서 저는 전 세계 지도자들에게 이러한 약속을 이행할 것을 재차 촉구할 것입니다. 그런데 여기에는 아시아의 약속이 필요하며 아시아는 새로운 아시아의 위상에 걸맞은 책임감을 가져야 합니다. 저는 아시아가 취하고 있는 모든 조치들을 환영하며 특히 아시아 통화기금(Asian Monetary Fund)을 창설하는 것은 금융위기를 겪고 있는 국가들을 돕는 데 있어서 IMF와 상호 보완적인 역할을 할 수 있으며 지역 교통 인프라와 사회 보호 영역에 있어서의 투자를 촉진할 수 있을 것이라고 생각합니다.

지금 이 시점에서 여러분들이 "치앙마이 이니셔티브(Chiang Mai Initiative)"에 보다 관심을 가지고 있는 것을 잘 알고 있습니다. 물론 이 지역의 풍부한 외환 보유고를 잘 활용할 수 있을 것인지에 대한 이런 논의들을 환영하고, 이 지역 국가들이 서로간의 교역을 보다 활성화하고 있는 것 역시 매우 중요하며, 이러한 상호 작용이 서로에게 혜택을 가져다 줄 것이라는 점을 확신합니다. 새로운 다자주의 즉, 아시아적 다자주의는 이런 힘을 확인할 수 있는 기회가 될 것입니다. 이것은 정치적, 경제적, 그리고 지정학적으로 다양한 효과를 가져올 것이며, 협력과 통합을 통해 하나와 하나의 합은 둘이 아니라 그 이상이 될 것이라고 믿습니다.

세 번째로 환경의 축입니다. 잘 아시다시피 현재의 기후변화는 한 나라에 국한된 문제가 아닙니다. 우리 모두 힘을 합쳐 이 긴박한 문제를 해결해야 하며, 지금이야말로 이것을 해결해야 할 때입니다. 지금부터 4개월 후인 12월에 코펜하겐에서 세계 지도자들이 모두 모이는데, 이곳은 모든 국가들에게 구속력이 있고 집행 가능한 협약을 맺어야 하는 매우 중요한 자리가 될 것입니다. 우리의 현실은 단순합니다. 새로운 다자주의의 시대에서 아시아의 리더십과 정치적인 의지 없이는 코펜하겐에서의 성과를 기대하기 어렵습니다. 이것을 성공하지 못한다면 모든 인류에게 비극이 아닐 수 없습니다. 코펜하겐 회의는 공정하고 효과적이며 과학적인 합의를 달성할 수 있는 기회이자 모든 국가에게 혜택을 가져다주고 더 밝고 깨끗한 미래를 위한 공통의 목표를 향해 나아가는 기회가 될 것입니다. 이것이 바로 9월 22일에 세계 지도자 회의와 함께하는 기후변화 회의를 여는 이유이고, 이를 위하여 이곳에 100명 이상의 정부 대표들이 참석할 것입니다. 이 또한 실천력 있는 새로운 다자주의의 중요성을 우리에게 강조하고 있습니다.

아시다시피 아시아태평양지역은 자연재해에 가장 취약한 지역에 속합니다. 최근의 중국과 대만에서 900만 명 이상의 사람들이 태풍 모라코트로 삶의 터전을 잃었고 많은 지진과 태풍이 일본과 인도양을 강타했습니다. 이에 UN은 이번 주 초에 기후변화와 관련된 자연재해의 위험을 줄이는 데 주력할 새로운 사무소를 열었습니다. 이러한 부분 역시 아시아에게 있어서 새로운 다자적 의무입니다. 특히 중국과 일본, 한국은 이 지역의 자연재해로 인한 위험을 줄일 수 있는 기술과 역량, 재원을 가지고 있습니다. 저는 제 친구인 한국인들에게 많은 것을 기대하고 있습니다. 한국은 놀라울 만큼 성장했으며 이제는 명실공한 민주 국가입니다. 또한 한국은 해외 원조를 받던 나라에서 원조를 주는 나라로 변모했습니다.

이런 점에서 한국은 현재 민주주의와 선진국으로의 변화를 꾀하고 있는 여러 다른 나라들에게 좋은 본보기가 될 수 있습니다. UN 사무총장이 되기 전부터 제가 주장했던 바는 바로 한국이 개발도상국과 선진국을 연결하는 가교 역할을 할 수 있다는 것이었습니다. 한국이 이룬 이런 성과를 한국인뿐만 아니라 많은 사람들이 자랑스러워합니다. 그런데 이러한 발전은 책임감을 수반합니다. 발전은 더 관대한 개발원조를 동반하는 것이며 외교적인 면에서는 지역 및 국제문제를 아우르는 영역에 대한 보다 적극적인 참여를 의미합니다. 이런 점에서 저는 이명박 대통령의 "신아시아 정책"과 "글로벌 코리아"를 치하합니다. UN 사무총장으로서 저는 우리나라가 동과 서, 남과 북을 잇는 가교의 역할을 하기를 바랍니다.

결론적으로 제가 말씀드릴 수 있는 것은 바로 지금이 아시아의 시대, 우리의 신다자주의 시대라는 것입니다. 이런 시점에서 저는 UN이 우리의 미래를 위해 보다 영향력 있고 더욱 중요한 기관이 되길 바랍니다. 앞에서 말씀드린 안보, 경제, 환경이라는 세 가지 축과 인권 분야에서도 UN은 아시아가 그 잠재력을 실현하고 국제적 위상을 수립할 수 있도록 도울 것입니다. UN은 정직한 중재자로서 민감한 외교 협상을 촉진시킬 수 있으며, 이는 역사적으로 오래 되었거나 근래에 발생한 긴장사태를 완화시키는 첫 번째 발걸음이 될 것입니다. 또한 세계적 집합체인 UN은 여러분들과 제주평화포럼, 그리고 제주평화연구원과 같은 민간의 노력이 성숙한 세계적 파트너십으로 거듭나고 지역을 결속시키는 구심점의 역할을 하도록 도울 것입니다.

아시아의 미래는 지역통합에 달려 있습니다. 현재 지도자들이 진심으로 국제적 목소리를 내도록 돕고 있는 것처럼, 우리는 내일의 지도자들을 양성하기 위해 아래에서 위로, 그리고 위에서 아래로 다방면에 걸쳐 함께 노력해야 합니다. UN을 세계에서 힘과 영향력을 키워나가는 여러분의 동반자로 생각하십시오. 저는 보다 정의롭고 평화로우며 더욱 번영하는 세상을 만들기 위하여 여러분들과 UN이 함께 그 역할과 의무를 공유해 줄 것을 부탁합니다. 이것이 바로 아시아에 주어진 기회이며 모두를 위한 아시아의 의무이기도 합니다.

감사합니다.

상생과 공동 번영의 21세기를 향하여*

John HOWARD
호주 전 총리

한국을 다시 찾게 되어서 매우 기쁩니다. 제가 호주의 총리였던 12년 동안 한국을 방문할 기회가 있었습니다. 더 중요한 것은 한국과 호주 사이의 관계가 더욱 돈독해지는 것을 볼 수 있었습니다. 어제 한국 지도자분들과 대화하면서 호주와 한국 관계의 특징은 양 국가 모두 중견 국가(middle power)로 간주된다는 데 동의했습니다. 양국 모두 경제 분야에서 국내적으로 좋은 성과를 거두었고 미국, 일본, 중국과 같은 파워를 가지고 있지는 못하지만 국내적인 정책을 잘 펴나가고 있고 국제적인 역할도 잘 수행해나가고 있습니다. 이런 점에서 양국 모두 중견 국가로 평가될 수 있습니다.

제가 한국을 다시 방문하게 되어 매우 기쁜 또 다른 이유이면서 이번 세

---

* 박진 국회의원의 사회로 John HOWARD 전 총리와 이홍구 전 국무총리가 "상생과 공동 번영의 21세기를 향하여" 및 "상생과 공존의 21세기를 향하여"를 주제로 함께 진행된 대담을 정리한 것임.

선과도 연관이 되는 것은, 저는 한국이야말로 세계화와 시장개방의 혜택을 가장 잘 누리고 있는 국가라고 생각합니다. 지난 40년 동안의 한국 경제를 살펴본다면, 세계화가 한국에게 많은 혜택을 주었고 또 세계 무역에 대해 한국이 열린 태도를 취했다는 것을 발견할 수 있을 것입니다. 최근의 경제 침체를 세계화와 개방 경제의 탓으로 돌리는 사람들에게 이것은 좋은 답변이 됩니다. 정치적, 경제적, 외교적 그리고 인간관계의 영역에 있어서도 항상 장기적인 관점을 갖는 것이 중요합니다. 현재의 상황은 지난 3, 40년 동안의 세계화와 개방 경제의 혜택을 기억하는 장기적인 시각에서 바라봐야 할 것입니다. 현재의 어려움에 대해 과민반응을 하는 것은 적절하지 않습니다. 물론 여러 실패와 약점들이 있었습니다만 인류가 산업혁명 이래 전 세계의 수억 명의 사람들이 빈곤에서 벗어나 중산층이 될 수 있었음을 일찍이 상상하지도 못했던 점을 고려한다면 이는 작은 부분에 불과합니다.

제가 총리였을 때 보았던 호주와 한국 간 관계의 또 다른 중요한 긍정적인 요소가 있습니다. 저는 오랜 노력 끝에 이뤄낸 한국의 민주주의를 존중합니다. 민주주의가 당연시되던 나라에서 태어난 저로서는 이처럼 민주주의를 쟁취하기 위해 노력해온 한국인들에게 경의를 표합니다. 이것이 바로 제가 오늘 이 자리에 있게 되어서 더 기쁜 이유입니다. 이번 세션을 통해서 우리는 정치 구도의 새로운 방법을 모색해볼 수 있을 것입니다.

저는 우선 국가 간의 관계를 살펴볼 때 새로운 구조를 만들어서 지도자들에게 부담을 주는 것보다, 현존하는 구조를 잘 활용하고 협력하여 이들을 보다 효율적으로 이용하는 것이 중요하다고 생각합니다. 또한 지역에서 APEC이 가장 중요한 역할을 하는 구조체로 남아 있어야 한다고 봅니다. APEC의 가장 큰 장점은 이것이 한국, 일본, 중국뿐 아니라 미국과 캐나다, 남미 국가들, 그리고 러시아와 호주, 뉴질랜드 및 인도네시아까지 함께 아우른다는 점입니다. 호주의 정치, 경제의 미래를 놓고 볼 때도 APEC만큼 중요한 조직은 없다고 생각합니다. 지역에 대한 APEC의 기여를 고려할 때 다른 기관이 APEC을 대신할 수 있다는 생각은 비현실적이라고 생각합니다.

현재 금융위기를 잘 헤쳐 나가고 있는 한국이나 인도네시아와 같은 아시아 국가들은 바로 1997년의 아시아 경제위기를 통해 배운 교훈이 있었기에 가능한 것입니다. 이처럼 저는 우리가 이 문제가 가져올 결과에 대해서는 좀 더 장기적인 관점에서 볼 필요가 있다고 보고 있습니다. 이러한 축적된 경험은 미래의 위기에 대처하는 데 있어서 긍정적인 역할을 할 것입니다. IMF나 World Bank, 아시아 개발기구와 같은 국제기구들이 매우 중요한 것은 틀림없으나 결국 다양한 위기들을 겪으면서 경험이 축적된 국내경제의 중요성을 인식할 필요가 있습니다. 강대국들이 빠른 시간 내에 경기침체에서 벗어나고 세계경제에 다시금 기여할 수 있다면 우리는 3~4년 전에 당연시되던 경제성장을 다시 한 번 기대할 수 있을 것입니다. 이번 세션의 주제에 관해 다시 한 번 제가 드리고 싶은 말씀은 경제위기의 책임을 시장 개방과 세계화 정책의 탓으로 돌려서는 안 된다는 것입니다. 그러한 것들은 단순히 일부의 단점에 불과하며 오히려 지역경제 및 한국과 같은 나라들에 대한 기여도를 본다면 그 영향이 지대하며 이것은 모든 결함들을 상쇄하고도 남는다고 생각합니다.

두 번째로, 개별 국내경제들의 힘이 총체적으로 세계경제가 어려움을 극복하도록 할 것입니다. 물론 국제기구들도 중요합니다. 그러나 그들은 미래 세계경제의 성장에 보충적인 역할을 하는 존재이지 지배적인 역할을 하지는 않습니다.

세 번째로 우리가 기억해야 할 것은 보호주의로의 회귀를 막는 것입니다. 여기 참석하신 한 미국인 발표자께서 보호주의의 어두운 면에 대해 말씀하시는 걸 봤습니다. 그런데 보호주의는 그 자체는 언제나 어두울 수밖에 없습니다. 1930년대와 40년, 50년대의 경험을 통해서 우리는 가장 바람직하지 않은 것이 바로 보호주의로의 회귀라는 것을 알고 있습니다. 다시 한국의 경험에 대한 얘기를 하자면, 한국은 지난 30년 동안 경제운영과 발전에 대해 열린 자세를 취하고 이를 받아들임으로써 눈부신 경제성장을 이룩했습니다. 우리는 보호주의로의 회귀는 어떤 상황에서도 이루어져서는 안 된다는 것을 기억해야 합니다. 일본이나 한국, 중국과 같은 동북아시아 나라들은 호주에게 지리적으로 가까운 협력 국가들입니다. 일본과 한국의 경우에는 민주주의라는 공동의 가치를 기반으로, 그리고 중국은 정치적 제도는 다르지만 경제적 협력의 가치를 공유하면서 호주와 매우 긴밀한 관계를 유지해 왔습니다. 삼국과의 이런 경험들은 우리에게 서로의 관계에 있어서 무역 개방이 아주 중요한 요소라는 것을 알려줍니다.

남북한의 관계에 관해 말씀드리자면 우선, 1950년대에 한국 전쟁에 참여했던 국가의 입장에서 저는 다른 호주 국민들과 같이 한반도에 대해 관심을 가지고 있습니다. 이런 점에서 저는 대북 정책에 대한 이명박 대통령의 관점을 지지합니다. 저는 북한의 핵 보유는 절대로 있어서는 안 된다고 생각하며 이에 대해서는 현재의 호주 정부는 물론 차기 정부도 일관된 입장을 가지고 있습니다. 이 문제를 해결하는 데 있어서 우리는 국제적 제재를 포함하여 UN 및 6자 회담의 틀을 통한 해결 방법을 적극적으로 지지합니다. 이 문제가 단순히 미국과 북한 양자 간에 해결될 수 있는 것만은 아니며, 중국이 다른 어느 나라보다도 북한에 영향력을 행사할 수 있는 나라라는 것도 간과되어서는 안 됩니다.

우리 지역은 빠르게 성장하고 있습니다. 사실 지금의 경제침체를 지난 대공황과 비교하는 시각들이 있었습니다. 비록 이들 중에는 정치 지도자나 여러 경제학자들도 포함되어 있지만 저는 이것이 과장된 부분이 있다고 생각합니다. 1930년대에 세계경제의 중심은 북미와 유럽이었고 21세기 초반까지 이들의 영향력은 매우 중요했습니다. 그러나 이제 아시아태평양으로 경제의 중심이 이동하고 있습니다. 이런 점에서 세계의 정치 경제를 예측하는 데 있어서 제주평화포럼과 같은 모임의 역할은 매우 중요하다고 생각합니다.

▌박진

질의 응답 시간을 갖도록 하겠습니다. 우선 한국이 세계화와 시장 개방을 통해 성공을 이루어 낸 국가의 좋은 예라는 하워드 전 총리의 말씀에 전적으로 동의합니다. 그런데 동시에 세계화는 부의 양극화나 디지털 기술의 격차 등과 같은 여러 가지 피할 수 없는 문제들을 가져오기도 합니다. 저는 세계경제위기와 함께 이러한 문제들을 해결해 나가는 데 G20의 역할이 중요하다고 보며, 또 한국과 호주는 경제위기를 극복하고 새로운 세계경제질서를 만들어 나가기 위한 G20의 창설과 활동에 활발하게 동참하고 있습니다. 이런 점에서 저는 하워드 전 총리께 세계질서와 한국과 호주의 협력 관계에 있어서 G20의 미래에 대해 어떻게 생각하시는지 여쭤보고 싶습니다.

▌존 하워드(John HOWARD)

저는 G20이 각 국가들의 경험과 활동들을 세계경제를 위해 잘 활용하고 있다고 생각합니다. 한국과 호주는 물론 인도와 중국, 브라질도 포함이 됩니다. G20이 G8보다는 크지만 여전히 잘 관리할 수 있는 크기라고 생각합니다. 제 경험상으로는 한 기관에 18명~20명이 넘는 사람들이 속하게 되면 그것을 더 작은 규모의 그룹들로 나누지 않는 한, 다루기 어려워지기 시작합니다. 이는 역시 거대한 다국적 기관들의 사례에서도 찾아볼 수 있습니다. G8은 그 규모나 범위가 너무 작아서 아시아지역의 신흥개발국들이나 강대국들을 포함하지 못하는데 G20은 이런 단점을 보완합니다.

호주와 한국의 관계에 있어서는 중견 국가로서의 우리의 위상과 지난 수십 년 동안 서로의 경제적 성장을 도와주었던 경험을 공유한 만큼 서로 잘 어울리는 국가들이라고 생각합니다. 호주와 한국, 필리핀은 IMF와 World Bank에서 중요한 역할을 해왔습니다. 그리고 호주와 한국은 또한 20년 전 러시아의 붕괴로 인한 유럽 은행들의 재건과 발전에도 큰 역할을 했습니다. 이렇듯 우리는 국제기구에서 협력했던 좋은 경험을 많이 가지고 있습니다.

우리는 여러 가지 차이점에도 불구하고 동시에 여러 공통점과 공동의 이익을 가지고 있으며 G20에도 함께 기여할 수 있습니다. 한국과 마찬가지로 호주도 G20에 여러모로 동력을 실어주었습니다. G20은 G8에는 속하지 못했던 강대국들과 다른 국가들을 함께 수용하면서도 비효율적으로 지나치게 큰 수준도 아닙니다.

▌박진

한국은 G20에서 중요한 역할을 맡고 있는 트로이카 멤버 중 하나입니다. 지금 세계경제위기 해결에 있어서 G20의 역할은 국제적 차원에서 중요한 전기를 맞고 있습니다. 호주의 협력과 참여 역시 크게 기대됩니다. 우리는 내년의 회담이 한국에서 열릴 수 있기를 바라고 있으며 호주와의 협력도 더욱 긴밀해질 것이라고 생각하고 있습니다. 총리께서는 세계 시장경제에서 보호주의의 위험을 강조하셨는데 저는 FTA가 이를 막는 역할을 한다고 생각합니다. 다른 나라들과 호주의 FTA, 특히 한국과의 FTA에 대해서는 어떻게 생각하시는지 궁금합니다.

▌존 하워드(John HOWARD)

중요한 지적을 해주셨습니다. 한국과 실질적인 FTA 논의는 없지만 우리는 매우 긴밀한 경제관계를 유지하고 있습니다. 저는 호주가 한국과 FTA 협력을 할 수 있길 바라며 중국과도 마찬가지입니다. 현재 호주와 중국은 자유무역협상을 협의하고 있는데 이것이 어떻게 결론이 날지는 아직 확신할 수 없습니다. 그러나 실패하리라고 생각하진 않지만, 이것이 설령 실패한다고 하더라도 계속해서 중국과 좋은 관계를 유지할 것입니다.

실질적 내용보다 형식과 절차를 앞세우는 것은 바람직하지 않다고 생각합니다. 이것은 제가 앞서 말씀드린 부분과도 다시 연결이 되는데, 우리는 현존하는 협력 체제 위에 새로운 제도들을 계속 덧붙일 필요는 없으며 지역 협력의 내용과 양자간 무역 관계에 대해서 보다 면밀하게 살펴볼 필요가 있습니다. 동북아시아지역에서 일본과 한국, 중국의 순서로 호주의 중요한 수출 대상국이 되어왔습니다. 아직 이 나라들과 자유무역협정을 맺지는 않았지만 어쨌든 이들은 우리 경제의 수출과 수입의 매우 큰 부분을 차지합니다. 우리의 의류 수입의 71%가 중국으로부터 이루어지고 있고 한국과 일본으로부터 자동차를 수입하고 있습니다. 일본은 또한 1960년대에서 80년대까지 호주 경제성장의 주요 동력이 되었던 만큼 역사적으로 일본은 호주가 절대 잊지 못할 만큼 우리 경제발전에 중요한 역할을 했습니다. 제가 여기서 강조하고자 하는 점은 실질적인 내용에 대한 부분입니다. 저는 성공의 평가를 단순히 자유무역협정(FTA) 협상의 여부로만 결정지을 수는 없다고 생각합니다. 물론 이것은 가치 있고 중요한 국제무역의 원칙입니다. 그러나 동시에 많은 사람들과 전문가들은 다자무역협정의 개념에서 벗어난 자유무역협정에 대해서 반대하기도 합니다. 만일, 도하라운드 협상이 진전하지 않는다면 자유무역협정이 차선책입니다. 그러나 결국 중요한 것은 무역관계의 실질적 내용입니다. 저는 물론 한국과의 자유무역협정이 이루어지기를 바라고 있고, 이는 한국 정부도 마찬가지일 것입니다. 그러나 그렇지 못하다고 하더라도 이것이 양국 관계의 종결을 의미하지는 않으며, 양국간 무역과 인적 교류에서 여전히 긴밀하고 친밀한 관계가 유지되는 데는 변함이 없을 것입니다.

▌박진

한국과 호주는 세계화의 선두 주자들로서 세계경제에서 활발한 활동을 하고 있습니다. 저는 미국과 자유무역협정을 서명하고 유럽연합과의 협상 마지막 단계를 진행하고 있으며 인도와도 포괄적 경제협력관계를 서명한 한국이 호주와도 FTA를 위한 보다 진지한 논의를 할 수 있게 되기를 바랍니다. 이제 호주의 제4대 교역국인 한국도 호주에서 많은 광석을 수입하고 있습니다. 호주로부터의 농산물이나 낙농제품이 한국으로 들어오게 되는 상황에 대해 우려의 목소리도 있는 만큼 저는 FTA를 통해 얻을 수 있는 상호 이익에 관한 보다 균형 있는 관점을 견지함으로써 상호 동의에 이를 수 있어야 한다고 생각합니다.

중국에 관해 한 가지만 더 여쭤보겠습니다. 아시아태평양 공동체에서 중국이 매우 중요하다는 말씀을 여러 번 하셨으며 호주가 중국과 매우 실용적인 관계를 맺고 있는 것도 사실입니다. 그리고 아시아태평양지역의 변화를 분석하기 위해서도 중국의 경제력 증가를 살펴볼 필요가 있습니다. 호주는 미국의 오랜 우방국이며 일본과 싱가포르, 인도네시아, 한국과도 좋은 사이를 유지하고 있고 또한 동시에 경제적으로 중국에 대한 의존도가 높아지고 있기도 합니다. 최근에 호주 정부가 아시아태평양 공동체를 위한 비전을 발표한 것으로 알고 있는데 저는 이것이 APEC 구조의 확장이라고 보고 있습니다. 이와 관련해 총리께서 지역경제통합에 대한 앞으로의 중국의 역할에 대해서 어떻게 보고 계시며, 또한 호주를 포함한 다른 나라들에 대한 중국의 전략적 관계에 대해서 어떤 의견을 가지고 계신 지 말씀해주시면 감사하겠습니다.

▌존 하워드(John HOWARD)

저는 중국의 성장에 대해서 긍정적인 시각을 갖고 있습니다. 중국의 성장은 중국뿐만 아니라 세계 전체에도 이익이 됩니다. 언제가 될지는 모르지만 개인적으로 중국 내부에서 경제적 자유화와 정치적 권위주의의 가치가 충돌하는 것이 불가피하다고 생각합니다. 많은 사람들이 이에 동의하지 않을지 모르지만 제 생각에는 한 나라가 정치적 권위주의를 유지하면서 경제적 자유화의 길을 가는 것은 매우 어려운 일이라고 생각합니다. 이것은 중국의 미래를 위해 반드시 해결되어야 할 문제이며 다른 국가들에게도 시사하는 바가 있다고 생각합니다.

제가 총리였을 때 중국에 대한 저의 관심은 실용적인 관계를 만드는 것이었습니다. 그 시작점은 비록 우리가 경제적으로 많은 잠재적 공통점을 가지고 있다고 하더라도 사람과 사람을 통한 인적 관계 설정이 매우 중요하다는 부분이었습니다. 호주는 많은 중국 학생들이 공부하기 위해 찾는 곳이었고, 이것이 바로 우호적 관계 형성을 위한 좋은 신호였습니다. 호주에서는 중국어가 가장 많이 쓰이는 외국어가 되었고 따라서 인적 네트워킹도 크게 증가했습니다. 물론 중국은 다른 정치제도를 가지고 있습니다만, 우리가 공유하는 문제에 보다 더 초점을 맞춘다면 좋은 관계를 유지할 수 있을 것입니다. 예를 들면, 우리가 미국과 중국이 양안관계 긴장 수준을 낮추도록 격려하면서 우리도 그런 방향으로 대만과 관련된 우리의 영향력을 행사하는 것입니다. 이런 부분에 대해서 저는 부시 행정부가 많은 기여를 했다고 생각합니다.

제가 강조하고 싶은 점은 정치적인 차이점에도 불구하고 서로간의 공통분모 위에 실용적인 관계를 세워야 한다는 것입니다. 한국이나 일본과의 관계와는 달리 중국과의 관계에서 고려해야 하는 부분들이 분명히 있습니다. 물론 호주는 일본이나 한국, 미국과 같은 나라들과 민주주의라는 공동의 가치를 공유하기 위해 노력해 왔습니다. 최근에는 인도도 포함이 되었는데 지난 수년 동안 가장 중요한 발전은 부시 대통령에 의해 시작된 미국과 인도 간 관계의 발전입니다. 저는 이러한 모든 노력들이 이번 오바마 행정부에서도 계속되리라고 생각하며 인도는 세계에서 가장 많은 인구를 가진 민주국가인 만큼 장기적 관점에서의 발전이 중요하다고 생각합니다. 중국에 대한 저의 기본적인 생각은 중국의 발전은 자연스러운 현상이며 전 세계를 위해서도 도움이 된다는 것입니다. 물론 중국은 호주나 미국 등의 나라들과는 다른 권위주의 국가입니다. 그럼에도 불구하고 우리는 합의와 조율된 행동을 위해 공통분모를 찾을 수 있다고 봅니다. 예를 들어 중국이 북한에 대해 보다 큰 영향력을 행사하도록 독려할 수 있습니다. 호주와 중국과의 관계는 말씀드렸듯이 상호 이해에 바탕을 둔 실용적인 관계입니다. 호주는 중국이 원하는 자원을 많이 갖고 있습니다. 중국은 지금 매우 빠른 속도로 성장하고 있습니다. 그러나 저는 미래에 미국에 대한 중국의 도전적 잠재력을 지나치게 과대평가할 필요는 없다고 봅니다. 제 생각으로 미국은 향후 오랫동안 여러 방면에서 최강대국의 힘을 계속 유지할 것입니다. 우리는 균형감과 이런 관찰력을 잃지 말아야 합니다.

▌박진

두 달 전 이곳에서 우리는 한-아세안 정상회담을 열었습니다. 이는 아시아 태평양지역에서 아세안의 성장하는 영향력을 보여주면서 한국의 외교사에 있어서도 획기적인 사건이었습니다. 이제 아세안 국가들은 호주와 인도네시아를 포함한 다른 지역 국가들은 물론 동북아 3국과도 협력하고 있습니다. 지역경제통합에 있어서 아세안의 역할에 대한 의견은 어떠하신지요?

▌존 하워드(John HOWARD)

우리는 아세안을 긍정적으로 평가하며 최근의 성장에 주목하고 있습니다. 전반적으로 긍정적이라고 생각합니다. 외교적으로 우리에게 가장 의미 있었던 성과는 바로 몇 년 전 동아시아 정상회담에 참석한 것입니다. 호주의 참여를 위해 인도네시아가 많은 지지를 해주었습니다. 인도네시아는 단순히 우리에게 지리적으로 가까운 나라일 뿐만이 아니라 세계에서 가장 인구가 많은 이슬람 국가이기도 합니다. 또한 지난 10여 년 동안 인도네시아가 성취한 민주주의는 이 지역에서 큰 주목을 받지 못했습니다. 그러나 1998년 군사 독재 국가에서 세계의 세 번째로 큰 민주국으로의 변모는 놀라운 일입니다. 이런 큰 변화뿐만 아니라 인도네시아는 또한 온건한 이슬람 성향을 가진 정부가 이끌고 있는 국가이고 이러한 민주적인 성공은 전세계의 이슬람 청년들의 마음을 사로잡으려는 노력에서 아주 중요합니다. 우리는 동아시아 정상회담에도 관심이 많습니다. 또한 아세안이 근래에 더욱 외부지향적 입장을 취하게 된 것을 환영합니다. 이러한 상황에서 인도네시아가 호주와 가깝다는 것은 모든 호주 국민들이 쉽게 간과할 수 없는 관심사입니다.

상생과 공존의 21세기를 향하여

이홍구
대한민국 전 국무총리

　이 자리에 초대해주셔서 감사드립니다. 한국의 대통령 임기는 5년인데 호주의 하워드 전 총리는 12년을 재직하셨으니 한국 사람들이 이를 부러워할 거라고 생각합니다. 우리가 한번 생각해볼 필요가 있지 않나 하는 생각입니다. 저는 오랜 기간 동안 대학에서 정치학을 가르쳤고 제가 가르쳤던 학생들이 이곳에 있기도 합니다. 제가 말씀드리는 게 좀 교수처럼 들릴지 모르겠습니다만 이해해 주시면 감사드리겠습니다.

　이 회의의 주제는 동아시아에 새로운 지역질서의 구축입니다. 제 발표의 핵심은 이제 우리는 우리의 관심을 국가 건설의 차원에서 지역공동체 건설의 차원으로 이동해야 한다는 것입니다.

　2차대전 종결 후 거의 60년 동안 우리는 민족국가 건립에 주력해 왔습니다. 아시아는 더욱 그러했습니다. 아시아의 많은 국가들이 식민지였던 만큼 이러한 과정은 자연스러운 현상이었습니다. 중국 역시 역사적으로 어려운 시기를 겪었지만, 지금은 중화주의의 기치 아래 새로운 국가를 건설하고 있습니다. 일본 역시 1945년 이후 제국주의에서 벗어나 민주국가로 놀랍게 변모하였습니다.

이렇게 우리가 다른 어떤 것보다 민족국가 건설에 주력한 것은 자연스러운 것이었습니다. 지난 50년 동안 핵심적인 역할을 한 개념들은 근대화나 산업화, 민주화, 세계화와 같은 것들이었으며 모두 민족국가 형성과 관련이 있습니다. 우리는 공동체로서라기보다는 국가 중심적으로 사고했습니다.

그러나 이제 우리는 매우 중대한 변화를 맞이하고 있습니다. 우리는 지구촌 시대로 접어들고 있고 이를 적극적으로 수용할 필요가 있습니다. 공동체 건설은 세 가지 단계에서 동시에 진행되어야 하는데 그것은 바로 국가적, 지역적, 세계적 단계입니다. 근대 이후 우리는 국가의 단위로 모든 것을 생각해 왔습니다. 그러나 인류의 오랜 역사를 놓고 볼 때 국가 이전에는 사회와 공동체가 있었습니다. 이웃과 공동체가 발전되고 난 후에야 비로소 국가의 형태가 갖춰지기 시작했던 것입니다. 규범적으로 봤을 때도 공동체와 사회의 가치는 국가에 의해 인위적으로 만들어진 가치들보다 중요했습니다. 이것이 제 논의의 전제입니다.

한국의 경우 민족국가의 형성은 특별한 의미를 가지고 있습니다. 1945년에 일본 식민지로부터 독립하였으나 다시 동맹국들에 의해서 남과 북으로 양분된 것이 지금까지 지속되어 올해로 분단 64주년을 맞이했습니다. 아마도 한반도 문제가 2차대전 이후 마지막으로 해결될 문제일 것이며 우리는 항상 한반도에 통일된 민족국가를 건설하는 것을 희망하고 있습니다. 사실 한국은 1910년의 일본 통치 이후 한 번도 통일된 독립 국가를 이루지 못했고 그만큼 이에 대한 강한 열망을 가지고 있습니다.

그러나 동시에 우리는 이러한 통일된 단일 국가를 만들기 위한 노력에 대해서 생각해보지 않을 수 없습니다. 즉, 문제는 어떻게 그것을 이뤄낼 것인가 하는 부분입니다. 올해는 1989년 한민족 공동체 통일방안이 선포된 지 20주년이 되는 해입니다. 1988년과 1989년에 우리는 냉전 종식을 목격하기 시작했고 한국은 군사독재 국가에서 민주국가로 변모했습니다. 우리는 냉전시대가 아닌 새로운 형태의 통일 방식을 원했습니다. 기본적으로 우리는 공동체 형성이 국가 형성 이전에 있어야 한다고 결론지었습니다.

통일된 한국을 만드는 것은 많은 시간을 필요로 할 것입니다. 그러나 그렇다고 하더라도 우리는 통일된 한민족 공동체나 사회를 건설하는 데 인색해서는 안 됩니다. 간단히 말해서 하나의 사회, 두 개의 국가 체제가 가능하다는 것입니다. 이것은 국회에서 정식으로 승인이 되었고 국가통일전략으로 선포되었습니다. 결론으로서뿐만 아니라 그 과정으로서도 이런 통일전략의 수립은 매우 중요한 의미를 가집니다.

1987년에 새로운 대통령이 선출되었고 1988년 국회의원 선거에서 야당이 압도적인 승리를 거뒀습니다. 이러한 상황 속에서 국회는 많은 청문회를 열고 수주 간에 걸쳐서 다양한 기관들로부터 많은 사회적 지도자들의 의견을 수렴했습니다. 따라서 한국의 국가적 통일 방안은 바로 이런 모든 관점의 통합이며 국회에서 모든 당의 지지를 통해 승인될 수 있었습니다. 이것은 여전히 한국의 공식적 통일 방안입니다.

냉전 종식이라는 국제적 분위기의 변화를 북한도 이해했는지 북한 역시 협력의 의사를 표시했습니다. 1991년에 강도 높은 논의를 통해서 양측은 남북기본합의서를 발표했습니다. 이것은 남북한이 사회, 문화, 경제 및 군사 분야 등에서 이루어 낸 공동합의이며 양국은 이를 통해 단일한 공동체를 만드는 데 협력하기로 합니다. 1991년 남북은 한반도 비핵화를 위한 공동선언을 발표하기에 이릅니다. 논리는 간단합니다. 7천만 한민족의 안전을 위해 한반도의 비핵화가 이루어져야 한다는 것입니다. 북한도 이에 동의했고 우리는 이 합의가 여전히 유효하다는 것을 기억할 필요가 있습니다.

제 생각에 우리가 1989년에서 1992년에 이르기까지 좀 지나치게 낙관적이었다고 생각합니다. 여러분들도 아마 독립된 3개의 위원회를 기억하실 텐데, 빈부 격차를 줄이기 위해 전 독일 수상인 빌리 브란트가 이끈 브란트 위원회가 있었고, 군비 감축과 핵무기 위험 축소를 위해 전 스위스 수상인 팔머가 이끌었던 팔머 위원회가 있습니다. 마지막으로 인류가 직면한 환경 위협에 대해 전 세계의 주목을 이끌어낸, 가장 성공적이었다고 평가되는 브루트란트 위원회가 있습니다.

이러한 흐름은 1990년에 스웨덴의 잉바르 카르손(Ingvar Carlsson) 수상의 지도 아래 글로벌 거버넌스 위원회의 탄생으로 이어졌습니다. UN창설 50주년을 앞두고 이 위원회는 1993년에 세계가 하나의 이웃이라는 내용을 골자로 하는 보고서를 발표합니다. 이것이 바로 당시에 지배적이었던 낙관주의를 대변하고 있습니다. 그러나 이는 오래가지 못했습니다. 국가들 사이의 이익의 충돌이 명확해지면서 지구촌 공동체를 이루는 것이 성급한 것이 아니었나 하는 의견들이 대두되면서 다시 보다 현실적인 지역공동체의 형성에 우선적으로 집중하게 되었습니다. 지리적 근접성과 문화적 유사성의 배경으로 지역공동체 형성을 위해 노력하는 것이 보다 자연스럽고 효율적이라는 생각을 하게 되었기 때문입니다. 그래서 1990년대와 21세기 초반에 아시아 지역, 특히 동아시아에서 활발한 지역공동체 형성을 위한 노력이 진행되기 시작했습니다.

하워드 총리께서 APEC을 언급하셨는데 당시 동아시아 지역공동체를 위한 많은 제안들이 쏟아져 나오기 시작했습니다. 1990년대와 21세기 초반에 EU는 성공적인 지역통합의 모습을 보여주었고 우리는 이를 모델로 삼았습니다. 동아시아에서 지역공동체를 이루기 위한 우리의 노력은 중국의 시장경제로의 전환을 통해서 가속화되었습니다. 주변국과 전 세계에 시장을 개방하면서 중국은 동아시아 지역공동체 형성을 위한 발전뿐만 아니라 여러 방면의 사회적, 경제적 발전도 이루어내고 있습니다.

지난 몇 년 동안 우리는 다양한 공동체들의 형성을 목격했습니다. ASEAN +3가 그 좋은 예입니다. 현재의 금융위기 역시 이러한 지역공동체 형성의 중요성을 잘 말해줍니다. 지난 몇 년 동안 치앙마이 이니셔티브(Chiang Mai Initiative)를 비롯한 다양한 협약들이 생산되었습니다. 어제 저는 금융·통화 부문의 협력을 위해 새로운 구조를 만들어 내는 것을 논의하는 의미 있는 세션에 참가했습니다. 거기에서 G20은 이러한 발전을 촉진하는 데 매우 중요하다는 얘기가 있었습니다. 국가 및 지역공동체 형성이 궁극적으로 지구촌 건설을 위해 핵심적인 역할을 할 것입니다. 저는 다음 몇 년 동안 이러한 3단계 차원에서 진전이 있을 것으로 기대합니다.

우리가 이러한 개방성과 공정성, 인류의 안보라는 원칙을 고수하는 한 아시아를 진정한 지역공동체로 만들 수 있다고 생각합니다. 하워드 수상께서 말씀하신 것처럼 향후 몇 년 동안 우리는 EU와 남미·북미국들과 함께 지구촌 공동체 형성에 매우 중요한 역할을 하게 될 것입니다. 이것이 바로 제가 제주평화포럼의 노력을 기쁘게 생각하는 이유입니다. 여기서의 논의들 역시 이러한 노력에 보탬이 되기를 바랍니다. 감사합니다.

▋박진

한반도의 문제로 돌아가서 이홍구 총리께서는 국가 간의 교류와 상호 의존성이 증가하면서 단순한 근대 민족국가보다는 공동체 건설 과정이 매우 중요하다고 하셨습니다. 그러나 한국 정부의 이러한 시간과 노력에도 불구하고 남북한 관계에는 여전히 불신과 반목이 자리 잡고 있습니다. 특히 최근 북한의 핵실험과 미사일 발사로 상황은 더욱 악화되기에 이르렀습니다. 그래서 저는 우리가 한민족 공동체 형성을 추구하면서도 동시에 한반도가 처한 상황을 보다 현실적으로 바라볼 필요가 있다고 생각합니다. 해서 저는 총리께 현재의 한반도 상황과 남북 관계를 어떻게 보고 있으신지, 그리고 우리가 어떻게 나아가야 하는지에 대해서 여쭤보고 싶습니다.

▋이홍구

간단히 말해서 전 세계는 현재 지역적, 세계적 차원에서 공동체 형성을 향해 빠른 변화를 경험하고 있습니다. 이것은 역사적 추세이며 이런 흐름을 거부할 수는 없습니다. 그런데 이를 받아들이는 국가들은 각각 어느 정도 속도 차이가 있다는 점에서 저는 여전히 우리의 통일 방식을 지지합니다. 차이는 있을 수 있지만 예외는 있을 수 없습니다. 결국에는 역사의 흐름을 받아들이게 될 것입니다. 그래서 저는 무엇보다 북한 정부의 리더십이 중요하다고 봅니다. 그들은 이러한 역사적 추세에 동참하고 민족 공동체와 아시아 공동체, 그리고 세계 공동체의 일부가 될 수도 있고 이를 거부할 수도 있습니다. 후자가 선택될 경우 미래가 없다고 봅니다. 우리 차기 정부는 북한을 설득하고 돕는 노력을 계속해야 합니다. 박 의원님께서 말씀하셨듯이 좋은 시기도 있고 핵 실험이나 미사일 발사와 같은 일이 일어났던 어려운 시기도 존재합니다. 그러나 저는 이러한 것들이 오히려 상황의 흐름을 보다 빠르게 전개할 수 있을 것이라고 생각합니다. 즉 그들의 위협적인 행동은 전 세계에게 그들이 처한 절박한 상황을 말해줍니다. 이를 이해하면서 모든 이들이 힘을 모아 북한이 이런 상황에서 벗어날 수 있도록 도움을 준다면 저는 그것이 바로 옳은 선택이라고 봅니다. 클린턴 대통령의 방문이나 남북 간의 대화와 같은 최근의 발전을 보면 아마 북한이 이러한 어려운 걸음을 시작한지도 모릅니다. 우리 모두는 그들이 올바른 선택을 하길 바랍니다.

▌박진

총리께서 클린턴 대통령의 방북에 대해 말씀하셨습니다. 저는 이것이 한반도의 긴장이 고조되고 있는 상황을 고려할 때 매우 시의 적절하다고 생각합니다. 1994년에도 카터 전 대통령이 북한을 방문해서 김일성을 만났고 남북 간 대화에 긍정적인 제안을 가지고 돌아오셨던 적이 있었습니다. 또다시 전 미국 대통령이 북한을 방문하고 두 미국기자가 고국으로 돌아가게 되었습니다. 저는 이러한 북한에 대한 클린턴 외교가 북미 관계와 핵문제 해결에 어떠한 영향을 미칠지 궁금합니다.

▌이홍구

매우 긍정적인 결과를 가져오리라 기대합니다. 북한이 그들의 정책이나 입장에 있어서의 변화를 시도할 때면 사람들의 지지를 받을 수 있고 체면을 차릴 수 있는 이유를 필요로 했습니다. 이런 관점에서 그들의 권위를 유지하기 위한 가장 좋은 방법으로 전 미국 대통령의 방북이 이루어졌다고 봅니다. 박 의원님께서 말씀하신 1994년에도 비슷한 상황이었습니다. 전통적 아시아 사회에서는 연공서열(seniority)이라는 것이 매우 중요합니다. 그래서 저는 클린턴의 방문은 긍정적인 효과를 가져 오리라 생각합니다. 남은 질문은, 그렇다면 김정일이 무슨 생각을 하고 있느냐 하는 점입니다. 1994년의 일에 대해 여러 해석들이 있습니다만 김일성이 몇 달만 더 살아서 1994년 6월 25일의 정상회담이 성사되었다면 분명 역사의 큰 변화가 있었을 것이라고 생각합니다. 살아남기 위한 다른 선택의 여지는 없습니다. 동유럽이 변화하고 소련이 분열되던 그 시기에, 등소평 말기의 중국은 시장경제를 선택했습니다. 결단이 필요합니다. 김일성 역시 같은 선택에 기로에 놓여 있었습니다. 불행하게도 1994년에서 2009년까지의 15년 동안 북한 사람들에게는 불필요한 희생과 고통이 있었습니다. 그럼에도 불구하고 저는 김정일이 옳은 선택을 해서 북한 주민들을 도울 것이라고 생각합니다. 조금 늦었다고 하더라도 그들은 역사의 흐름에 동참하고 공동체 형성을 위한 노력을 함께 할 수 있을 것입니다. 이것은 물론 낙관적인 시나리오지만 어쨌든 지켜볼 필요가 있습니다.

▌박진

북한 행동을 예측하는 데 있어서 긍정적인 결과가 나올 수 있기를 바랍니다. 그런데 한 가지 말씀드리자면, 독일이 통일한지 20년이 되었습니다. 당시 베를린 장벽이 무너지기 몇 달 전에 저는 독일의 본에 있으면서 통일전문가들과 회의를 한 적이 있었습니다. 당시에 제가 그분들에게 독일이 통일될 것인지를 물었었고 경제적, 사회적, 인적 교류의 측면에서는 독일은 이미 통일이 되었다는 대답을 들었습니다. 동독과 서독의 경우, 실질적인 교류와 협력이 이미 있어왔던 것입니다. 그런데 남북의 경우 비록 20년 전에 남북 기본합의서에 서명을 했지만 그 첫 번째 조항인 서로를 인정하고 존중해야 한다는 부분조차 지켜지고 있지 않습니다. 또한 동아시아의 경우 NATO나 EU와 같은 기구가 없고 남북한은 독일의 경우와는 다르게 서로를 대상으로 전쟁을 했으며 현재 북한은 명백하게 핵폭탄을 보유하고 있습니다. 그렇다면 특히 한반도의 긴장이 고조되고 북한에 대한 UN안보리의 제재가 가해지고 있는 이런 시점에서 독일 통일의 경험으로부터 우리가 얻을 수 있는 교훈은 과연 무엇일까요?

▌이홍구

독일 상황을 굉장히 잘 설명해 주셨는데요, 저 역시 통일부 장관으로서 한-독 간의 연례회의 참석차 그 해에 본에 있었습니다. 그런데 그 당시 콜 총리를 비롯해서 독일의 지도자들은 통일이 임박했다는 것을 예측하지 못했습니다. 그러한 변화는 행운이 따를 때 가능한 것입니다. 저는 한국이 1910년 이후 100여 년 동안 불운했었기 때문에 이제는 우리도 행운을 바랄 수 있는 때가 아닌가 생각합니다. 저는 희망을 잃지 않을 것이며 적어도 제가 살아 있는 동안에는 통일을 볼 수 있기를 바랍니다. 그러나 박 의원님이 지적하셨듯이 독일은 국가 공동체를 형성하고 이를 유지하기 위한 수많은 노력을 기울여 왔습니다. 서독은 동독으로부터 여러 경제적 지원을 받았던 동유럽국가들과 좋은 관계를 유지했었고, 더욱 중요한 것은 독일의 사회민주당(Social Democrats)과 기독민주당(Christian Democrats)은 긴밀한 관계를 유지했습니다. 이것이 동독과 서독의 통일에 매우 중요한 역할을 했습니다. 이런 점에 비추어봤을 때 1989년에 이루어낸 한민족 공동체 통일방안은 그만큼 중요합니다. 초당적인 합의와 참여가 있었고 이것을 이루어낸 과정은 그 결과만큼 의미 있는 것이라고 생각합니다. 제가 그 안건을 가지고 국회에 갔을 때 김대중 전 대통령, 김영삼 전 대통령과 김종필 총재를 비롯한 모든 4대 당의 대표가 모두 계셨고 한 목소리로 상당히 좋아 보인다고 말씀하셨습니다. 이처럼 일단 내적 합의가 이루어지면, 우리는 북한을 움직일 수 있는 동력을 갖추게 됩니다. 저는 한국에서 이런 노력들을 보고 싶습니다. 우리가 공동체 건설을 위해서 지속적으로 노력한다면 분명히 행운이 찾아올 것입니다. 핵실험과 같은 부정적 요인들도 있지만 어쨌든 시간은 흐르고 있고 통일을 향한 중요한 변화를 볼 수 있는 날이 멀지 않았다고 생각합니다.

▌박진

북한이 핵무기를 포기하고 국제사회의 책임감 있는 국가가 되도록 하기 위해서는 우리의 지속적인 인내와 관여가 필요합니다. 한반도 통일에 대한 독일의 이야기를 하나 들려드리겠습니다. 제가 청와대 대변인이었던 시절, 콜 총리께서 청와대를 방문하셔서 김영삼 대통령을 만난 적이 있습니다. 그 분은 대통령께 통일의 기회가 오면 주저 없이 잡으시라고 말했고, 대통령은 조언에 감사드린다고 대답했습니다. 그런데 나중에 또 다른 독일의 지도자인 슈미트 전 총리께서 방문하셔서 통일의 기회가 오면 한 번 더 생각해보셔야 한다는 조언을 하셨습니다. 대통령께서는 저에게 어떤 충고를 따르는 게 맞는지를 물어보셨고 저는 둘 다 고려하시라고 말씀드렸습니다. 한반도의 통일이 다가온다면 두 가지를 염두에 두어야 한다고 생각합니다. 우선 그 기회를 잡아야 하고 동시에 무슨 일이 일어날지도 알아야 합니다.

아직 논의되지 못한 한 가지 주제에 대해서 더 말씀드리고 토론을 마치도록 하겠습니다. 바로 기후변화와 이를 해결하고자 하는 UN과 지역적, 국가적 수준의 노력에 관한 부분입니다. 반기문 UN 사무총장님이 오늘 저녁에 이곳에 도착하셔서 내일 오전에 기조연설을 해주실 예정입니다. 저는 두 분 총리께 기후변화에 관한 우리의 노력에 대해서 어떤 메시지를 전하고 싶으신지 여쭤보고 싶습니다. 호주 정부가 지구 온난화를 규제하는 교토 의정서에 서명을 했고 이산화탄소 배출권 거래에 관한 법률을 제안한 바 있다고 알고 있습니다. 한국의 경우에도 현 정부는 탄소 배출 규제와 녹색성장 정책을 강하게 추진하고 있고 12월에 있을 코펜하겐 회의에 대한 준비과정에서 한국은 선진국과 개발도상국 사이에서 활발한 역할을 할 수 있습니다. 이에 대한 의견을 간략하게 말씀해주시면 감사하겠습니다.

▌이홍구

기후변화는 현재 우리가 직면한 가장 중요한 문제입니다. 저는 여기서 다시 한 번 중국의 역할을 강조하고 싶습니다. 중국이 가장 중요한 탄소 배출국인 만큼, 이 문제를 해결하고자 하는 중국의 일관된 의지가 없는 한 국제적 수준의 문제 해결은 핵문제와 마찬가지로 그 해결방법을 찾는 것이 매우 어려워질 것입니다. 하워드 총리께서 말씀하셨던 것처럼 저 역시 기후 문제가 성공적으로 해결되기를 바랍니다. 그러나 개별국가의 행동을 하나하나 강제할 수는 없을 것이고 그들이 자발적으로 행동할 수 있도록 해야 할 것입니다. 이런 점에서 UN은 적극적 리더십을 발휘해야 합니다. 저는 우리의 전 외무부 장관님이 UN의 사무총장으로 일하고 계신다는 사실이 매우 자랑스럽습니다. 반 사무총장님은 작년에 발리 로드맵의 틀을 만들어 내는 데 큰 역할을 했습니다. 올해 코펜하겐 회의에서도 마찬가지로 성공적인 역할을 해 내실 것이라 기대합니다. 한국도 이에 최선을 다하고 있습니다. G20 회의에서처럼 때론 우리의 역량을 넘어서면서까지 기후 문제의 해결을 위해서 건설적인 역할을 하려고 노력하고 있습니다. 발전 수준이나 크기, 영향력에 있어서 우리는 중간 정도의 위치를 차지하고 있습니다. 그러나 저는 금융위기와 기후변화 문제를 극복하기 위한 이런 노력들은 보다 발전된 지구촌 공동체를 향한 의미 있는 발걸음이라고 생각합니다.

감사합니다.

제2부

브레튼우즈체제, G20, 그리고 세계 화폐금융구조의 미래

- 사회자   _사공일

- 발표자

    _Scott KALB
    _KAWAI Masahiro
    _LI Daokui
    _TAMURA Kotaro

브레튼우즈체제, G20, 그리고 세계 화폐금융구조의 미래

사회자: **사공일** (G20 준비위원회 위원장, 무역협회 회장)

발표자:
- Scott KALB (CIO, Korea Investment Corporation)
- KAWAI Masahiro (Dean & CEO, Asian Development Bank Institute)
- LI Daokui (Professor, Tsinghua University)
- TAMURA Kotaro (Member, House of Councilors, Japan)

▌사회자

특별한 포럼에 참석하게 된 것을 무한한 영광으로 생각합니다. 초청해주신 조직위원회에 감사의 뜻을 표합니다. 이번 세션의 주제는 "브레튼우즈 체제, G20, 그리고 세계 통화금융구조의 미래"입니다. 저는 여러분이 조직위원회가 제한된 시간 동안 무거운 주제를 토론하도록 너무 큰 계획을 세운 것이라는 저의 생각에 동의하실 것이라고 생각합니다. 그래서 발표자들께서 현재 금융 및 경제위기에 초점을 맞추어 주시기를 바랍니다.

세계경제가 극심한 경제 및 금융위기에서 비롯된 경기침체에서 벗어나지 못했다는 점에 우리 모두 동의할 것입니다. 따라서 핵심 원인을 이해하고 현재 상황을 치유하고 재발을 막는 것은 매우 중요합니다. 불행하게도 다중적이고 상호 연관된 요인들이 관련되어 있습니다. 앞으로 엄청나게 많은 논문과 책이 이러한 주제를 다룰 것입니다. 그러나 다행히도 몇 가지 핵심 요인들은 전문가들에 의해서 중요 요인으로 밝혀진 바 있습니다. 한 가지는 국내적, 국제적 부적절한 금융규제와 감독체계입니다. 또 한 가지는 세계경제의 불균형(global imbalance)입니다.

부적절한 금융규제와 감독기반에 대해서 우리는 금융구조(financial architecture)라고 말합니다. 우리는 현재 금융구조의 부적절성이 무엇이고 어떻게 할 것인가에 대해 논의할 수 있을 것입니다. 우리는 무엇이 부족하고 무엇이 필요한지 살펴볼 것입니다. 이것이 첫 번째 주제입니다.

또 한 가지는 글로벌 불균형입니다. 개념적으로 글로벌 불균형은 한 개 이상의 국가를 포함합니다. 이 문제를 해결하기 위해 세계 사회에 요구되는 협력적 노력은 무엇일까요? 이번 회의주제에 포함되어 있는 G20과 이 문제가 연관됩니다. G20 정상회의는 작년에 시작되었습니다. 아시다시피, G20 재무장관회담은 10년 동안 개최되어 왔지만 정상회담은 작년 11월 워싱턴에서 시작되었습니다. 경제적으로 중요한 20개의 국가가 함께 모여 예상하지 못한 현재의 위기를 논의하고 대책은 강구하였습니다. 더 중요한 것은 20개 국가의 정상이 올해 4월 런던에서 다시 만나기로 했다는 점입니다. 세 번째 회담은 11월 피츠버그에서 개최될 예정입니다.

저는 한국이 중추적 국가로서 G20 국가들 간의 협력에 있어 선도적인 역할을 하고 있다는 것을 자랑스럽게 생각합니다. 우리는 영국, 브라질, 미국과 긴밀히 협력해 왔습니다. 래리 써머스(Larry Summers) 미국 국가경제위원회 의장은 직접 G20의 협력을 이끌고 있습니다. 그의 보좌관인 마이크 포먼(Mike Forman)은 한국과 긴밀히 협력하고 있습니다. 우리는 G20이 실현가능하고, 시행할 수 있는 결과를 도출하기 위해 필요한 우리의 역할에 최선을 다하고 있습니다. 한국은 G20이 정상들 간의 사진촬영으로 그치는 것을 원하지 않습니다.

저는 세계 사회, 특히 금융사회가 지난 11월 정상회담 결과에 매우 긍정적으로 대응하고 있다고 생각합니다. 이것은 1930년대와 분명히 다른 요인입니다. 또 경기침체를 단축시킬 것이라고 확신합니다. 이번 회의에서 일부 출구전략 또는 출구전략의 준비에 대해서 논의할 수 있을 것입니다.

오늘 매우 중요한 토론자들을 모셨습니다. 이들은 금융, 정치, 학계의 전문가들입니다. 알파벳 순서에 의거 간단히 소개해 드리겠습니다. 오른편에 스콧 칼브(Scott Kalb) 한국투자공사 투자운용본부장입니다. 한국투자공사는 2003년 7월 한국의 외환 및 기금운용을 위해 설립되었습니다. 칼브 본부장은 20년 동안 국제금융, 특히 운용과 연구에 몸담았습니다. 1980년 중반 저와 함께 일한적도 있습니다. 칼브 본부장은 한국을 매우 잘 압니다. 그는 하버드 대학에서 공부했고 다양한 연구경력을 가지고 있습니다.

가와이 마사히로(Kawai Masahiro) 소장은 일본의 유명한 경제전문가입니다. 그는 현재 아시아 개발은행 연구소의 소장이며 학계뿐만 아니라 일본 재무성 국제금융국장을 역임한 바 있고 세계은행에서도 일한 바 있습니다. 가와이 소장은 연구와 교수로서도 많은 경험을 가지고 있고 특히 동아시아 금융협력에 관여해 왔습니다.

리 다오쿠이(Li Daokui) 교수는 중국 칭화대학교의 세계경제연구소(Center for China in the World Economy)의 소장이며 맨스필드 프리먼 석좌교수입니다. 다오쿠이 교수는 스촨에서 어린시절을 보내다 중국 문화혁명에 의해 추방되고 나서 하버드대학에서 수학했습니다.

코타로 다무라(Kotaro Tamura) 의원은 유일한 정치인입니다. 그는 현재 일본 참의원 의원이며 기업과 학계에서 중요한 경력들을 가지고 있습니다. 코타로 의원은 미국에서 공부하고 일본의 대학에서 가르친 바 있습니다.

토론자 분들이 각자 다양한 분야에서 다양한 경력을 가지고 있지만 한 가지 공통점이 있습니다. 모두 훌륭한 학문적 배경을 가지고 있으며 따라서 이번 주제를 좀 더 이론적 틀로 볼 수도 있겠다는 점입니다. 1시간 10분여의 시간이 남았기 때문에 각각의 발표자에게 10분에서 15분을 드리겠습니다. 그리고 청중으로부터 질문을 받도록 하겠습니다.

▌스콧 칼브(Scott KALB)

저를 초청해주신 제5회 제주평화포럼 조직위원회에 감사드립니다. 훌륭하신 발표자 여러분과 또 사공일 박사님과 함께하게 된 것을 영광으로 생각합니다. 사공일 위원장님의 소개에도 불구하고 저는 정책가도 아니고 진정한 학자도 아닙니다. 저는 단지 투자가입니다. 그래서 저는 현재 진행되고 있는 상황과 과제에 대한 투자가로서의 견해를 전달하고자 합니다.

특히 두 가지 점에 중점을 두고자 합니다. 하나는 세계경제에서 정부역할의 증가입니다. 또 한 가지는 세계경제에서 부상하는 아시아 국가들의 증가하는 역할입니다. 그리고 G20이 이러한 과제를 해결하는 데 도움을 줄 수 있는지 말씀드리겠습니다.

첫째, 정부의 역할과 관련하여 현재 세계경제는 전례가 없는 정부의 지원과 지배의 시대에 살고 있습니다. 서구 국가들, 특히 지난 몇십 년 동안 미국의 민간부문은 현금흐름이나 자산 가치에 비해 과도한 부채를 축적해 왔습니다. 미국의 수요는 과잉부채의 소비자에 의해 점차 위축되었습니다. 실제로 2007년 말 GDP의 350%가 넘는 신용공급은 상환 가능한 화폐가치를 훨씬 뛰어넘는 것이었습니다. 상환기일이 도래함에 따라 두 가지 딜레마가 발생했습니다. 자산가치가 감가상각되면 디플레이션을 초래하거나 아니면 부채를 상환하기 위해 화폐를 찍어야 하는데 이는 인플레이션을 초래하게 될 것이기 때문입니다. 두 가지 상황이 모두 발생했습니다. 민간부문은 부실 부채를 감가상각했습니다. 감가상각이 지속되면서 새로운 부채나 소비가 제약되었습니다.

정부는 신속하게 대처했습니다. 대량의 화폐를 공급하거나 부실부채와 파산 기업의 자산을 사들였습니다. 정부는 부실 민간부문을 사들이거나 수요의 공급자가 되었습니다. 미국의 경우 12%에 달하는 재정적자가 민간 부문의 수요감소에 완충역할을 했습니다. 마지막으로 정부는 수요와 신용창출을 위해 이자율을 극적으로 내렸습니다. 이미 미국의 이자율은 제로에 가깝게 하락하여 경기부양을 위해 더 하향할 수 없는 수준입니다.

정부의 즉각적인 조치들은 제도적 장벽에도 불구하고 세계적으로, 특히 미국에서 신용경색을 제거하고 디플레이션에 의한 침체의 위험을 제거했습니다. 특히 세계 금융시스템은 위기를 벗어나 안정적인 상태를 보이고 있습니다. 이러한 엄청난 성과는 현명한 정책가들의 노력에 의한 것입니다.

이렇게 말하는 것은 조금 낯선 일입니다. 왜냐하면 정부와 금융시장 간의 관계는 대개 부정적이기 때문입니다. 그러나 분명히 이번 경우에는 상황이 다릅니다. G20은 이러한 과정에 핵심적인 역할을 했습니다. 20개 국가의 지도자들은 지난 4월 런던에서 IMF를 통해 1조 달러의 신규지출에 합의했습니다. 이것은 현대를 통틀어 가장 커다란 규모의 재정적, 금융적 부양입니다. G20의 합의문에 명시되었습니다. 문제는 우리가 직면한 문제를 해결하는 데 정부의 개입이 기껏해야 일시적인 해결책이라는 것입니다. 우리는 이번 경제위기가 안정된 이후의 문제에 어떻게 대처할 것인지 준비해야 합니다.

다음으로 아시아는 이번 금융위기 스펙트럼의 반대편에 서있다고 봅니다. 부상하는 아시아는 주로 채권국으로서 세계 시장에서 매우 경쟁력이 있습니다. 저축률이 높으며 국내 부채는 이제 막 확대되기 시작했습니다. 부채금융 서비스에 대한 이들 국가의 능력은 매우 강합니다. 이들 국가가 경제위기에 대처하기 위한 경기부양 대책은 서구 국가들과 매우 비슷합니다. 그러나 신용창출이나 경제성장에 있어서 선진국 보다 더욱 의미 있는 반응이 있었습니다.

이러한 측면에서 중국은 선도적이고 또 세계경제의 새로운 기관차(new locomotive)가 되었습니다. 4월과 6월 사이 연간 기준으로 16%에 이르는 생산증가와 더불어 수입은 전년대비 21%나 증가했습니다. 중국은 세계 수요에서 가장 큰 요인이며 특히 한국과 호주 등의 국가에게 많은 이익을 주고 있습니다. 선진국과 신흥국은 마찬가지로 중국의 시장개입으로 인해 제공된 지도력과 지원에 긍정적입니다. 그러나 중국에 대해 우리는 다른 문제에 직면하고 있습니다. 서구에서 경기부양 조치의 너무 빠른 제거가 문제가 된다면 중국에서는 경기과열의 위험이 있습니다. 중국에서 30%가 넘는 부채 증가는 국내 채권과 다른 투기에 몰리고 있습니다. 투기성 자산이 대출에 의한 것이라면 이는 거품의 증가 징후입니다. 이렇게 서구와 아시아의 분리(decoupling)는 지속될 것이며 이는 부채를 줄여 지출했던 1990년대 일본이나, 1980년대 선진국들 및 남아메리카 국가들과 비슷할 것입니다. 이는 아시아와 역외 국가들과의 무역과 관련된 아시아 역내 무역에 반영될 것이라고 생각합니다. 또 부상하는 아시아 국가들은 채권구입에서 자산구입으로 해외 투자를 다변화하고 싶어 할 것으로 봅니다.

투자가로서 이러한 발전을 어떻게 보는가? 또 G20이 이러한 과제를 해결하는 데 어떻게 대처할 수 있을까? 현대 포트폴리오 투자(portfolio management)의 핵심 교리의 하나는 리밸런싱(rebalancing)입니다. 포트폴리오 구성이 현재 조건의 변동으로 그 상태가 악화되었을 때, 단련된 투자 관리자는 포트폴리오 구성을 재조정해서 균형을 찾습니다. 그래서 증권시장이 급격하게 상승할 때 투자관리자는 일부 증권을 매각하고 고정수입을 늘립니다. 평균회귀(mean reversion)론에 의하면 투자 관리자가 재조정에 실패하는 경우 금융시장은 대체로 지저분한 방식으로 조정하게 된다는 것입니다. 따라서 기존의 수익을 모두 날릴 수 있습니다. 바로 이것이 세계경제에서 발생한 일입니다. 작금의 경제위기는 오랫동안 대처하지 못했던 엄청난 불균형을 효과적으로 수정하고 있는 것입니다.

신용경색과 13조 달러가 넘는 가계 순자산의 붕괴는 세계경제를 이끌어 왔던 미국의 과잉소비(shopping machine)를 회생 불가능하게 난파시켰습니다. 미국의 경상수지 적자는 GDP의 6%에서 3% 이하 수준으로 감소할 것입니다. 한편으로 일본이나 중국 등의 채권국의 흑자는 급격하게 감소하는 한편 대외 대출과 수출은 서서히 감소하고 있습니다. 예로 올해 중국 성장의 75%는 수출이 아닌 공공지출과 정부대출에서 발생할 것입니다. 경제위기를 통한 리밸런싱은 과거의 지나침을 바로잡는 잔인한 방법입니다. 그러나 램 엠마누엘(Rahm Emanuel) 백악관 수석 정책보좌관은 "위기를 낭비해서는 안 된다"라고 언급한 바 있습니다. 달리 말하면 강제적 재조정이 미래에 발생하지 않도록 지금 잘 대처해야 한다는 것입니다.

이러한 측면에서 G20의 역할은 매우 중요합니다. 먼저 G20은 개혁조치를 시작하기 전에 세계경제가 안정되고 회복 기조가 확고하게 수립되도록 해야 합니다. 투자가로서 저는 경기부양 조치가 성급하게 철회되는 것을 우려합니다. 출구전략이 적절한 시점에 도입되지 않는다면 또 다른 주기에서 경기하강의 위험이 있습니다. G20은 이 문제를 다루는 데 매우 적절한 포럼입니다.

한국에는 "고래 싸움에 새우등 터진다"는 속담이 있습니다. 이에 한 가지를 더해야 합니다. "고래가 사랑하면 새우등 터진다"는 것입니다. 매우 어렵고 급변하는 상황에서 많은 국가들의 등이 터졌습니다. 세계경제가 모든 국가에게 안전하고 안정적일 수 있도록 G20의 감독하에 지속적인 정책 협력이 필요합니다.

둘째, G20은 세계 지도자들에게 과거 불균형에 대처하기 위한 미시경제 조정에 협조하도록 압력을 가할 수 있습니다. 해결방법은 잘 알려져 있습니다. 아시아의 근검하는 채권국가들은 세계의 제조업 기지에서 벗어나 세계의 더 큰 수요자가 되어야 합니다. 이와 동시에 부채에 시달리는 서구의 거품경제 국가들은 저축과 수출을 지향하며 소비 중심의 성장에서 벗어나야 합니다. 장기적 시각의 투자가로서 우리는 이러한 과정에 참여해야 합니다. 이렇게 함으로써 우리는 상호 이익의 기회를 기대할 수 있습니다.

셋째, G20은 보호주의 확산을 방지하는 데 긍정적인 역할을 할 수 있습니다. 실업률이 증가하고 경상수지 적자가 증가함에 따라 보호주의라는 국내정치에 굴복하기는 매우 쉽습니다. 그러나 무역의 불균형이 이러한 곤경을 초래했듯이 반대로 균형 잡힌 자유 공정 무역은 우리를 곤경에서 벗어날 수 있게 해줄 것입니다.

마지막으로 세계경제에서 신흥국가의 증가하는 리더십에 대해 말씀드리겠습니다. 저는 아시아 국가들로부터 많은 것을 배울 수 있다고 생각합니다. 10년 전 아시아의 경제위기를 겪고 난 이후 아시아 경제가 오늘날 잘 준비되어 있다는 점은 놀라운 일이 아닙니다. 한국은 가장 좋은 예입니다. 1997년 한국의 외환 보유고는 100억 달러에 불과했습니다. 현재 2,500억 달러로 25배 증가했습니다. 한국의 경상수지는 매우 건전하며 중국과 기타 아시아 국가도 마찬가지입니다. 이번 경제위기가 서구 국가들에게 고통스러운 반면 아시아 국가들에게는 10년 전 경제위기만큼 그렇게 고통스럽지 않습니다. 교훈은 학습되었고 적절한 정책이 시행되었습니다.

저는 한국에게 내년 G20 회의는 보다 더 앞으로 나아갈 수 있는 기회라고 생각합니다. 한국은 고래들이 더 이상 세계경제를 휘젓지 못한다는 사실을 확인하고 또 발전적 협력을 위한 리더십을 제공할 수 있을 것입니다. 한국은 더 이상 과거와 같은 새우가 아닙니다. 30년 전 한국의 GDP는 1,000달러에 못 미쳤습니다. 그러나 현재는 20,000달러에 달하며 세계 10~15대 수준의 경제대국입니다. 더 이상 새우가 아닙니다. 이러한 체계적인 기억은 균형 잡힌 시각을 제공하도록 하며, 겸손과 성공의 적절한 조화는 한국이 균형 잡힌 미래의 책임을 선도할 수 있도록 할 것입니다. 감사합니다.

▌사회자

현재의 금융 및 경제위기에 대한 명쾌한 분석에 감사합니다. 칼브 본부장이 매우 흥미로운 질문을 제기했습니다. 발표자 분들이 이에 대해 언급할 것이라고 생각합니다. 오늘 어디에선가 로널드 레이건(Ronald Reagan)이 틀렸고, 때론 민간부문이 문제이며, 정부가 해결책을 제공할 수 있다고 말한 것을 읽었습니다. 많은 사람들이 이같은 견해에 동조할 것이라고 생각합니다. 또 세계적인 협조의 노력인 G20은 1930년대와 지금을 다르게 만드는 하나의 요인이라고 생각합니다. 다음으로 가와이 교수님을 모시겠습니다.

▌가와이 마사히로(KAWAI Masahiro)

오늘 저는 세 가지 문제에 대해 말씀드리겠습니다. 첫째는 세계 금융 및 경제위기의 원인이고, 둘째, 선진 경제의 입장에서 어떻게 미래 위기를 방지할 것인가의 문제이며, 셋째, 아시아의 정책의제와 아시아의 지도자들이 11월 G20 회의에서 어떻게 의사를 표현할 것인가의 문제입니다.

저 역시 사공일 박사님과 칼브 씨의 의견에 동의합니다. 그러나 우리는 유럽과 미국에서 축적된 취약성(vulnerabilities)을 기억해야 합니다. 유럽은 이 점에서 결백하지 않습니다. 미국의 과도한 유동성은 통화정책의 부족과 부적절한 금융감독을 반영하는 것입니다. 미국의 경상수지 적자에 대해서는 이것이 경제위기의 근본적인 원인인가에 관한 논쟁이 있습니다. 이것은 국내적으로 발생된 거품의 결과일 것입니다. 저는 위기의 직접적인 원인은 아니더라도 미국의 경상수지 적자가 거품을 연장시켰다고 생각합니다.

유럽에 대해서는 많은 유럽국가들이 부동산 버블의 문제를 가지고 있으며 금융기관은 동유럽에 투자해 왔습니다. 이러한 금융기관들은 또 고위험 자산(toxic asset)에 투자했습니다. 그래서 유럽은 미국발 위기에 영향을 받았을 뿐만 아니라 내부적 위험에도 직면했습니다.

국제적인 시각에서 취약한 국제 금융구조는 매우 중요한 요인입니다. 미국의 서브 프라임 위기와 가계부채문제가 세계경제의 위기로 확산되는 것에 대해 과소평가했습니다. 세계 금융시장 통합과 금융 혁신이 주는 함의에 대한 이해도 부족했습니다.

이러한 분석들로부터 위기예방 조치들이 명확하게 도출될 수 있을 것입니다. 위기의 진앙지인 미국과 유럽은 안정적이고 건전한 거시경제와 금융 조건을 유지해야 합니다. 이들 국가의 통화정책과 규제구조는 매우 중요합니다. 유럽의 경우 역내 규제의 틀은 강화해야 합니다. 세계경제의 중심에 있는 국가는 경상수지 적자를 지속해서는 안 됩니다. 국제 금융구조의 강화와 관련해서는 IMF의 감시기능에 대해 논의해야 합니다. IMF는 미국, 유럽과 같은 전체 시스템상 중요 국가들을 감시하고 이들 국가들이 적절한 수정 정책을 취하도록 촉구하는 데 취약합니다. G20은 강력한 금융안정포럼(FSF)을 더욱 강력한 조직으로 변모시켜 금융안정위원회(FSB)를 설치하기로 합의하였습니다. 그러나 FSB가 효과적인 기구가 될 것인지에 대해 의문을 가지는 사람이 많습니다. 금융서비스가 경제에서 지배적 역할을 하고 있는 미국과 영국이 FSB로 하여금 강력한 글로벌 감독과 금융기관, 상품, 시장에 대해 규제할 수 있도록 강력하게 지지해야 한다고 생각합니다.

IMF가 진정으로 효과적이기 위해서 지배구조 개혁은 매우 중요합니다.

IMF는 미국과 유럽에 의해 독점되어 왔습니다. 유럽은 많은 대표권(representation)을 가지고 있고 미국은 유일한 거부권을 가지고 있습니다. IMF의 총재는 전통적으로 유럽인이었습니다. 이것은 바뀌어야 합니다. IMF에 소유권을 가졌다고 생각하는 아시아 국가는 적습니다. IMF는 아시아 밖의 누군가에 의해 소유되었습니다. IMF가 효과적이기 위해서는 이러한 인식이 변화해야 합니다.

유럽의 투표권은 10% 정도 축소되어야 합니다. 미국은 거부권을 가져서는 안 되고 다른 어떤 국가도 그러해서는 안 됩니다. 만일 다음 총재가 아시아에서 선출된다면 아시아인들은 IMF가 변화하고 있다고 느낄 것입니다.

아시아의 정책 의제와 관련해서 칼브 씨가 재조정된 성장(rebalancing growth)에 대해 언급했습니다. 아시아 국가들이 외부 시장과 미국과 유럽에 대한 수출에 의존하기보다는 재조정된 성장에 대해 고민해야 한다고 생각합니다. 국내 및 역내 수요를 증진하는 것이 아시아 국가들의 이익입니다.

아시아가 세계의 생산자일 뿐만 아니라 수요자가 되는 것은 매우 중요한 변화입니다. 많은 아시아 국가들에게 소비를 촉진하기 위한 수요 측면의 정책이 필요합니다. 많은 나라에서 정부가 사회부문 보호정책을 추진하는 것은 극단적인 정책이 아니며 매우 중요합니다. 비무역부문의 생산성을 높이고 녹색 부문—에너지 효율, 청정 에너지와 환경 등—등의 공급측면의 정책 또한 매우 중요합니다. 물론 제조업계에 미국과 유럽은 지속적으로 중요할 것입니다. 바로 여기에 아시아의 비교우위와 절대우위가 있기 때문입니다.

그러나 아시아의 시장은 성장하고 있습니다. 중국, 인도, 아세안 국가들의 중산층이 급격하게 늘고 있습니다. 이것은 또 다른 수요의 창구입니다. 지역 시장의 통합은 매우 중요합니다. 왜냐하면 아시아의 생산자들은 자국보다 아시아 전체를 시장으로 보고 있기 때문입니다. 아시아에는 많은 FTA가 진행되고 있지만 아시아를 포괄하는 FTA는 없습니다. 아시아를 포괄하는 FTA는 매우 중요한 발전입니다. 일본에서는 경제파트너 협정이라고 부르는 일본-중국 FTA가 시작일 수 있습니다. 일본과 중국은 아세안 +3, 또는 아세안 +6 FTA에 있어서 매우 중요합니다. 중간적 단계는 일-한 FTA가 될 것입니다.

금융시장 통합은 또 다른 중요한 문제입니다. 왜냐하면 아시아의 방대한 저축을 아시아의 투자로 동원하기 위해 필요하기 때문입니다. 역내 금융구조는 재조정 성장을 위해서도 중요합니다. 재조정 성장에 대해 언급할 때 아시아는 경상수지 흑자를 줄여야 합니다. 그러나 많은 아시아 국가들은 현재 경상수지 흑자를 줄이는 것을 불편하게 느낍니다. 왜냐하면 위기 시에 IMF에 원조를 신청하고 싶지 않기 때문입니다. 만약 아시아에 아시아통화기금(Asian Monetary Fund)과 같이 신뢰할 수 있는 기축통화 합의가 있다면 아시아 국가들은 경상수지 흑자를 축소하더라도 안도감을 느낄 것입니다.

치앙마이 이니셔티브(The Chiang Mai Initiative)는 올해 말까지 감독기구를 설치함으로써 사실상 아시아 통화기금으로 발전하고 있습니다. 감독기구의 고문관(panel of advisor)으로 구성된 사무국은 사실상 ASEAN+3국의 운영이사(executive directors)의 역할을 수행하게 될 것입니다. 사실상의 아시아 통화기금이 부상하고 있습니다. 최상부에는 역내 금융안정위원회(Financial Stability Board)의 비전을 가진 아시아 금융대화(Asian Financial Dialogue)가 위치하고 있습니다. 역내 금융기관들은 한자리에 모여 구조적 위기 문제나 금융부문 발전에 대해 논의해야 할 것입니다.

마지막으로 아시아의 지도자들은 차기 G20 회의에서 다음의 5가지 문제를 해결해야 합니다. 첫째, 아시아는 금융시스템이 건전했음에도 불구하고 통화 및 재정 정책과 금융부문을 지원하는 정책 대응을 해왔습니다. 둘째, 아시아는 위기에서 벗어난 첫 번째 지역이 될 것이라는 점입니다. 셋째, 미국, 유럽 등에서 안정적 세계 금융시장을 유지하기 위해서는 금융감독 및 규제를 강화해야 합니다. 넷째, IMF는 중요한 경제에 대한 실질적인 감독과 지배구조 개혁을 통해 효율성을 체계적으로 증진함으로써 명성과 신용을 재구축할 필요가 있습니다. 선진 국가들은 금융안정위원회(FSB)에 전적인 정치적 지지를 해야 하며 적절한 금융 자원과 전문가들로 하여금 이를 시행하도록 해야 합니다. 마지막으로 아시아 통화기금이나 아시아 금융대화(Asian Financial Dialogue) 등의 역내 금융구조는 새로운 세계 금융구조의 한 부분이어야 한다는 점입니다. 감사합니다.

▎사회자

가와이 교수님, 감사합니다. 가와이 교수님께서 여러 중요한 점을 지적해 주셨습니다. 거시경제 불균형, 재조정 성장, 금융구조, 국제 금융기관의 지배구조 시스템 등입니다. 국제 금융구조와 재조정된 성장에 대해서는 차후 논의하도록 하겠습니다. 한국과 같이 규모가 작고 개방된 국가에게 유일한 안전수단은 외환보유고를 확대하는 것입니다. 이것이 글로벌 차원에서 적절한 금융구조가 필요한 이유이며 이를 위해 지역 금융구조가 필요합니다.

그 이전이라도 쌍무적 협정이 필요합니다. 작년 한국의 외환시장에 대해 잘못된 루머가 있었을 때 한국정부는 미국과 스와프(swap)협정을 체결했고 이를 통해 문제를 해결했습니다. 핵심 산업국가들과의 쌍무협정은 매우 중요합니다. 저는 돈을 빌리지 않고 문제를 해결하는 것이 가장 비용이 적게 드는 수단이라고 생각합니다. 스와프협정이 안전장치인 셈입니다. 그리고 이것이 지역 차원의 협력에 도움을 줄 수 있습니다. 이러한 관점에서 치앙마이 이니셔티브에 전적으로 동의합니다.

결과적으로 치앙마이 이니셔티브가 완전한 역내 통화기구로 성장해서 운영체계에 있어 국제 금융구조와 일치되기를 바랍니다. 이를 위해 우리 모두 노력해야 합니다. 지역 차원의 구조가 국제구조와 일치될 수 있을까요? 이것은 또 다른 문제입니다.

글로벌 불균형 문제와 관련하여 만성적인 적자국가에 대해 우려할 수밖에 없습니다. 왜냐하면 이는 만성적인 흑자국이 있다는 것이기 때문입니다. 우리는 양측 모두를 해결해야 합니다. 이를 통해 국내 수요가 경제발전에 기여할 수 있기를 바랍니다. 그러나 한국과 같은 국가는 쌍무적, 지역적, 그리고 국제적 구조가 없이는 수요를 촉진하는 것은 자동적으로 경상수지 적자로 연관됩니다. 왜냐하면 원유나 자원의 100%를 수입하기 때문입니다. 소비를 늘리기 위해서는 외환이 필요합니다. 이와 관련해서 심도 깊은 논의가 진행되고 있습니다. 다음은 리 다오쿠이 교수님을 소개하겠습니다.

▌ 리 다오쿠이(LI Daokui)

먼저 저를 이 자리에 초청해 주신 제주평화포럼 조직위원회에 감사의 뜻을 표합니다. 앞서 두 발표자께서 이 문제에 대해 잘 말씀해주셨습니다. 저는 좀 특별한 문제에 초점을 맞추겠습니다. 말씀드릴 주제는 "국제통화체제의 미래: 중국의 시각"입니다. 제가 "중국의 시각"이라고 한 이유는 발표내용이 중국중앙은행의 연구프로젝트 결과물을 반영하기 때문입니다. 저는 현재 중국인민정치협상회의(Chinese People's Political Consultative Conference)의 일원이기도 하지만 오늘 말씀드릴 의견은 제 사견임을 밝힙니다.

금융위기 이후 많은 사람들은 핵심 원인이 무엇인지 묻습니다. 이와 관련하여 국제통화체제를 빼놓을 수 없습니다. 이와 관련하여 세 가지를 말씀드리겠습니다. 첫째, 경제위기 이전 세계경제와 국제통화체제의 기본적 특성에 대해 검토하겠습니다. 둘째, 국제 통화금융체제의 문제점, 마지막으로 실현 가능한 개혁과 변화에 대해 말씀드리겠습니다.

금융위기 이전 국제 경제의 중요한 특성은 무엇일까요? 첫 번째 특성은 GDP 성장, 특히 신흥국의 성장입니다. 통계는 이를 대변합니다. 경제위기 이전 국제무역도 빠르게 증가했습니다. 그 결과로 GDP 대비 무역비중은 점차 증가했습니다. 무역과 함께 국제금융도 심화되었습니다. GDP 대비 금융거래의 규모와 크기는 증가해 왔습니다. 현재 빠른 경제성장의 결과, 중국 한국과 같은 신흥시장경제에서 국부(sovereign wealth)가 빠르게 증가하고 있다는 것을 확인할 수 있습니다.

그렇다면 국제통화체제의 특성은 무엇일까요? 세 가지 주목할 만한 특성이 있습니다. 먼저 경제위기 이전 미국 달러는 매우 중요했습니다. 차트에서 보시다시피 각국의 중앙은행은 평균 65% 이상의 미국 달러 자산을 보유하고 있습니다. 이러한 비율은 1980년대 50% 수준에서 상당히 증가한 것입니다. 이와 관련한 한 가지 이유는 구소련의 붕괴입니다. 동유럽국가들은 루블화를 사용했었지만 현재 자국의 통화체제를 지탱하기 위한 외환이 필요합니다.

통화체제의 두 번째 특성은 유로의 부상입니다. 유로는 지난 10년간 두 가지 이유로 성장해왔습니다. 첫 번째는 2003년경부터 국제 채권과 어음 거래에 있어서 유로 비중이 증가했습니다. 또 한 가지는 유로가 2003년 무렵부터 국제무역과 무역결제에서도 달러를 대체하기 시작했다는 점입니다.

세 번째 특성은 국제체제는 미국의 통화정책에 매우 중요한 영향을 받는다는 점입니다. 이 표는 경제위기로 인해 미국의 상대적 통화상태를 보여주고 있습니다. 보시다시피 M2가 미국 GDP에서 차지하는 비중이 일정 비중 이하로 떨어지면 신흥국이 경제위기를 겪게 됩니다. 실제로 1997년 아시아의 경제위기는 미국의 GDP 대비 M2 비율이 역사상 가장 낮을 때 발생했습니다. 그래서 미국의 통화조건은 세계경제에 큰 영향을 미칩니다.

미국의 통화조건이 느슨할 때 신흥국의 금융위기 가능성은 작아집니다. 반대로 미국의 통화조건이 강화될 때 신흥국의 금융위기 가능성이 높아집니다. 이것이 국제통화체제의 특성입니다.

과연 문제는 무엇일까요? 첫 번째 문제는 인센티브의 비호환성(incentive incompatibility)입니다. 미국의 통화정책은 세계경제와 타국의 경제안전에 중요하지만 미국의 국내 정치조건에 따라 결정됩니다. 미국의 통화정책결정자들은 국내 경제상황에 우선적인 관심을 가지지만 국제적 영향을 미치게 되는 것입니다.

두 번째 문제는 지속불가능성(non-sustainability problem)의 문제입니다. 현재의 통화체제는 지속될 수 없습니다. 왜냐하면 미국의 경제위기 이후 미국의 신용도는 중요한 문제가 되었습니다. 이와 관련된 수없이 많은 보고서가 있습니다. 한 가지는 미국 경제가 세계 GDP에서 차지하는 비중의 감소입니다. 또 다른 하나는 미국의 낮은 저축률입니다. 또 다른 하나는 미국의 급격하게 증가하고 있는 재정 적자입니다. 이 모든 것은 현재 통화체제의 지속불가능성을 보여주는 것입니다.

실제로 저는 금융시장이 활성화되는 11월을 걱정하고 있습니다. 미국의 달러가치는 다른 중요 화폐에 대해 평가절하될 것이고 이는 금융시장에 충격을 주게 될 것입니다. 또 다른 지속불가능성의 징후는 미국의 장기채권 신용도입니다. 미국은 순채무국입니다.

국제통화체제와 관련된 세 번째 문제는 인식된 불공정성(perceived unfairness)입니다. '인식된' 이라는 말에 주목해주십시오. 많은 사람들은 국제통화로서 미국의 달러가 이익을 독점하는 것은 불공정하다고 주장하고 있습니다. 이를 계산하는 방법은 여러 가지입니다. 저는 국제통화로서 달러화의 영향에 대한 중국학자의 계산을 보여드리겠습니다. 수치는 부정확할 수 있습니다만, 중요한 것은 현재의 통화체제가 불공정하다는 것입니다.

이와 같이 국제통화체제에는 인센티브의 비호완성, 지속불가능성, 그리고 인식된 불공정성이라는 세 가지 문제가 있습니다. 그럼 이를 개혁하는 방안에는 무엇이 있을까요? 국제통화체제 진화의 방향은 어떠한 가능성이 있을까요? 세 가지 가능성이 있다고 생각합니다.

우선 금 또는 상품 본위제로 회귀하는 것입니다. 저는 시스템의 문제로 인해 이것은 불가능하다고 생각합니다. 왜냐하면 세계경제는 급격하게 팽창하고 있고 금을 공급하는 것이 불충분하기 때문입니다. 또 상품을 공급하는 주체도 미래 국제통화체제에서 비대칭적 통제력을 가질 수 있습니다. 그렇기에 정치적으로 문제가 될 것입니다.

두 번째 가능성은 다중 통화시스템(multi-currency anchor system)입니다. 미국의 달러, 유로, 엔, 그리고 한국의 원이나 중국의 위안이 그 예입니다. 개인적으로 가장 가능성이 높은 방향이라고 생각합니다. 다중 통화는 금융자산과 무역에서 주요통화가 될 것입니다. 주요통화에 투자하고 국제무역은 이러한 주요통화로 결제될 수 있습니다.

시스템이 진화함에 따라 화폐를 발행하는 각국 정부는 환율과 보유외환 관리에 대해 서로 긴밀하게 협조해야 할 것입니다. 화폐 발행자는 국제수지 위기의 가능성을 줄이기 위해 상호 보유 외환에 대해 협상하고 협력해야 할 것입니다. 본인은 이것이 미래 국제통화체제의 기본계획이라고 믿습니다.

세 번째 가능성은 최근 중국에서 많이 논의되고 있습니다. 중국의 중앙은행 총재인 저우 샤우취엔(Zhou Xiaochuan)은 일국의 통제를 받지 않는 국제 통화가 필요하다고 제안한 바 있습니다. 특히 그는 특별인출권(SDR)을 늘릴 필요성에 대해 언급했습니다. 이러한 개혁이 가능하기 위해서는 몇 가지 조건이 충족되어야 합니다. 첫째, 저우 총재가 언급했듯이 SDR 신용할당량이 증가되어야 합니다. 지난 런던 G20 회의에서 일부 논의되어 3,400억 달러에서 6,000억 달러로 증가되었습니다.

또 다른 조건은 SDR에서 요구되는 금융수단을 확대하는 것입니다. 현재 SDR에는 소수의 금융수단만이 발행되고 있습니다. 현재 SDR로 발행된 IMF 대출금이 있습니다. 러시아와 중국같은 주요 국가가 국채를 SDR로 발행할 가능성이 없지 않습니다. 이와 관련해서 기술적인 문제는 없고 단지 정치적인 문제가 있다고 생각합니다. 이에 대해 잠시 후 말씀드리겠습니다.

세 번째 조건은 SDR 통화 바스켓의 통화 갯수를 확대하는 것입니다. 현재 SDR에는 4개의 통화가 있습니다. SDR 계획이 정치적으로 설득력을 얻기 위해서는 더 많은 통화가 포함되어야 합니다. 새로운 SDR계획에는 20개의 통화를 포함하고자 하는 계획이 있습니다.

네 번째 조건은 SDR 거래의 영역을 확대하는 것입니다. 현재 SDR은 정부 결제에만 사용되고 있습니다. SDR이 국제통화가 되기 위해서는 SDR이 더 많은 사적 영역의 결재수단으로 사용되어야 합니다.

이러한 네 가지 조건은 경제 및 금융영역의 문제입니다. 그러나 저에게는 정치적 영역이 중요합니다. SDR 개혁이 성공하기 위해서는 적어도 두 가지 조건이 충족되어야 합니다. 첫 번째는 IMF에 대한 실질적인 개혁이 이루어져야 합니다. 왜냐하면 IMF는 SDR의 발행자이기 때문입니다. 만일 IMF가 미국이나 유럽에 의해 여전히 통제된다면 SDR 통화정책은 미국과 유럽의 통화정책의 모방에 그칠 것입니다. 그러게 되면 결국 SDR 계획은 아시아 국가들에게 인기를 끌지 못할 것입니다.

둘째 미국의 약속이 매우 중요합니다. SDR 개혁이 성공하기 위해서는 미국이 국제통화의 제공자로서 영향력의 일부를 포기하는 데 동의해야 합니다. 이것은 매우 어려운 일이며 따라서 SDR 계획이 가까운 미래에 효과적일 수 없을 것입니다. 그 중요한 이유는 미국 정부입니다. 금융위기가 현행 국제통화체제의 문제점을 노출시킨 것은 아이러니입니다. 바로 금융위기로 인해 미국 정부는 돈을 빌려야 하기 때문에 국제통화로 쓰이는 달러의 영향력에 대한 통제를 지금 포기하려고 하지 않을 것입니다. 그래서 미국정부의 국고채권은 지속 발행될 것이고 국제시장에서 소비될 것입니다. 미국 정부는 SDR 개혁에서 핵심적인 주체입니다.

요약하자면 현재의 국제통화체제는 문제를 가지고 있으며 지속가능성이 없습니다. 다중통화체제가 등장할 것입니다. 어떤 다른 통화일까요? 유로화는 이미 매우 중요합니다. 엔화와 원화도 중요합니다. 중국의 위안화도 다중통화 시스템의 통화수단 후보자 중 하나입니다. 이러한 측면에서 자본계정 상 태환 가능성에 대한 중국의 개혁을 주의 깊게 살펴볼 필요가 있습니다. 이 모든 개혁은 어려운 과제이지만 신중하게 탐구해야 합니다. 감사합니다.

▌사회자

감사합니다. 논쟁적인 문제에 대해서 말씀해주셨습니다. 통화문제는 중요하고 복잡한 문제입니다. 독점이라는 단어를 사용하는 데 매우 신중해야 한다고 생각합니다. 독점에 대해 언급할 때 진입장벽을 의미하셨지만 어느 국가나 통화를 가지고 있고 시장에서 사용될 수 있습니다. 어느 누구도 미국 달러를 사용하라고 강요하지 않습니다. SDR을 만드는 데 동의하지만 이는 세계 중앙은행이 관련된 문제를 내포합니다. 왜냐하면 중앙은행이 화폐공급을 확대하거나 축소할 수 있어야 하기 때문입니다. 따라서 이는 매우 많은 토의가 필요한 복잡한 문제입니다.

좋든 싫든 간에 미국 달러화는 당분간 그 영향력이 지속될 것이고 시장에서 사용될 것입니다. 유로가 처음 도입되었을 때 많은 경제학자들은 10년 내에 매우 중요한 통화가 될 것이라고 예측했습니다. 그러나 미국의 달러가 여전히 지배적인 통화임을 볼 때 이러한 예측은 틀렸습니다. 이러한 점을 볼 때 해결책은 쉽지 않습니다. 해결책을 모색하는 데 매우 신중해야 합니다. 다무라 의원님이 발표하겠습니다.

▌다무라 코타로(TAMURA Kotaro)

중요한 회의에 저를 초청해 주셔서 감사합니다. 선거 기간 중이라 매우 피곤합니다. 하지만 훌륭한 휴식이 되고 있습니다. 저를 간단히 소개드리겠습니다. 저는 패션모델도 아니고 영화배우도 아닙니다. 정치인이며 정치인이 되기 전에는 투자은행가이자 기업경영자였습니다. 저의 가족 사업은 일본의 큰 공급업자입니다. 저는 한 일본 지역신문의 대표이기도 합니다.

정치인으로서 저는 재무부차관을 역임했습니다. 저는 현재 일본 정부가 시행하고 있는 거의 대부분의 금융위기 대응책들을 고안했습니다. 현재 일본의 증권시장과 부동산 시장은 빠르게 회복되고 있는데 부분적으로는 제 아이디어 때문인지도 모르겠습니다.

오늘 저는 정치인으로서 매우 큰 구상을 아주 짧게 말씀드리겠습니다. 만약 제가 여기에 계신 영민하신 분들처럼 말한다면 저는 선거에서 승리할 수 없을 것입니다. 간단하게 중복 없이 말씀드리겠습니다. 이와 관련하여 언론과 미디어에서 이미 많은 정보를 제공했습니다. 그러나 저는 간단하게 두 가지 점에 대해서 말씀드리겠습니다. 첫째, 세계는 지금 매우 많은 자금을 가지고 있다는 것이고, 둘째는 우리는 매우 탐욕스러운 바보라는 점입니다.

우리는 지금 지구상에 많은 자금을 보유하고 있습니다. 현재 우리는 세계 GDP의 10배가 넘는 자금을 가지고 있습니다. 그 이유는 선진국의 고령화 사회, 많은 인구와 석유, 가스, 희귀금속 같은 소중한 자원을 가진 신흥국의 부상 때문입니다. 이러한 대규모 자금은 시장, 은행, 투자은행, 펀드 등 어딘가에 사용되어야 합니다. 그러나 자금의 규모에 비해 사회발전에 진정으로 기여하는 투자처가 별로 없습니다.

두 번째 포인트인 "탐욕스러운 바보"에 관해 말씀드리면, 투자은행은 모든 것을 알고 있는 것처럼 말합니다. 제가 투자가였지만 거의 아무것도 몰랐습니다. 투자은행은 빠르게 증가하는 자금 때문에 고용을 늘려야 했습니다. 시장은 과학적 분석과 실험보다 더 복잡합니다. 금융공학은 여전히 초보적 학문이지만 과거보다 더 나은 기법인 것처럼 말합니다. 문제는 금융공학 자체라기보다는 금융공학을 사용하는 사람의 잘못입니다.

시장은 화학적 반응이거나 물리적 실험대상이 아닙니다. 인간의 분노, 탐욕, 증오, 후회 같은 모든 것들이 시장에 포함되어 있습니다. 따라서 시장에서 어떤 일이 일어날지 예측하는 것은 쉽지 않습니다. 자본이 부족하면 자본을 신중하게 관리합니다. 하지만 돈이 부족하지는 않습니다. 오히려 돈이 너무 많습니다. 그래서 탐욕스런 인간을 만족시키려고 투자은행은 돈을 벌기 위해서 변형, 이상한 구분, 의도적 회색영역을 창출해서 새로운 기회를 만들어야 합니다. 이것이 이유입니다. 그리고 저는 이것이 시작이라고 생각합니다. 우리는 결론이나 최저점에 닿아 있는 것이 아닙니다. 비즈니스 모델의 철학을 수정하지 않으면 미래에 금융위기가 반복될 수 있습니다.

그 대응책은 투자은행, 펀드의 비즈니스 모델을 수정하는 것이라고 생각합니다. 오래 전 돈의 주인은 투자가였습니다. 그러나 지금은 직접적이건 간접적이건 투자은행, 헤지펀드 등의 대리인을 사용합니다. 신용평가기관도 개입되어 있습니다. 따라서 우리는 평가기관, 펀드, 투자은행의 인센티브 시스템을 변화시켜야 합니다.

당장은 수익이 많을수록 더 큰 보너스를 받을 수 있습니다. 손실이 나더라도 여전히 보너스를 받습니다. 이것이 시장의 위기를 악화시키게 됩니다. 평가기관도 책임과 이러한 부담을 공유해야 합니다.

정책가로서 팻 테일(fat-tail)에 대비해야 합니다. 시장에서 금융공학은 통계가 아닙니다. 순수 통계는 정규분포를 가정합니다. 하지만 여러분이 주지하시다시피 팻 테일은 실제 발생합니다. 이는 화학이나 물리학 실험과 다릅니다. 따라서 팻 테일 현상을 처리하는 것은 정부의 역할입니다.

이와 동시에 시장에 올바른 가격이란 없습니다. 어느 누구도 올바른 가격이라고 말할 수 없습니다. 명품 브랜드의 경우 가격은 부르기 나름입니다. 민주사회에서 버블경제가 시작되었습니다. 과열경기와 시장은 좋은 것처럼 보이지만 이는 정책가들이 처리해야 할 과제입니다.

많은 이들이 IMF의 개혁과 같은 문제에 대해 언급합니다. 그러나 IMF는 환율이나 통화체제와 관련된 기관입니다. 저는 G20 회담을 위해 출발하는 일본 총리에게 외환과 연금을 축적하는 "세계안정기금(World Stabilization Fund)"을 일본의 주도하에 설립하라고 제안했습니다. 그리고 이 기구는 IFM와는 달리 관료가 아니라 최고의 전문가들을 고용해서 화폐와 통화체제만이 아니라 시장을 조사하고 필요하면 개입해서 금융기관을 수사해야 한다고 제안했습니다.

일본은 일본경제를 안정시키고 발전시킬 준비가 되어 있습니다. 일본의 경제는 아시아의 경제이자 세계의 경제입니다. 선거용 발언 같지만 일본은 지속적 사회발전을 위한 바이오기술, 나노기술, 환경기술 및 식량생산 등에 대한 투자기회를 확대하기 위해 규제완화에 힘쓰고 있습니다.

우리는 화폐순환을 증가시키기 위해 노력하고 있습니다. 일본의 정부와 가계가 보유한 총자산은 세계에서 가장 많습니다. 순자산이란 자산에서 부채를 제외한 것을 의미합니다. 하지만 대부분의 자산은 은행과 노인 인구에게서 잠자고 있습니다. 일본 정부는 감세를 통해 화폐유동성을 증가시키기 위해 노력하고 있습니다. 우리는 화폐의 세대 간 이동을 늘리기 위해 선물세(gift tax)를 내렸습니다. 현재 일본에서 상속자산은 대부분 70세 이상이 보유하고 있습니다. 이것은 화폐가 다시 노인층에서 잠자게 됨을 의미하는 것입니다. 그래서 일본은 화폐의 순환을 증가시키고 이것이 아시아에 투자되도록 노력하고 있습니다.

저의 아이디어에서 비롯되어 지난 달에 시작된 소위 혁신펀드(innovation fund)는 최고의 전문가들이 정부자금을 신세대 기술에 투자하는 투자펀드입니다. 일본은 많은 자산을 가지고 있지만 물리적 성장의 기회는 적습니다. 그러나 우리가 기회를 만들고자 한다면 투자할 곳은 많이 있습니다.

필요하다면 IMF보다 더 많은 역할을 담당하여 자본시장을 조사하고 금융기관을 조사할 기구를 설립해야 합니다. 금융자산을 투자하는 대리인들의 인센티브 시스템을 바꾸어야 합니다. 그리고 투자철학의 기본으로 돌아가야 합니다. 투자는 신성한 행위입니다. 투자는 사회발전을 촉진하기 위한 위험을 감수함으로써 수익을 얻는 것입니다. 위험은 사회와 공유해야 합니다. 이러한 투자철학으로 돌아가야 합니다. 그렇게 해야만 이러한 종류의 위기를 방지할 수 있습니다. 사회발전에 대하여 진보적인 생각 없이 탐욕과 수익창출에만 매달린다면 같은 문제에 직면하게 될 것입니다. 따라서 철학이 중요합니다. 저의 부족한 발표를 경청해 주서서 감사드립니다.

▋사회자

대단히 감사합니다. 매우 흥미로운 질문들을 제기해주셨습니다. 독일 마르켈 총리는 "세계 헌장(global charter)"을 주창하고 있습니다. 이것은 피츠버그 정상회담에서도 논의될 것입니다. 이탈리아는 철학과 도덕적 문제를 포함하는 글로벌 스탠다드(global standard)를 주장합니다.

그러나 저는 다른 생각을 가지고 있습니다. 인간은 태생적으로 탐욕적입니다. 만약 시스템이 이러한 본능이 발산되도록 허용하면 이에 따라 세계는 발전할 것입니다. 그래서 우리는 적당한 수준의 규제와 감독이 필요하다고 봅니다. 미국의 앨런 그린스펀(Alan Greenspan)은 자기규제능력의 힘을 믿었습니다. 금융시장에서조차도 충분한 규제와 감독이 작동되지 않았습니다. 그래서 탐욕이라는 동기에 따라 IT 기술을 활용하는 모든 종류의 도구들이 개발되었습니다. 그래서 지금 금융부문에서 핵심 질문은 "무엇이 적절한 수준의 규제와 감독인가?"의 문제입니다.

저는 시작부터 G20에 관여해오고 있는데 G20의 지도자들은 새로운 브레튼우즈 시스템을 만드는 것이 아니라 현재 국제환경의 변화에 부합하도록 기존의 기구를 개혁하기로 결정했습니다. 브레튼우즈 시스템은 1970년대 초 고정환율제도가 만들어졌을 때 이미 붕괴했습니다. 그러나 세계은행이나 IMF와 같은 제도적 기반은 여전히 지속되고 있습니다. 이 기구들의 지배구조와 기능 모두를 개혁해야 합니다.

가와이 교수가 지적한 바와 같이 도전과제가 있습니다. 유럽의 과잉대표를 어떻게 해결할 것인가? 미국의 거부권 문제를 어떻게 해결할 것인가? 작년에 싱가포르에서 작은 규모로 쿼타를 조정하기로 합의했습니다. G20의 지도자들은 이 과정을 빨리 진행시키기로 결정했지만 아직 부족합니다. 문제의 핵심인 과잉대표 문제는 다루지 못했습니다.

감독과 조사에 관한 문제도 있습니다. 우리는 아프리카와 다른 신흥국에 대한 IMF의 조사기준을 그대로 미국에 적용할 수 있을까요? 공정한 접근이 가능할까요? 어떻게 가능하도록 할 수 있을까요? 어떻게 구상할 수 있을까요? 이는 또 다른 중요한 문제입니다. G20의 지도자들은 금융안정위원회(FSB)를 격상시키고 IMF와 협력을 강화하기로 했습니다. 그러나 그 운영방법(modus operandi)은 아직 작동하지 않고 있습니다. 저는 피츠버그 정상회담에서 이 문제가 구체화되기를 바랍니다. 새로운 제도적 기반의 창출 없이 G20 지도자들은 기존 체제를 개선하기로 합의했습니다. 우리는 이에 협조해야 합니다.

G20은 매우 좋은 포럼이라고 생각합니다. G8과도 매우 좋은 협력체계를 만들어야 합니다. G20이 G8을 대체해야 한다고는 생각하지 않습니다. 저는 G8 혹은 G7이 G20내의 한 초점이라고 생각합니다. 공동의 목적을 위해 작동되는 한, 두 그룹 모두 강력하고 긍정적인 시너지 효과를 거둘 수 있을 것입니다. 저는 G8 재무장관들이 공동선언문에서 G20을 많이 언급한 것에 주목합니다. 두 그룹은 서로를 강화시켜 주기를 바랍니다. 그간의 모든 업적을 없었던 일로 하고 새로 시작할 수는 없다고 생각합니다. 우리는 가장 좋은 개혁의 방법을 찾아야 하고 지역 차원의 보완기구를 만들어야 합니다. 이것이 우리에게 남은 과제입니다.

아직 말씀드리기 성급하겠지만 저는 개인적으로 이번 피츠버그 회담에서 출구전략이 핵심 의제로 다루어지기를 바랍니다. 지도자들은 피츠버그 회담 후에 실행될 수 있는 출구전략 준비 필요성을 인식해야 합니다. 다음 회담에서, 아마도 한국이 되겠습니다만, 브레튼우즈체제의 개혁이나 글로벌 거버넌스를 위한 G8과 G20의 관계 등의 위기관리가 핵심 의제가 될 것입니다. 감사합니다.

제3부

한국의 미래:
신성장 동력과 휴먼 뉴딜

- 사회자　　　　　　_곽승준

- 발표자

　　　　　　_임채민
　　　　　　_Ulf NEHRBASS
　　　　　　_현오석
　　　　　　_Richard B. FREEMAN

- 공동배분 자본주의와 공동배분 회피에 대한
  근로자들의 대응　　_Richard B. FREEMAN

한국의 미래:
신성장 동력과 휴먼 뉴딜

사회자: **곽승준** (의장, 미래기획위원회 위원장)

발표자:
  (1) "신성장 동력"
    - **임채민** (지식경제부 제1차관)
    - Ulf NEHRBASS (한국 파스퇴르 CEO)
  (2) "휴먼 뉴딜"
    - **현오석** (한국개발연구원장)
    - Richard B. FREEMAN (하버드대학교 경제학 교수)

▌ 사회자

본 세션에서는 이명박 정부의 2가지 핵심 과제인 "휴먼 뉴딜"과 "신성장 동력"에 관한 발표가 있을 것입니다. 본 주제에 관한 관련 전문가들의 고견과 분석 내용을 들어보고 이후에 짧게 질의응답시간을 갖도록 하겠습니다.

먼저, 지식경제부 임채민 제1차관님을 모시고 "신성장 동력"을 주제로 발표를 듣겠습니다. 그 다음으로, 울프 네바스 한국 파스퇴르 사장님의 의견을 들어보는 시간을 가진 후 현오석 한국개발연구원장님의 발표가 있겠습니다. 마지막으로, 리차드 프리맨 하버드대 교수님을 모시고 "휴먼 뉴딜"에 관한 주제 발표가 있겠습니다. 우선 "신성장 동력"을 주제로 임 차관님의 발표가 있겠습니다.

▌임채민

우선, 동북아시아를 비롯한 전 세계의 평화와 번영을 논하는 이 자리에 함께 할 수 있어서 대단히 영광입니다. 오늘 회의를 통해 우리 모두가 미래를 위한 새로운 전략들을 도출해 낼 수 있을 것이라 믿습니다. 오늘 저는 한국의 "신성장 동력"에 대해 간단히 말씀드리고자 합니다. "신성장 동력"은 현재의 경제위기를 극복하고 위기 이후의 상황에 대처하기 위한 능동적 전략이라고 할 수 있습니다.

먼저 첨단기술을 통해 새롭게 떠오르는 제품인 발광 다이오드에 관해 말씀드리고자 합니다. 이 제품은 흔히 "LED"라고도 불립니다. 사실 어느 누가 빛을 발산하는 반도체를 상상이라도 해 봤겠습니까? LED는 이제 에너지 절감 차원에서 굉장한 인기를 구가하며 기존의 백열전구를 대체하고 있습니다. LED는 또한 최신 TV 패널에도 유용하게 쓰이고 있습니다.

5년 전만 해도, LED가 새로운 변화를 가져올 것이라고 생각한 사람들이 많지 않았다고 생각합니다. 이제 LED의 성공은 현실로 펼쳐지고 있습니다만 제품 개발 초기 단계에서는 많은 위험들이 잠재되어 있었습니다. 사실 혁신적인 아이디어나 기술들을 현실화시키는 것은 마치 뿌연 물속을 헤쳐가는 것과 같습니다. 바로 이 뿌연 물이 위험 요소들입니다. 때로는 물속이 굉장히 탁할 수도 있고 파도가 일렁이는 상황일 수도 있습니다. 그럼 어떻게 종착지에 다다를 수 있을까요? 위험을 어떻게 피해갈 수 있을까요? 이 힘든 항해를 어떻게 준비하시겠습니까? 이 항해를 무사히 마치기 위해서, 여러분은 두 가지를 확보해야 합니다. 하나는 등대와 함께 분명한 종착지가 있어야 하고, 또 하나는 폭풍우를 견디고 종착지까지 무사히 도착할 수 있게끔 만반의 준비가 갖춰진 배입니다.

새로운 성장 동력을 찾아내는 길에는 언제나 위험이 도사리고 있습니다.

하지만 확실한 계획과 잘 준비된 배만 있다면 목표 달성은 더 쉬울 수 있습니다. 배에는 훌륭한 선원들과 장비, 그리고 상세한 지도가 필요합니다. 물론 기상 상태까지 좋으면 더할 나위 없을 것입니다.

그러면 왜 모든 사람들이 신성장 동력에 이리 관심이 많을까요? 전 세계 기업들과 마찬가지로 한국 기업들은 끊임없이 다음 세대를 이끌 무언가를 찾아다니고 있습니다. 무엇인가 새로운 것, 더 나은 것, 더 많은 이익을 창출할 수 있는 것, 더욱 효율적인 것을 찾아내는 건 이제 생존이 걸린 문제입니다. 왜냐하면 이것이 바로 결과를 좌지우지하기 때문입니다. 이런 압박에 엎친 데 덮친 격으로 성장률 저조와 에너지 및 원자재 가격 상승, 그리고 신기술이 이전의 것을 고물로 만들어 버릴 수 있다는 우려가 있습니다.

우리 앞에 놓인 위험 요소들을 좀 더 짚어봅시다. 1990년대 이래, 한국의 경제성장률은 계속해서 감소해 왔습니다. 지난 몇 년간 성장률은 지난 1980년대의 9%대에서 추락하여 4.4%에 머물렀습니다. 에너지 및 원자재 수요가 급증하면서 가격 상승을 불러왔습니다. 기후 변화는 이제 현실로 닥친 위협이 되고 있습니다. 그렇기 때문에 에너지 고효율의 친환경적 성장은 우리 모두에게 더욱 중요해졌습니다.

우리는 시대에 적응해가야 합니다. 기술, 개발, 시장 상황의 변화가 빛의 속도로 나타나고 있기 때문입니다. 새로운 기술들이 끊임없이 개발되고 있고, 많은 산업 분야에서 기술 융합이 이루어지고 있습니다. 이에 더해, 시장 통합이 빠르게 이루어지고 있습니다. 이는 여러 국가들이 무역협정을 통해 합세하면서 글로벌 시장에 새로운 경쟁자들이 들어오고 있다는 말입니다. 마지막으로 저 출산율과 고령화 사회는 노동인구의 감소를 의미합니다. 만일 우리가 생산성을 재고하지 못하고 투자를 활성화하지 않는다면 이로 인해 미래 경제성장을 저해하는 요소가 될 수 있습니다.

이러한 압박에도 불구하고, 기업들은 밤낮으로 새로운 성장 동력을 찾기 위해 노력하고 있습니다. 우리는 이러한 노력들을 뒷받침하는 데 많은 우위를 점하고 있습니다. 한국의 산업 포트폴리오는 관련된 산업의 수로 봤을 때 굉장히 방대하고 다양합니다. 우리는 선박, 자동차, 반도체에 이르기까지, 신 사업에 뛰어들 수 있게 해주는 탄탄한 기반을 갖고 있습니다.

그러므로 이제 관건은 어떻게 하면 우리가 현재의 우위를 잘 이용하여 미래를 위한 초석으로 삼을 것인가입니다. 에너지 안보, 기후변화, 아주 복잡하면서도 급변하고 있는 소비자 트렌드와 같은 미래의 해결 과제들을 한국은 어떻게 풀어갈 수 있을까요? 이에 대한 해답은 신성장 동력을 찾아내고자 하는 우리의 열망 속에서 찾을 수 있을 거라 생각합니다. 기본적으로, 이를 민간분야가 선도해 왔으며 획기적인 기술, 제품, 서비스 개발에 있어 계속해서 노력을 경주할 것입니다. 정부 차원에서 해 줄 수 있는 일은 건전한 기업 환경을 조성해 주는 것입니다.

시장에서는 이미 미래 성장 동력으로 세 가지 분야를 꼽았는데 친환경, 융합, 서비스가 그것입니다. 크게 봤을 때, 이 세 가지는 환경 문제, 기업 수익성, 삶의 질 차원에서 비롯된 것들입니다. 산업 전문가, 연구원, 여기에 대학생들의 방대한 연구 조사 결과, 이 세 분야에서 17가지의 가능성 있는 산업 부문을 발굴했습니다. 우리는 이 성장 동력원들의 잠재력을 높이 평가하고 있지만 실제로 잠재력을 테스트하려면 시장에 출시가 되어야 합니다. 이 동력원들 중 몇 가지를 살펴보고자 합니다.

첫째, 환경운동가들, 기업가들, 여기에 정책입안자들까지 관심을 보이고 있는 주요 분야는 저탄소 지속가능 성장입니다. 다시 말해 "녹색성장"입니다. 환경보호는 환경 자체의 보호뿐만 아니라 경제성장의 기회를 제공한다는 뜻입니다. 이미 언급했듯이, 우리의 산업 포트폴리오는 방대하고 다양하며 에너지 효율성을 극대화하는 노력을 오래전부터 펼쳐왔습니다. 왜냐하면 한국은 천연자원이 거의 없기 때문입니다. 이렇게 지금까지 쌓아온 기반을 통해 친환경 경쟁 속에서 산업구조를 향상시킬 수 있을 것입니다.

한국의 경우, 재생 에너지는 최첨단기술을 수반합니다. 태양광 패널은 최신 반도체 생산시설을 이용합니다. 석탄은 가스로 변환시켜 거의 모든 이산화탄소를 포집하여 합성천연가스로 바꿀 수 있습니다. 최신 제품의 시장 출시 경쟁이 펼쳐지고 있지만 원천 기술을 갖기 위해서는 엄청난 시간과 에너지, 자본이 필요합니다. 그렇기에 현재 나와 있는 기술을 융합하여 새로운 것을 만들어 내는 것이 비용 대비 효율성이 높습니다. 그렇게 되면 새로운 것을 시장에 내놓는 속도가 굉장히 빨라질 것입니다.

청소로봇, 가정교사로봇, 노인을 돌보는 로봇들이 모두 각기 다른 기술들을 융합해서 만들 수 있는 것들입니다. 예를 들어, 정보기술은 소통을 가능케 합니다. 기술 및 전기 공학은 이동성을 용이하게 해주고 인공 지능은 탐색 기능을 높여줍니다. 머지않아, 로봇은 일상생활에 없어서는 안 될 필수품이 될 것입니다.

또 다른 흥미로운 분야가 첨단 반도체와 자동차의 융합입니다. 이는 인공 지능 자동차로 잘 알려져 있습니다. 이 자동차는 스스로 주차를 할 수 있고, 타이어 유압 체크가 가능하며, 스마트키 기능, 졸음운전 방지, 차간 거리 유지를 가능하게 해주는 자동항법장치를 갖고 있습니다.

새로운 기회를 모색하고 있는 기업들은 삶의 질을 높이는 데에 집중해야 합니다. 저출산, 초고령화, 심신의 웰빙 트렌드 등 현재의 인구학적 추이를 볼 때 서비스 분야는 성장 잠재력이 큽니다.

원격의료서비스를 한번 살펴봅시다. 이 분야는 최첨단 정보기술을 이용하여 최고급 의료 서비스를 제공합니다. 환자들은 언제 어디서나 의사와의 면담이 가능합니다. 이 분야는 굉장히 빠르게 성장하고 있으며 점점 늘어가는 의료비용을 줄일 수 있고 환자들에게는 편의를 제공합니다. 의료업계에서는 원격의료를 통해 당뇨나 고혈압 환자들을 장기적으로 모니터링할 수 있을 것이라고 봅니다.

또 다른 분야는 콘텐츠 산업입니다. 콘텐츠 산업의 발전은 제조, 관광, 서비스 분야와 같은 다른 산업 분야의 성장에 기여할 것입니다. 한국의 유명한 드라마 "겨울연가"는 일본에서도 방영되었습니다. 이 드라마가 방영된 이후 한국을 방문한 일본인 관광객 수는 평균보다 180,000명이나 더 늘었고 이를 통해 3,300만 달러의 추가 관광 수익을 올렸습니다.

많은 선두 기업들과 연구기관들이 정부가 영감을 줄 수 있기를 바라고 있습니다. 우리나라는 혁신을 이끌어 낼 수 있는 능력을 갖고 있으며 이는 연구개발 분야를 강조함으로써 얻을 수 있는 것입니다. 한국은 연구개발 분야에 있어 세계 5위권에 드는 나라로 GDP의 3.2%를 연구개발 분야가 차지하고 있습니다. 2012년까지 이를 5%까지 끌어올릴 계획입니다. 우리는 또한 능력이 뛰어난 전문가들과 고급 인력들을 보유하고 있습니다. 대학 진학률이 거의 84%에 이릅니다. 이는 놀라운 수치입니다. 매년 과학 및 공학 분야에서 10만 명의 졸업생들을 배출하고 있습니다.

저는 최근 한국에서 나타나고 있는 흥미로운 현상에 대해 말씀드리고 싶습니다. 과거와는 달리 기업들 간의 협력이 늘어나고 있습니다. 대기업들이 중소기업들과 손을 잡고 수익 창출 잠재력이 큰 생명공학 분야로 뛰어들고 있습니다. 이러한 협력 관계를 통해 곧 생물 의약을 구할 수 있게 될 것입니다. 과거에는 경쟁 관계였던 두 대기업, 삼성과 현대가 인재를 끌어 모아 인공지능 자동차 개발에 투입하고 있습니다. 이러한 기업 문화의 변화는 고위험 고수익 성장 동력을 통해 미래의 성장을 촉진시킬 것입니다. 이러한 연구개발 분야에서의 협력은 해외 기업들의 협력까지 이끌어 낼 수 있게 됩니다.

이 트렌드를 놓치지 않았다면 이제 기업이 나아가야 할 다음 단계는 계획을 실행에 옮기는 것입니다. 바로 여기서 정부는 기업 우호적인 세제, 규제 완화, 인재 양성을 통해 좋은 기업 환경을 조성하는 데 최선을 다하고 있습니다. 정부는 현재 연구개발 사업이 초기 단계에 감수해야 할 위험을 정부가 함께 짊어지는 차원으로, 세금을 감면해 주는 새로운 세제 법안을 준비 중에 있습니다. 또한 규제를 완화하고 법인세율을 낮춤으로써 전체 기업 환경을 개선하는 작업도 하고 있습니다.

현재의 경제위기는 많은 기업들에게 경종을 울리고 있습니다. 이제는 예전 상황과 완전히 다릅니다. 우리는 미래를 준비하기 위해 변화하고 혁신을 이끌어 내야 합니다. 최선책은 새로운 성장 동력을 개발하는 것입니다. 위험도 많고, 경기가 침체된 상황이지만, 지속가능한 미래로 이끄는 최선의 계획은 신성장 동력을 발굴하고자 하는 강한 의지에서 비롯됩니다.

우리는 등대를 벗 삼아 목적지로 향하고 있습니다. 이 여행이 쉽지만은 않을 것입니다. 하지만 여행을 하는 동안 많은 것을 배우고 경험할 수 있을 것입니다. 개방적인 협력이 항해를 성공적으로 마칠 수 있는 가능성을 더욱 높여줄 것이라 생각합니다. 저는 여기서 한국이 아이디어의 교류와 지속적인 협력 관계 형성에 대한 의지가 충만하다는 점을 다시 한번 강조하고 싶습니다. 감사합니다.

▮ 사회자

유익하고도 통찰력 있는 발표 감사드립니다. 다음은 방금 다룬 이슈에 대한 네바스 박사님의 고견을 들어보도록 하겠습니다.

▮ 울프 네바스(Ulf NEHRBASS)

앞서 있었던 훌륭한 발표에 이어 이 자리에 설 수 있는 기회를 주셔서 대단히 감사합니다. 저는 이 시간을 통해 한국 내 생물의약시장이 어떻게 미래 성장 동력이 될 수 있는지에 관해 말씀드리고자 합니다. 한국에서의 의약시장 진출은 불가능하다는 주장들도 있습니다. 하지만 의약시장은 획일화되어 있지 않다는 점을 말씀드리며, 이와 함께 의약시장이 위기에 처해 있다는 점을 지적하고자 합니다.

그럼 파스퇴르 사를 우선 살펴보도록 하겠습니다. 파스퇴르 사는 세계에서 가장 오랜 역사를 지닌 생물의약 회사라고 할 수 있을 것입니다. 예전부터, 의약품 발견 및 개발은 관찰을 기본으로 한 선험적인 노력으로 이루어졌습니다. 130년 전으로 거슬러 올라가서, 여기 그림에 보이는 환자는 인류 최초로 공수병을 치료받은 사람입니다. 흰색 코트를 걸친 사람은 기초 과학자이자 임상 과학자였습니다. 모든 것이 동시에 이루어졌습니다. 현재는 이런 것이 불가능해졌지만 수년에 걸쳐 위대한 성과를 거두었습니다.

수많은 의약품들 덕분에 수백만의 생명을 구할 수 있었습니다. 그뿐 아니라 이 의약품들은 성장 동력으로서의 역할을 했습니다. 파스퇴르 사는 라이센스 수입에 있어서 세계 최고 수준입니다. 또한, 10개의 노벨상을 거머쥐었습니다. 하지만 그 이후로 많은 변화가 있었습니다.

현재 의약품 발명은 환원주의적 가설과 복잡한 생물학적 체계에 대한 기능적 예측에 바탕을 두고 있습니다. 이는 이론적으로는 굉장히 그럴 듯하지만 실제로는 효과가 별로 없는 경우가 많습니다. 위기에 처한 산업의 전형적인 모습입니다. 생산성은 감소하면서 비용은 계속해서 증가하고 있습니다. 결코 좋은 현상이 아닙니다. 하지만 좀 더 간단히 얘기하자면, 1989년 이래 전 세계 의약 시장에서 내놓은 새로운 목표 질환은 23개에 지나지 않습니다. 목표 질환이란 기본적인 질환모델로서 이에 따라 특정 질병 치료에 대한 목표를 설정할 수 있습니다. 요즘의 의약 시장을 들여다보면, 그 미래가 굉장히 우려되는 상황입니다. 여기 보시면 세계 유수의 제약 회사들이 있고 2012년 이후 이들의 주요 시장에 무슨 일이 벌어질 것인지 확인할 수 있을 것입니다. 한 예로, 화이자 사가 개발한 의약품 중 41%가 2012년 이후에는 더 이상 특허 보호를 받지 못하게 됩니다. 업계를 이끄는 주요 회사들 중 약 1/3 가량이 사라질 것입니다. 특허 보호기간 만료에 따른 엄청난 수익 감소로 인해 대형 제약사들이 압박을 받고 있습니다. 이것이 의미하는 바는 위기에 처한 산업에는 기회가 존재한다는 것입니다. 그 기회를 통해 한국이 미래를 위한 위치를 설정할 수 있다는 것입니다.

제약 업계가 고전을 면치 못하는 이유를 알아보기 위해 여기 파이 차트를 보시면, 새로운 의약품들이 왜 시장에 출시되지 못하고 있는 지를 잘 보여줍니다. 가장 큰 이유는 전략적인 재정 결정력이긴 하지만 정말 중요한 것은 효능 문제로서, 업계에서 채택되는 환원주의 모델 시스템이 실제 질병 생리학과 결부되지 못하면서 임상실험 시 나타나는 문제입니다. 이 모델 시스템이 실제 질병과 아무런 관련이 없다면, 약효의 문제가 발생하게 되고 결국 의약품 출시가 어려워집니다.

많은 사람들이 인간 유전자 배열에 희망을 걸었습니다. 인간 유전자 배열을 통해 질병의 근본 원인을 규명하고 이에 맞는 새로운 의약품을 개발할 수 있을 것이란 희망을 갖고 있었던 것입니다. 하지만 이 생각은 완전히 틀렸습니다. 인간 유전자는 놀라운 유전자표지들을 생성하고 있었고, 이를 통해 업계에서는 여러 종의 큰 질병이 있는 것이 아니라 다만 질병을 이루는 하위 부류들만이 있다는 것을 깨닫게 되었습니다. 그래서 유전자가 이 하위 질병들을 위한 표식의 역할을 하는 것이었습니다. 이렇게 해서 인간 유전자 프로젝트를 통해 질병의 표식을 얻어냈지만 그 자체를 설명하지는 못했습니다. 이 점이 굉장히 중요합니다. 이 하위 질병이 의료 업계와 제약 업계에 심대한 변화를 가져올 것입니다.

의료 분야에서의 새로운 트렌드는 생명공학과 제약 업계에 커다란 변화를 불러올 것입니다. 왜냐하면 하나의 큰 질병은 없으며 하위 질병들만이 존재한다는 것을 알게 된다면 더욱 효능이 좋고 치료 목표가 더욱 정확할 수 있기 때문입니다. 좋은 예가 타세바(Tarceva)와 허셉틴(Herceptin)입니다. 타세바는 폐암 환자의 10% 정도만 효과를 보는 약이고, 허셉틴은 굉장히 효과가 좋은 약입니다. 만일 유방암 환자의 25%가 태어날 때부터 유전적인 소인을 지니고 있다는 점을 알게 되면, 하위 질병들을 공략함으로써 의약 개발이 더욱 세분화되고 효능도 개선될 것입니다. 이 하위 질병들을 파악할 수만 있다면 진단법에도 완전히 새로운 각도의 접근법이 등장할 것입니다. 왜냐하면 하위 질병을 통해 예방법을 파악할 수 있기 때문입니다. 이제 의료업계는 아픈 사람을 치료하는 차원에서 건강을 돌보는 차원으로 이동하고 있습니다. 즉 진단을 통해 건강한 사람이 계속해서 건강을 유지할 수 있도록 하는 데 투자를 아끼지 않아야 합니다.

인간 유전자 프로젝트는 2가지 성과를 얻어냈습니다. 한편으로는 개인 맞춤형 의료에 대한 새로운 시각입니다. 이를 통해 환자가 갖고 있는 특정 하위 질병을 알아내고 더욱 효능이 좋은 약을 개발하는 것입니다. 또 다른 하나는, 예방 의약품을 통해 질병 요인을 파악하고 환자의 건강을 유지시키는 것입니다.

이것이 업계에 던지는 의미는 무엇일까요? 시장 세분화입니다. 시장 조사 보고서를 통해 보면 미래에는 더욱 세분화된 의약품들이 각광을 받게 된다고 합니다. 게놈 분석표를 통해 치료법에 있어 세분화를 결정하게 되고 개인 맞춤형 의료 서비스를 통해 치료 효과는 극대화하면서 부작용은 최소화할 수 있게 될 것입니다. 더 이상 소수 약품이 거대 시장을 지배하는 시대는 존재하지 않으며 오로지 틈새를 찾아 그에 적합한 약품을 만들어내는 시대가 올 것입니다. 바로 이것이 제약업계 앞에 놓인 미래입니다. 질병시장의 세분화가 일어나고 이와 함께 소위 "틈새 공략자(niche buster)"가 등장하게 될 것입니다. 이러한 좀 더 세분화된 시장에 보다 빠르고 유연하게 접근해야 하고 치료 기술과 진단 기술의 융합이 필요합니다. 결과적으로, 이 틈새시장을 전문으로 하고 수익을 만들어 내는 중소 제약사들에게는 이것이 좋은 기회가 될 것입니다.

그렇다면 이 새로운 환경에서 한국 제약사들이 어떻게 하면 수익을 창출할 수 있을까요? 현재까지 한국 제약사들은 생물학적 질병 모델에 대한 접근이 제한되어 있었습니다. 최첨단 의약 개발 능력을 배워 볼 기회가 거의 없습니다. 의약화학과 의약동역학 분야에서의 보유 능력도 미비한 수준입니다. 기업 문화에 있어서 공통된 자원에 대한 관리가 전혀 없습니다. 이 점에 대해서는 추후 다시 말씀드리겠습니다.

하지만 한국 제약업계는 소규모이면서 유연한 대처가 가능하기 때문에 제대로 된 기술을 개발, 적용하여 현 의약품 개발 과정에서 드러난 시스템상 결함들만 수정할 수 있다면 이 틈새시장에서 수익을 만들어 낼 수 있을 것입니다. 이에 대해 설명드릴 것이고 실제로 이러한 일이 한국에서 일어나고 있습니다.

치료와 진단 장비의 융합에 있어, 우선 비용 문제를 해결해야 합니다. 비용 문제 해결에 있어서는 새로운 전략을 통해 접근해야만 중소기업들이 세계 시장에 진출할 수 있습니다. 여기서 협력과 기업 문화가 굉장히 중요한 요소가 됩니다. 제약 회사들은 공통된 비전과 공통된 부분에 초점을 두고 전략적인 상호 협력 관계를 형성해야 합니다. 새로운 사업 모델을 육성해야만 합니다.

의료 시장에서 새로운 수요 부문이 발생하는 상황에서 한국은 전통적인 IT 강국으로서 IT 기술을 통해 발전할 수 있는 좋은 기회가 될 것이라고 봅니다. 우리는 이것을 "IT 기반 생명공학"이라고 일컫습니다. 예방 의학은 IT 기술과의 연결성이 많고 의사소통 체계에도 IT 기술의 영향이 큽니다. 진단과 데이터베이스의 연계는 이전에 언급했습니다. 이는 치료법 개발뿐만 아니라 예방 의학 및 맞춤형 의료 부문에서 유용한 부분입니다. IT에 기반한 접근법은 기여도가 굉장히 높을 것입니다.

한국 파스퇴르는 이러한 면에서 획기적인 기술들을 선보였습니다. IT 기술을 이용한 영상법을 통해 살아 있는 질병 모델을 창안하여 신약 개발 속도를 끌어올렸습니다. 또한 저희가 개발한 약품 최적화 시스템도 이 IT 기반 영상법을 통해 구현될 수 있었습니다. 이 기술을 통해 신약 개발 목표를 체계적으로 설정할 수도 있습니다.

지금 영상을 하나 보여드리려 했지만 불행히 완성이 되지 않은 상태입니다. 보여드리려 한 것은 HIV 바이러스가 건강한 인간 세포를 감염시키는 모습을 생생하게 담아낸 것입니다. 우리는 실시간으로 살아 있는 인간의 세포 내의 바이러스나 작은 유충들을 추적할 수 있고, 바이러스 인자 하나라도 추적이 가능합니다. 질병인자의 활동을 영상으로 구현함으로써, 직접적으로 약의 효능을 시험해보고 궁극적으로 질병 악화를 막을 수 있게 됩니다.

이것이 바로 "IT를 이용한 생명공학 접근법"입니다. 실제로 굉장히 효과가 좋습니다. 한국에서도 이 접근법을 도입했고 그 결과 신약 개발 속도가 빨라졌습니다. 우리는 초기 개발 단계를 8개월까지 앞당길 수 있고 이를 통해 시간과 비용을 절감할 수 있습니다. 하지만 보다 중요한 것은, 이 새로운 IT 기반 접근법을 통해 오늘날 제약업계가 직면한 시스템상의 주요 결함, 즉 신약 개발의 새로운 목표점 부족이라는 문제를 해결한다는 점입니다.

그래서 이 접근법을 통해 신약 개발과 새로운 목표점들을 창출해내고 있습니다. 대형 제약 회사들은 그 효과를 잘 알기 때문에 현재 한국의 기술과 IT 기반 접근법을 이용하여 신약을 개발하고 있습니다. 사노피-아벤티스 사가 한국과 협력 중이며, 유로스크린은 파스퇴르 사와 성공적인 협력 관계를 이끌어오고 있습니다. 베링거 인겔하임과 한국의 LG생명과학 또한 협력하고 있습니다.

진단법 개발 또한 같은 혜택을 누리고 있습니다. 질병을 영상으로 구현하고 병에 감염된 세포를 볼 수 있게 되면, 하위 질병들 또한 시각적으로 구현이 가능합니다. 하지만 이는 개발 분야이고 그렇기 때문에 진단법 개발에 있어 질병 사전 진단과 사후 관리를 위한 국가적 차원의 통합된 노력이 필요합니다. 일부 관련 사업들이 이미 진행 중에 있습니다. 암의 하위 인자들을 기능적으로 진단해내는 영상 기법을 예로 들 수 있겠습니다. 아산병원에서는 협력 사업이 진행되고 있습니다.

이제 기술 외 또 다른 중요한 요인인 비용과 협력 부분에 대해서 말씀드리도록 하겠습니다. 비용 요인에 있어서, 기술과 개발 분야에는 엄청난 투자비용이 발생하게 됩니다. 또 다른 비용 요인은 조기 연구와 임상 연구 분야입니다. 지나치기 쉬운 부분이 바로 이 조기 연구비용입니다. 2005년 세계 최대 제약사들이 이 조기 연구 부문에만 투입한 비용을 보게 되면, 무려 250억 달러에 달합니다. 조기 연구 부문 투자를 위해 11개의 새로운 독립 의료 기관이 생겨났고 평균적으로 한 기관 당 20억 달러 이상이 소요된 것입니다.

조기 연구비용 대비 최종 제품을 통해 얻는 반사 이익은 미미합니다. 신생 독립 기관에 20억 달러가 투입됨에도 불구하고, 이를 통해 얻을 수 있는 이익은 시장에 출시된 최종 제품에 대한 로열티 2.5%에 불과합니다. 이는 시간과 비용을 들여 생산적인 조기 연구 사업을 하느니 차라리 조기 연구를 성공적으로 마친 최종 제품을 수입하는 것이 낫다는 뜻입니다.

기술적인 측면에서, 한국 제약사들은 스스로 기술을 개발하는 것보다 전세계적으로 통용되는 기반 기술을 적극 활용하는 것이 옳다고 생각합니다. 고급 영상기술 개발비용을 나누고 협력 기반을 구축한다면 비용 문제를 해결할 수 있을 것입니다.

이는 한국에서 이론적인 시도가 있었습니다. 영상기술 기반은 이미 갖추어져 있습니다. 이 기반에 IT 기반 영상기술을 접목한다는 것입니다. 이 경우의 조기 연구에 있어서, 모든 프랑스 공개 연구가 이 기반을 통해 가능합니다. 한국 제약업계는 기술과 조기연구를 모두 활용하여 성장과 협력을 끌어낼 수 있습니다. 그것이 바로 효과적으로 비용 문제를 해결할 수 있는 방법입니다. 이렇게 되면 협력을 통해 신약 개발 속도를 높일 수 있게 됩니다.

정리하자면, 한국은 IT 기술에 기반한 세계 수준의 기술을 보유하고 있으며 신약 개발 목표물 포착 능력을 통해 일류 의약품을 만들어 낼 수 있습니다. 원천적으로 모든 제약사들이 첨단기술과 기능을 공유할 수 있는 기회들이 있습니다. 협력을 통한 자원 관리, 특정 질병 모델과 모든 하위 질병 모델들을 통한 국가 간 협력 증대가 비용 절감을 가능케 합니다. 이론적으로, 한국 제약사들은 틈새시장에 일류의 2단계 의약품을 공급할 수 있는 좋은 위치를 선점하고 있습니다.

그럼 여기서 이러한 접근법을 통해 함께 따라올 수 있는 새로운 사업 모델에 대해 간단히 알아보겠습니다. 과거의 의약 개발 과정에서의 새로운 협력 모델은 한국에서 육성되어야 합니다. 전 세계가 특정 약품 개발을 지원할 수 있습니다. 스스로 개발하지 않아도 됩니다. 조기 연구 또한 세계 각지로부터 수입이 가능합니다. 왜 혼자 하려고 합니까? 지금까지 나와 있는 것들을 들여다보고 그것을 수입해오면 됩니다. 이게 훨씬 비용대비 효율적입니다.

영상을 통한 질병 소인을 발견하는 기술도 가능하고 한국 제약사들도 이 기술을 활용할 수 있습니다. 이제는 임상 전 개발 단계에 집중하고 약품 개발 목표물을 포착하여 임상 1단계 및 2단계 실험을 할 수 있습니다. 이를 대형 제약사들에게 넘기면 이들 제약사들은 임상 3단계 실험과 마케팅 같은 자신들의 사업 분야에 집중할 수 있게 됩니다. 그래서 이것이 협력 모델이 되는 것입니다. 그렇다면 이 모델을 통해 얻는 수익은 어떻게 되는 것일까요?

이전에는 이 신약개발과정에서 수익변곡점은 임상 실험 2단계와 3단계 사이, 그리고 3단계에서 신약에 대한 엄청난 가치가 붙었습니다. 하지만 새로운 모델에서는 이러한 구도까지도 바뀌게 되는데 그 이유는 신약과 개발 목표점 자체가 적고 수요도 적기 때문에 새로운 변곡점이 생기기 때문입니다. 바로 새로운 개발 목표점과 신약이 입증되는 초기 단계입니다. 그래서 저위험 고수익의 신 사업모델이 가능해집니다. 협력을 통한 접근법으로 한국 제약사들은 효과적으로 중요 가치를 포착할 수 있으며 이 새로운 모델에서의 변곡점을 활용할 수 있게 됩니다.

이제 발표를 마무리하고자 합니다. 발표를 통해 제약 업계가 위기에 빠져 있기 때문에 기회의 창이 열려 있다는 점을 말씀드렸습니다. 향후 틈새시장 공략을 위한 올바른 목표 설정을 통해 한국이 제약 산업에서 성공을 거둘 수 있는 기회의 창이 열려 있습니다. 이를 위해서, 한국이 현재 보유하고 있는 IT 기술을 통한 개발 기술을 사용해야 합니다. 영상 진단 기술 개발과 관련한 연구개발 분야에 대한 투자도 필요합니다. 또한 제약 업계 문화 변화를 위해 더 많은 노력을 기울여 서로의 기술 기반을 공유함으로써 협력 모델을 구축하고 치료 분야의 차별성을 도모해야 합니다. 마지막으로, 가능성 있는 조기 연구 프로젝트를 국내로 들여오기 위한 국제적 공조가 이루어져야 합니다. 나열한 모든 사항들을 고려해 볼 때, 이러한 향후 수익 시장에 빠르게 진입할 수 있는 가능성이 크다고 생각합니다.

▌사회자

네바스 박사님의 고견 감사드립니다. 이제 주제를 바꿔서 현오석 박사님의 발표가 있겠습니다.

▌현오석

여기 계신 여러분들과 "휴먼 뉴딜" 정책에 대한 제 견해를 나눌 수 있게 되어 굉장히 기쁩니다. 의장님께서 말씀하셨듯이, "휴먼 뉴딜" 정책은 현 한국 정부가 추구하는 새로운 정책 방향입니다. 실제로 한국개발연구원은 연구기관들, 학계, 미래기획위원회와 공동으로 본 정책을 고안하는 데 중요한 역할을 맡았습니다.

우선 휴먼 뉴딜정책 탄생 배경과 필요성에 대해 간단히 말씀드리고 난 뒤에 본 정책의 의의와 목표에 대해 설명드리도록 하겠습니다. 그럼 주제인 휴먼 뉴딜정책에 대한 제 의견과 제언을 발표하도록 하겠습니다.

아시다시피, 한국 사회는 수많은 변화를 거쳤고 1997년 외환위기를 겪으면서 새로운 도전 과제에 직면했습니다. 먼저, 정부는 사회복지 예산을 늘리기 위한 노력을 기울여 왔습니다. 그 결과 지난 10년에 비해 거의 4배 가까이 늘어났습니다. 한국의 사회안전망은 이 당시에 마무리되었고, 이후에 많은 새로운 제도들이 탄생했는데, 2000년에 도입된 국가 기초 생계 지원책이 좋은 예입니다. 그뿐만 아니라, "복지가 아닌, 일자리 복지"라는 맥락에서, 무소득자 세제 지원, 근로 장려 세제, 공공 보육 시설 등이 도입되었습니다.

사회복지 비용의 증가에도 불구하고, 한국의 소득 불균형 현상은 1990년대 중반 이후 더욱 악화되었습니다. 지니 지수는 1996년 0.275에서 2008년 0.321까지 치솟았습니다. 중간 소득의 50% 이하로 생활하는 가정의 비율을 나타내는 상대적 빈곤율은 같은 기간 9.3%에서 14.3%로 증가했습니다. 한국은 당시에 활발한 성장세를 보였던 때라 이러한 급격한 변화는 많은 우려를 낳고 있습니다.

이러한 소득 분배 악화의 주 원인은 경제성장의 여파가 빈곤 가정에까지 미치지 못하기 때문입니다. 이러한 현상으로 중산층 기반마저 약화되었습니다. 일반적으로 중산층은 중간 소득의 50~150%의 소득으로 생활하는 가정으로서, 중산층 비율이 1996년의 68%에서 2008년 56%로 10% 이상 하락했습니다. 사회비용은 증가하고 있는데 소득 분배가 악화되고 있다는 것은 현재의 복지 확대 정책이 빈곤을 줄이고 중산층을 살리기에는 여전히 충분치 않다는 것입니다.

또 다른 문제는 사회계층 간 이동 감소와 그로 인한 경제 불균형입니다. 특히, 사교육 시장은 날로 커지는 데 비해 공교육의 질은 계속해서 떨어지면서 소득계층 간 교육 장벽이 높아지고 이로 인해 세대 간 가난의 대물림 현상이 발생하고 있습니다. 고소득 가정은 저소득층보다 10배나 더 많은 돈을 사교육에 쏟아 붓습니다. 이와 함께, 조합 가입 노동자와 비가입 노동자, 대기업과 중소기업 근로자, 정규직과 비정규직 근로자 간의 소득 및 고용 안정 격차는 점점 더 벌어지고 있습니다. 노동시장의 이중 구조로 인해 소득계층 간 상향 이동은 굉장히 제한적입니다.

상대적 빈곤이 심화됨에도 불구하고, 한국의 사회안전망은 빈곤 방지에 있어 제 역할을 해내지 못하고 있습니다. 사회보험 확대는 지금까지 정규직 근로자 중심으로 맞춰져 있어서 임시직 근로자들과 자영업자들에 대한 보호 대책은 미미합니다. 국민건강보험 제도는 큰 혜택이나 보험 범위가 제한적인 수준이며, 전문적인 보호 시스템이 있긴 하지만 빈곤 예방에는 적합하지 않습니다. 제도 자체의 일방성이 문제로 지적되고 있는데, 이러한 이율배반적인 제도로 인해 일해서 가난으로부터 벗어날 수 있다는 동기를 부여해주지 못하고 있습니다.

마지막으로, 한국의 저출산율과 인구 고령화 현상의 경우는 이제 심각한 사회 문제로 대두되고 있습니다. 직장을 다니는 어머니들에 대한 지원 제도 부족, 감당할 수 없는 사교육비, 직장 내 여성 차별 관행들 때문에 출산율과 여성의 노동시장 참여율 모두 감소하고 있습니다.

한국의 의존인구 비율은 2005년 12%에서 2050년에는 약 6배 증가한 72%에 달할 것으로 내다보고 있습니다. 급속도의 인구 고령화는 사회의 성장 잠재력을 저해할 뿐만 아니라 근본적으로 사회적인 위험요인을 발생시킵니다. 인구 고령화는 한국이 선진국 대열에 합류하는 길에 걸림돌이 될 것입니다.

오늘날 새로운 문제에 직면하고 있는 한국 사회에서는 정부가 기존의 사회정책을 펼치는 데 있어 수동적인 태도를 버리고 더욱 능동적이고 미리 준비하는 자세를 취해야 합니다. 특히 국민들이 가난을 극복할 수 있도록 능력을 키워주고 중산층을 살릴 수 있는 기반을 조성하는 데에 선제적인 투자가 절실합니다.

이러한 맥락에서, 현 정부는 지난 3월 휴먼 뉴딜정책을 발표하여 중산층의 붕괴를 막고, 중산층에 초점을 맞춘 통합 대책을 마련하여 새로운 중산층 편입을 장려하고 미래의 중산층을 키워나가겠다는 강력한 의지를 표명했습니다. "휴먼 뉴딜"이란 이름은 광범위한 의미를 띠고 있습니다. 휴먼 뉴딜은 한 사람의 인생에서 나타날 수 있는 위험 요소들을 해결하고 개인 역량을 강화하고자 하는 목표 아래 선제적인 사회분야 투자와 제도 개선을 기본으로 하는 정책으로 해석할 수 있습니다.

이런 의미에서, 휴먼 뉴딜의 핵심 가치는 사회구성원 모두의 역량 강화를 위한 기반을 마련함으로써 고른 성장을 통해 사회통합을 이루는 것입니다. 그래서 구성원들이 21세기 지식 기반 경제사회에 능동적으로 참여할 수 있도록 하는 것입니다. 그러므로 휴먼 뉴딜정책의 목표는 중산층이 사회안정과 균형 잡힌 성장의 기반이 되는 사회, 기회의 균등과 상향적 계층 이동을 보장하는 사회, 지속가능한 폭넓은 성장 잠재력을 지닌 사회를 건설하는 것입니다.

휴먼 뉴딜정책의 목표 달성을 위해서는 3가지의 최우선 전략이 필요합니다. 첫째는 예방 차원의 투자 가능한 접근방식, 둘째는 사용자 중심의 통합적인 접근방식, 셋째는 일생을 바라보는 접근방식입니다.

우선, 휴먼 뉴딜정책은 사회구성원들의 능력을 강화하기 위한 선제적인 투자를 통해 빈곤과 소득 불균형에 대한 예방차원의 정부 정책에 초점을 맞춰야 합니다. 인적 자본 불평등을 줄이기 위해 저소득층에 노력을 집중시켜야 합니다. 인적 능력 개발에 대한 투자를 통해 기회가 전 계층에 걸쳐 고르게 주어질 수 있도록 해야 합니다.

이러한 예방 차원의 투자 가능한 접근법 중, 가장 중요한 부분이 자녀들에 대한 투자입니다. 아동 빈곤은 학업 성취도에 지장을 초래하고 성인이 되어서는 사회적·경제적으로 불우한 지위에 처하게 됩니다. 휴먼 뉴딜정책은 빈곤 가정 아이들의 인적 자본 개발을 위한 정부 프로그램을 더욱 강화해야 합니다. 미국의 "헤드 스타트," 영국의 "슈어 스타트" 프로그램들이 좋은 예입니다.

두 번째로, 사용자 중심의 통합적 접근방식이어야 합니다. 복지, 교육, 노동과 관련한 현재의 사회정책들은 제공자 중심이기 때문에 효율성이 떨어지고 누락이 자주 발생합니다. 심지어 재정 지원 방식도 제공자 중심입니다. 특히, 교육정책의 경우 불평등에 대한 투입 원리를 통해 시행되면서, 교사와 학교 당국의 실적 향상에 대한 당위성을 저해하게 되었고 이는 공교육 몰락과 사교육 팽창이라는 결과를 낳게 되었습니다.

이 문제를 해결하기 위해, 휴먼 뉴딜정책은 통합된 보육, 교육 서비스를 통해 전반적인 인적 능력을 향상시키는 데 집중해야 합니다. 또한 바우처 시스템을 통한 재정 지원책을 마련함으로써 선택의 폭을 넓히고 건강한 경쟁환경을 조성하여 제공되는 서비스의 질을 높여야 합니다.

개개인의 인생 주기는 모두 다르기 때문에, 개인의 발달 단계에서 발생할 수 있는 위험 요인 또한 모두 다릅니다. 휴먼 뉴딜정책은 취학 전, 취학 후, 성년기, 노년기와 같이 인생의 각 단계 별로 존재하는 위험 요소들을 정확하게 짚어내는 데 노력을 기울여야 합니다. 그렇게 되면, 단계별로 맞춤형 서비스가 가능해질 것입니다.

이전에 언급했듯이, 유아기와 미취학 아동기와 같이 조기에 정부가 개입하는 것이 가장 효과적입니다. 휴먼 뉴딜의 투자 정책은 인적 능력을 개발하기 위해서 미취학 아동기와 같이 조기에 실시하는 것을 최우선 과제로 삼아야 합니다.

이 전략을 바탕으로, 4가지 주요 정책 의제를 말씀드리고 싶습니다. 첫째는, 중산층을 되살려 더 큰 목표를 추구하는 것인데, 이를 위해서는 사회안전망을 강화해야 합니다. 그래야만 경제적 안정과 상위 계층으로의 이동이 가능해질 것입니다. 브루킹스 연구소가 실시한 해밀턴 프로젝트가 시사하는 바와 같이, 튼튼한 사회안전망은 더 나은 미래를 위한 도약대가 될 것입니다. 이러한 측면에서, 한국은 1차적인 사회보장제도로서 사회보험을 확충하고 2차적인 제도로서 공적 지원을 확대해야 합니다.

두 번째로, 공교육을 향상시키고 사교육 비용을 줄여서 교육을 받을 수 있는 기회의 균등을 보장해야 합니다. 또한 학생 중심의 교원평가제도를 도입하고, 학교의 자치권과 책임감을 강화하며, 학생들의 학교 선택권을 넓히는 것도 매우 중요합니다. 공교육의 질을 높여 입학 시스템을 향상시키고 사교육 기관의 과도한 성장을 방지해야 합니다.

세 번째는, 복지정책에 있어 적극적인 조기투자 정책을 통해 빈곤 방지 대책을 강화하고 사회계층 간 이동성을 향상시켜야 합니다. 이를 위해서는 내셔널 아이디 프로젝트를 확충할 필요가 있습니다. 본 프로젝트는 현재 진행 중인 프로그램으로서 저소득 계층 자녀들을 주요 대상으로 하는 통합적인 의료, 육아, 복지 서비스입니다.

네 번째는, 중산층을 살리는 데 있어 핵심 해결책은 고용 창출입니다. 정부가 일자리를 창출하지는 않습니다. 궁극적으로 민간 부문에서의 투자가 있어야 일자리가 만들어집니다. 따라서 꾸준하게 정책 노력을 펼쳐서 노동시장의 이중 구조를 타파하고 노사 관계의 수준을 높이고 불공정한 통상 관행을 바로잡으며 서비스 산업의 생산성을 높여야 합니다.

마지막으로, 중산층 보호를 위해서는 생활비를 줄여줄 수 있는 노력을 기울여야 합니다. 사교육비와 함께 주택비용은 중산층 가정에게 있어 가장 큰 재정적인 부담이며 소비도 가장 많은 지출 부문입니다. 따라서 과도한 투기 수요를 잠재움으로써 부동산 시장을 안정시키는 노력이 필요합니다. 정부는 현재 신혼부부와 셋 이상 자녀를 둔 가정을 대상으로 한 주택 공급 프로그램을 확충 계획 중입니다. 제 발표는 여기까지입니다. 감사합니다.

공동배분 자본주의와 공동배분 회피에 대한 근로자들의 대응

Richard B. FREEMAN
하버드대학교 경제학 교수

공동배분 자본주의하에서는 기업이 사업상의 이익 및 위험을 직원들과 공동 소유한다. 이윤배분은 기업이 거둔 이익을 현금 보너스나 거치식 이윤 배분, 즉 은퇴 연금 계정을 이용하여 지급하는 방식이다. 때론, 직원들에게 회사 주식을 지급하기도 하는데 이는 다시 말해 이윤배분을 통해 직원들이 회사의 주주가 되는 것이다.

성과 배분은 기업 전체를 대상으로 하지 않고 해당 부서의 업무 실적을 기준으로 이윤을 지급하는 방식이다. 이 방식은 이윤 창출 활동보다는 생산 이나 비용 절감 활동을 평가하는 수단이 된다. 즉, 정부 기관을 비롯한 비영리 기업들이 이윤배분 방식의 경우와는 달리, 성과 배분 방식은 적극적으로 수용할 수 있다는 뜻이다.

직원 주주제도는 상장사의 경우 주식, 비상장사의 경우 그에 상응하는 법적 협의를 통해 회사의 일부 혹은 전 지분을 직원들에게 배분하는 방식이 다. 국가에서는 이러한 방식을 채택한 기업에 세금 우대의 혜택을 주기도 한다. 미국에서 주로 채택하는 방식은 직원 주주제도(ESOP)이다. 이 제도를 통해 연방 정부는 직원 주주제도를 뒷받침할 자금을 빌려주고 이를 기업 소득으로 할부 상환하도록 한다. 따라서 직원들은 주식을 매입하는 데 자신들의 돈을 투자하지 않아도 된다. 이 방식은 국가로부터 세제 혜택을 받기 때문에 직원 주주제도가 생산성이나 실질적인 기업 이윤을 창출하는 데 도움이 되지 않더라도 기업에서는 이 방식을 채택하게 된다.

직원 주식구매제도는 직원들이 급여 차감을 통해 주식을 매입하되 주식시장에서 직접 구매하는 것보다 저렴하게 구입할 수 있도록 해준다. 영국 세법은 이 제도에 대한 세제 혜택을 부여하고 있다. 미국의 근로자들은 퇴직연금 마련을 위해 매달 봉급에서 세전 개인 분담금을 납입하는 401k 기업 퇴직연금 계정을 통해 주식을 매입할 수 있다. 일부 기업들은 직원들의 401k 계정 개인 분담금을 회사 주식으로 연결시키기도 한다.

마지막으로, 스톡옵션 제도는 이윤배분 제도와 직원 주주제도의 변종이라고 볼 수 있다. 스톡옵션 제도를 통해 직원들은 스톡옵션 구매 허가가 난 뒤에 일정 기간 동안은 언제라도 정해진 가격으로 주식을 살 수 있는 권리를 부여받게 된다. 직원들은 투자 손실의 위험 없이 주가 상승을 통한 이윤을 가져갈 수 있게 된다.

〈표 1〉은 2002년과 2006년 미국 내 공동배분 자본주의 형식의 기업 제도를 나타낸다. 본 데이터는 미 종합 사회조사(GSS) 설문을 기초로 하고 있다. 미 종합 사회조사는 매년 미국 시카고대학교의 국민여론조사센터에서 시행하는 국가 가능성 표본 조사이다. "상기 제도 중 하나"라는 문구를 통해 2006년 미국 기업 근로자의 절반 가량이 공동배분 자본주의 형식의 보상제도 적용을 받았다는 것을 알 수 있다. 이는 2002년에 비교하여 다소 늘어난 수치이다. 가장 많이 채택된 제도는 이윤배분이고, 그 다음이 성과 배분, 그리고 직원 주주와 스톡옵션 제도가 그 뒤를 잇고 있다. 하기 데이터를 통해 2006년 직원 급여 대비 보너스 평균 비율은 10%였고, 중앙 비율은 5~6%였다. 그리고 급여 대비 회사 주식 소유 지분 평균 비율은 57%, 중앙 비율은 25%였다. 곧 발표될 2010년 종합 사회조사를 통해 2008년 시작된

<표 1> 미국 피고용자 중 공동자본 보상의 비율(2002, 2006)

이윤배분	2002	2006
In profit-sharing plan	33.5%	38.4%
Received profit share last year	23.8%	30.2%
Gain-sharing		
In gain-sharing plan	23.2%	26.8%
Received gain-sharing bonus last year	17.1%	21.3%
Own company stock	21.2%	17.5%
Stock options		
Hold stock options	13.1%	9.3%
Granted options last year	na	5.3%
Any of above	43.1%	46.7%

Source: Tabulated by Doug Kruse, Joseph Blasi, Richard Freeman from General Social Surveys, www.nceo.org/library/gss_2006_files/sheet001.html, table 1
Sample sizes in for-profit companies: 1,145 employees in 2002 and 1,081 employees in 2006

경기침체 당시의 공동배분 자본주의 제도 현황을 파악할 수 있을 것이다.

미국 상황과 견주어 볼 유럽국가 현황을 알아보기 위해, 유럽 근무 환경 조사(EWCS)를 이용할 것이다. 본 조사에서 공동배분 자본주의형 제도를 통해 보상을 받고 있는지의 여부를 파악하기 위해 다음과 같은 질문을 던졌다.

- 당신의 보수에는 어떠한 항목이 포함되어 있습니까?
- 이윤배분에 근거한 기업 전체 실적을 통해 보상을 받고 있습니까?
- 일부 부서의 전체 실적을 통해 보상을 받고 있습니까?
- 회사 주가 상승을 통한 보상을 받고 있습니까?
- 회사 전체 실적에 따르는 보상제도와 관련하여, 정해진 기준에 따라 실적 평가를 하고 보상을 하고 있습니까?

<표 2> EU의 민간부문에서 금융참여의 수준(%)

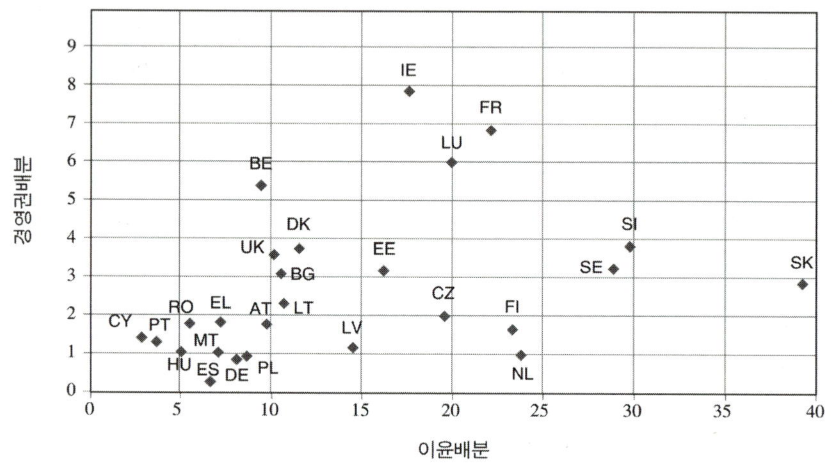

Source: *Fourth European Working Conditions Survey,* 2005

 • 이러한 보상을 정기적으로 받고 있습니까?

이 조사는 근로자들 중 대표 표본을 대상으로 실시하였기에 미국의 데이터와 견줄 만하다. <표 2>에서 볼 수 있듯이 공동배분 자본주의적 제도를 통한 보상은 유럽보다 미국에서 더 크다. 하지만 미국이나 유럽이나, 이윤배분, 직원 주주제도 및 기타 관련 배분제도는 널리 퍼져 있기 때문에 이러한 기업경영 방식이 이제 현대 자본주의 경제에서 특이한 '틈새'가 되고 있다.

기업 성과에 미치는 효과

크루제와 와이츠만, 블라시와 크루제, 크루제가 짚어 본 이윤배분과 직원 주주제도가 기업 실적에 미치는 영향에 관한 생산 기능 연구에 따르면, 공동 배분제도를 채택한 기업들이 그렇지 않은 기업들보다 더 나은 성과를 거둔

<표 3> 변동급 변화에 따른 생산성 변화와 노동강도: 영국 관리자

변동급 변화	노동생산성 증가(%)	노동강도 증가(%)
많이 변동됨	21	55
조금 변동됨	10	44
변화 없음	8	40
미약	8	40

Source: Freeman and Conyon, 2004

다고 하며 그 차이는 2~5% 정도로 나타난다. 하지만 이러한 연구는 그러한 성과가 기업들 사이에서도 상당한 차이들이 나타나고 있음을 보여준다. 미국에서는 직원 주주제도보다는 이윤배분제도가 더 효과가 있는 것으로 나타났다. 이 현상은 아마도 일부 대기업에서는 재정적인 이유로 직원 주주제도를 채택하며 실질적인 기업경영에서는 직원들을 주주로서 대하지 않는다는 사실을 반영한다. 또한 이 제도를 통해 얻는 이익을 직원들은 수십 년 뒤 퇴직을 하고 난 뒤에야 받을 수 있음을 의미한다.

　<표 3>은 영국의 기업 고용 관계 조사(WERS)의 경영보고서 내용을 표로 작성한 것이다. 이 표에서 다룬 내용은 본 조사의 배분제도인 "변동급여"에서의 변화, 근로 생산성 변화, 근로자 업무 활동 수준이다. 변수들 사이에서 확연한 연관성이 드러나는데. 이는 실제 영국 기업들과 이들의 실적 상에 공동배분 자본주의 제도가 미치는 영향에 관한 자료 간에 나타나는 다양한 요인들을 통제하는 계량 경제학적 산술법과 일치한다(코니언과 프리맨 2002).

　NBER의 공동배분 자본주의 프로젝트는 수백 개 기업을 대상으로 4만 명의 근로자들로부터 데이터를 수집했고 이들에게 공동배분을 통한 보상 규모와 이에 대한 이들의 행동과 동료 직원들의 행동에 관해 질문했다. 이 데이터가 WERS 데이터와 다른 이유는 조사 과정에서 경영보고서나 생산 기능 데이터보다는 직원들을 초점으로 조사가 진행되었기 때문이다. <표 6>은

〈표 4〉 공동자본주의가 기업과 노동자의 우려에 미치는 추정효과

A) Outcomes that Benefit the Firm

	Profit sharing	Gain sharing	Empl own.	Stock options
Turnover	+	+	+	+
Loyalty	+	+	+	
Willing to work harder	+	+		
Frequency of suggestions	+	+	+	
Absenteeism		−	+	
Taking action against shirking	+	+	+	+
Culture for innovation		+	+	+	+

+ favorable effect
− unfavorable effect

B) Outcomes that Benefit the Worker

	Profit sharing	Gain sharing	Ee. own.	Stock options
Participation in decisions		+	+	+
Co. treatment of employees		+	+	+
Supervision				
Training	+	+	+	
Pay and benefits	+	+	+	+
Job security		+	+	+	+
Job satisfaction	+	+		

Source: Panel A: Richard Freeman, Joseph Blasi, Chris Mackin, Douglas Kruse, "Creating a Bigger Pie? The Effects of Employee Ownership, Profit Sharing, and Stock Options on Workplace Performance"

Panel B: Douglas Kruse, Richard Freeman, and Joseph Blasi, "Do Workers Gain by Sharing? Employee Outcomes Under Employee Ownership, Profit Sharing, and Broad-Based Stock Options"

특정한 공동배분제도상의 다양한 결과 변수들의 다변수적인 퇴보와 공통변수 목록을 통해 결과를 간추린 것이다.

〈표 4〉의 A의 경우 공동배분 보상제도와 기업 성과를 연관지음으로써 공통변수 통계에 나타나는 공동배분 변수 상의 예상 한계선을 봤을 때 기업에 이득이 될 수 있다고 설명하고 있다. + 표시는 더 나은 성과를 반영하는데 그렇다면 이직에 대한 + 신호는 다양한 형태의 공동배분제도가 이직을 줄인다는 의미가 된다. 성과 배분이 결근에 미치는 영향을 제외하고는, 모든 예상되는 계수가 +로 나타난다. 이는 공동배분제도가 기업의 생산성과 이윤 부분을 향상시키는 방향으로 기업에 도움이 된다는 것이다. 2007년 에리카 하덴, 더글라스 크루제, 조셉 블라시는 연구를 통해 공동배분제도가 혁신적인 기업 활동에도 긍정적으로 작용한다고 설명한다.

공동배분 보상제도 비판론자들은 기업에 득이 되면 직원들에게는 실이 된다고 주장한다. 공동배분 보상제도는 그저 능률 향상을 가장한 것이라는

〈표 5〉 공동자본주의와 작업장 산출과의 관계

〈Figure 1〉 Shared Capitalism and Worker Effort

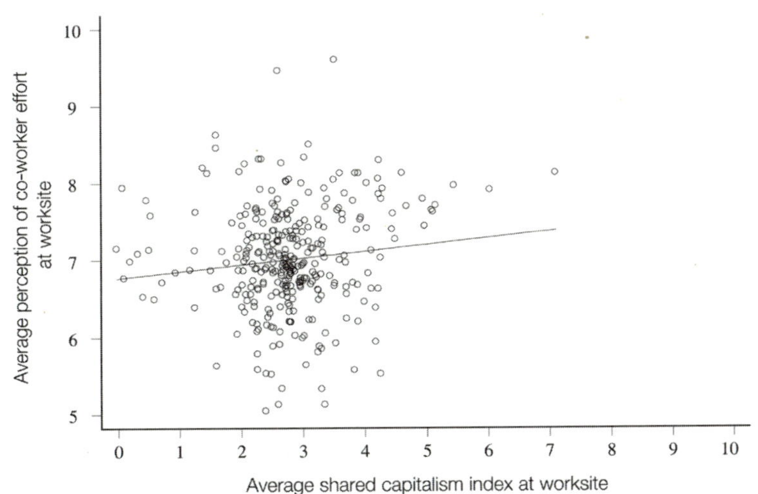

〈Figure 2〉 Shared Capitalism and Co-Worker Interest in Company

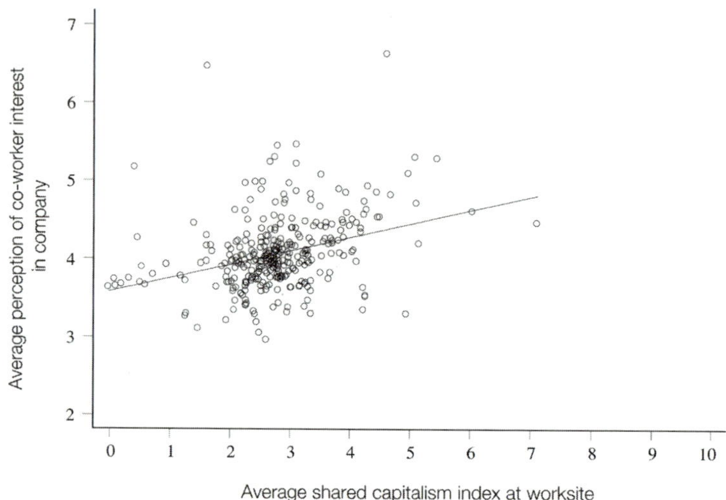

〈Figure 3〉 Shared Capitalism and Worker Encouragement

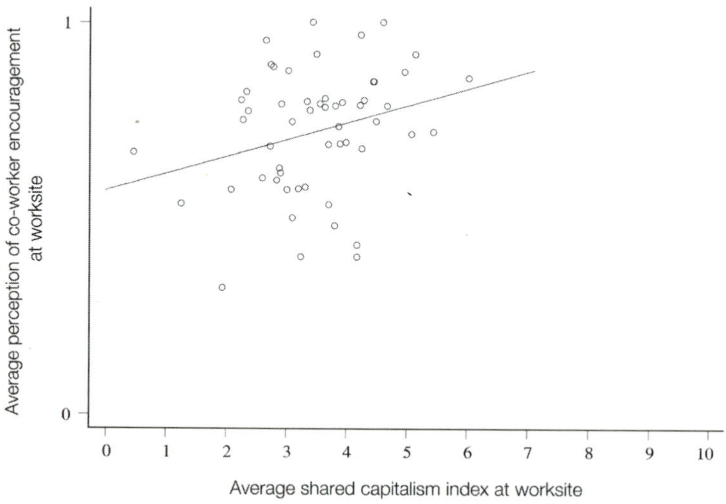

Source: Richard Freeman, Douglas Kruse and Joseph Blasi, "Worker Responses to Shirking"

것이다. 〈표 5〉의 B를 보면 공동배분제도와 기업 성과를 연결시켜 다변수 분석을 통해 직원들에게 득이 될 것이라고 보여주고 있다. + 표시는 통계상 직원들에게 확실한 이득을 가져다줌을 의미한다. 유일하게 직원들에게 특별히 도움이 되지 않는 요인은 감독 범위이다.

마지막으로, NBER 데이터는 300개가 넘는 기업에 대한 정보를 담고 있는데 이를 통해 보고된 기업 내 공동배분제도의 평균 범주와 직장 내 동료들의 평균 노력도와 생산을 연관지을 수 있다. 이는 개인에 대한 변수들 사이의 관계 분석보다 공동배분 보상과 행태 사이의 연결 고리를 테스트해보는 데 보다 확실하고 적합한 수단이다. 개인 차원에서, 공동배분과 기업 성과 사이의 긍정적인 상관관계는 기업과 기업 사이의 차이점보다는 직장 내 근로자들 사이의 차이점을 반영하게 된다. 최악의 경우, 어떤 직원은 자신이 공동배분 보상을 많이 받았고 업무를 열심히 한다고 보고할 수 있는 반면 다른 동료는 그 반대의 상황을 보고할 수도 있다. 그 결과는 개개인에 있어서 공동배분과 업무 노력 정도 사이의 긍정적인 상관관계가 형성될 수도 있지만 어느 기업이 더 적합한 공동배분제도를 시행하는지에 관해서는 상관관계를 제시하지 못한다.

그래서 우리는 여러 성과 변수와 공동배분제도에 대한 직원 보고서와 기업 수준 평균치를 합하여 기업 수준 변수 사이의 연결 고리를 고찰해 보았다. 〈표 5〉와 같이 공동배분을 통한 보상이 많으면 직원들도 동료들이 더 열심히 일을 하고, 동료들이 회사 사정에 대한 관심이 있을수록 그것이 다른 직원들에게도 더 많은 힘이 된다고 한다.

기업의 공동배분 보상 방식과 관련 제도의 선택에 있어 그 내생성을 제거할 수 있는 획기적인 방법이 없는 상황에서 가시적 관계가 일부 불가시적 요인을 반영하기란 불가능하지만, 몇몇 증거를 통해 공동배분 자본주의가 긍정적인 경제 이익과 상관관계를 갖고 있음을 확인할 수 있다. 이러한 패턴을 인과관계로 해석했을 때, 흥미로운 점은 기업들이 공동배분제도라는 협정을 저해할 수 있는 '무임승차'의 유혹을 어떤 식으로 뿌리칠 수 있느냐는 것이다.

근로자 상호감독의 부활?

NBER 프로젝트는 근로자 상호감독이 두 단계에 걸쳐 무임승차 행위를 막을 수 있는 중요한 요소라는 가설에 초점을 맞췄다. 먼저, 우리는 공동배분 보상을 받은 직원들이 개인 업무 성적에 따라 보상을 받은 직원들보다 업무 회피 행위를 줄이려는 노력을 보다 적극적으로 하는지를 조사했다. 공동 분배 보상 및 다른 형식의 보상제도와 관련된 상이한 동인들이 행동에 있어 차이점을 가져올 것이라고 생각했다. 승진 경쟁에서는, 서로서로가 상대방의 업무 태만을 조장한다. 만일 동료 직원이 업무 회피를 하게 되면, 그렇지 않은 근로자가 승진을 하게 되는 것이다.

성과급제도하의 직원들은 서로 전력투구하지 않을 것이다. 그렇지 않으면 경영진에서 성과급을 낮출 것이고 그렇게 되면 직원 전체가 피해를 입게 될 것이기 때문이다. 고정급 제도의 경우에는, 직원들이 서로의 업무 태도에 대해 신경을 쓰지 않을 것이다. 반대로 공동배분 보상제도의 경우, 모든 직원들이 동료의 업무 태도를 감독하도록 동인을 제공하고 서로에게 신속한 일 처리를 종용하게 되는 것이다. A라는 직원이 이윤분배, 직원주주, 혹은 스톡옵션 제도를 통해 보상을 받는다고 한다면, B라는 노동자가 업무 이행을 하지 못하면 그것은 다시 A라는 근로자가 받을 보상을 앗아가는 것과 같다.

근로자 상호 감독 행위에 대해 알아보기 위해, 우리는 직원들에게 동료 업무 활동 감독의 용이함에 대해 물어보았고, 이와 함께 동료가 책임 회피하는 모습을 보고 어떻게 반응하는지에 대해 알아보았다. 직원들의 동료 업무 활동 감독 여부에 대한 질문은 다음과 같았다.

"직장 내에서, 동료직원의 업무수행을 감독하는 일이 얼마나 용이한가? 0에서 10까지, 전혀 쉽지 않다면 0, 매우 쉽다면 10에 체크해 보라."

〈표 6A〉에서 보이는 것과 같이 종합 사회조사에서 동료직원의 업무 태도

를 감시하는 행위의 용이함에 있어 매우 쉽다고(10) 답한 이가 45.9%였으며, 28%가 7~9번을 선택했다. 7 이상을 선택한 사람들은 혼자가 아닌 팀으로서 일을 한다는 답변이 압도적이었고, 3 이하를 선택한 직원들과 비교했을 때 이들은 도움을 청하는 데 있어 동료들과 감독자에 많이 의존했다. 또한, 7 이상을 택한 직원들의 13%가 대부분 관리자급 직원인 반면, 3 이하를 택한 관리자급 직원은 7%에 그쳤다. NBER 조사 응답자 중 62%가 상호

〈표 6A〉 동료가 직무를 잘하는지의 여부에 대한 관찰의 용이도

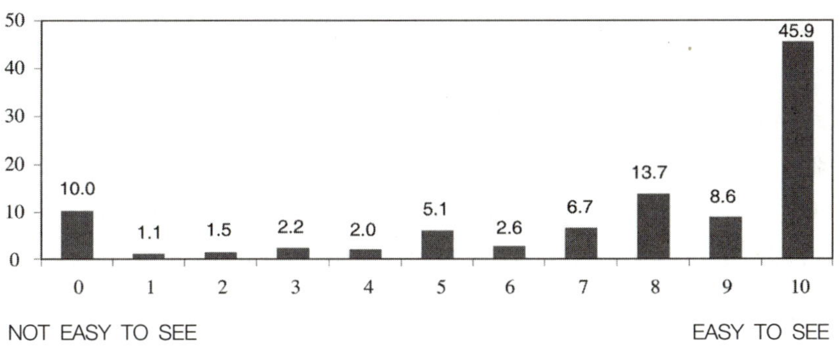

〈표 6B〉 동료가 일을 열심히 하지 않을 경우 반응 행동

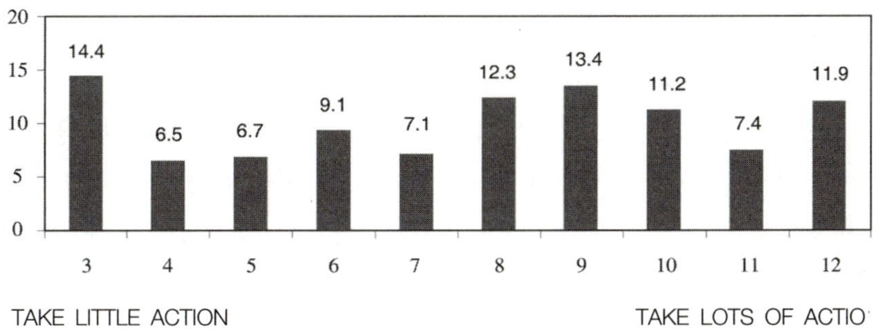

Source: Richard Freeman, Douglas Kruse and Joseph Blasi, "Worker Responses to Shirking"

감독 질문에 대해 7 이상을 선택했다.

대부분의 직원들이 동료들의 업무 활동을 감독할 수 있다고 보고, 다음 질문을 했다.

"만일 당신의 동료가 일을 열심히 혹은 잘하지 못하면, 어떻게 할 것인가?"
  A. 동료에게 직접 얘기한다
  B. 감독자나 관리자에게 보고한다
  C. 그냥 놔둔다
  D. 소속 팀원들과 논의한다(일부 기업조사에만 국한됨)

반응에 대해 가능성 없음, 그다지 가능성 없음, 어느 정도 가능성 있음, 매우 가능성 있음의 4단계로 구분하고 있다. 질문에 대한 답변을 정리하기 위해, 1부터 4단계까지 책임회피를 반대하는 행위의 비율을 요약해 보았다. 1단계는 회피 행위에 대한 개입이 가장 낮음을 뜻하고 4단계는 가장 높음을 뜻한다. 우리는 질문에 대한 답변들을 모두 합해서 반 회피행위 지수를 A부터 C유형의 답변을 토대로 3에서 12까지 범위를 정했다. 이 공식에서 12는 업무 회피 경향이 있는 직원에게 직접적으로 이야기하고 관리자에게 보고할 가능성이 높으며, 아무 행동을 하지 않을 가능성은 거의 없다는 의미이다. 3은 이와 정반대의 반응을 의미한다. D유형 질문에 대한 답변까지 포함한 지수는 4에서 16까지 차이가 났다.

〈표 6B〉의 그림을 보면 종합사회지수(GSS)에서 나타난 반 회피 행위에 있어 상당한 개인차가 발생한다. 데이터를 3과 4유형의 반응을 묶고, 5와 6유형의 반응을 묶는 식으로, 5개 그룹으로 정리하면, 유형 분포에서의 차이점은 크게 발생하지 않는다. 또한 NBER의 기업조사 데이터 상에서도 반 회피 행위에 있어 큰 차이가 있다.

제시된 질문 유형들이 "만일 당신이 … 을 본다면 어떻게 할 것인가" 와 같은 가상 상황을 토대로 하고 있다는 비판도 있을 수 있다. 또한 질문에 대한 반응이 응답자의 실제 행동을 반영할지에 대한 여부도 확실치 않다고 생각할 수 있다. 이러한 상황을 고려하여, 일부 기업조사에서는 한 가지 질문을 추가했는데, "지금까지 직장에서 일을 열심히 하지 않거나 잘 처리하지 못하는 동료를 본 적이 있는가?" 였다. 응답자의 59%가 '그렇다' 라고 대답했다. 그 다음 응답자들의 대응방법을 물어봤다. 응답자들의 답변은 자신들이 제출한 행동양식과 높은 상관관계를 보여주었다. 이는 조사를 통해 보여준 행위 유형과 실제로 하게 될 행위와 유사하다는 점을 보여준다.

자연스레 다음에 나올 질문은 "회사 이익을 직원들과 함께 나누게 되면, 직원들의 반 회피 행위가 더 강해지는가?" 이다. 이 질문의 답변을 위해, 공동변수와 함께 공동배분 자본주의에 대한 통합 지수 상에 나타난 반 회피 행위 유형, 보상 배분, 특수한 공동배분 자본주의 유형들을 뺐다. 〈표 7〉에 나타난 요약된 결과를 보면, 공동배분 보상 지수는 반 회피 행위와 긍정적인 관계를 갖고 있음을 보여준다. 하지만 공동배분 보상제도에 있어서는 GSS와 NBER 데이터 사이의 차이점이 존재한다. GSS 데이터 상에는, 이익 배분과 성과 배분제도의 시행이 반 회피 행위를 막는 주요 요소로 나온다. 하지만 NBER 데이터를 통해 보면, 이익 배분과 성과 배분제도의 적극성이 주요 요소가 된다. NBER 데이터를 통해, 이익 및 성과 배분을 통한 보너스 규모와 회사 주식을 보유하는 스톡옵션 규모가 반 회피 행위에 큰 영향을 끼친다는 것을 알 수 있다.

우연히도 공동배분 자본주의가 반 회피 행위에 미치는 긍정적인 영향에 대한 또 다른 시험을 해 볼 수 있었다. 조사가 진행되던 중, 한 기업에서 새로운 이윤배분제도를 시행할 계획이라고 밝혔다. 이 회사는 제도 시행 전 사전조사를 하고 6개월 뒤에 다시 한 번 시행하는 데에 동의했다. 본 제도 시행과 함께 1차 조사와 2차 조사를 통해, 이윤배분을 받을 수 있게 됐다는 직원 비율이 59%에서 88%로 뛰어 올랐다. 이와 별개로, 1차 및 2차 조사 간 상당한 변화를 보인 변수는 2개밖에 되지 않았다. 하나는 회피 성향이 있는 직원에게 충고할 것이라는 직원들의 비율이 42%에서 55%로 늘어난 점, 다른 하나는 회피 성향의 직원으로 인해 보너스가 깎이거나 주가가 하락

<표 7> 공동자본주의가 반회피 행위자에 대한 추정 효과

Measure of anti-shirking behavior Or form of anti-shirking behavior	GSS-National Survey	NBER Company Survey
Effect of index of shared capitalism on		
Anti-shirking index	+	+
Any profit-gain sharing	+	
Profit-gain sharing share of salary		+
Any stock options		+
Stock options as share of salary		
Employee ownership		+
Ownership as share of pay		
Mode of anti-shirking behavior		
Talking to shirker	+	+
Talking to supervisor	+	+
Talking in group meeting		+

Source: Richard Freeman, Douglas Kruse and Joseph Blasi, "Worker Responses to Shirking"

할 수 있기 때문에 조치를 취할 것이라고 답변한 직원들의 비율이 39%에서 56%로 늘어났다는 점이다. 조사 중 변화가 생긴 변수가 2가지에 불과하다는 사실을 통해 동료의 책임 회피 행위를 막는 데 있어 이윤배분이 긍정적인 효과를 가져온다는 것을 확인할 수 있다.

반 회피 행위의 결과

직원들 중 35%가 업무 처리를 잘하지 않는 사람들은 반 회피 행위에 대해 불만을 토로한다고 답했다. 하지만 더 많은 응답자들이 반 회피 행위를 긍정적으로 생각하며(45%) 관리자들도 역시 긍정적으로 생각한다고 밝혔다 (40%). 30%가 조금 넘는 약 36%의 응답자들이 직원들의 업무 성과가 향상되었다고 답했으나, 그렇지 않다고 답한 응답자 수도 이와 비슷했다. 이 결과를 통해 회피 경향의 직원들의 업무 성과가 악화되지 않았다고 가정하면, 반 회피 행위가 어느 정도는 성공적인 개입 방식이라고 볼 수 있다.

하지만 반 회피 행위는 직장 내 직원들의 행동에 더 폭넓은 영향을 미칠 수 있다. 동료가 회피 행위에 대해 조치를 취할 것이라는 점을 알고 있다는 것 자체로 직원들은 회피 행위를 하지 않으려 할 것이고 그렇다면 상호 감시 제도를 굳이 시행할 필요가 없어지는 것이다. 반 회피 활동 자체로 회피 행위가 사라지고 그러면 반 회피 활동 또한 사라질 것이라는 잠재적인 평형 상태가 존재한다. 이번 연구는 동료직원과 회사 실적과 관련한 척도를 통해 반 회피 행위의 영향력이 생각보다 더 크다는 점을 시사하고 있다. 5가지의 활동 평가 기준에 따라 회피 성향의 직원에게 직접 충고할 가능성이 높고 아무 조치도 하지 않을 가능성은 낮다고 답한 직원들은 동료의 업무 성실성을 더 높게 평가했고 직원들끼리 서로 격려하며 지낸다고 답했으며, 회사 실적이 향상되고 있다고 평가했다. 반 회피 지수에서 상대적으로 평균 점수가 높은 기업들 또한 직장 업무 활동 평가도 평균보다 높은 수준이었다. 결론적으로, 직원들의 반 회피 행위가 직원들의 성실성과 기업 실적에 긍정적인 영향을 미친다고 볼 수 있다.

왜 상호 감시인가?

상호 감시는 언제나 문제가 되어왔다. 공동배분 자본주의는 일견 효과가 있을 수 있다. 직원들 간의 상호 감시를 통해 회피 행동을 줄일 수 있기 때문이다. 하지만 왜 서로를 감시해야 하는 것인가? 회피 성향의 직원을 감시하는 데 드는 비용은 감시하는 측의 부담이 되기 마련이다. 하지만 감시하는 직원은 사실 감시 활동을 통해 얻는 혜택은 일부에 지나지 않는다. 무임승차 문제는 계속되고 있지만 과거 책임 회피자와 그들을 감시하는 감시자의 대결 구도가 이제는 책임 회피 행위에 대한 개입과 침묵을 지키는 것의 대결 구도로 바뀌었다.

우리는 반 회피 활동을 펼치겠다는 결정에 관한 궁금증을 풀기 위해, 직원들에게 반 회피 활동 참여 혹은 불참의 이유를 물어보았다. 〈표 8〉이 응답자들의 답변이다. 응답자의 절반 이상이(56%) 회피 성향의 직원 때문에, 자신의 일까지 영향을 받을 수 있기 때문에 조치를 취하겠다고 답했다. 응답자 중 거의 절반이(47%) 업무 기준을 높은 수준으로 유지하기 위해서 조치를 취하겠다고 답했다. 이는 직원들이 협력적인 업무 체계를 유지하여 높은 수준의 직무 기준을 강화하는 것으로 볼 수 있다. 거의 같은 수의 응답자(43%)는 업무 성과가 좋지 않으면 보너스도 깎이고 주가도 하락할 것이라고 대답했다. 응답자 중 45%는 그저 남을 돕는 게 좋기 때문이라고 말했고, 31%는 나중에 도움을 받은 직원이 도움을 주게 될 것이기 때문이라고 말했다.

분석 자료에서 중요한 것은 직원들이 회피 성향의 동료에 대해 개입하는 이유들이 공동배분 자본주의 동참과 관련이 있다는 것이다. 예를 들어, 저조한 업무 성과 때문에 보너스가 줄고 주가가 하락할 것이라고 말한 사람들의 수가 공동배분 자본주의의 가치를 낮게 평가하는 부류보다(32%) 높게 평가하는 부류에서(58%) 2배 이상 더 많은 것으로 나타났다. 또한, 업무 기준을 높은 수준으로 유지하기 위해 조치를 취할 것이라고 말한 직원들의 수도 더 많았다(각각 59%, 42%). 제4열을 보면 공동배분 자본주의 지수가 조치를 취하는 이유 중 5가지와 상호 관련되어 있음을 알 수 있다.

그러면 회피 성향의 직원에 대해 아무런 행동을 하지 않겠다는 사람들의 이유를 살펴보자. NBER 조사 결과 이들 중 45%가 문제 직원을 다루는 일은 관리자의 일이라고 생각하기 때문이라고 말했다. 41%는 만일 자신이 행

<표 8> 회피자에 대한 참여 또는 불참의 이유

	All (1)	Lower (2)	Upper (3)	Signif Effect of SC ?
WHY YOU MIGHT DO SOMETHING				
I like helping others	44.9%	47.2%	42.8%	
Employee might help me in the future	31.0%	32.0%	29.7%	
Poor performance will cost me and other employees in bonus or stock	42.9%	32.0%	58.2%	YES
Other employees appreciate it when someone steps forward	23.9%	19.9%	32.0%	YES
Want to keep work standards high	46.6%	41.6%	58.9%	YES
Employee's poor performance could affect my own job	55.9%	53.2%	61.3%	YES
n	32386			
WHY YOU MIGHT DO NOTHING				
Employee not working well would resent it	41.3%	37.9%	44.7%	YES
Other employees would react poorly	23.4%	24.3%	21.8%	
It's the supervisor's job, not mine	44.7%	45.0%	39.7%	
Some other employee will probably take action	8.4%	10.5%	6.1%	
There's no financial benefit for me	7.7%	10.2%	4.9%	YES
Nothing in it for me personally	11.0%	13.3%	8.0%	YES
n	30363			

Source: Richard Freeman, Douglas Kruse and Joseph Blasi, "Worker Responses to Shirking"

동을 취하면 문제 직원이 화를 낼 것이기 때문이라고 말했고, 23%는 다른 동료 직원들이 탐탁지 않게 반응할 것이기 때문이라고 답했다. 8%는 다른 누군가가 나서서 할 것이라고 답했다. 공동배분 자본주의는 회피 성향의 직원이 개입에 대해 불만을 표할 것이라는 사람들의 우려를 잘 보여준다. 아마도 개입 행위가 해당 직원을 위한 것이 아니라 금전적인 우려 때문이라고 여겨질 수 있기 때문인 듯하다. 또한 개입하는 직원 스스로 자신의 행동에 대해 개인적으로 받을 수 있는 혜택이 없다고 말할 가능성은 낮다는 것도 보여준다.

물론, 사람들이 합리적이고 최적의 표준 모델을 능가하는 방식으로 행동한다는 증거가 반 회피 행위에만 나타나는 특징은 아니다. 수감자(죄수)의 딜레마 게임에서, 참가자들은 합리적 수준 이상으로 협력한다. 최종 경기에서는, 참가자들은 행동함에 있어 공정을 기하려 한다. 또한, 어디선가 '경제적 인간'이 나타나서 남들이 알아서 할 거라고 말할 때에도, 각 개인은 자선단체에 기부하고 시간을 내 자기가 나서서 일을 처리한다. 페르와 괴히터(2000)는 실험을 통해 개인은 자신의 이익이 달려 있지 않더라도 사회가 의지하고 있는 호혜의 원칙을 깨는 행위를 한다면 그를 벌한다는 점을 밝혀냈다. 인류학자들에 따르면 자발적인 감시활동을 통한 협력은 많은 사회 집단에서 일어나고 있다고 주장한다. 인류의 진화를 통해 이 행위 자체가 깊숙이 뿌리내렸다고 볼 수 있다. 근본적인 이유가 무엇이든 간에, 반 회피 행위와 지엽적인 경제적 사고로부터의 탈피는 공동배분 자본주의의 성공 가능성에 대한 깊은 함의를 담고 있다.

결론

기업이 직원들과 이익을 나눌 때 기업 및 근로자 성과에 미치는 영향을 알아본 NBER 연구를 통해 이익배분, 보너스, 직원 주주제도와 같은 공동배분 자본주의 제도가 많이 도입되었고 계속 도입되고 있다. 여타 근로 협약이나 급여 방식보다 공동배분 자본주의 제도가 기업과 근로자에게 보다 많은 혜택을 준다. 직원 상호 감독제 또한 일부 근로자의 봉급이 전체 직원들의 업무 성실도와 생산성에 의지할 때 발생하는 무임승차 문제를 극복하는데 도움이 된다.

참고문헌

Becker, B.E., M. Huselid, and D. Ulrich. 2001. *The HR Scorecard: Linking People, Strategy, and Performance.* Boston, MA: Harvard Business School Press.

Ben-Ner, Avner, and Derek C. Jones. 1995. "Employee Participation, Ownership, and Productivity: A Theoretical Framework." *Industrial Relations,* Vol.34 (4). pp.532-554.

Blair, Margaret, Douglas Kruse, and Joseph Blasi. 2000. "Employee Ownership: an Unstable Form or a Stabilizing Force?" In Thomas Kochan and Margaret Blair, eds. *The New Relationship: Human Capital in the American Corporation.* Washington, D.C.: The Brookings Institution.

Blasi, Joseph R., and Douglas Kruse. 2004. "The New Owners: The Mass Emergence of Employee Ownership in Public Companies and What it Means to American Business." New York, Harper Collins.

Blasi, Joseph R., Michael Conte, and Douglas Kruse. 1996. "Employee Stock Ownership and Corporate Performance Among Public Companies." *Industrial & Labor Relations Review,* Volume 50, Issue 1, pp.60-79.

Blasi, Joseph, Douglas Kruse, and Aaron Bernstein. 2003. "In the Company of Owners." New York: Basic Books.

Blasi, Joseph, Douglas Kruse, and Richard Freeman. 2006. "Shared Capitalism at Work: Impacts and Policy Options." In *America at Work.* Edited by Edward Lawler and James O'Toole. New York: Palgrave/Macmillan, 275-296.

Carpenter, Jeffrey. 2004. "Punishing Free Riders: How Group Size Affects Mutual Monitoring and the Provision of Public Goods." IZA Discussion Paper No. 1337, Institute for the Study of Labor.

Collins, Denis. 1998. "Gainsharing and Power: Lessons from Six Scanlon Plans." Ithaca and London: Cornell University Press, ILR Press.

Conyon, Martin, and Richard Freeman. 2004. "Shared Modes of Compensation and Firm Performance: UK Evidence." In Card, David, Richard Blundell, and Richard Freeman Seeking a Premier Economy. University of Chicago Press.

Craig, B., and J. Pencavel. 1992. "The Behavior of Worker Cooperatives: The Plywood Companies of The Pacific Northwest." *American Economic Review*, 82, 1083-1105.

______. 1995. "Participation and Productivity: A Comparison of Worker Cooperatives and Conventional Firms in The Plywood Industry." *Brookings Papers on Economic Activity*, 212-160.

European Foundation for the Improvement of Living and Working Conditions. 2000. Financial Participation of Employees in the European Union: much ado nothing? Background Paper.

European Federation of Employee Share Ownership. 2008. Participation in European largest groups, 1945-2007 Jan.22.

Fehr, Ernst, and Simon Gachter. 2000. "Cooperation and Punishment in Public Goods Experiments." *American Economic Review 90*, pp.980-994.

Freeman, Richard, Joseph Blasi, and Douglas Kruse. 2007. "The Same Yet Different: Worker Reports on Labour Practices and Outcomes in a Single Firm Across Countries." *Labour Economics*.

Gaynor, Martin, and M. Pauly. 1990. "Compensation and Productive Efficiency in Partnerships: Evidence from Medical Group Practice." *Journal of Political Economy*, 98, pp.544-574.

Huselid, M. 1995. "The impact of human resource management practices on turnover, productivity, and corporate financial performance." *Academy of Management Journal*, 38: 635-672.

Jensen, Michael C., and William H. Meckling. 1976. "Theory of the Firm: Managerial Behavior, Agency Costs and Ownership Structure." *Journal of Financial Economics*, Vol.3, No.4.

Jones, Derek, and Takeo Kato. 1995. "The Productivity Effects of Employee-Stock Ownership Plans and Bonuses: Evidence from Japanese Panel Data." *American Economic Review*, 83 (3), 391-415.

Kandel, Eugene, and Edward P. Lazear. 1992. "Peer Pressure and Partnerships." *Journal of Political Economy*, Vol.100, No.4 (August), pp.801-17.

Knez, Marc, and Duncan Simester. 1997. "Firm-wide Incentives and Mutual Monitoring at Continental Airlines." Mimeo, University of Chicago.

______. 2001. "Firm-Wide Incentives and Mutual Monitoring at Continental Airlines." *Journal of Labor Economics*, Vol.19, No.4 (Oct., 2001), pp.743-772.

Kruse, D. 1993. "Profit Sharing: Does It Make A Difference?" Kalamazoo, MI: W.E. Upjohn Institute for Employment Research.

______. 1998. "Profit Sharing and the Demand for Low-Skill Workers." In Richard Freeman and Peter Gottschalk, eds. *Generating Jobs: Increasing the Demand for Low-Skill Workers.* New York: Russell Sage Foundation, pp.105-153.

______, and Joseph Blasi. 1997. "Employee Ownership, Employee Attitudes, and Firm Performance: A Review of the Evidence." In *The Human Resources Management Handbook,* Part 1. Edited by David Lewin, Daniel J.B. Mitchell and Mahmood A. Zaidi. Greenwich, CT.: JAI Press.

Leibowitz, Arlene, and Robert Tollison. 1980. "Free Riding, Shirking, and Team Production in Legal Partnerships." *Economic Inquiry,* 18, pps.380-394.

Pendleton, Andrew, Erik Poutsma, Jos van Ommeren, Chris Brewster Employee share ownership and profit-sharing in the European Union European Foundation for the Improvement of Living and Working Conditions 2001.

Weitzman, Martin, and Douglas Kruse. 1990. "Profit Sharing and Productivity." In A. S. Blinder, ed. *Paying for Productivity: A Look at the Evidence.* Washington, D.C.: Brookings Institution, pp.95-141.

제4부

세계 무역과 신보호주의:
경제회복에 미치는 영향

신보호무역주의의 도전과
G20의 대응

안호영
외교통상부 통상교섭조정관

2008년부터 세계경제는 심각한 금융위기에 시달리고 있다. 지구촌 경제는 대규모 부도 사태와 금융시스템 붕괴로 몸살을 앓았다. 이번 경제위기는 1930년대 전 세계를 보호무역주의체제로 몰아간 대공황을 떠올리게 했다. 보호무역조치는 위기 상황에서 가장 손쉽게 취할 수 있는 조치로서, 특히 각국 정치인들과 기업들이 선호하는 대처 방법이기도 하다. 하지만 장기적인 관점에서 봤을 때, 무역 장벽 도입은 세계경제 전반에 걸쳐 악영향을 가져올 수 있고 경기침체 상황을 오히려 악화시킬 수 있다. 그렇기 때문에 보호무역주의를 최선책으로 삼아서는 안 될 것이다. 다행히도, 한국을 비롯한 많은 국가들이 보호무역주의가 초래할 위험을 조기에 인식하면서, G20 정상회의 및 WTO체제하에서 자유무역주의를 지켜가기 위한 긴밀한 협력 관계를 이끌어왔다.

G20 정상회의 이전의 각국들의 대응

2008년 10월 리먼 브러더스 파산 사태 직후, 한국은 WTO 무역정책검토회의를 통해 다음의 3가지 의제를 논의해왔다.

- 무역정책검토제도가 현재 당면한 과제 즉, 보호무역주의의 위협과 어떠한 관계를 갖는가?
- 무역정책검토제도가 실제로 유용한 것인가?
- WTO가 1930년대에 저질렀던 과오를 반복하지 않기 위해서 어떠한 역할을 할 수 있을까?

한국이 무역정책검토회의를 가졌던 그날 오후에 WTO 총회가 열렸다. 총회에 참가한 회원국들이 한 목소리로 보호무역주의가 갖는 위험 요소들에 대한 우려를 표했다. WTO 멕시코 대사는 과거에 수입관세 인상 법안을 내놨던 미국의 스무트 상원의원과 홀리 하원의원의 사진을 꺼내 들고, 과거에 이들이 내놨던 법안이 WTO에 악의 손길을 뻗지 못하도록 막아야 한다고 촉구했다.

세계경제가 1930년대에 경험했던 대공황의 상황까지 가지는 않을 것으로 보인다. 하지만 아직 안심하기에는 이르다. 무역 전문가들 사이에서 보호무역주의가 세계경제를 위협할 것이라는 우려가 커지고 있다는 것이 이를 뒷받침한다. '모든 정치는 지역적이다' 라는 팁 오닐(Tip O'Neil)의 명언이 잘 보여주듯이 전문가들이 말하는 보호무역주의의 위험요소가 무엇이든지 간에 이들의 생각은 언제나 정치적인 요소를 고려할 수밖에 없다는 것이다. 정책적 변화를 가져올 수 있는 당사자들은 바로 각국의 지도자들이기 때문에, 보호무역주의 확산이라는 당면과제를 해결하기 위해서는 지도부가 신속히 개입해야 한다.

G20 정상회의에서의 각국들의 대응

그래서 G20 정상회의가 등장하게 되었다. 현재까지 2번의 G20 정상회의가 워싱턴과 런던에서 각각 개최되었다. G20 정상회의의 등장은 다음과 같은 배경에서 비롯되었다.

1. 2008년 9월 17일 리먼 브러더스가 파산을 신청했다.
2. 2008년 9월 23일 사르코지 프랑스 대통령이 유엔 연설을 통해 금융위기에 대한 각국의 신속한 대응을 촉구했다.
3. 2008년 10월 18일 캠프 데이비드에서 부시 대통령, 사르코지 대통령, 바로소 EU 집행위원장이 회동을 갖고 전 세계 금융위기를 헤쳐 나가기 위한 정상회의 개최 안을 내놓았다.

마침내, 11월 15일 워싱턴에서 G20 정상회의가 개최되었다. 자유무역을 지지하는 한국은 회의 개최 전 한미 간 5가지 조항을 담은 각서를 통해, 한국은 보호무역조치 동결 및 도하 개발 아젠다를 통해 투자 및 자유무역 기조를 유지할 것을 재확인하였다. 이 점은 워싱턴 선언문에 다음과 같이 나타나 있다.

> "…향후 12개월 동안, 우리는 무역, 투자 등에 대한 무역장벽 설치 및 수출 규제안, WTO 규범에 부합하지 않는 규제를 마련하는 행위를 자제할 것이다…"
> "올해 우리는 도하 개발 아젠다의 성공적인 협상 타결을 통해 과감하면서도 균형 있는 결과를 도출하기 위한 노력을 경주할 것이다."

워싱턴 정상회의 이후, 한국은 정책 동결 약속을 이행하였고 뿐만 아니라 각국의 동결 약속 이행 여부에 대한 감시 활동을 제안했다. G20 국가들의 이 제안에 대한 첫 반응은 미온적이었다. 하지만 한국은 G20 정상회의 교섭 대표들에게 서신을 회람케하고 화상회의를 열면서 효과적인 감시 시스템 가

동이 갖는 중요성에 대해 회원들을 설득하는 데 꾸준한 노력을 기울였다. 그 결과, WTO의 분석자료 지원과 함께 보호무역조치 동결 이행을 감시하는 시스템을 구축하자는 합의에 도달했다.

합의가 있은 후, 영국의 고든 브라운 총리는 WTO 사무총장인 파스칼 라미에게 보낸 서신을 통해 감시 체계에 대한 WTO의 분석자료 지원을 요청하였다. 이에 따라, WTO는 G20 체제에 적극적으로 참여하기 시작했다. 지금까지, 3개의 감시활동 보고서가 발간되었다.

런던에서의 2번째 G20 회의를 통해, 회원국들은 동결정책을 2010년까지 연장하기로 합의하였다. 이와 함께 합의된 사항의 확실한 이행을 위해, WTO의 감시자로서의 역할을 명시하는 의무조항을 G20 지도자 성명에 삽입했다.

"우리는 국내에서 이행하는 모든 조치를 WTO에 알릴 것이며, 여타 국제기구들과 더불어 WTO가 분기별로 회원국들의 약속 이행에 대해 감시하고 공개 보고서를 제출할 것을 요청한다."

결론: 평가 및 당면 과제

시의 적절하면서도 효과적인 국제적 공조로, 보호무역주의의 기운이 확산되지는 않았다. 하지만 여전히 보호무역주의가 나타날 가능성은 존재하며, 역습의 기회를 노리고 있다는 사실을 부인할 수 없다. 2009년 3월 17일자 세계은행 보고서가 지적하는 것과 같이 워싱턴 회의 개최 이후에도 G20 국가들 중 17개국이 2008년 11월 이래 총 47개의 보호무역조치를 내놨다. 월스트리트 저널 및 파이낸셜 타임즈 등 언론에서도 보호무역주의가 확산될 것이라는 어두운 전망을 내놓고 있다.

"세계 경제침체가 심화됨에 따라, 보호무역주의 정서가 팽배해지고 있다" (2009년 3월 15일 월스트리트 저널)

"경기 침체로 고통받는 국가들이 전 세계 무역에 대한 수출 장벽 설치법을 제정함으로써 자국의 주요산업을 지켜내기 위해 안간힘을 쓰고 있다." (2009년 2월 24일 파이낸셜 타임즈)

WTO는 또한 보호무역주의의 압박감이 심화되고 있다고 지적했다. 1차 보고서를 통해서 각국이 국내에서의 보호무역주의 압력을 통제하는 데 성공했다는 긍정적인 결과를 보여주었지만 2차 보고서에서는 몇 가지 약속 불이행의 증거를 내놓으면서 좀 더 부정적인 내용을 담고 있다.

"지금까지, 대다수의 WTO 회원국들은 국내에서의 보호무역주의의 압박을 통제하는 데 성공했다. 지금까지는 관세 및 비관세 무역 장벽 설치의 증가치 혹은 무역구제제도에 대한 의존도 증가치 모두 극히 제한적인 수준이었다." (1차 보고서, 2009년 1월 26일)
"많은 WTO 회원국들에 대한 보호무역주의 조치 압박이 계속해서 커지고 있다. 올해 초에는, 대부분의 회원국들이 이런 압박감을 잘 조절해 왔지만 그 이후에는 약속 불이행 현상이 현저했다." (2차 보고서, 2009년 3월 26일)

우리는 이제 G20 체제를 통한 정치지도력을 확보하고 있고 WTO의 감시 시스템 또한 효율적으로 작동하고 있다. 반 보호무역주의를 고양하고 보호무역주의 압박을 통제하기 위해서는 다음이 이행되어야 한다.

1. 현재 감시 시스템과 각국의 공지 시스템을 강화하기 위해서는 (무역정책검토회의보다는 WTO 산하기관과 같은) WTO의 담당기관이 필요하다.
2. 도하 개발 아젠다를 조속히 타결해야 한다. DDA 협상의 목표는 전 세계의 무역 장벽을 낮춰서 자유무역을 확산시키기 위함이다. DDA의 성공적인 타결은 보호무역주의에 맞설 수 있는 가장 좋은 무기이다.
3. 반 보호무역주의 합의안을 효과적으로 이행해 가기 위해서는 정부 고위급 차원에서 좀 더 적극적인 활동을 전개해야 한다. 지도부들 스스로가 직접적으로 개입해야 한다는 것이 그 때문이다.

정부 개입의 활용과 남용,
그리고 무역정책

Vinod K. AGGARWAL
UC버클리 APEC 연구센터 소장

서문

2009~2010년의 금융위기는 전 세계에 끼친 영향력에 있어 유례를 찾아볼 수 없을 정도로, 마치 1930년대 대공황과 비견될 정도였다. 실제로, 미국에서 발생한 서브프라임 위기의 여파로 가장 빠르게 성장한 이슈는 1930년대와 현재의 위기를 비교하는 것이었다. 많은 분석가들이 지적했듯이, 각국 정부들은 1930년대 대공황에 잘못 대처했다. 미 연방준비위원회(이하, 연준위)가 상업은행들을 뒷받침하지 못하면서 4,000여 개의 은행이 도산했다. 예금보험 제도의 부재로 소비자 손실을 야기했으며, 부적절한 경기부양책으로 인해 경제회복은 2차 세계대전 발발 이후로 늦춰졌다. 그리고 이 글에서 가장 중요하게 다뤄지고 있는 보호무역주의가 스무트-홀리 법안과 맞물려 광범위하게 확산되면서 관세율은 65%선을 넘었다. 이로 인해 경기 둔화가 심화되면서 결국 세계 무역 붕괴라는 결과를 가져왔다.

이와는 대조적으로 현재의 금융위기에 대한 전 세계의 대응은 과거와 사뭇 다르다. 미국의 연준위는 상업은행 및 채권보험사들을 성공적으로 뒷받침했다. 예금 보험료율은 상승했고 소비자들의 예금 손실도 발생하지 않았다. 다른 국가들도 수렁에 빠진 경제를 구하기 위해 이와 유사한 정책들을 도입했다. 가장 중요한 것은, 과거 대영제국 내 특혜관세제도나 동유럽 경제권과 독일을 특혜 제도를 통해 결속시켰던 독일의 샤흐트안과 같은 관세인상안이나 쿼터설정 등의 대규모 조치는 나타나지 않고 있다.

세계 무역 현황이 비교적 무난한 상태를 유지하고 있고 현 위기 상황을 호전시키기 위한 재정 및 통화정책도 성공적으로 이행되는 것처럼 보이지만, 리차드 볼드윈(Richard Boldwin)과 사이먼 에브넷(Simon Evenett)이 지칭했던 것과 같이 '암묵적인 보호주의(murky protectionism)' 기류가 상승하고 있다.[1] 이들의 주장에 따르면, 각국 정부는 일반적으로 보호무역주의 조치로서 관세를 인상하거나 쿼터 설정, 정부 보조금 지급 방식을 사용하고, 이로 인해 때로는 경기 하락을 감수하기도 한다. 이와 함께 건강 및 안전 기준이나 자국산 구매조항, 친환경 정책 등을 내세워 자국 경제를 살리는 데 집중한다. 하지만 이러한 조치들이 겉으로는 WTO 규정을 준수하는 것처럼 보이지만 은밀하게 차별적인 형태로 이루어진다는 것이다. 이들은 이러한 정책들이 무역분쟁으로 번질 수 있고 결국에는 세계경제 회복의 전망을 어둡게 만드는 요인이라고 생각하며, 따라서 각국이 보호주의 동결 및 상호 감시, 정부 개입을 축소하는 출구전략을 수립하고, WTO 도하 라운드 타결에 주력하면서 친환경 보호주의를 배격해야 한다고 주장한다.[2]

이 글을 통해 "암묵적 보호주의(Murky protectionism)"라는 적절하면서도 모호한 단어의 의미를 뛰어넘어, 좀 더 분석적인 방식을 통해 보호무역주의 조치가 내포하는 또 다른 의미를 고찰해 본다. 뒤에서도 언급하겠지만, 많은

---

1) *The Collapse of Global Trade, Murky Protectionism, and the Crisis: Recommendations for the G-20.* VoxEU.org publication, 2009.

2) Ibid., p.5.

국가들이 이번 금융위기를 기회로 삼아 황폐화된 자국의 경제 체질을 개선하는 동시에 새로운 정책 수립과 정부 개입을 통해 일부 자국 기업을 보호하고 신생 산업을 육성하려고 한다. 이러한 산업적 정책 접근법은 일부 국가들, 특히 중국과 미국이 주로 추구하고 있는 것으로서, 세계경제 활동 기반에 불평등을 초래하고 있으며 더 나아가 지금과 같이 힘든 경제 상황에서 각 기업들의 이윤 창출을 더 힘들게 만들고 있다.

금융위기에 대한 각국 대응의 개요[3]

사실 이번 금융위기를 통해서 각국이 긴밀한 공조 체제를 이루었다고 말하기는 힘들지만, 대다수 국가들이 과감한 위기 대응책을 펼쳤다고 볼 수 있다. 대신, 이들 국가들은 또한 자국 경제에 원기를 불어넣기 위한 정책을 펴왔다. 예컨대, 미국은 부실자산구제프로그램(TARP)을 통해 7,000억 달러의 예산을 투입, 은행들의 부실 자산을 매입했다. 또한, 미국 자동차업계는 정부로부터 약 400억 달러 규모의 지원금을 받았다. 하지만 오바마 대통령이 내놓은 국내 경기부양책 중 가장 규모가 크면서도 논란이 일고 있는 것은 따로 있다. 그 규모는 약 7,870억 달러로, 세금 감면과 고용지원, 그리고 에너지, 기간산업, 의료, 교육 및 과학 분야 투자가 모두 포함된다. 전체 부양자금 중 2,500억 달러만이 2009년에 투입될 예정으로, 일부에서는 부양자금 투입 속도가 너무 느리다고 비판하고 있다. 하지만 미국의 경기부양책 규모는 G20 국가들 중 2위에 해당하는 규모로서 미국의 2008년도 GDP의 5.9%를 차지하고 있다(1위는 사우디아라비아로 부양책 규모는 2008년도 GDP의 9.4%인 496억 달러 정도이다).

경기부양책 투입 규모에 있어 정확한 수치는 변동될 수밖에 없다. 에스와

---

3) 이는 저자가 수석 경제학자로 참여한 Frost & Sullivan사의 the Economics and Research Analysis group 연구결과로부터 도출된 것임.

〈표 1〉 세계 각국의 경기부양 조치

	초기 조건		2009년 지출			총 경기부양 지출		
	공공부채 (2008년 GDP 비율) (%)	재정 균형 (%)	USD amount (bb) (%)	2008년 GDP 비율 (%)	감세 비율 (%)	USD amount (bb) (%)	2008년 GDP 비율 (%)	감세 비율 (%)
Argentina	51.0	1.7	4.4	1.3	0.0	4.4	1.3	0.0
Australia	15.4	0.3	8.5	0.8	47.9	19.3	1.8	41.2
Brazil	40.7	N/A	5.1	0.3	100.0	8.6	0.5	100.0
Canada	62.3	0.1	23.2	1.5	40.4	43.6	2.8	45.4
China	15.7	0.4	90.1	2.1	0.0	204.3	4.8	0.0
France	64.4	-2.9	20.5	0.7	6.5	20.5	0.7	6.5
Germany	62.6	0.9	55.8	1.5	68.0	130.4	3.4	68.0
India	59.0	-4.2	6.5	0.5	0.0	6.5	0.5	0.0
Indonesia	30.1	-1.3	6.7	1.3	79.0	12.5	2.5	79.0
Italy	103.7	-2.7	4.7	0.2	0.0	7.0	0.3	0.0
Japan	170.4	-3.1	66.1	1.4	30.0	104.4	2.2	30.0
Korea	27.2	0.9	13.7	1.4	17.0	26.1	2.7	17.0
Mexico	20.3	0.0	11.4	1.0	0.0	11.4	1.0	0.0
Russia	6.8	6.2	30.0	1.7	100.0	30.0	1.7	100.0
Saudi Arabia	17.7	11.2	17.6	3.3	0.0	49.6	9.4	0.0
South Africa	29.9	0.2	4.0	1.3	0.0	7.9	2.6	0.0
Spain	38.5	-2.4	18.2	1.1	36.7	75.3	4.5	36.7
Turkey	37.1	-1.5	0.0	0.0	N/A	0.0	0.0	N/A
UK	47.2	-4.8	37.9	1.4	73.0	40.8	1.5	73.0
US	60.8	-3.2	268.0	1.9	44.0	841.2	5.9	34.8

Source: Eswar Prasad and Isaac Sorkin, *Assessing the G-20 Economic Stimulus Plans: A Deeper Look,* The Brookings Institution, March 2009

프라사드(Eswar Prasad)와 아이삭 소킨(Isaac Sorkin)은 저서 『G20 국가들의 경기 부양책에 대한 평가: 심층적 고찰』을 통해 언론에서 보도된 바와는 다소 다른 수치를 내놓았다. 두 사람은 경기부양책 지출 규모를 새로 적용하여 계산했기 때문에 〈표 1〉에 나타난 수치는 지금까지 언론 보도를 통해 인용된 수치와 정확하게 일치하지 않는다.[4]

다른 국가들의 대응 또한 과감한 방식을 취했다. 캐나다의 경기부양책을 예로 들면, 세금 감면(160억 달러), 기간 산업 및 에너지 분야(100억 달러), 이와 함께 실업자 지원책 및 금융시스템 개선에 각각 자금이 투입된다. 약 430억 달러 규모의 부양자금 중 반 이상이 2009년에 투입될 전망이다.

멕시코 정부는 기간산업에 69억 1천만 달러를 투입하고, 개발은행들과 국가 기간산업 자금 조달 프로그램에 대한 재정 투입을 126억 3천만 달러 늘리면서 중소기업들을 살리는 데 주력했다. 프라사드와 소킨이 새롭게 계산해 낸 전체 110억 달러를 웃도는 금액을 전부 2009년에 투입할 예정이다.

유럽국가들 또한 경기부양을 위한 대규모 지원책을 내놓았지만 대부분이 EU가 아닌 개별 국가 차원에서 이루어졌다. EU차원에서 내놓은 부양책은 전체 부양책 규모의 15%에 지나지 않는다. 이로 인해 유럽 통합이 위기 대응에 있어서는 별 도움이 되지 않는 것 아니냐는 의문을 낳고 있다. 독일은 애초에 경기부양책에 있어 회의적이었다가 현재는 1,300억 달러가 넘는 규모의 재원을 마련하여 2009년 약 550억 달러를 투입하고 있다. 독일의 부양책은 주로 투자 부문과 세금 감면, 그리고 기간산업, 교육 및 자동차 구매 지원책에 집중되어 있다. 현재, 독일은 GDP 대비 부양책 규모에 있어 유럽 국가들 중 5위에 해당한다.

다른 유럽국가들 중에서도 영국은 약 400억 달러 규모의 부양자금의 거의 전부를 올해 소진할 계획이다. 프랑스는 200억 달러라는 굉장히 소규모의 지원책을 마련하였으며 이 또한 2009년에 모두 투입될 것이다. 이탈리아

---

4) Eswar Prasad and Isaac Sorkin, *Assessing the G-20 Economic Stimulus Plans: A Deeper Look,* The Brookings Institution, March 2009. 2009년 예상 지출규모는 본 논문에 근거하고 있다.

의 경기부양책 규모는 70억 달러에 지나지 않으며, 이는 스페인의 부양자금 규모인 750억 달러와 극명하게 대조된다. 스페인의 부양책 규모는 2008 GDP 대비 4.5%에 달하며 G20국가 중 3번째로 큰 규모이다. 이탈리아 정부는 자동차산업 부문에 대한 지원책으로 8억 유로를 추가로 책정했다.

현재까지 아시아지역에서 가장 큰 규모로 부양책을 마련한 국가는 중국이다. 중국 정부는 공식적으로 부양책 규모를 5,860억 달러로 밝히고 있지만, 프라사드와 소킨은 중국이 신규 투자 부문에 2,043억 달러를 투입할 것이라고 주장하고 있다. 이 금액만 해도 중국의 2008 GDP의 4.8%에 해당하는 것이다. 이 수치는 미국에 이어 두 번째로 큰 규모이기도 하다. 물론 한 가지 중요한 차이점은 미국의 전체 공공부채율이 GDP의 60.8%에 달하는 반면 중국은 15.7%밖에 되지 않는다는 점이다. 일본의 경우, 공공부채 규모가 G20국가들 중 가장 큰 170.4%임에도 불구하고 2008 GDP 대비 2.2%에 해당하는 1,050억 달러라는 엄청난 규모의 부양책을 마련했다. 수출에 대한 의존도가 큰 일본의 경제는 현재 급격한 하락세에 놓여 있으며 2009년 GDP는 -6.5%를 기록할 것으로 보인다. 인도의 경기부양책 규모는 그리 크지 않은 65억 달러에 불과하지만 내수 시장에 중점을 둔 결과 2009년 경제성장률이 7%에 달할 것이라는 전망을 내놓고 있다. 하지만 이와 달리 수출은 부진을 면치 못하고 있다.

마지막으로 수출주도형 경제국가인 한국은 이번 위기로 심각한 타격을 입었으며 2009년 -3%의 경제성장률을 기록할 것으로 예상된다. 한국 정부는 261억 달러 규모의 경기부양책을 내놓았는데 이는 GDP의 2.7%에 해당하는 규모이다.

"암묵적 보호주의"의 함의: 분석적 틀

지금까지의 초점은 각국의 경기부양책에 맞추어져 있었다. 하지만 한 가지 중요하면서도 잠재적인 위험이 도사리고 있는 상황은 경기부양 차원에서 각국이 다양한 방식으로 보호무역주의 조치를 취하는 움직임이다. 통화정책은 제로 금리라는 한계선에 직면했고 재정 지원책도 인플레이션의 압박에서 자유롭지 못한 상황에서, 각국은 이제 각종 무역 정책을 정부 정책의 도구로서 사용하는 데 눈을 돌렸다. 이러한 현상은 경기부양책을 통해서 나타나기도 하였다.

이번에 새롭게 문을 연 웹사이트인 Global Trade Alert(GTA)는 각 정부가 단행한 조치들과 현재 감안하고 있는 조치들을 나열하고 있다. GTA는

〈표 2〉 시행 권역

Implementing Jurisdiction	Number of Measures	# Implemented	Number Deemed Discriminatory	Tariffs Lines Affected	Trading Partners Affected	Posted in Last 30 Days	Implemented in Past 30 Days	Discriminatory Measures in Past 30 Days
G20	76	48	37	497	146	49	30	23
G8	46	22	19	185	124	28	12	11
United States of America	26	7	6	34	96	13	2	2
Russian Federation	11	8	8	154	98	9	6	6
Indonesia	8	8	6	116	103	6	6	5
China	5	4	2	30	14	4	4	2
Japan	4	4	4	3	22	3	3	3
Belarus	4	4	3	68	96	4	4	3
Malaysia	4	3	2	293	115	3	2	1
Mexico	4	3	2	59	14	4	3	2
Saudi Arabia	4	3	2	6	17	4	3	2
Kazakhstan	3	3	2	5	7	1	1	0
European Communities	3	2	1	6	41	2	1	0
India	3	3	1	184	107	1	1	0

Argentina	2	2	2	35	14	0	0	0
Ukraine	2	2	2	1112	50	0	0	0
United Arab Emirates	2	2	2	0	0	2	2	2
Vietnam	2	2	2	6	11	0	0	0
Kuwait	2	2	1	25	3	1	1	1
Thailand	2	2	1	42	96	2	2	1
Zambia	2	2	1	1	10	1	1	0
Canada	2	0	0	1	9	2	0	0
Australia	1	1	1	0	28	0	0	0
Brazil	1	1	1	4	26	0	0	0
Ecuador	1	1	1	101	25	0	0	0
Ghana	1	1	1	0	0	1	1	1
Iraq	1	1	1	14	5	0	0	0
Philippines	1	1	1	1	4	0	0	0
Republic of Korea	1	1	1	0	0	1	1	1
Switzerland	1	1	1	2	53	1	1	1
United Kingdom of Great Britain and Northern Ireland	1	1	1	0	8	0	0	0
LDCs	1	0	0	0	0	1	0	0
Bosnia and Herzegovina	1	1	0	2	2	1	1	0
Chinese Taipei	1	0	0	9	13	1	0	0
Côte d'Ivoire	1	0	0	0	0	1	0	0
France	1	1	0	2	41	1	1	0
Germany	1	1	0	1	42	0	0	0

Source: Global Trade Alert, July 28th 2009

〈표 3〉 교역국의 영향

Affected Partner	Number of Measures	Number Implemented	Number Deemed Discriminatory	Number of jurisdictions whose measures probably haming this trading partner	Posted in Last 30 Days	Implemented in Past 30 Days	Discriminatory Measures in Past 30 Days
G20	71	48	39	32	35	19	15
G8	59	40	32	29	29	15	11
China	48	36	29	27	23	13	10
Germany	40	27	21	20	22	12	8
France	35	24	21	21	18	9	8
Italy	35	24	18	20	19	11	8
United Kingdom of Great Britain and Northern Ireland	35	23	20	21	19	9	8
United States of America	33	27	23	22	16	10	9
Japan	32	24	20	16	16	9	7
Canada	29	19	16	15	16	8	7
Republic of Korea	28	21	16	16	17	10	7
Sweden	28	19	16	16	16	9	8
Belgium	27	21	19	17	13	9	8
Thailand	26	21	18	17	13	8	6
Spain	25	18	14	16	14	9	6
Australia	24	16	14	14	16	8	7
India	24	17	13	18	14	7	5
Mexico	24	16	13	14	14	7	6
Austria	23	15	13	14	13	7	6
Finland	23	16	14	14	14	9	8
Netherlands	22	16	14	14	12	8	7

Turkey	22	18	15	15	13	9	7
Brazil	21	15	12	16	12	6	5
Czech Republic	21	14	11	12	12	7	5
Russian Federation	21	18	14	17	11	8	5
Singapore	21	17	14	13	12	8	6
South Africa	21	17	15	19	11	7	6
Hungary	19	13	10	11	12	8	6
Hong Kong	18	13	11	13	12	7	5
Portugal	18	13	10	11	11	7	5
Slovakia	18	14	11	10	12	9	7
Switzerland	18	12	10	12	9	4	3
Argentina	17	13	11	14	9	5	4
Denmark	17	11	10	12	10	6	6
Latvia	17	13	10	12	10	7	5
Lithuania	17	12	9	11	10	6	4
Romania	17	13	10	13	10	7	5

Source: Global Trade Alert, July 28th 2009

경제정책연구센터가 조직하고 재단, 정부 및 세계은행이 재정 지원하는 웹사이트다. 각국의 정책 조치들을 조명하는 노력을 펼침으로써 차별적인 정부 개입 사례를 막는 데 도움이 될 수 있다. 여전히 조율 중에 있는 보고서의 용례를 〈표 2〉, 〈표 3〉, 〈표 4〉에서 찾아볼 수 있다(이 웹사이트는 2009년 초 개설되었다).

이 표에 나타나 있는 정보들은 공개 소스를 통해서 수집한 것들로서 개인과 정부들이 타인이 수집한 수치들을 익명으로 보고할 수 있게 했다. 물론 이렇게 수집된 정보들은 정확성을 기하기 위해서 GTA 담당자들에 의한 검토 절차를 밟는다. 〈표 2〉에서는 무역조치를 취하고 있는 국가들(관할구역)을 보여주고 있으며, 〈표 3〉은 〈표 2〉에 열거된 국가들의 조치들로 인해

〈표 4〉 제재수단 통계

Type of Measure	Number of Measures	Number Implemented	Number Deemed Discriminatory	Number of jurisdictions implementing this measure type	Posted in Last 30 Days	Implemented in Past 30 Days	Discriminatory Measures in Past 30 Days
관세 장벽	30	22	13	19	21	14	6
무역보호수단 (AD, CVD, safeguard)	10	5	4	5	4	3	2
정부 조달	10	5	3	6	7	3	1
검역·검수	9	6	7	6	6	4	5
기타 서비스 부문 수단	9	3	3	4	6	1	1
비관세장벽	8	6	5	5	6	4	3
수입 금지	7	4	4	5	3	1	1
수출세 금지	7	5	2	9	6	4	2
이주 수단	6	4	4	5	2	0	0
지방 요건	6	2	2	3	6	2	2
베일아웃	5	5	4	4	4	4	4
수출 보조국	5	5	4	4	2	2	1
투자	5	2	0	4	4	2	0
기술적 장벽	5	0	0	1	2	0	0
쿼타	2	1	1	2	2	1	1
소비보조	2	1	0	2	2	1	0
지적 재산권	2	0	0	2	1	0	0
국영무역회사	1	1	1	1	0	0	0
MFN 자유화	1	1	0	1	1	1	0
경쟁적 절하	0	0	0	0	0	0	0
해외정책 동기	0	0	0	0	0	0	0
수입 보조금	0	0	0	0	0	0	0
국영기업	0	0	0	0	0	0	0
지방정부 수단	0	0	0	0	0	0	0
무역금융	0	0	0	0	0	0	0

Source: Global Trade Alert, July 28th 2009

〈표 5〉 영역별 영향

Affected Sector	Sector name	Number of Measures	Number Implemented	Number Deemed Discriminatory	Number of jurisdictions implementing this measures in this sector	Posted in Last 30 Days	Implemented in Past 30 Days	Discriminatory Measures in Past 30 Days
4	Fish and other fishing products	7	6	5	7	6	5	4
72	Water transport services	6	4	2	5	3	1	0
87	Business services n.e.c.	6	4	2	5	6	4	2
22	Dairy products	4	3	2	4	4	3	2
84	Computer and related services	4	3	1	4	4	3	1
1	Products of agriculture, horticulture	3	2	2	3	3	2	2
2	Live animals and animal products	3	2	1	3	3	2	1
21	Meat, fish, fruit, vegetables	3	1	2	3	3	1	2
23	Grain mill products, starch	3	2	2	3	2	1	1
29	Leather and leather products	3	2	1	3	3	2	1
38	Fumiture; other transportble	3	2	1	3	3	2	1
15	Stone, sand, and clay	2	1	1	2	2	1	1
20	Food products, beverages	2	1	0	2	2	1	0

24	Beverages	2	1	1	2	2	1	1
25	Tobacoo products	2	1	0	2	2	1	0
27	Textile articles other than	2	2	1	2	2	2	1
32	Puip, paper, and paper products	2	1	1	2	2	1	1
34	Basic chemicals	2	1	1	2	2	1	1
39	Wastes or scraps	2	1	0	2	2	1	0
44	Special purpose machinery	2	2	1	2	2	2	1
47	Radio, television, and communication	2	1	1	2	2	1	1
48	Medical appliances, precis	2	1	1	2	2	1	1
49	Transport equipment	2	2	1	2	2	2	1
61	Sale, maintenance and repair	2	1	0	2	2	1	0
64	Hotel and restaurant services	2	2	1	2	1	1	0
73	Air transport services	2	1	0	2	2	1	0
74	Supporting and auxiliary tr	2	1	0	2	1	0	0
85	Research and development	2	1	1	2	2	1	1
86	Legal, accounting, auditing	2	1	1	2	2	1	1

89	Intangible assets	2	1	1	2	2	1	1
3	Forestry and logging products	1	0	0	1	1	0	0
10	Ores and minerals; electric	1	0	0	1	1	0	0
11	Coal and lignite; peat	1	0	0	1	1	0	0
12	Crude petroleum and natural gas	1	0	0	1	1	0	0
13	Uranium and thorium ores	1	0	0	1	1	0	0
14	Metal ores	1	0	0	1	1	0	0
16	Other minerals	1	0	0	1	1	0	0
17	Electricity, town gas, steam	1	0	0	1	1	0	0
18	Water	1	0	0	1	1	0	0
26	Yarn and thread; woven an	1	1	1	1	1	1	1
28	Knitted or crocheted fabric	1	1	1	1	1	1	1
31	Products of wood cork, st	1	1	1	1	1	1	1
33	Coke oven products; refine	1	0	0	1	1	0	0
35	Other chemical products;	1	1	1	1	1	1	1
36	Rubber and plastic products	1	1	1	1	1	1	1
37	Glass and glass products	1	0	0	1	1	0	0

40	Metal products, machinery	1	0	0	1	1	0	0
42	Fabricated metal products	1	1	0	1	1	1	0
43	General purpose machinery	1	1	1	1	1	1	1
46	Electrical machinery and a	1	1	1	1	1	1	1
50	Construction work and con	1	1	0	1	1	1	0
51	Construction work	1	1	0	1	1	1	0
52	Constructions	1	1	0	1	1	1	0
53	Land	1	1	0	1	1	1	0
60	Trade services; hotel and r	1	1	0	1	1	1	0
62	Commission agents	1	1	0	1	1	1	0
63	Retail trade services; repair	1	1	0	1	1	1	0
71	Land transport services	1	1	0	1	1	1	0
75	Post and telecommunication	1	1	0	1	0	0	0
80	Business services; agriculture	1	1	0	1	0	0	0
81	Financial intermediation se	1	1	0	1	0	0	0
88	Agriculture, mining and m	1	1	1	1	1	1	1
91	Public administration and	1	1	0	1	1	1	0

98	Private households with en	1	1	1	1	1	1	1
0	Agriculture, forestry, and fishery	0	0	0	0	0	0	0
30	Other transportable goods,	0	0	0	0	0	0	0
41	Basic metals	0	0	0	0	0	0	0
45	Office, accounting, and co	0	0	0	0	0	0	0
70	Transport, storage and co	0	0	0	0	0	0	0
82	Real estate services	0	0	0	0	0	0	0
83	Leasing or rental services	0	0	0	0	0	0	0
90	Community, social and per	0	0	0	0	0	0	0
92	Education services	0	0	0	0	0	0	0
93	Health and social services	0	0	0	0	0	0	0
94	Sewage and refuse dispos	0	0	0	0	0	0	0
95	Services of membership o	0	0	0	0	0	0	0
96	Recreational, cultural and	0	0	0	0	0	0	0
97	Other services	0	0	0	0	0	0	0
99	Services provided by extra	0	0	0	0	0	0	0

Source: Global Trade Alert, July 28th 2009

피해를 받고 있는 국가들을, 〈표 4〉는 현재 취해지는 조치들의 형태를 각각 나열하고 있다.

얼핏 보기에는, 〈표 2〉 상에 나타난 국가 중 (가장 차별적이라고 할 수는 없지만) 무역에 가장 큰 영향을 초래하는 조치를 취하는 국가는 미국이다. 하지만 무역조치로 인해 영향을 받는 관세품목을 보면, 미국은 34개 항목으로 러시아(154), 인도(184), 말레이시아(293) 등에 한참 뒤처진다. 〈표 3〉에 나타나 있는 것처럼, 중국은 무역조치에 가장 큰 영향을 받는 국가로서 29개 항목의 차별 조치로 피해를 보고 있다. 그 뒤를 미국(23개 항목), 독일, 프랑스, 이탈리아, 영국 그리고 일본(이하 20개 항목)이 잇고 있다. 〈표 4〉에서 보여주듯이 무역조치들은 여러 종류의 형태로 이루어지고 있는데, 관세 및 무역방어조치, 쿼터제, 기술장벽 설치, 수출 지원금 등이 그 예이다.

GTA에서 취하는 접근법은 보호무역주의 조치를 조명하여 밝히는 데에 있어 굉장히 혁신적이고 중요한 노력의 일환이다. 하지만 보호무역주의 조치를 분석할 때 이 자료를 사용하기 위해서는 몇 가지 주의사항을 고려해 볼 필요가 있다.

먼저, 코드화 작업이 항상 그렇듯이, 매우 결정적인 한계점들이 일부 존재하고 있다. 물론 보호무역조치로 영향을 받는 관세 항목 수를 통해 어느 정도 해답을 얻을 수 있지만, 모든 조치들이 항상 직접적으로 영향력을 지니진 않는다. 두 번째는 현재 나와 있는 정보인데, 가장 중요하게 고려해야 할 사항이다. 중국과 같은 국가들에 대한 정보 수집은 불완전하다. 왜냐하면 GTA의 접근법이 각국들의 무역 조치 행위를 보고하고자 하는 개인이나 집단에 의존하고 있기 때문이다. 이 복잡다단한 프로젝트의 담당자 또한 대부분의 정보가 여전히 수집 중이거나 찾아내기가 너무 힘들다고 설명했다.[5]

세 번째는 본 논문의 주장과 가장 유관한 부분인데, 보호무역 조치국 및 피조치국, 그 조치 형태, 이렇게 각각의 무역 조치들을 신중하고 명료하게 세분화하고 있지만, 이러한 노력이 위기 상황에서의 각국의 전략을 제대로

---

5) Simon Evenett 교수와의 대담(July 30, 2009).

반영하지 못하고 있다는 점이다. 미국이 내놓은 경기부양책은 그 의도는 좋았지만 "바이 아메리칸" 조항을 삽입하면서 큰 비판을 받은 한편, 일부 국가들은 금융위기와 폭넓은 정부 개입을 기회로 삼아 부실 산업을 구제하는 동시에 국가주도적이며 공정경쟁을 해치는 산업정책을 조직적으로 펼치고 있다.

쉽게 말해서, 정부 행위는 다음의 4가지 경우로 분류해 볼 수 있다. Y축에는 원동력으로서 정부 혹은 기업 로비가 자리한다. X축에는 정책을 통해 구현되는 분야별 목표가 자리한다. 〈도표 1〉은 몇 가지 예를 들어 기본 논지를 나타낸다.

이 도표에서 주목해야 할 가장 중요한 점은 어떠한 행위에 대한 심층적인 사례 연구가 선행되지 않으면 특정 정책 구상의 원동력을 규명하기 어려울 수 있다는 것이다. 그렇지만 일부 경우에 있어서는 정책 구상의 발단이 명백한 경우도 있다.

일부 국가에서는, 상대적으로 비효율적인 기업들이 정부 개입을 이끌어내기 위해 활발한 로비 활동을 펼치기도 하는데 GM이나 크라이슬러가 좋은 예가 된다. 이러한 정부 조치는 재정지원을 통해 부실기업을 회생시키는

〈도표 1〉 보호무역 조치의 동기별 분류[6]

Sectoral Objective

동력	기존산업보호	신제품과 서비스 진흥
기업주도 조치	미국과 유럽의 자동차, 농업, 보험, 은행	교육서비스
정부주도 조치	은행	고연비 자동차(미국), IT, 풍력발전(RRC)

---

6) To my knowledge, this figure is original, but I have not been able to conduct a comprehensive survey of the literature on industrial policy to ascertain its novelty. Please email the author if you have knowledge of such a previously published chart.

것이 경쟁을 왜곡한다는 점에서 보호주의적인 요소를 내포하고 있다. 이러한 로비 활동은 유럽 기업들 사이에서도 이루어지고 있다.[7] 또한 일반적으로 미국이 취하는 전통산업 보호조치의 형태로, 중국산 닭고기 수입규제나 접이식 칼 수입규제 등도 포함된다.

두 번째 규제방식은 새로운 재화 및 서비스를 개발하는 과정에서 획기적인 신상품을 내놓아 경쟁을 제한하려는 기업들을 위한 것이다. 이에 대한 좋은 예가 미국과 유럽 기업들이 행하는 과도한 로비활동이다. 이들은 온실가스 배출량 규제 노력의 일환으로 내놓은 탄소배출 거래 제도를 채택하지 않은 국가들에게 일방적으로 관세를 부여하고자 한다. 이들이 우려하는 점이 터무니없다고 볼 수는 없지만, 개발도상국들의 탄소배출량 감축을 돕고자 하는 국제협약이나 국제적 차원의 노력이 수반되지 않는 한, 이러한 접근방식은 전 세계적으로 보복조치나 무역분쟁을 일으킬 가능성이 크다.

정부들도 미국이나 유럽지역에서 보았듯이 금융부문 회생지원책과 같은 정책 구상을 실행에 옮겼다. 물론 정부가 취한 여러 관련 조치들은 은행과 기타 금융기관의 로비의 영향이 컸지만, 사실 대부분의 정책들은 정부 관료들이 은행의 도산으로 인해 발생할 실물 경제가 입을 타격을 완화하고자 고안해 낸 것들이다. 중국 정부는 여전히 기존 전략을 고수하면서 수출 부문을 키워 왔다. 2008년 7월 현재까지, 위안화 절상은 정부 개입으로 인해 가로막혔고, 정부 지원을 통해 수출부문 성장을 도모했으며, 수출 관세를 통해 원자재 가격을 낮췄다.[8] 또한 자국산 구매 지침을 내려 수입품 구매를 제한했다(중국은 WTO에 가입한 지 8년이 지난 지금에도 WTO 정부 조달 협정에 조인하겠다는 약속을 실천하지 않고 있다).

마지막으로, 우리는 제한적 조치를 통해 새롭게 부상하는 국가들의 발전을 돕기 위한 노력을 펼쳐왔다. 현재 중국 정부가 내놓고 있는 정책들은 금융위기에 대처하기보다는 국가주도의 자본주의와 더 연관이 깊어 보인다.

---

7) http://www.climatechangecorp.com/content.asp?ContentID=5967 참조.

8) *New York Times,* June 24, 2009.

대부분의 경제학자들이 정부 주도의 산업정책 노력을 비판하곤 하지만, 실제 이론적인 모델과는 달리 정부의 지원을 받는 기업들과 경쟁해야 하는 기업들은 불공정 경쟁을 우려하고 있다. 중국은 청정 에너지 분야에서의 경쟁을 가로막아 자국 기업의 성장을 도모하였고, 이 과정에서 태양광 패널 생산에 들어가는 부품의 80%를 중국산으로 사용하도록 했다. 또한 풍력발전 터빈 수출시장 중 가장 중요한 850KW급에서 유럽국가들이 갖는 경쟁력을 저해하기 위해 1,000KW급 이하 외산 터빈 수입을 규제했다.[9] 이러한 점에서, 중국의 산업정책의 시각에서 바라본 중국 정부의 탄소세에 대한 불만 섞인 목소리는 설득력이 없다.

결론

현재의 금융위기를 헤쳐 나가기 위한 각국 정부의 노력은 1930년대 세계경제 붕괴를 막지 못했던 과거에 비해 분명 좋은 변화이고 칭찬할 만하다. 각국 정부가 내놓은 경기부양책 및 통화정책 완화로 소비를 진작하고 생산을 촉진함에 따라 세계경제 회복의 기미가 속속 나오고 있다. 많은 분석가들이 지적했듯이, GTA 프로젝트를 통해 확연히 드러난 "물밑 보호주의"는 지구촌 경제회복에 독이 될 수 있다.

본 논문은 보호무역주의 조치들에 대한 개괄적 검토에 그치지 않고 실제로 나타난 보호무역주의 조치들의 유발 요인을 이론적으로 분석하는 데 주력했다. 앞서 주장했듯이, 물밑 보호주의 조치를 통해 기업들에게 불공평한 경쟁 우위를 확보케 해줌으로써 궁극적으로 출발선부터 불공정한 경쟁환경을 조장하는 행위는 강력하게 비난받아야 마땅하다.

---

9) See FT.com, in depth, May 28, 2009.

보호무역주의가 경제성장에 미치는 영향:
중국의 사례

LI Wei

중국 상무부 국제무역경제합작연구원
미주와대양주 연구부 부장

서문

금융위기가 찾아오기 전 세계 무역시장은 빠르게 성장했다. 하지만 2008
년 하반기로 접어들면서 금융위기가 확산되고 세계경제가 하강하면서 무역
시장 성장률 또한 하락세를 보였다. 2008년 4분기에는 세계 무역규모가 위
축되는 보기 드문 상황까지 발생했다. WTO에 따르면, 2008년도 세계 무역
성장률이 2007년의 6%보다 훨씬 못 미치는 2%를 기록했다고 보고했다.
2009년도에는 세계 무역시장 상황은 더 악화될 것으로 보인다. 국제기관들
또한 비관적인 전망을 내놓고 있다. 3월에 WTO는 세계 무역규모가 2009년
에 약 9% 감소할 것이며 이는 2차 세계대전 이래 가장 큰 폭의 하락세라고
발표했다. IMF와 UN 또한 상품 및 서비스 무역규모가 11% 감소할 것이라
고 내다봤다.[1] 세계경제가 회복 기미를 보이면서 현재의 하락세가 반전될
것으로 보이지만, 여전히 금융위기 전 수준으로 회복되기 위해서는 수 년이

걸릴 것으로 보인다.

많은 경제학자들이 세계 무역 위축의 원인들을 거론했는데, 세계 수요 하락, 무역금융 자금부족, 세계 무역 동향, 보호무역주의가 대표적이다. 특히 현재의 세계경제 침체기에 가장 우려되는 부분이 보호무역주의이다. 전 세계 국가들이 수출에 대한 의존도가 높아지면서 보호무역주의가 전염병처럼 번지게 되어 세계 무역환경을 해칠 가능성이 있다.

세계은행이 3월 내놓은 보고서에 따르면 2008년 11월 G20국가들이 보호무역주의 조치를 자제하겠다고 약속한 이후에도 총 47개의 무역제한조치가 발효되었고 이 중 17개가 G20 회원국들에서 나온 것이라고 한다.[2] WTO에서도 보호무역주의 조치에 관한 보고서가 나와 있다. 하지만 이 조치들의 수가 중요한 것이 아니라 보호무역주의 조치 자체가 중요한 것이다.

보호무역주의가 기승을 부리는 데에는 몇 가지 이유가 있다. 우선, 보호무역조치는 언제나 경기침체를 동반한다는 것이 일반화되어 있는 듯하다. 국가는 자국 내 압력을 이기지 못하고 보호무역주의를 채택하는 유혹에 쉽게 넘어가고, 이를 통해 수입을 규제하여 국내 경기를 회복하고 고용 상황을 안정시키려 한다. 두 번째로, 외산품이 국내시장에 유입되어 경쟁하게 되면, 세계 무역은 국내정치의 이슈가 될 수밖에 없다. 보호무역주의는 비단 국가 내의 특정 이익 집단에게만 지지를 받는 것이 아니라 일반 대중들로부터도 정치적인 지지를 받게 된다. 세 번째는, 현재 WTO 규범에도 몇 가지 예외 사항들이 있기 때문에 각국이 이를 남용하게 된다.

---

1) WTO Press Release, PRESS/554, 24 March 2009; IMF, *World Economic Outlook,* April, 2009; UN, *World Economic Situation and Prospects* (May 2009).

2) Elisa Gamberoni and Richard Newfarmer, *Trade Protection: Incipient but Worrisome Trends,* Trade Note Number 37(2009).

보호무역주의가 중국의 경제성장에 미치는 영향

중국은 보호무역주의의 영향을 가장 많이 받는 나라이다. WTO에 따르면, 2008년 중국은 73건의 반덤핑 조사 및 10건의 형평관세 조사를 받았고, 이는 각각 전 세계 조사 신청건수의 35%, 71%에 달하는 수치이다. 2009년 상반기 동안, 약 80억 달러에 달하는 물품에 대한 반덤핑, 형평관세, 세이프가드 등의 무역구제조사 피소 건수가 58건에 달했다. 일부 보호무역주의 조사는 오로지 중국만을 타깃으로 삼았다. 3월 10일 미 상원에서 통과된 옴니버스 세출 법안을 예로 들면 노골적으로 중국산 가금류 상품 수입을 규제하고 있다. 미 국제 통상위원회는 6월 일부 승용차 및 경트럭 타이어에 대한 중국 세이프가드 조사를 허가하면서 해당 상품에 대한 관세율을 무려 55% 인상한다는 결정을 내렸다.

중국의 전체 무역규모에 비교했을 때 이번 결정으로 발생할 영향력은 제한적일지 모르지만, 이 결정이 내포하고 있는 위험성과 해악은 80억 달러 그 이상일 것이다. 이러한 보호무역조치는 중국 무역 더 나아가 중국 경제 회복과 경제성장에 지대한 영향을 미칠 것이다.

우선 금융위기 이후의 중국의 대외무역성과를 살펴보자. 중국 대외무역은 2001년 말 중국이 WTO에 가입한 이후 가파른 성장세를 보였으나 금융위기를 거치면서 하락세로 접어들었다. 2008년 이전을 살펴보면 중국 수출입시장은 연 20% 이상의 성장률을 기록했다. 2002년에서 2008년까지의 중국의 총수입액은 4조 8천억 달러로 세계 전체 수입액의 9%를 차지하게 되었으며, 연평균 성장률 25.1%를 기록했다. 2008년 이후, 세계경제 하강으로 인하여 중국의 무역부문은 심각한 타격을 입었다. 2008년 10월까지의 수출입시장 성장률은 상대적으로 안정적인 21.9%와 27.6%를 각각 기록했지만, 11월 들어 2.2%, 17.9%로 줄었다.

이후 중국 무역은 하강기로 접어들었다. 2009년 상반기 동안, 중국의 수출 부문과 수입 부문은 각각 21.8%, 25.4% 감소하면서 전체 수출입 규모가 23.5% 감소하였다. 중국 무역을 비롯한 10대 중국 수출입 교역 대상국들의 무역규모 또한 두 자리 수의 가파른 하락세를 보였다.

　두 번째로 중국의 수출은 수입과 굉장히 밀접한 관계를 맺고 있다. 만일 수출이 감소하면 수입도 바로 감소세를 보인다. 2009년 상반기의 중국 수입

〈표 1〉 중국의 월간 수출입 동향(2008~2009)

(10억 달러, %)

	수출		수입	
	규모	성장률	규모	성장률
January 2008	109.58	26.5	90.23	27.6
February	87.32	6.3	79.13	35.6
March	108.93	30.3	95.80	24.9
April	118.76	21.8	102.39	26.8
May	120.57	28.2	100.77	40.7
June	121.17	17.2	100.47	31.4
July	136.64	26.7	111.43	33.7
August	134.86	21.0	106.01	23.0
September	136.35	21.4	106.91	21.2
October	128.22	19.0	92.93	15.4
November	114.98	-2.2	74.81	-17.9
December	111.16	-2.8	72.18	-21.3
January 2009	90.45	-17.5	51.34	-43.1
February	64.90	-25.7	60.05	-24.1
March	90.29	-17.1	71.73	-25.1
April	91.94	-22.6	78.80	-23.0
May	88.76	-26.4	75.37	-25.2
June	95.51	-21.3	87.18	-13.2

Source: China Customs

감소는 중국의 보호무역조치 때문이 아니라 중국만의 독특한 무역환경 때문이었다. 사람들은 중국을 세계의 조립 공장, 혹은 세계의 공장이라고 부르고 있다. 중국의 가공 무역은 중국 수출의 절반에 해당한다. 중국 수입품의

〈표 2〉 WTO 가입 이후 중국의 연간 수출입 성장률

(%)

	2002	2003	2004	2005	2006	2007	2008	First half of 2009
수출	22.3	34.6	35.4	28.4	27.2	25.7	17.2	-21.8
수입	21.2	39.9	36.0	17.6	20.0	20.8	18.5	-25.4

Source: China Customs

〈표 3〉 중국의 10대 수출입 교역국의 규모와 성장률

(10억 달러, %)

	수출			수입		
순위	교역국	규모	성장률	교역국	규모	성장률
1	USA	97.08	-16.9	Japan	55.70	-25.1
2	Hong Kong	69.75	-23.1	Korea	43.77	-22.9
3	Japan	44.03	-20.3	USA	35.01	-15.6
4	Korea	23.83	-33.4	Taiwan Province	34.78	-36.7
5	Germany	21.66	-19.3	Germany	24.13	-11.6
6	Netherlands	15.28	-29.3	Australia	16.85	-6.6
7	UK	13.13	-19.2	Malaysia	12.62	-20.7
8	India	13.02	-16.8	Brazil	11.45	-12.5
9	Singapore	12.70	-14.5	Thailand	10.42	-17.7
10	Italy	9.50	-23.8	Russia	9.59	-24.0

Source: China Customs

〈표 4〉 중국 가공무역의 비중과 성장률

(10억 달러, %)

연도		수출		수입	
		규모	성장률	규모	성장률
2008	Total	1,428.55	17.2	1,133.09	18.5
	가공무역 (비중)	675.18 (47.3%)	9.3	378.40 (33.4%)	2.7
2009년 상반기	Total	521.63	-21.8	424.61	-25.4
	가공무역 (비중)	250.18 (48.0%)	-22.3	131.66 (31.0%)	-29.9

Source: China Customs
* Numbers in brackets represent share of processing trade in China's total

30% 이상이 가공 무역을 위해 사용된다(즉, 수출을 위한 수입이라고 할 수 있다) (〈표 4〉 참조).

그래서 중국 수출시장이 무역 규제로 인해 하락세를 겪게 되면, 전 세계의 대중 수출 또한 감소하게 된다. 이는 무역보복조치가 아닌 대중 보호무역조치만으로도 중국의 수입시장에 심대한 타격을 입힐 것이라는 의미다. 또한 이러한 보호무역조치가 꼭 무역 규제를 시행한 국가를 통해서만 이루어지는 건 아닐 것이다. 각국이 중국의 수입을 허락하지 않는다면 이는 결코 전 세계에 득이 되는 일이 아닐 것이다. 이제 수출은 국가의 경기침체 탈출에 있어 너무도 중요한 요소이다.

세 번째로 중국은 수년 전부터 수출주도형 경제성장에서 소비주도형 경제성장으로 전환하려는 노력을 기울여왔다. 하지만 중국의 덩치가 워낙 크기 때문에 한순간에 방향을 틀기란 쉽지 않은 일이다. 그렇기에, 수출은 중국의 경제성장에 있어 여전히 중요한 요소이다. 중국의 대외무역부문 종사자는 무려 8천만 명에 달한다. 이들 중 60%가 이주 노동자들이다(지방 출신 근로자들). 노동집약산업 종사자는 5천만 명이다. 예컨대, 현재 진행 중인 중국산 차량용 타이어에 대한 특별 세이프가드 조치는 직접적으로 10만 명의 일자리를 위협할 것이다. 상부 및 하부 산업 전체를 감안하면 이 조치로 영향을 받게 될 일자리 수는 100만 개에 달할 것이다. 중국의 노동집약산업 내에서의 대량 해고사태는 중국의 소비주도형 성장 구조로의 전환에 전혀 도움이 되지 않을 것이지만, 세계경제가 균형을 바로잡아 나가는 데에도 또한 득이 되지 않을 것이다.

보호무역주의 대응방안

현재의 금융위기는 1929~1933년 당시의 대공황 때와는 달리 보호무역주의를 야기하지는 않았으며 보고서를 통해서도 지금까지의 무역 규제조치는 WTO 규범에 어긋나지 않는 수준으로 나타나고 있다. 하지만 이런 무역 규제가 타 국가들과 규제 당사자들에 해가 되지 않는다는 의미로 해석할 수는 없다. 현 상황을 볼 때, 2번의 G20 정상회의를 통해 보호무역주의에 대항하고 세계 무역과 투자를 진작하겠다고 굳게 다짐한 국가들이 보호무역조치를 택하지는 않을지 우려를 자아내고 있다.

명백하게 WTO 규범을 준수하는 보호조치들 외에도 기술, 기후, 환경 분야에서 일부 불투명한 보호조치들이 나오고 있다. 이러한 보호무역조치 문제를 WTO체제하에서 해결하기란 여간 어려운 것이 아니다. 무역 자유화가 세계경제를 침체에서 벗어나게 하는 데 일조하는 반면 보호무역주의는 그렇지 못하다는 점에서 보호무역주의를 비판해야 함이 마땅하다.

우리가 보호무역주의에 대해 논의를 하기 위해서는 보호무역주의를 경제적 관점만이 아닌 정치적, 전략적 관점에서도 바라봐야 한다. 우리의 무역 정책은 단기적인 이익이 아닌 장기적이고 전반적인 이해관계에 기반해야 한다.

국제 공조를 보다 강화해야 한다

보호무역주의가 제로섬 게임이라는 것은 누구나 인정해왔다. 모든 국가들은 WTO 규범을 준수하지 않는 보호무역조치를 실시해서는 안 된다. 아직 세계경제성장 전망이 불투명한 상황에서, 모든 국가들이 WTO 규범에 합치하는 무역 규제조치를 남용하지 말아야 한다.

WTO의 역할을 확대해야 한다

WTO는 보다 많은 권한을 부여받아 보호무역조치를 감독하고 검토하며 WTO 가이드라인에 부합하지 않는 조치를 행하는 국가들을 처벌할 수 있어야 한다. 한 국가라도 보호무역조치를 시행하게 되면 다른 국가들 역시 그 움직임에 동참하게 될 가능성이 매우 높다. 항상 효과가 있진 않겠지만, 보호무역조치를 남용하는 국가들이 더 큰 대가를 치르도록 해야 한다.

무역 강대국들이 더 강한 책임의식을 가져야 한다

보호무역은 세제적인 문제지만 무역 강대국들의 보호무역조치는 그 여파가 더욱 크다. 모든 WTO 회원국들이 합의에 이르기는 힘들지만 몇몇 국가들이 합의에 이르기는 비교적 쉽다. 그러므로 무역 강대국들이 더 많은 책임감을 갖고 무역정책을 조율하고 스스로 무역 자유화에 힘쓰고 서로의 무역 정책들을 감시하는 데에 노력해야 한다.

세계 금융위기와
보호무역주의의 충돌

URATA Shujiro
일본 와세다대학교 교수

서문

이 논문의 목적은 3가지이다. 하나는 세계 금융경제위기로 엄청난 타격을 입은 세계경제 및 대외무역의 최근 동향을 살펴보기 위함이다. 또 다른 하나는 악화일로에 있는 경제 및 무역 상황에 대한 각국의 보호무역조치들을 검토하기 위함이다. 세 번째이자 마지막은 보호무역주의 타파를 위한 몇 가지 제안을 내놓기 위함이다.

세계 금융위기와 국제 무역

2007년 미국 발 주택담보대출 연체 및 이로 인한 파산 신청자 수가 급격하게 늘어나면서 발생한 금융위기의 여파가 전 세계로 전이되면서 세계경제는 2008년 하반기에 급격하게 위축되기 시작했다. 미국 내 금융시장이 안고 있던 문제로 발생한 경제활동 위축현상은 주로 두 가지 경로를 통해 다른 나라로 퍼졌다. 하나는 금융시장, 또 다른 하나는 국제무역이다. 미국의 금융시장 내 자금 수급이 현격하게 줄면서 나타난 금융위기는 다른 나라들에서도 유사한 현상을 유발했고 이것이 경기 둔화로 이어졌다.

금융시장을 통해 번진 금융위기의 영향력은 동아시아지역이 아닌 유럽지역에서 빠르게 감지되었다. 많은 동아시아 국가들의 금융시장은 1997~98년 아시아 금융위기를 거치면서 얻은 교훈을 발판 삼아 국제금융 리스크에 심각하게 노출되지 않았기 때문에, 동아시아 국가들은 미국과 유럽에서 나타나는 금융위기의 여파로부터 자유로울 것이라고 생각했다. 하지만 금융위기의 악영향이 국제무역을 통해 동아시아로 번지면서 이러한 낙관론은 순식간에 뒤집어졌다. 미국과 유럽의 경제 둔화로 수입품에 대한 수요가 급격하게 감소하면서 동아시아 국가들의 수출도 급락하였고 이는 다시 전체 경제 활동을 위축시키면서 엄청난 영향을 끼쳤다. 동아시아지역의 역내 의존도가 늘어나면서 금융위기로부터 안전할 것이라고 말해왔던 동아시아 탈동조화 가설은 사실이 아님이 입증됐다.

국제무역시장의 최근 상황을 살펴보기 전에, 최근 경제 동향과 미래의 세계경제전망을 알아보자. 세계 GDP 성장률은 2007년 중반부터 감소하기 시작했고 그 뒤로 감소세가 계속되면서 2008년 2/4분기에는 -6%를 기록했다 (연간 전 분기 대비 성장률) (〈도표 1〉, IMF, 세계 경제 전망 업데이트, 2009년 7월 8일).

IMF는 세계 GDP 성장률이 2009년부터 증가하기 시작할 것이라고 전망하고 있다. 2009년도 전년대비 GDP 성장률은 -1.4%로 내다보고 있지만, 2010년에는 2.5%로 전망하고 있다. 세계 GDP 성장률에 대한 최근 동향과 향후 전망을 내놓으면서 IMF는 GDP 성장과 관련한 국가별 지역별 차이가 클 것이라고 전한다. 정부의 개입과 막대한 경기부양책을 통해 재정 상태를 호전시키는 것이 경제회복의 관건으로 보인다.

국제무역 규모는 2008년 말 급속도로 감소했고 감소 추세는 2009년 1/4

〈도표 1〉 세계 GDP 성장률

(%; 전 분기 대비)

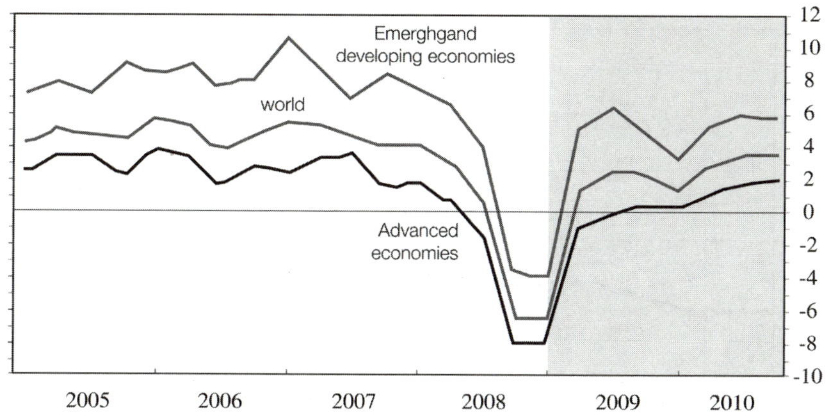

Source: IMF staff estimates

분기까지 지속되었다(〈도표 2〉, WTO, 금융 경제위기와 무역관련 현황에 관한 WTO 사무총장의 무역정책검토기구 보고서, WT/TPR/OV/W/2, 2009년 7월 15일). 모든 지역 내 개발도상국들의 수출입 규모가 감소했다. 선진국들이 가장 타격이 컸고 그 중에서도 일본과 같은 자동차 제품과 기계를 주로 수출하는 국가들이 가장 피해가 컸다.

일본의 상품 수출은 2008년 말 감소하기 시작했으며 상품 수출 성장률은 2009년 초 무려 -40%에 이르렀다. 자동차와 같이 소득 탄력성이 높은 상품들에 대한 수요는 크게 감소했는데, 위에 나타난 것과 같이 이러한 제품들의 수요가 가장 많은 선진국들이 이번 경제위기로 가장 심한 타격을 받았기 때문이다.

국제무역 감소세가 줄어들고 있긴 하지만, WTO 사무국은 세계 상품교역 규모가 2009년에 10% 하락할 것으로 전망하고 있다. 선진국들의 경우 이보다 더 큰 -14%의 하락세를 보일 것이고 이에 비하여 개발도상국가들은 약 7% 감소할 것으로 내다보고 있다. WTO가 향후 국제무역 전망치를 두고

〈도표 2〉 월별 수출입 동향(1998년 1월~2009년 3월)

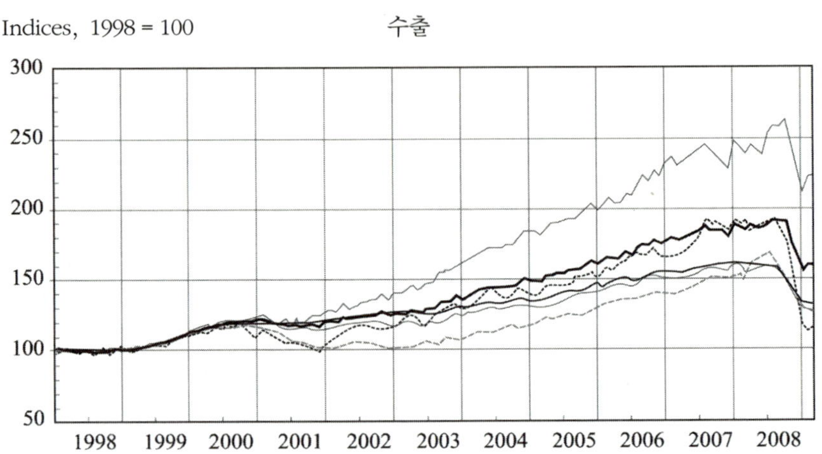

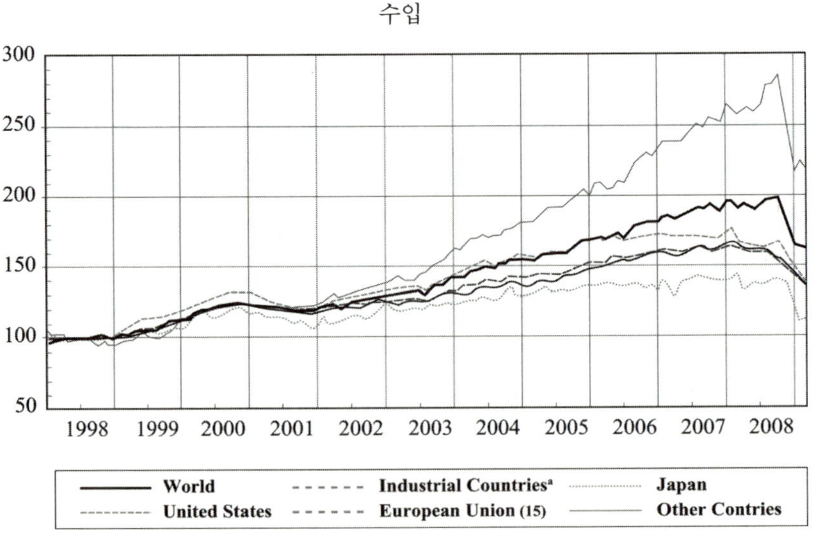

a: IFS concept (OECD minus Turkey, Czech Republic, Hungary, Poland, Slovak Republic, Mexico and Republic of Korea)

Source: CPB Nertherlands Burean for Economic Policy Analysis

〈도표 3〉 일본의 상품 및 서비스 수출 동향(2007년 1월~2009년 3월)

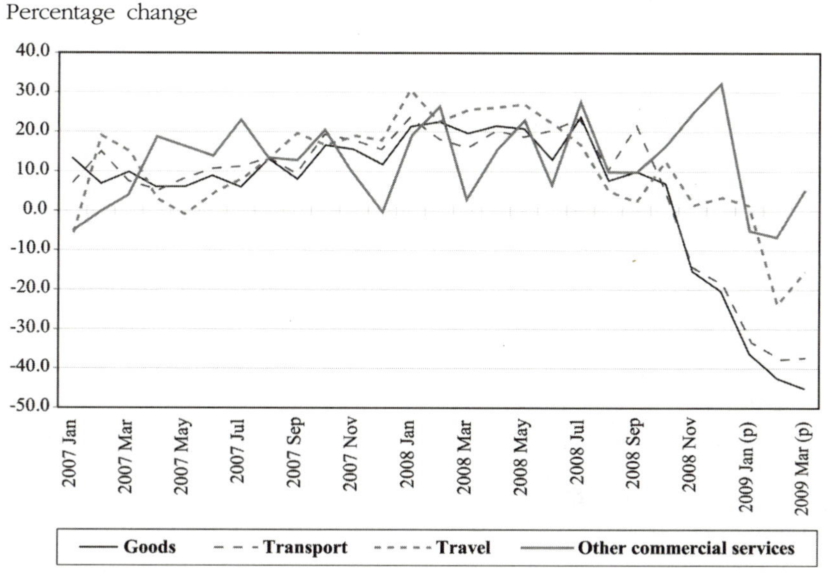

P: Preliminary
Source: Bank of Japan

우려하고 있는 부분은 바로 고질적인 고실업률, 유가 상승, 그리고 H1N1 독감바이러스 확산 가능성 등이다.

경제 및 무역 동향을 다루는 이번 세션을 마치기 전에 알아야 할 점은 GDP에서 수출이 차지하는 부분이 큰 국가들이 그렇지 않은 국가들에 비해 더 많은 타격을 입었다는 것은 지극히 당연한 것이라는 사실이다. 싱가포르, 대만, 한국과 같은 동아시아의 수출주도형 국가들은 성장률에 있어 급감세를 보인 반면, 인도네시아나 필리핀과 같이 GDP 대비 수출 비중이 낮은 국가들의 경우 금융위기의 영향을 상대적으로 적게 받았다.

그렇다고 해서 보호무역조치와 같은 내수 중심의 무역 정책을 통해서 수출 비중을 줄여야 한다는 건 결코 아니다. 그 반대로, 각국은 대외 지향적인 무역 정책이나 무역 자유화 정책을 펼쳐 나가야 함이 옳다. 경제가 회복되기 시작하면 대외 지향적인 무역 정책을 편 국가들의 회복세는 더욱 빨라질 것이고 나아가 경제성장 속도도 빨라질 것이다. 또한, 자국 산업보호를 위한 보호무역정책은 상대 교역국들의 보복조치를 야기하여 오히려 자국 산업을 해치는 뜻하지 않은 결과를 초래하게 되며, 결국에는 모든 국가들의 수출할 수 있는 기회가 그만큼 줄어들게 된다. 세계대전 당시의 관세 전쟁이 초래한 결과가 바로 이런 것이었다.

물밑 보호무역조치의 증가

세계경제 침체 현상이 불거지면서, 무역제한 및 왜곡조치(대부분이 보호무역조치)가 시행되었다. 보호무역조치는 다양한 형태로 나타났다. 관세인상, 수입 쿼터제 실시, 상품기준 도입 등 국경보호조치뿐만 아니라 반덤핑조치나 형평관세조사 착수 등의 무역구제조치의 형태를 띠었다. 이러한 다소 명백한 보호무역조치들과 함께 많은 국가들이 정부 조달 사업자 선정에서도 외국기업보다 국내 기업들에게 우선적으로 특혜를 제공한다거나 공적 자금을 제공하는 등의 교묘한 보호무역조치들도 시행되었다.

경기침체 이후 나타난 보호무역조치들 중 WTO 규약을 위반한 경우는 드문 상황이다. 그렇지만 이러한 조치들이 문제가 없다고 볼 수는 없다. 사실 보호무역조치는 무역활동을 억제하고 축소시킴으로써 경기침체를 악화시킨다.

보호무역조치가 WTO 규약을 위반하지 않는 것처럼 보이는 이유는 두 가지이다. 하나는 당국이 새롭게 시행되는 조치들에 관한 정보를 제때 제공하지 않고 있고 제공 방식도 투명하지 않기 때문이다. 예를 들면, 외국 기업들은 새롭게 시행되는 상품 기준에 대한 상세 정보를 얻기 힘든 경우가 다반사다. 또 다른 이유는 일부 보호무역조치는 실제로 WTO 규정에 어긋나지 않는다는 것이다. 실행관세율이 양허관세율보다 낮게 책정되어 있는 경우 실행관세율을 인상하는 행위가 한 가지 예이다. 양허관세율을 인상하는 것은 WTO 규정을 위반하는 행위이지만 실행관세율 인상은 양허관세율을 초과하지 않는다면 위반행위가 아니다.

〈표 1〉을 보면 2008년 9월 이후 여러 국가들이 채택한 무역관련조치들을 확인할 수 있다. 이 조치들 중 대부분은 해당 조치를 시행한 당국으로부터 WTO에 보고된 것들이며, 일부는 다른 국가나 기관이 보고하여 WTO가 확인한 조치들이다. 첫 번째 G20 정상회의가 개최된 이후, 무역관련조치에 관한 정보를 담은 2건의 WTO 보고서가 발간되었다. 2009년 4월 14일 발간된 1차 보고서는 2008년 9월에서 2009년 3월까지의 무역조치를 담고 있고, 2009년 7월 13일 발표한 2차 보고서에는 2009년 3월에서 2009년 6월까지의 무역조치를 담고 있다.

〈표 1〉에 나타난 바와 같이, 해당 국가들은 수출입 두 부문에서 보호무역 조치뿐만 아니라 무역 자유화 조치도 함께 시행한 것을 알 수 있다. 2008년 9월부터 2009년 6월까지의 수입보호조치와 수입자유화 조치 건수는 각각 110건, 32건이었다. 수입보호조치는 자국 기업들을 수입 경쟁으로부터 보호하고자 시행하게 되며, 수입자유화 조치는 국내 물품 생산을 위해 사용되는 수입 자재 가격을 낮추기 위해 이루어지는 것으로 보인다. 수입보호 및 자유화 조치는 계속해서 늘어가고 있는 추세인데, 현재 월 평균 수입보호 및 자유화 조치 건수는 각각 '10건, 2건'에서 '12건, 5건'으로 늘었다. 연구 기간 동안 조사한 국가들 중 상대적으로 수입보호조치가 많았던 나라로는 인도(16건), 유럽 공동체(13건), 아르헨티나, 러시아, 미국(9건), 캐나다, 중국, 인도네시아(7건)가 있으며, 러시아는 수입자유화 조치를 가장 많이 시행한 국가로 꼽혔다.

수입조치에 비하여, 〈표 1〉에 나타난 2008년 9월부터 2009년 6월까지의 수출 조치 건수는 상당히 적다. 수출규제조치, 수출자유화조치 및 진흥조치는 각각 6건, 7건, 13건이었다. 수출규제장치는 주로 수출관세를 부과하는 방식을 취했고, 수출자유화조치는 수출관세를 인하하거나 폐지하는 방식을 취했다. 수출관세는 수출을 억제하기 때문에 수출관세 부과조치의 동인은 불분명하다. 수출관세 자유화는 수출을 진작하기 위함으로 생각되며, 이는

〈표 1〉 경제위기 이후 무역관련 조치

(# of cases)

		수입		수출		
		금지	자유화	금지	자유화	진흥
Argentina	Sep 08-Mar 09	3		1	1	
	Mar 09-Jun 09	6	1			
Australia	Sep 08-Mar 09					
	Mar 09-Jun 09	1	1			
Bolivia	Mar 09-Jun 09					
	Sep 08-Mar 09	1				
Brazil	Sep 08-Mar 09	1				1
	Mar 09-Jun 09	1				
Canada	Sep 08-Mar 09	4	3			
	Mar 09-Jun 09	3				
China	Sep 08-Mar 09	3		2	2	1
	Mar 09-Jun 09	4			2	
Dominican Republic	Sep 08-Mar 09	1				
	Mar 09-Jun 09					
EC	Sep 08-Mar 09	11	2			3
	Mar 09-Jun 09	2				1
Ecuador	Sep 08-Mar 09	1	1			
	Mar 09-Jun 09		1			
Egypt	Sep 08-Mar 09					
	Mar 09-Jun 09	1				
Hong Kong, China	Sep 08-Mar 09					1
	Mar 09-Jun 09					
India	Sep 08-Mar 09	8	1		3	1
	Mar 09-Jun 09	8	3			

Indonesia	Sep 08-Mar 09	6		1		
	Mar 09-Jun 09	1	1			
Israel	Sep 08-Mar 09	1				
	Mar 09-Jun 09					
Japan	Sep 08-Mar 09	1				
	Mar 09-Jun 09					
Kazakhstan	Sep 08-Mar 09	1				
	Mar 09-Jun 09					
Korea	Sep 08-Mar 09	1				
	Mar 09-Jun 09	1				
Malaysia	Sep 08-Mar 09	2	1			
	Mar 09-Jun 09		1			
Mexico	Sep 08-Mar 09	1	1			
	Mar 09-Jun 09	1	1			
Mongolia	Sep 08-Mar 09					
	Mar 09-Jun 09	1				
New Zealand	Sep 08-Mar 09					1
	Mar 09-Jun 09					
Paraguay	Sep 08-Mar 09	1				
	Mar 09-Jun 09					
Philippines	Sep 08-Mar 09	1	1	1		
	Mar 09-Jun 09		1			
Russia	Sep 08-Mar 09	3	1	1	1	
	Mar 09-Jun 09	6	8			
Switzerland	Sep 08-Mar 09					
	Mar 09-Jun 09		1			1
Chinese Taipei	Sep 08-Mar 09	3				
	Mar 09-Jun 09					

Turkey	Sep 08-Mar 09	3				
	Mar 09-Jun 09	2				
Ukraine	Sep 08-Mar 09	1				
	Mar 09-Jun 09	1	1			
United States	Sep 08-Mar 09	3	1			
	Mar 09-Jun 09	6				1
Venezuela	Sep 08-Mar 09					
	Mar 09-Jun 09	1				
Vietnam	Sep 08-Mar 09	3				
	Mar 09-Jun 09					
Total	Sep 08-Mar 09	61	12	6	7	8
	Mar 09-Jun 09	49	20	0	0	5
	total	110	32	6	7	13

Source: WTO, Report to the TPRB From The Directior-General on the Financial and Economic Crisis and Trade-Related Developments, April 14 and July 13, 2009

다시 생산을 촉진시킬 수 있을 것이다. 몇몇 국가들은 수출 진흥책을 시행하였고 이러한 정책들은 수출 확장에 직접적인 영향을 끼칠 것이다. 유럽 공동체 및 중국은 수출 진흥책을 펼치는 데 적극적이었으며, 이 두 국가가 채택한 수출 진흥책 건수는 각각 4건, 3건이었다.

보호무역주의 타파

2008년 11월 5일 워싱턴에서 첫 G20 정상회의를 가진 자리에서, 각국 정상들은 글로벌 경제위기 상황 속에서 보호무역주의 배격의 중요성을 거듭 강조했고 새로운 수출 규제나 WTO 규범에 부합하지 않은 조치 등 무역 및 투자 활동에 대한 장벽 설치를 배척함으로써 수출활동을 장려하겠다고 천명했다(2008.11.15 금융경제회의 선언문 13절). 이와 유사한 선언문이 2008년 11월 22, 23일 양일간 열린 APEC 정상회의에서도 나왔다.

G20 정상들은 2009년 4월 2일 런던에서 개최한 제2차 G20 정상회의 공식 성명을 통해 보호무역주의 배척을 공약함으로써 무역 및 투자 환경의 개방성 고수의 중요성을 재천명했다. 가장 최근인 7월 8일에는 G8 정상들이 이탈리아 라퀼라에서 가진 회의에서 시장 자유개방화를 이어가는 한편 보호무역주의를 배척할 것이라는 의지를 재확인했다.[1]

이렇게 각국 정상들이 반 보호무역주의를 선언하고 나서고 있지만, 앞선 섹션에서 확인된 바와 같이, G20 국가들과 그 외 국가들이 채택한 보호무역조치 건수는 계속해서 늘어났다. 그렇다면 누구도 원치 않는 결과를 초래하게 될 이러한 보호무역조치에 대해 어떻게 대응해야 무역환경 악화를 막을 수 있는지 살펴보자.

첫째, 보호무역조치 채택에 있어 세계경제가 현상유지를 택해야 한다. 현상유지가 가능하기 위해서는 현 상황에 대한 감시 장치가 효율적으로 작동해야 한다. 불법적인 보호무역조치는 WTO 분쟁조정위원회에 제소하여 무효화시키는 것이 가장 이상적이다. 하지만 앞서 논의한 바와 같이, 최근 나온 보호무역조치들 대부분이 WTO 규정에 어긋나지 않기 때문에 이 방법은 효과가 없다. G20 정상회의를 활용한 청문회를 통해 보호무역조치에 대해 문제를 제기함으로써 상대 압박 효과를 볼 수 있을 것이다. 글로벌 경제가 위기 이전 상태를 회복하기까지 현상유지 기조를 끌어가야 한다.

둘째, WTO 회원국들 모두가 답보 상태에 있는 도하 개발 아젠다를 재개하여 협상을 타결하기 위한 최선의 노력을 기울여야 한다. 협상을 통해서 관세를 인하하는 것도 중요하지만 실행관세율 대비 양허관세율 인하도 못지 않게 중요하다. 그래야만 물밑 보호무역조치가 더 이상 모습을 드러내지 못할 것이다. WTO회원국들이 도하 개발 아젠다 협상을 재개하기 전까지는 글로벌 경제가 회복되기는 힘들 것이다.

---

1) http://www.g8italia2009.it/static/G8_Allegato/G8_Declaration_08_07_09_final,0.pdf

 셋째, 동아시아 국가들은 동아시아 경제 전체를 아우를 수 있는 자유무역지대 구축을 통해 지역 내 무역과 투자가 자유롭게 이루어질 수 있도록 해야 한다. 자유무역지대는 그 성격상 비회원국가들은 차별을 당할 수밖에 없다. 하지만 만일 비회원 국가들에 대한 보호장벽을 낮춘다면 차별로 인해 발생하는 문제는 개선될 것이다. 자유무역협정 체결국가의 수입품에 대한 관세를 폐지하는 FTA에 관한 지금까지의 사례를 보면 수입자유화에 대한 거부감을 줄임으로써 FTA가 전반적인 수입자유화를 촉진시킨다는 것을 알 수 있다(FTA 체결국에 대한 부분적인 수입자유화 및 비 체결국에 대한 자유화 조치). 이러한 무역 자유화의 움직임은 어떠한 방식으로라도 — 일방적인 방식, 양방향적인 방식, 국지적 양상, 세계적 양상 — 계속되어야 한다. 동아시아 지역의 자유무역협정을 체결하기 위해서는, 동아시아 국가 정상들이 무역의 정책적 뼈대 구축의 중요성에 동감해야 하고, 그러한 인식을 바탕으로 정치적 리더십을 발휘해야 한다.

제5부

글로벌 금융위기와 위험관리, 그리고 기업가 정신:
아시아태평양지역의 관점

- 사회자

  _William OVERHOLT

- 발표자

  _Oleg DERIPASKA
  _현재현
  _강정원
  _Spencer KIM
  _WATANABE Yoshihiro

글로벌 금융위기와 위험관리, 그리고 기업가 정신: 아시아태평양지역의 관점

사회자: **William OVERHOLT** (하버드 케네디스쿨 연구위원)

발표자:
- **Oleg DERIPASKA** (Basic Element 회장)
- **현재현** (동양그룹 회장)
- **강정원** (KB 국민은행 회장 겸 사장)
- **Spencer KIM** (CBOL Corporation 회장)
- **WATANABE Yoshihiro** (일본 국제통화연구소(IIMA) 이사)

▌사회자

여러분, 안녕하십니까? 이번 회의를 통해 우리는 현재의 금융위기와, 금융위기가 아시아에 끼칠 영향에 관해 토론해 보려고 합니다. 저는 빌 오버홀트입니다. 오늘 회의는 특별한 자리가 될 것입니다. 우선 이번 금융위기의 거시적인 구조와 금융위기 대처 방안에 대하여 우선 네 분의 발표를 듣겠습니다. 발표자로는 해외의 두 분과 한국 금융계를 이끌고 있는 두 분을 모셨습니다. 그 다음은 제가 회의 진행과 함께 중국에 관한 발표를 할 예정입니다. 이후에는 러시아의 기업인 한 분을 모셔 발표를 듣겠습니다.

이 회의를 통해 우리가 주지해야 할 점은 이번 금융위기가 단순한 위기로 치부되어선 안 된다는 것입니다. 이번 위기는 제주포럼의 주제인 평화와 번영과도 연결됩니다. 현재 모든 국가들이 이번 경제 금융위기에 대처하는 과정에서 각국의 국제적인 입지 또한 변화하고 있기 때문입니다. 미국의 금융관리 시스템과 경제정책 이념도 수정되어야 하며, 그렇지 않으면 미국은 세계 속에서 미국이 갖고 있던 지정학적 영향력과 힘의 근간이 사라지는 상황에 직면하게 될 것입니다.

일본은 경제 분야에 있어 근본적인 개혁을 단행하지 않는 한 세계 속 일본의 입지는 지금보다 훨씬 더 빠른 속도로 사라지게 될 것입니다. 중국은 국제적인 영향력을 빠르게 키워가고 있습니다. 많은 사람들이 중국과 미국으로 대변되는 G2를 거론하고 있습니다. 하지만 중국이 현재의 경제적 관리 능력을 사회적, 정치적인 대의명분을 수립하는 새로운 단계로 발전해 나가지 않는 한 중국의 영향력은 지속될 수 없을 것입니다.

한국 또한 중국과 일본을 양쪽에 두고 압박을 당하는 상황에 부딪히거나 혹은 중국과의 관계를 지렛대로 삼으면서 일본의 방식을 따라가는 방법을 구할 것입니다. 러시아는 세계화와 시장주의 노선으로 회귀해야만 하는 기점에 서 있으며, 그렇지 않을 시 천연자원만 풍부한 제3세계 국가로 전락할 수도 있습니다. 그래서 이번 금융위기에 대한 토론을 진행하면서, 우리는 현재 내려진 결정들이 가져올 엄청난 결과들을 염두에 두어야 할 것입니다.

첫 발표는 스펜서 김 회장께서 준비하셨습니다. 스펜서 김 회장은 항공 관련 기업을 성공적으로 이끈 CEO이며 그 경력을 통해 남-북-미 관계의 조율사 역할을 해왔습니다. 윌리엄 페리 전 국방부장관과 도널드 그렉 전 주한 미국 대사 등이 한국의 신임 대통령 취임과 함께 비무장지대를 넘어 평양을 방문하고 뉴욕 필하모니 오케스트라가 평양에서 공연을 가지는 등 신문 지면을 통해 지켜봤던 역사적 사건들 뒤에는 항상 스펜서 김 회장의 숨은 노력이 있었습니다. 그래서 먼저 스펜서 김 회장을 모시고 이번 금융위기에서 벗어나고자 하는 우리의 현 주소를 폭넓은 시각으로 분석해보겠습니다.

▌스펜서 김(Spencer KIM)

오늘 제가 여러분께 드릴 말씀은 대중적인 견해는 아닙니다. 제 의견은 어디까지나 미국의 시각을 대변하겠지만, 그렇다 하더라도 순전히 제 사견임을 밝힙니다. 오늘 말씀드릴 부분은 세 가지입니다. 첫 번째는 현재의 경제위기에 빠지게 된 원인을 간략하게 짚고 넘어갈 것입니다. 이것 또한 제 사견입니다. 다른 분들도 더 깊이 있고 전문가적인 의견들을 많이 내주실 것이라고 생각합니다. 두 번째는 현 금융위기의 근본적인 원인을 분석한 결과 세계가 다른 모습으로 변화하는 과정이 아닌, 정상 궤도로 복귀하는 중이라는 점입니다. 세 번째로 우리가 현 위치에서 나아가야 할 길, 기업인으로서 무엇을 추구해야 하는지에 대해 의견을 나눠보고자 합니다.

그럼 시작하겠습니다. 현재의 경제 상황에 대한 제 기본적인 입장은, 우리의 현 상황은 사람들이 상식을 버렸기 때문이라는 것입니다. 그저 소수의 탐욕으로 불거진 것은 아닙니다. '믿을 수 없을 정도로 좋으면 사실은 좋은 게 아니다' 라는 옛 말이 현 상황과 잘 어울릴 것입니다. 무역 불균형과 경상수지 적자가 계속되는 상황이 과연 가능한 것이었을까요? 우리는 이 질문을 상식적인 수준에서 물어봐야 합니다. 돈을 갚을 능력도 없는 사람들에게 금융상품이라는 이름으로 포장하여 대출을 해주고 그 위험 부담을 다른 사람들에게 전가하는 것이 가능한 일이었을까요?

저는 말이 상식적인 사고 과정을 대체했다고 봅니다. 경제 패러다임의 전환, 신경제, 역사의 종말, 우리가 처한 상황을 비유하면서 입버릇처럼 하는 말들입니다. 그 중에서도 으뜸은 '신용부도 스와프' 입니다. 이러한 파생상품은 많은 사람들의 손을 거쳐 대출의 위험 요소를 떠넘기고, 그 밑에 위험 요소는 어떻게든 사라질 것이라는 생각을 깔아놓고 있습니다. 하지만 안타깝게도 그 위험은 사라지지 않았습니다. 많은 사람들이 의아해했고 곧 큰일이 날 것이라는 목소리도 있었지만 대부분은 이 말을 무시했습니다. 의심은 나지만, 결국 많은 사람들이 이러한 그릇된 대출 바람을 타고 엄청난 이득을 보고 있었기 때문입니다.

그러나 저는 현 상황에 대한 근본 원인 분석을 2008년이나 아시아 금융위기가 터졌던 1997년처럼 지난 몇 년을 근거로 하지 않습니다. 저는 우리가 당면한 문제가 거품 때문이 아니라 2차대전이 끝나고 난 후 63년 동안 이어져온 거대한 진공 때문이라고 생각합니다.

2차대전의 폐허로 세계적인 경제적·정치적 진공상태가 발생했을까요? 미국이 그 진공에 빨려 들어갔고 그 결과 미국은 초강대국이 되었습니다. 당시 유럽과 아시아는 전쟁으로 인해 파괴되었으며 녹초 상태였습니다. 러시아와 중국은 중앙정부의 개입 정책으로 확실한 경제발전을 도모하지 못했으며 따라서 진공상태는 계속되었습니다. 이러한 진공상태가 미국에게 미국의 인구와 GDP가 시사하는 수준보다 훨씬 더 많은 힘을 부여했습니다. 미국의 개방정책은 구호적인 성격의 외교정책을 통해 많은 국가들로 하여금 미국을 겨냥한 수출주도형 성장 모델을 채택하고 국내에서는 보호주의를 펼치도록 했습니다.

사실 1990년대의 변화를 통해 자연 평행 상태를 회복하기 시작했지만 우리는 그것을 알아채지 못했습니다. 달러가 세계 기축통화이고 미국 금융 서비스 시장의 막강한 영향력을 통해 각국의 달러를 다시 끌어들여 소비자들에게 공급하면서 진공의 영향력은 더 커졌습니다.

아이러니한 점은 2차 세계대전 말기에 다극화 시대를 살았던 트루먼 대통령과 관리들은 세계를 진공상태로 보고 2차 세계대전이 끝나고, 그 다극화 세계를 막기 위해 UN, 세계은행, IMF와 같은 국제기관을 설립하였다는 것입니다. 하지만 현실 세계는 정치적·군사적으로는 미국과 구소련의 양극화 체제로, 경제적으로는 미국의 독주 체제로 경제력을 거머쥐는 상황이었습니다.

전 세계는 이런 구도에 익숙해져 있었습니다. 우리는 현재 미국의 힘이 이러한 진공상태에서 비롯되었다는 점을 인식하는 데 힘들어하고 있습니다. 하지만 지금까지 이 방식대로 살아왔기에 누구도 그것을 알아채지 못했습니다. 사실 오늘날까지도 인식하지 못하고 있습니다.

이러한 관점에서, 현재의 경제 상황은 불가피한 것이었다고 볼 수 있습니다. 그렇다고 미국이 쇠퇴하고 있다거나 도덕적으로 부패했다는 것은 아닙니다. 아직도 미국 경제와 국민들의 역동성을 항상 느낄 수 있습니다. 미국을 제외한 전 세계가 급성장하면서 미국을 따라잡고 있고 세계대전 전후로 사라졌던 평행을 되찾아가고 있는 것입니다. 그래서 이제부터 미국의 영향력은 전 세계 GDP의 23%를 담당하고, 세계 인구의 23%를 차지하는 왜곡 없는 영향력에 더 근접해가고 있다고 생각합니다. 바로 이것이 우리가 좀 더 현실적인 시각으로 바라봐야 하는 이유입니다.

이제 결론을 내리자면, 첫째, 만일 여러분이 2008년 이전 상황으로의 현상유지를 목표로 기업 전략을 세울 요량이라면 그런 생각은 이제 접어두라고 말씀드리고 싶습니다. 미국이 예전의 입지를 회복하고 전 세계의 소비자 역할을 해 줄 때를 기다리지 마십시오. 미국은 무역수지와 경상수지 적자를 회복하기 전에는 활력을 찾기 어려울 것입니다. 둘째, 이제는 각국의 정부를 독려하여 국내시장 개발 및 다각화, 수입을 허용하고 사회안전망을 구축함으로써 성장을 위한 탄탄한 발판을 구축하는 데 힘을 써야 합니다. 셋째, 과거에 우리가 저지른 몰상식한 행동을 답습하지 말아야 합니다. 항상 현실에 입각하여 계획을 세우고 빚을 지면 그 뒤에 따르는 위험요소들을 염두에 두어야 합니다. 넷째, 가장 중요한 부분이기도 한데, 이 새로운 환경에서 기업가들과 투자자들은 이제 중소기업들을 예의주시해야 합니다.

변화를 맞이한 세상에서는, 기업가들은 새로운 기회를 맞이하게 될 것이고, 거대 기업들은 잘못된 점을 반추하는 데 시간을 낭비할 것입니다. 모험적인 기업가 성향을 가진 사람들은 경기 하강 시기에도 긴축 경영을 하지 않기 때문에 언제나 정리 대상 1순위입니다. 이제는 이 사람들이 고용 압박에서 벗어나서 자신들의 창의력을 발휘할 수 있습니다.

지난 15년 동안 미국의 소규모 기업들이 창출해 낸 일자리 수는 전체의 60~80%를 차지했습니다. 1991년 불황을 겪고 회복되기까지 2년이라는 세월이 걸렸습니다. 1991년 미국은 120만 개의 일자리가 사라졌고, 이후 2년에 걸쳐 약 260만 개의 일자리가 추가로 사라졌습니다. 하지만 그 당시 대기업들이 해고한 직원 수는 20만 명이었습니다. 보다 최근인 2001년에 미국의 실업자 수는 260만 명, 그 중 220만 명이 대기업에서 해고된 사람들입니다. 이후 2년의 회복기 동안, 소규모 기업들은 500만 개의 일자리를 창출한 반면 대기업들은 50만 명을 추가로 해고했습니다.

물론 이것은 미국의 경우이며 여러분들의 국가 상황은 다소 다를 수 있습니다. 하지만 우리가 적극적인 기업가들을 양성해낼 수 있는 환경만 조성할 수 있다면 제가 제시한 패턴을 그대로 적용 가능하리라 생각합니다. 감사합니다.

▌사회자

다음 발표는 와타나베 소장께서 해 주시겠습니다. 와타나베 씨는 현재 일본국제통화연구소 이사로 계십니다. 와타나베 소장은 또한 일본 금융계를 이끌어 왔습니다. 미쓰비시 금융 그룹에서 이사, 상무, 최고 위험 관리자 직을 역임한 와타나베 소장은 일본에서 가장 경험과 지식이 풍부한 금융인이라고 할 수 있습니다. 스펜서 김 회장이 미국의 현 상황을 고찰해 봤다면 와타나베 소장은 동아시아지역 상황을 돌아보겠습니다.

▌와타나베 요시히로(WATANABE Yoshihiro)

저는 세 가지 주제로 발표를 할까 합니다. 첫 번째는 최근 금융위기로 인해 수면 위에 떠오르고 있는 이슈들, 두 번째는 동아시아의 구조 변화에 따른 중장기적 이슈들, 그리고 세 번째로 동아시아의 전략적 대응과 그로 인한 사업 기회입니다.

첫 번째 주제로 발표를 시작하겠습니다. 이번 경기침체로 인해 세계화에 반하는 중대한 반사작용들이 나타났습니다. 보호주의 정서가 확산되고 있습니다. 지금까지 동아시아가 자유 개방적인 무역과 투자 환경을 통해 혜택을 누려왔다는 점에 이의를 제기하는 이는 없었습니다. 개방 정책을 통한 세계 경제성장으로 가난에서 벗어날 수 있었습니다. APEC 기업 자문 위원회 위원의 자격으로, 우리 민간 부문 대표단은 APEC 회원국 수장들에게 보호무역주의와 보호주의적 성향의 WTO 규약에 부합하지만 보호주의 성향을 띠는 조치들에 대해 강력하고 확실한 입장을 취하라고 촉구했습니다. 우리는 또한 내년까지 도하 개발 아젠다 협상타결을 통해 자유무역 및 투자를 활성화하는 데 노력해달라고 요청했습니다.

앞서 스펜서 김 회장께서 말씀하신 것과 같이, 이번 금융위기의 원인에는 과도한 탐욕 및 차입금과 유동성, 허술한 금융시스템, 규제상 허점 등 여러 가지가 있습니다. 정책입안자들은 규제를 강화하는 식으로 대응했습니다. 하지만 동아시아지역에서는 금융부문에 대한 규제 축소와 혁신 과정이 아직 걸음마 단계이기 때문에 더 활성화되어야 합니다. 현재 논의 중인 부분이 은행자본 적절성 요구 조건을 강화하는 것입니다. 현재의 불안한 경제 상황에서 은행에 대한 새로운 규제책을 마련할 때에는 그 부작용에 대해 특히 신경을 써야 합니다. 규제를 강화하면 은행들은 대출을 줄임으로써 경제회복을 더 어렵게 만들 수 있기 때문입니다.

규제기관들과 아시아계 은행들과 같은 민간 은행들 사이에 심도 있는 논의가 필요하다고 생각합니다. 하워드 총리가 말했듯이, 세계경제의 구심점이 유럽 중심에서 아시아 중심으로 전환하고 있습니다. 아시아가 이제 새로운 성장 동력이 될 것입니다. 아시아가 새로운 역할을 수행하기 위해서는 자본 및 통화 시장의 자유화를 적극 도모하여 효율적인 금융중개기관의 역할을 수행, 아시아의 성장을 돕는 것이 급선무입니다.

이제 아시아는 공동체로서의 성장을 뒷받침하기 위한 지역 내 단일 통화 혹은 복수 통화라는 장기적인 목표 달성을 심각하게 고려해봐야 할 때라고 생각합니다.

그럼 이제 두 번째 주제인 동아시아의 구조 변화에 따른 중장기적 이슈들을 다뤄보도록 하겠습니다. UN 보고서에 따르면 동아시아 사회의 고령화 현상이 가속화될 것이라고 합니다. 일본과 한국뿐만 아니라 홍콩과 태국 또한 고령화 사회에 접어들었습니다. 일본 인구가 감소세로 들어섰습니다. 인구 성장이 지속적이긴 하지만 중국 또한 고령화 사회로 접어들 것입니다.

인구분포 피라미드 모양도 종형에서 역삼각형으로 바뀌고 있습니다. 동아시아의 경제성장과 저축률은 주로 인구분포에 의해 결정됩니다. 하지만 사회가 고령화되면서 사회복지의 부담은 커질 것이고 중장기적으로 저축률은 줄어들 것입니다. 일본이 그러한 좋은 예입니다.

세 번째 주제는 작금의 변화에 대한 동아시아의 전략적 대응과 그로 인해 기업들이 갖게 될 기회입니다. 미국은 여전히 젊고 역동적인 경제국가로 남을 것입니다. 하지만 이번 위기로 은행들의 대출 능력이 제한되면서 미국의 일반 가정과 금융기관들의 피해가 컸습니다. 미 국민들은 소비를 기피하는 모습을 보였습니다. 소비가 빠르게 살아날 가능성은 요원해 보입니다. 다시 말해, 미국은 현재 아시아의 수출을 감당하지 못할 수도 있습니다.

이제는 아시아가 세계에 기여해야 할 때입니다. 이제는 아시아를 위한 신성장전략을 수립해야 합니다. 한국 대통령이 언급했던 것처럼, 성장의 주 개념은 녹색성장이며, 그리고 제 입장은 포괄적 성장 혹은 공동 성장입니다. 포괄적 성장에 있어서, 기업가들에게 금융 서비스를 제공하는 포괄적 금융이 중요합니다. 중소기업 금융, 소액신용대출, 소액송금, 소액보험 등은 경제성장을 위한 근간을 넓히는 데 이바지할 것입니다. 스펜서 김 회장께서 언급하였듯이, 오늘날 중소기업들과 영세기업들은 많은 이들에게 혜택을 안겨줄 것입니다.

도시 및 산업 기반 시설을 건설하는 것도 성장에 도움이 될 것입니다. 아시아 국가들이 상호 협력하여 통합된 금융시장을 구축하는 것이 지속적인 경제성장을 뒷받침하는 데 굉장히 중요합니다. 동아시아지역의 고령화 현상을 대비하기 위해서 사회안전망을 공고히 해야 합니다. 일종의 정부지원 연금이나 과세 체계를 구축해야 합니다. 한국과 일본의 성공적인 선례를 아시아의 신흥 경제국들도 공유할 수 있도록 해야 합니다. 연기금이 탄탄하면 자본시장의 건전성이 높아지고 이와 함께 노후 보장이 확실해지면서 소비가 늘어날 것입니다. 예를 들면, 고령화 사회는 자산관리, 보험, 건강의료, 교육 부문 등에서 새로운 사업 기회의 원천입니다.

고령화 사회에서는 고생산성의 인적 자원이 필요합니다. 그러기 위해서는, 한국개발연구원장도 언급하였듯이, 보다 높은 교육수준과 보다 폭넓은 평생 교육의 기회를 제공해야 합니다. 일본에서도 교육이 경제발전에 있어 가장 중요한 동력원이었습니다. 결과적으로 동아시아 국가들은 기존의 교육 시스템을 더욱 확대해 나가야 합니다. 이것으로 발표를 마치겠습니다. 감사합니다.

▌사회자

감사합니다. 이번에는 두 분의 한국 기업인들을 모시겠습니다. 첫 발표자는 동양그룹의 현재현 회장입니다. 동양그룹은 한국의 대표적인 대기업이자 금융서비스회사로도 자리 잡은 기업입니다. 동양그룹은 한국 채권시장을 주름잡고 있으며 보험업계에서도 선도적인 입지를 갖고 있는 회사입니다. 보험업은 이번 미국의 경우에서도 보았듯이 고위험의 사업 분야이기도 합니다.

하지만 동양그룹의 경우, 시장이 활황세일 때 평정을 잃지 않는다면 불황일 때도 안정세를 유지할 수 있다는 것을 잘 보여줬습니다. 즉, 시장의 순환 주기를 통해 고속성장 속에서도 내실이 튼튼한 성공적인 기업을 만들 수 있다는 것입니다.

▌현재현

오늘 저는 1997년 아시아 외환위기와 현재의 금융위기를 비교해보는 시간을 가져보려 합니다. 또한 동양그룹의 예를 들어 위기 상황에서 금융기관들이 할 수 있는 역할과 책임의식을 논해보려 합니다. 이와 함께 이번 위기를 통해 우리가 배워야 할 교훈과 미래를 위한 몇 가지 의견도 말씀드리겠습니다.

1997년 아시아 금융위기 당시, 한국은 유례없는 경제 불황을 겪었습니다. 그로 인해 한국의 국가 자산 또한 급격한 평가절하를 감내해야 했습니다. 한국은 전국적인 금 모으기 운동 등 국민들의 피나는 노력과 수출 증대를 통해 상대적으로 빠른 속도로 경제를 회복했습니다. 당시 한국과 해외 금융기관들 사이의 관계는 상주와 상조회사의 관계로 생각해 볼 수 있습니다.

장례를 치러 본 경험이 없는 상주는 굉장히 불안한 상태입니다. 경험이 없다는 점이 상조회사와 협상을 할 때 굉장히 불리하게 작용합니다. 이처럼, 한국 또한 1997년 환란이 터지면서 굉장히 불안한 상태였습니다. 당시 우리나라는 선택의 폭이 대폭 제한되었고 IMF와 기타 컨설팅회사, 투자회사, 은행 등이 제시한 각종 금융조치를 받아들여야만 했습니다.

현재 한국은 그때와는 다른 입장에 서 있습니다. 현 상황은 아시아 금융위기 당시의 상황과는 정반대입니다. 금융위기의 한 복판에 서있는 미국과 유럽이 상주의 입장에 처해 있다고 볼 수 있고, 반면 한국과 같은 아시아 국가들은 금융위기를 극복하는 데 있어 상조회사의 역할을 할 수 있는 위치에 있습니다. 더 자세히 말하자면, 아시아가 리더십을 발휘해야 합니다. 단일의 아시아는 모든 아시아 국가들이 추구해야 할 주요한 이념입니다. 이를 위해서, 우리는 금융 안정성을 보강하고 아시아 국가들 사이의 경제협력을 강화해야 합니다.

저는 이번 금융위기를 통해 아시아가 현재의 활동영역을 확대할 수 있는 새로운 기회를 맞이했다고 생각합니다. 동양증권의 예를 들어보겠습니다. 동양증권은 국내 채권시장의 최강자입니다. 동양증권의 매출액은 경쟁사 대비 5배가 넘습니다. 동양증권은 많은 대기업들이 휘말린 2004년 신용위기 당시에도 선두 회사의 자리를 지킬 수 있었습니다.

대부분의 금융 회사들이 신용도가 낮은 기업들의 인수를 기피하는 동안 동양증권은 한 발 더 나아가 이들 회사들에 대한 재정 상태를 분석하고 정밀심사를 거쳐 투자자들에게 현재 저평가된 기업들에 대한 투자를 종용했습니다. 결과적으로, 동양증권은 투자자들에게 기회를 제공하는 한편 투자대상 기업에는 필요한 자금을 공급해줄 수 있었습니다. 다시 말해, 동양증권은 자본이 필요한 기업과 자본을 공급하는 투자자들 사이의 자금 흐름을 중재함으로써 투자 회사가 해야 할 역할과 책임을 다 할 수 있었던 것입니다.

현 금융위기도 이러한 방식으로 대처해야 할 것입니다. 금융 회사들이 단순히 신용평가사들의 보고서에만 의존할 것이 아니라 잠재적인 주식 발행 기업으로서의 가능성을 정밀심사하고 재정 상태를 파악하는 작업에 착수해야 합니다. 금융기관들은 자신들이 짊어진 전체적인 위험 부담을 관리하는 한편, 자본이 필요한 경쟁력 있는 기업들을 발굴하여 투자자들에게 연결시켜주는 일은 글로벌 경제를 활성화하는 데 있어 좀 더 능동적으로 대처하는 방법일 것입니다. 동아시아지역의 금융기관들은 이번 기회를 잘 이용하여 현재 유동성이 말라버린 미국과 유럽 기업들에 자금을 제공해야 합니다. 우리가 상조회사의 역할을 수행하고 아시아의 투자자들에게 이들의 자본을 활용할 수 있는 기회를 만들어줘야 합니다.

이번 금융위기를 통해 우리가 깨달아야 할 중요한 교훈 중 하나는 위험요소를 철저히 관리해야 한다는 것입니다. 서브프라임 담보대출이 신용등급이 낮은 고객들을 대상으로 한 금융상품이라는 점에서 고위험군의 투자 상품이라는 것은 명백합니다. 이러한 자산들을 끌어 모아 거주용 부동산 담보 증권을 발행하면 위험을 분산시킬 수 있다는 논리는 이론상으로는 말이 됩니다. 하지만 이 위험 자산이 부채담보부증권(CDO)과 결합하고 2차 CDO를 만들어 내기 위해 재결합되면서, 이 파생상품들의 위험요소가 너무 복잡해졌습니다.

위험 관리에 있어 CEO의 역할은 막중합니다. 왜냐하면 기업 환경이 시시각각 빠르게 변화하고 있기 때문입니다. 금융 회사 CEO들은 부동산 시장에 대한 과도한 투자는 거품을 유발하고, 신용등급이 낮은 사람들에게 대출을 남발하면 연체율과 부도율이 올라갈 것이란 점을 숙지했어야 했습니다. 우리가 역사를 통해 얻은 거품에 대한 교훈을 바탕으로 위험 관리에 더 세심하게 신경을 썼어야 했습니다.

또 다른 중요한 교훈은 인센티브 지급제도와 관련이 있습니다. 이번 위기를 통해 다시 한 번 입증된 것은 현행 인센티브 제도는 단기 실적을 토대로 이루어지기 때문에 금융회사 CEO들과 금융 전문가들은 투자 대상의 중, 장기적인 가치에 투자하기보다는 단기 운용실적에만 치중하게 되었다는 점입니다. 그렇기 때문에 이제는 인센티브 제도가 장기적인 운용 실적을 바탕으로 하는 것이 적절할 것입니다.

현재는 낙관론이 경제위기를 극복하는 데 도움이 될 수 있겠지만, 정부는 계속해서 긴장을 늦추지 말아야 합니다. 엄청난 재정 적자 규모와 과도한 유동성 투입으로 인한 인플레이션을 우려하는 사람들은 조속히 출구 전략을 시행해야 한다고 주장합니다. 하지만 이른 출구 전략이 경기침체를 연장시킨 선례를 봐야 합니다. 1930년대 대공황과 일본의 잃어버린 10년이 전형적인 예입니다. 우리는 조기 출구 전략이 2차 위기를 유발하여 경기침체기를 늘렸다는 점을 기억해야 합니다. 그러므로 중앙은행은 출구 전략 시행 시기에 있어 아주 조심스러워야 합니다. 한국이 현재 다른 국가보다 빠르게 경제를 회복하는 모습을 보이고 있지만, 현재 한국의 대외의존도가 높기 때문에 출구 전략 또한 선진국들의 경제회복과 동일선상에서 고려해야 합니다.

경제학자인 조셉 슘페터는 '창조적 파괴'라는 개념을 처음 도입했습니다. 시장이 성숙기에 들어가면, 위기가 찾아오고 그래서 스스로 파괴하는 시기가 뒤따릅니다. 하지만 이러한 과정은 보통 새로운 제품과 기술이 개발되는 창의적인 과정의 전주곡입니다. 좀 더 간단히 보자면, 새로운 기회는 언제나 위기를 통해서 찾아옵니다. 누군가가 저에게 이런 말을 했습니다. 경기침체는 좋은 것이지만 경제위기는 더 좋은 것이라고 말입니다. 왜냐하면 위기는 그 위기를 받아들일 준비가 되어 있는 자에게는 기회를 선사하기 때문입니다. 결론은, 바로 지금이 우리가 나서서 자본을 필요로 하는 기업들을 자본을 가진 투자자들과 이어주어야 할 적기라는 것입니다. 바로 지금이 기업들이 근본적인 능력을 강화하고 보다 능동적인 포트폴리오 관리가 요구되는 때라고 생각합니다. 또한 바로 지금이 기업가 정신을 발휘하여 현재의 위기를 극복하고 미래의 번영을 지켜내야 할 때입니다. 감사합니다.

▌사회자

감사합니다. 이제 우리는 한국의 역할이 세계를 짊어지고 가는 것임을 알았습니다. 다음 발표를 해 주실 분은 강정원 국민은행 CEO입니다. 저는 강정원 은행장과 26년 동안 알고 지낸 사이입니다. 저와 강 은행장은 뱅커스 트러스트에서 함께 일했습니다. 부드러운 성품의 강 은행장은 모든 면에서 그 누구보다 뛰어난 업무 능력을 발휘했습니다. 그래서 오늘날 한국 최대 은행인 국민 은행을 이끄는 CEO가 된 사실은 당연한 결과인 것 같습니다. 국민은행은 한국 내 은행 중 소비자 만족도 1위, 신용도 1위, 수익률 1위의 은행입니다. 이 자리를 통해 강 은행장의 고견을 들을 수 있어 굉장히 기쁩니다.

▌강정원

우선 제주 평화 포럼에 참석할 수 있게 된 점 큰 영광으로 생각합니다. 오버홀트 박사와 저는 1980년대와 90년대에 뱅커스 트러스트에서 함께 일했습니다. 당시 미국의 8대 상업 은행들이 세계 유수의 파생상품 거래은행으로 변모하는 모습을 지켜보았습니다. 10년 전 아시아 금융위기가 찾아왔을 때 저는 뱅커스 트러스트 한국 법인장으로 근무하고 있었습니다. 그리고 지금은 국내 최대 은행인 국민은행의 CEO의 자리에서 근래 유례없는 금융위기를 맞고 있습니다. 저의 경험을 바탕으로, 여러분들에게 두 가지 주제에 대해 분석해보고 제 소견을 나눠볼까 합니다.

우선 현재의 위기와 밀접한 관련을 갖고 있는 파생상품 시장 상황을 다뤄보고, 그 다음으로 현재 많은 아시아 국가들, 특히 한국에 있어 글로벌 금융위기의 핵심이었던 미국 달러 유동성 경색 문제를 다뤄보도록 하겠습니다.

사실 파생상품과 관련 기타 전문 직종에 대해 아는 바는 그리 많지 않지만, 제가 아는 금융계가 안고 있는 문제는 힘들게 배워놓고 금세 망각한다는 점입니다. 금융계는 1980년대 중반에 처음으로 파생상품을 출시하기 시작했으며 1990년대 중반 들어서는 금리통화부문과 주식파생상품부문의 선두주자로 발돋움했습니다. 엄청난 수익을 거둬들였고 엄청난 보너스가 쏟아졌습니다. 때로는 금융상품이 고객보다 우선시되면서, 파생상품 구조에 차입금을 도입하고 스프레드를 이용한 환차익을 높이기 위해 외국 통화를 커버하기 시작했습니다.

금융계의 내부 통제 및 위험 관리 기능은 일반 기업들에 뒤처져 있었습니다. 은행들이 급격한 사업 성장 속도와 금융상품의 복잡성을 따라잡지 못했기 때문입니다. 불건전한 상품 판매 관행과 부실한 위험 관리는 곧 불만족한 파생상품 투자자들과 교활한 파생상품 거래인들로 인해 엄청난 손실 사태로 이어졌습니다. 은행 내 규제 담당자들은 내부 통제 기능과 위험관리 시스템을 보완하려 했지만 도매은행들로부터 자금을 새로 끌어들이기가 굉장히 힘겨웠습니다. 그래서 연준위는 이 위험요소가 다분한 시스템을 시장에서 제거하기 위해 결국 1999년 처음으로 미국의 한 메이저 은행에 대한 도이체 방크의 인수를 승인했습니다.

이 기간 동안, 은행들은 파생상품 시장에서 경쟁에 부딪혔습니다. 많은 투자 은행들과 일부 세계적인 거대 은행들은 규제 기관의 요청에 따라, 혹은 생존을 위하여 스스로 금융법 준수, 내부 통제, 위험 관리 기능을 강화했습니다. 파생상품에 대한 적합성 여부 확인을 문서화할 것을 의무화한 적합성 테스트의 개념도 이 당시에 도입, 시행되었습니다.

아시아 금융위기와 1999년 뱅커스 트러스트의 파산 이후, 신용파생상품이 투자은행들의 새로운 성장 동력으로 떠올랐습니다. 미국의 서브프라임 부동산 담보대출 및 부채담보부증권(CDO)과 신용부도 스와프(CDS)라는 형태로 나타난 기업 채권시장은 포화상태에 이르렀고, 유럽과 아시아지역으로 번졌다. 이번에는 파생상품들의 레버리지 효과가 컸고 고객들에게 위험과 수익 분포를 설명하기가 힘들었습니다. 이 상품들은 기본적으로 신용 상품이기 때문에, 신용회사들이 뛰어들었습니다. 이들은 파생상품들에 신용등급을 부여함으로써 이 문제를 해결하려 했습니다. 정보가 별로 없는 소비자들을 대상으로 한 상품 판매는 보다 용이했습니다. 이 신용 파생상품 사태의 중심에는 또다시 불건전한 판매 관행과 부실한 위험 관리체계가 자리 잡고 있었습니다.

건전한 금융 거래는 고객들에게 적합한 상품을 판매하고 위험 수익 분포를 우리가 이해할 수 있고 일정 범위 내에서 관리가 가능한 상품에 대한 투자가 기본이 되어야 합니다. 많은 동아시아 국가들이 좀 더 유동적이고 정교한 채권시장을 개발해야만 이를 바탕으로 국내 통화 기반의 파생상품

시장 또한 자라날 것입니다.

이번 위기로부터 막대한 피해를 줄이고 선방한 아시아 은행들이 배워야 할 교훈은 금융 상품 개발자로서 보다 견고한 위험 관리체계와 내부통제기반을 다져야 하고, 아시아의 금융 산업이 성장함에 따라 이 두 가지를 더욱 진지하게 고민해 봐야 한다는 점입니다. 특히 자본시장의 성장이 예상되는 가운데, 보다 정교한 금융시스템을 갖춰야 합니다. 금융 서비스 및 상품 판매자로서, 솔직히 우리 스스로도 설명할 수 없는 상품, 고객의 필요나 위험 수익 분포에 부합하지 않는 상품을 판매해서는 안 됩니다. 투자자들도 이해할 수 없는 상품에는 투자하지 말아야 합니다. 아시아 규제기관들도 배워야 할 교훈이 따로 있습니다. 바로, 상품 개발 및 판매 관행에 있어 시장 상황에서 뒤처지지 말아야 한다는 것입니다. 미국과 유럽의 규제 기관들은 신용 거품이 터진 당시 시장에 한참 뒤처져 있었습니다.

두 번째로 다룰 주제는 미국 달러 유동성 문제입니다. 이는 특히 한국과 미국 및 유럽 은행들로부터 상당한 달러 빚을 지고 있는 일부 동아시아 국가들과 관계가 있는 문제이기도 합니다. 제가 제시할 도식은 현 회장님의 장례식 도식보다는 낙관적인 입장입니다.

대출 은행을 선택할 때 조심해야 합니다. 지난 9월 리먼 브러더스 파산으로 비롯되어 올 4~5월까지 지속되고 있는 우려는 한 기업인의 근심과 일맥상통합니다. 은행에서 대출금을 갑작스레 거둬들이려는 움직임 때문입니다. 사업 형편이 어려워져서 걱정되는 것이 아니라 은행의 유동성 문제가 위기 수준으로 치솟고 있기 때문입니다.

잠시 언급하자면, 미 금융기관들이 익일 상환 조건인 경우를 제외한 상호 대출 중단과 과도한 차입을 줄이는 동시에 서브프라임 및 신용부도 스와프 관련 자산 상태 악화에 대비한 달러 보유고를 늘리면서 미국 달러 유동성 고갈 현상이 나타나기 시작했습니다. 그러자 미 정부가 직접 나서 금융기관에 유동성을 투입하고 자금 흐름을 원활하게 했습니다.

한국 은행들의 외환보유액 규모는 2008년 말 1,500억 달러를 기록했고 이는 전체 자산의 약 12%를 차지하는 규모입니다. 1997년과 1998년의 아시아 금융위기를 거치면서, 한국의 은행들은 외환보유액 요건을 어느 정도 충족시키는 방식으로 운영해 왔습니다. 외채규모 또한 2008년 말 기준 약 1,500억 달러에 달했습니다.

2008년 8월 들면서, 한국 은행들은 외채를 운용하는 데 심각한 문제에 봉착했습니다. 대부분의 외채가 주요 국제 은행들이 발행한 것이었고, 상환 기간은 초단기에 상환금리는 지나치게 높았습니다. 하지만 금융부문의 건전성 덕분에, 한국의 신용도는 양호한 수준이었습니다. 2008년 6월 말 기준으로 한국 은행들의 BIS지수는 10%를 상회하였으며, 단순자기자본비율은 5%, 손익률 0.8% 이하, 차입률은 순자산의 17배 이하였습니다.

한국 기업들의 자산대비부채 비율은 1.3% 이하 수준이었고 국가부채는 2008년 말 기준 GDP의 30% 수준이었습니다. 2008년 말 외환보유고 규모는 2,300억 달러였습니다. 2007년 말부터 시작된 한국의 성장 주기가 끝나가는 시점이었기는 하지만, 미국 달러 유동성 위기가 불거졌을 때도 한국의 금융부문, 기업부문, 국가 부채 현황 모두 상대적으로 건전한 상태였습니다.

한국은 작년 10월 미국과 300억 달러 규모의 통화 스와프를 체결하고, 뒤이어 중국, 일본과 차례대로 비슷한 규모의 통화 스와프를 체결하면서 위기에 대처했습니다. 통화 스와프 체결을 통해 한국은 국내 통화 시장에 안정을 가져왔고, 자본 조달의 숨통을 트였습니다. 제 요지는 계속되는 우려 속에서도 한국은 기초체력이 탄탄했다는 것입니다. 미국과 유럽 은행들은 자신들의 유동성 문제와 건전성 문제를 해결하기 위해 자본을 회수했습니다.

이제 우리 세대에서는 또다시 이러한 위기를 맞지 않기를 바랍니다. 하지만 아시아 금융인으로서 이번 위기를 통해 얻은 교훈이라면, 첫째, 외채 규모를 최소한으로 유지하고, 둘째, 부채의 흐름과 대출 은행의 국적을 다양화하라는 것입니다.

10년 전 아시아 금융위기 당시에는 일본 은행들이 한국 은행들로부터 자본을 회수하는 데 급급했습니다. 하지만 이번에는 달랐습니다. 일본 은행들은 동요하지 않았고, 한국 은행들에 큰 도움을 주었습니다. 그래서 또다시 유동성, 건전성 위기가 아시아를 덮쳤을 때, 아시아 금융계가 좀 더 건전하고 다양한 출처를 통해 자금을 끌어온다면 대처하기도 훨씬 수월할 것입니다. 감사합니다.

▮ 사회자

이번에는 제가 발표자로서 중국에 대해 간단하게 언급하도록 하겠습니다. 중국은 금융위기의 중심이자 동시에 경제회복의 중심에 서 있습니다. 일본과 다른 아시아 국가들 그리고 중동 국가들과 더불어 전 세계가 엄청난 규모의 유동성 유입을 경험했습니다. 이번 금융위기의 이야기는 동양의 유동성과 서양의 실수로 요약할 수 있습니다.

우선 중국의 측면에서 바라보면 값싼 중국 제품들 덕분에 미국의 물가는 낮은 수준을 유지했고, 이에 따라 단기 금리 또한 낮은 수준이었습니다. 중국, 일본, 기타 아시아 국가들과 중동지역에서 쏟아지는 풍부한 유동성 때문에 원래는 미국 내에서의 관리 소홀로 치솟았어야 할 장기 금리가 낮은 수준으로 유지되었습니다. 그래서 자산, 주식, 주택 가격 모두 엄청나게 상승했습니다.

이렇게 해서 전 세계적인 미스매치가 발생한 것입니다. 은행 규제와 다른 문제들에 대한 정부 정책은 유동성의 흐름은 세계화되었지만 통화정책에 대한 국가 차원의 관리가 소홀하다는 사실을 다루지는 않았습니다. 저는 우리가 지금 엄청난 위험에 처해 있고 정책입안자들이 보다 큰 문제를 보지 못한다면 현재의 위기는 보다 심각한 위기의 전주곡에 불과하다고 생각합니다.

중국이 어쩌다 이번 금융위기에 휘말렸을까요? 중국의 문제는 따로 있었습니다. 중국의 물가는 2년 사이 0%에서 8%까지 빠르게 상승했습니다. 동시에 중국에는 도산하는 기업들이 많았습니다. 미국 내에서는 이러한 현상을 물가인상과 실업률 증가가 함께 찾아오는 "지미 카터 문제"로 봅니다. 이런 현상이 일어나는 데에는 구조적인 문제가 존재합니다.

중국의 구조적인 문제는 무엇이었을까요? 중국은 2가지의 성장전략을 펼쳐 큰 성공을 거두었습니다. 하나는 기반산업과 중공업 분야를 육성한 것입니다. 이러한 전략이 상하이-베이징 간 고속도로 건설에 맞추어지면서 그 효과는 즉시 나타났습니다. 생산성이 상승했습니다. 나중에 이 전략은 아주 작은 마을에 커다란 쇼핑몰을 짓는 데에 주력했습니다. 생산성이 완전 붕괴하면서 생산성 제로 혹은 마이너스 생산성을 기록했습니다. 당연한 결과였습니다.

또 다른 전략은 중국의 값싼 노동력을 바탕으로 장난감과 양말을 만드는 것이었습니다. 과거 중국과 같은 상황에 있었던 국가들처럼, 노동비용은 천정부지로 치솟았습니다. 양말 제조업은 처음 노스캐롤라이나에서 시작되었습니다. 그 다음 일본, 한국, 그리고 인도네시아로 옮겨갔습니다. 시간이 지나면 이제 다른 곳으로 눈을 돌려야 하는데 중국은 이 과정을 너무 오랫동안 유지했습니다. 그러다 보니 파산하는 기업들이 수없이 생겨난 것입니다. 새로운 전략을 필요로 하는 시대에 즉각 반응하지 못한 것입니다.

그러면 새로운 전략이란 무엇일까요? 새로운 전략은 이제 거대 국영기업이 아닌 고부가가치 제조 및 서비스업, 중소기업에 근간을 두어야 합니다. 속도는 좀 느리지만 전략의 변화가 막 시작되었습니다. 좋은 예가 인민폐 가치 상승을 막으려 개입하지 않고 있다는 것입니다. 그리고 새로운 노동법도 그 예입니다. 하지만 이러한 대응을 하기까지 수년이 지연된 까닭에, 중국은 물가상승, 노동비용의 급상승, 통화 강세, 그리고 수요 하락을 한꺼번에 감수하게 되었습니다. 한 예로, 작년 10월까지, 세계의 장난감 공장인 중국 내 53%에 달하는 장난감 공장이 문을 닫았습니다.

현재 중국이 직면한 금융 경제 딜레마에는 정치적 요소가 작용하고 있습니다. 중국의 성장 단계를 보면 언제나, 경제발전을 이룩하기 위해서는 정치적 통제 단계를 벗어나야 했습니다. 등소평은 지방자치체제를 가족 통제로 대체하도록 했는데, 이는 중국 역사를 통해 가장 강력한 정치 통제의 도구를 포기하는 것과 마찬가지였습니다. 하지만 중국 농민들의 수입은 6배가 늘어났고 이를 통해 중국의 정치·경제 분야가 그 득을 봤습니다.

주룽지 집권 당시, 중국은 완전하지는 않았지만 도시 기업들에 대한 통제를 상당 부분 제한했습니다. 또다시 경제발전이 있었습니다. 현재 중국이

다시 변화하기 위해서는 금융시장에 대한 국가의 통제를 거둬들여야 합니다. 이 결정을 내리기가 너무도 두렵고 위험천만한 일이었기에 중국 정부가 지금까지 망설이고 있었던 것입니다. 금융위기가 터졌을 때 중국이 이런 상황이었습니다. 그래서 중국의 대응은 어땠습니까?

대규모의 경기부양책이 있었습니다. 전 세계 어느 나라보다 과감한 정책이었습니다. 이번 위기를 통해 중국과 미국만이 과감한 정책을 폈습니다. 그리고 중국의 경기부양책은 미국보다 훨씬 목표가 뚜렷했습니다. 오바마 행정부의 부양책은 전반적으로 사회변혁 프로그램이었고 영향 범위가 작았습니다. 중국의 부양책은 진정한 의미의 부양책이었습니다. 엄청난 규모의 자금을 통해 주요 부동산 개발회사들을 구제했고, 이를 통해 경제를 회생시키는 큰 성과를 거두었습니다. 경제성장률은 다시 2.8% 상승했습니다. 주식시장이 눈에 띄게 살아났습니다. 주요 도시의 부동산 가격은 거의 거품 수준까지 오른 상태입니다.

이것은 분명 성공이지만 잠재적인 문제이기도 합니다. 투기성 부동산 개발회사들이 모두 구제를 받았기 때문에 이들은 다시 투기성 부동산 개발을 통해 거품을 생성하고 있습니다. 은행에는 상당한 액수의 자금이 잠을 자게 될 것입니다. 과거에는 중앙정부에서 지방 정부의 무분별한 쇼핑몰 건립에 제동을 걸어왔습니다. 지난해에는 중앙정부가 지방 정부에 왜 쇼핑몰을 짓지 않느냐며 반문하는 상황이었습니다.

미래를 짊어지고 있는 중소기업들은 이번 위기로 심각한 타격을 입었습니다. 사실 중국이 이번 금융위기에 성공적으로 대처했다는 점에는 반론의 여지가 없습니다. 하지만 한 가지 던져야 할 질문은 언제쯤 중국이 과거와는 달리 이제는 시대에 뒤처진 현 전략을 수정하고 새로운 성장 활로를 개척할 것이냐입니다.

한편으로는 이것이 중국의 국제적인 입지에 긍정적인 효과를 가져왔습니다. 중국은 일본을 확실히 제치고 아시아 내에서 미국을 상대할 국가로 부상했습니다. 이러한 상황은 위기가 찾아오기 10년 전부터 벌어지고 있었습니다. 저는 위기가 터지기 전인 지난해를 다룬 책을 하나 썼습니다. 하지만

2000년 당시 사람들은 아미티지 보고서를 논하고 있었습니다. 당시 아미티지 보고서는 "중국은 신경 쓰지 말고 일본을 아시아의 중심으로 만들자"라고 주장했습니다. 하지만 지금 우리는 G2를 거론하고 있습니다.

세계적으로, 중국은 리더십과 과감함을 통해 확실한 위상을 갖추었습니다. 중국인들의 수요 증대가 브라질, 아르헨티나, 많은 라틴 아메리카 국가들, 인도네시아, 아프리카 국가들을 살렸습니다. 말씀드리자면, 이번 위기 속에서 라틴 아메리카는 최악의 상황은 피했습니다. 이는 역사상 최초라고 할 수 있습니다. 라틴 아메리카 국가들은 상황이 나쁘지 않습니다. 그 이유는 중국의 수요입니다. 그 결과 세계 정치경제체제에서의 중국의 위상은 굉장히 높아졌습니다. 하지만 이러한 중국의 위상이 어느 정도 지속될지에 관해서는 의문의 여지가 있습니다. 모든 건 현 세대의 지도자들이 어떻게 중국을 새로운 단계로 격상시킬 것인가에 달려 있습니다. 하지만 현재까지는 결과가 이렇습니다.

이제 데리파스카 회장을 모셔보겠습니다. 정말 먼 곳에서 여기까지 와주신 것에 대해 굉장히 감사드립니다. 데리파스카 회장은 러시아의 최대 부호 중 한 분으로, 조직폭력배와의 전쟁과 금융위기를 거치면서도 억만장자로서의 위치를 지켰습니다. 많은 부자들이 살아남지 못했음에도 불구하고 말입니다. 데리파스카 회장은 세계 최대 알루미늄 회사, 자동차 회사, 항공기 회사, 그 외 여러 회사를 거느린 분입니다. 이 자리에 모실 수 있게 되어 굉장히 기쁩니다.

▌올렉 데리파스카(Oleg DERIPASKA)

이번 경제위기는 우리에게 중요한 수업시간이었고, 이 수업을 끝내기는 쉽지 않을 것입니다. 러시아 국토의 75%가 아시아지역에 속해 있지만 이 지역에 사는 러시아 인구는 전체의 25%, 3,000만 명도 채 안 됩니다. 한편, 러시아는 GDP가 급격히 하락했습니다. 이미 11% 이상 하락했고, 올해 말까지 5~6% 추가 하락할 것으로 보입니다. 인플레이션 또한 심각한 상황입니다. 작년보다는 양호한 수준이지만, 여전히 12%를 상회하고 있습니다. 금리 또한 굉장히 높은 편이고 재원 규모도 엄청나게 감소했습니다. 러시아 통화 가치는 34%나 떨어졌다가 2/4 분기 들어 7% 정도 회복한 상태입니다.

다른 큰 문제는 노동시장입니다. 러시아의 실업률은 이미 두 자릿수를 기록했고 계속 늘어날 전망입니다. 러시아 기업들 중 거의 60%가 재원을 조달하는 데 있어 정부에 의존하고 있습니다. 러시아는 여전히 전환기에 놓여 있습니다. 17년 전까지만 해도 러시아는 여전히 공산주의 국가였습니다. 제가 보기에는, 기업들의 정부 의존도를 30%까지 낮추려면 적어도 10년에서 15년은 더 걸릴 것이라고 봅니다.

이 모든 상황에서 비롯될 결과는 긍정적일 수도 있습니다. 저는 러시아 정부가 대출부문 프로그램에는 그다지 의욕을 보이지 않을 것이라고 봅니다. 내년에는 정부가 정책 변화를 통해 천연자원과 생산 공정 분담 부문에 대한 외자 유치를 허용하는 법안을 내놓을 것이라고 생각합니다. 현재 태평양 지역의 상황을 비추어 봤을 때, 이런 상황은 굉장히 긍정적인 부분일 것입니다.

러시아는 광물 자원을 포함하여 시베리아 동부 지역에 여전히 활용이 되지 않고 있는 에너지 및 수력 자원 등 태평양 지역의 경제성장을 이룩하는 데 필요한 거의 모든 것을 갖추고 있습니다. 에너지 자원은 한국에 50~60기가와트 정도를 수출할 수 있을 정도의 양입니다. 러시아는 극동지역에 엄청난 수자원을 확보하고 있습니다. 현재로서는 중대한 사항이 아닐 수 있지만 향후 12~15년 내에는 사정이 다를 수도 있습니다. 식량 공급에 있어 러시아 극동지역이 담당할 역할은 아직 드러나지 않은 상태입니다. 러시아 극동지역은 그 잠재력이 엄청납니다.

저는 러시아가 금융개혁을 할 필요가 있다고 봅니다. 현재는 러시아 중앙은행이 신용대출시장을 독점하고 있습니다. 굉장히 척박한 금융 환경이기는 하지만 동시에 기업들에게 엄청난 자금을 지원함으로써 기업들은 비용을 절감할 수 있었고 구소련으로 물려받은 비효율적인 방식들을 구조조정할 수 있었습니다. 아직까지 국영기업들이 비용을 삭감하고 전략을 수정할 수 있을 만큼 충분한 자극이 되지는 않고 있지만 올해 말까지는 변화에 대한 더욱 강한 압박을 가할 수 있을 거라 생각합니다. 이미 올 여름 이와 관련된 작업들이 속속 진행되기 시작했기 때문입니다.

정부가 정책 변화를 통해 민간 투자자들과 민간 기업들이 더 많은 기능을 담당할 수 있도록 허용할 것으로 기대됩니다. 하지만 동시에 러시아에는 러시아 국민의 40% 이상에 달하는 비 러시아인구가 거의 국토 전역에 걸쳐 살고 있기 때문에 국가의 안정이 절대적으로 중요합니다. 중앙아시아의 안정이 러시아의 성장에 있어 굉장히 중요합니다. 국내의 안정화는 러시아에 있어 안전벨트와 다름없습니다. 러시아 정부가 앞으로 5년간 이 안정 상태를 유지하는 것이 관건이라 하겠습니다.

저는 원래 핵 물리학자였습니다. 저는 석유나 기타 화석 연료에 대한 의존도가 커지면 정세의 불안정을 초래할 것이라는 점을 잘 알고 있어야 한다고 생각합니다. 현재 유가는 굉장히 낮은 상태입니다. 많은 프로젝트가 진행될 것입니다. 우리가 여기서 얻어야 할 교훈은 아마도 좀 더 에너지 효율이 높은 제품이나 생산 공정을 개발해야 한다는 것입니다. 동시에 만일 우리가 향후 2년간 현 자세를 고수한다면, 분명히 에너지 공급에 문제가 생길 것이고 3~4년 내에도 역시 같은 상황에 부딪히게 될 것입니다.

우리는 원자력을 이용한 대체에너지를 개발해야 합니다. 저는 원자력 이외의 대체 에너지 개발은 가능성이 희박하다고 봅니다. 풍력, 태양력, 바이오 연료 등을 이용해 대규모로 대체에너지를 개발하기는 힘들기 때문입니다. 원자력 에너지 개발은 각국의 대대적인 협조가 필수적입니다. 작년을 되돌아보면, 많은 준비 과정들이 있었지만 새로운 프로젝트에 착수한 적은 한 번도 없습니다.

원자력 에너지는 태평양 지역 발전의 열쇠입니다. 현재 전체 에너지 생산의 40%를 원자력이 담당하고 있는 한국의 에너지 수급이 얼마나 안정되어 있는지 알 수 있습니다. 러시아와 일본, 한국이 함께 손을 잡을 수 있습니다. 이는 러시아뿐만 아니라 태평양 지역경제에 있어서도 절호의 기회입니다.

대형 원자로를 만들기 위해서는 우선 관련 기반시설이 갖추어져야 합니다. 우리가 이 목표를 성취하기 위해서 꼭 거쳐야 할 중간 단계가 여전히 놓여 있습니다. 러시아는 현재 고품질의 원자로 제품을 만들어 내고 있고 소형 원자로 건설에 진전을 이루고 있습니다. 이는 태평양 지역경제에 큰 혜택을 가져다 줄 수 있습니다. 이러한 원자로를 7년 안에 개발해 낼 수 있는 기회가 주어졌습니다.

러시아는 또한 해외 투자자들을 위하여 문을 활짝 열어 놓을 것입니다. 특히 시베리아 동부와 러시아의 극동지역이 개방 대상이 될 것입니다. 저는 러시아가 석유나 가스에 의존하지 않고 원자력 에너지 개발을 통해 에너지 문제를 해결할 수 있는 기반을 제공할 수 있을 것이라고 생각합니다. 또한, 앞으로의 2년 동안 러시아 경제와 노동시장은 시련을 겪을 것이라고 생각합니다.

▌사회자

이번 회의 참가자 여러분들과 일전에 함께 모인 자리에서 질의응답시간을 충분히 갖자고 약속을 했는데 사회자로서 회의 진행에 미숙함이 있어서 주어진 시간을 모두 다 소진해버렸습니다. 이에 대해 진심으로 사과드립니다. 이번 회의를 통해 생각을 넓히는 기회를 가졌습니다. 모든 참가자 분들로부터 많은 것을 배웠고, 이에 대해 깊은 감사 말씀을 드립니다.

제6부

세계 금융위기 이후 자동차산업: 현실 평가와 전망

- 경영구조 진화 경로의 탐색:
  한국 자동차산업의 사례를 중심으로 _김기찬·김성철

- 금융위기 시대 일본 자동차산업의 현재와 미래
  _KAMIYAMA Kunio

경영구조 진화 경로의 탐색:
한국 자동차산업의 사례를 중심으로

김기찬·김성철
고려대학교 교수

머리말

자동차산업은 세계 금융위기로 인해 큰 타격을 받은 산업 중 하나다. 실례로 미국 디트로이트 소재 거대 자동차 회사 세 곳 중 두 곳이 법정에서 파산절차를 밟고 있고, 2005년 호황기 때 거의 1,700만 대에 육박하던 신차 판매량도 지금은 1,000만 대에도 못 미치고 있다(The NewYorkTimes 2009). 세계 제일의 자동차회사 도요타자동차도 지난 해 50억 달러에 달하는 손실을 보았고 올해에도 좋아질 기미를 보이고 있지 않다. 한국의 현대자동차는 원화 약세와 소형차 생산 라인 집중 전략에 힘입어 세계적인 침체에도 불구하고 선전했다. 미 GM사의 자회사인 한국의 GM 대우는 큰 손실을 보면서 유동성 위기에 직면해 있고, 부채 위기에 몰린 또 다른 자동차 업체인 쌍용자동차(중국 상하이 자동차사에 인수)는 2009년 2월, 법정관리절차에 들어갔다. 따라서 자동차업계는 진화를 모색하고 변화된 환경에 적응할 필요가 있다. 생존과 영속성을 확보하기 위해 자동차 회사들은 지속적인 성장 잠재력을 키우는 방향으로 자기 개혁을 해야 하며 비즈니스 구조를 다시 개발해야 한다.

이 연구의 목적은 한국 자동차 회사들의 비즈니스 구조의 진화방향을 탐색하기 위해 '이중 나선 모형(double helix model)'을 확대-적용시키는 데 있다. 연구의 구조는 다음과 같다. 2절에서는 비즈니스 구조와 비즈니스 진화(business evolution)에 대한 이론적 배경을 살펴본다. 3절에서는 한국 자동차업계의 진화 방향에 대해 실증적으로 고찰해보고, 4절에서는 결론과 함의를 제시한다.

이론적 배경

▌비즈니스 구조

구조(architecture)란 설계(design)의 밑바탕이 되는 생각을 뜻하며(Ulrich 1995; Fujimoto 2001), 아키텍트(architect)에 의해 만들어진다. 비즈니스 구조는 비즈니스 아키텍트들이 비즈니스의 기본적 틀을 구상하는 과정에서 나오는 결과물이다. 실제 경영현장을 총지휘하는 아키텍트들은 '제품 구조(product architect)'와 관련해서는 생산 계획이나 R&D 영역을 담당하고, '생산 구조(production architect)'에 관해서는 기술 혹은 직접 생산 영역, '공급 사슬 구조(supply chain architecture)'에 관해서는 구매 영역을 담당한다. 이에 따라 우리는 비즈니스 구조를 '제품·생산·공급 사슬 구조' 이렇게 세 가지 부분으로 나눠서 생각해 볼 수 있다(Fine 1998; Takeishi and Fujimoto 2001). 비즈니스 구조를 설계하고 가공하는 데 있어서 이 세 가지 요소는 상호 독립적이지 않으며, 유기적으로 연결되어 있다. 덧붙여 파인(Fine 1998)은 제품, 생산, 공급 사슬의 3차원이 동시에 설계되어야 실행가능성이 높은 전략을 수립할 수 있다는 점에서 '3차원 동시 공학 모형'을 제시했다.

울리히(1995)는 제품 구조를 제품의 기능이 제품의 물리적 요소에 따라 배치된 것을 나타내는 개념으로 정의하며, 후지모토(2001)는 울리히의 개념을 써, 결합하는 과정에서 구조(부품)와 기능이 서로 주고받는 영향의 정도에 따라 제품 구조를 다시 '통합 구조(integral architecture)', '모듈 구조(modular architecture)'로 구분하였다. 진화 과정에서 제품 구조는 통합적 구조로, 혹은 그 반대의 방향으로 변화한다(Boldwin & Clark 1997). 파인은 제품 구조를 제품의 기능이 물리적인 성분에 따라 할당되는 틀(framework)로 정의하고 통합적 구조와 모듈화 구조로 구분하였다. 통합 구조는 부품 하나가 여러 기능을 하며 다른 부품과 밀접하게 연관되어 있을 뿐 아니라 이들이 거의 동시에 기능하는 것을 뜻한다. 모듈 구조는 한 부품이 다른 부품과 서로 교체가능하며 부품 하나만을 업그레이드할 수 있으며 인터페이스의 표준화를 요한다. 모듈화된 시스템에서는 시스템 전체의 실패가 각각의 요소에 영향을 주지 않는다. 제품 구조가 더 모듈화되어 있다는 것은 개방되고 모듈화된 구조가 더 많다는 것이고 각 부품의 공유도가 더 높다는 것을 뜻한다.

시간과 공간 두 가지 요소로 구분되는 생산 구조는 제품 구조에서 정의된 생산품을 생산하는 것과 관련되어 있다. 통합적 생산 구조는 시간과 공간을 통합하고 짧은 시간 안에 단일한 통합적 생산 공간을 만들어내는 것을 목표로 설계·가공된다. 모듈화된 생산 구조에서는 시간이 고도로 통합되어 있을 때, 공간의 분산은 생산과 조립의 효율성을 향상시킨다. 이처럼 모듈화된 생산 구조에서는 단순히 부품을 조립하여 큰 덩어리로 만드는 외주조립방식(Outsourcing)에서 벗어나 서브 시스템(sub system)에 의해 개발된 모듈을 완성차 업체의 생산과정에 얼마나 효율적으로 통합시킬 수 있는가가 중요한 문제로 대두된다(Kim & Kim 2005).

아웃소싱은 공급 사슬과 불가분의 관계를 갖기 마련인데, 이에 대한 의사 결정은 부품을 자체적으로 생산하는 쪽이 나은가 아니면 그렇게 푼돈을 아끼기보다 외부에서 부품을 조달하는 쪽이 나은가의 문제를 거듭 고민한 끝에 내릴 수밖에 없다. 비록 이 문제는 간과되기도 하지만 아웃 소싱은 필연적으로 지적 자산(knowledge assets)과 공급 능력(supply abilities)까지도 모두 외부로부터 끌어오게 된다. 만약 공급 사슬을 통해 공급 능력과 지적 자산이 아웃 소싱되면 기업의 능력과 이익 간의 균형은 붕괴할 것이다. 공급 사슬을 설계할 때 단순이 회계적인 비용뿐 아니라 생산-제품 구조를 어느 방향으로 추구할 것인가 반드시 고려해야 하는 이유가 바로 여기에 있다.

▌이중 나선 모형

파인(Fine 1998)은 기업의 진화와 퇴화를 생물종들이 진화하고 퇴화하는 유전학적인 현상에 빗대어 설명하였다. 파인이 사용한 용어 "이중 나선"은 기업이 어떻게 진화하는가를 보여준다. 이 이중 나선이라는 용어는 DNA분자의 구조와 DNA복제의 메커니즘을 규명하기 위해서 제임스 왓슨(James Watson)과 프랜시스 크릭(Francis Crick)에 의해 최초로 사용되었다. 파인에 따르면 기업도 이중 나선과 비슷하게 진화한다고 한다.

통합적인 산업(vertically integrated industries)을 구성하는 거대 기업들이 쇠퇴함에 따라 수평적으로 연결된 산업(horizontal & non-integrated industries)을 구성하는 작고 혁신적인 여러 개의 기업들이 틈새시장을 파고들어 득세하고 다시 그 반대의 흐름이 나타나면서 결국 무한한 이중 루프를 만드는 것이다. 생물과 유사하게 이중 나선을 따라 진화가 일어난다고 주장하였다. 제품과 공급 사슬에 관한 의사 결정은 수직 통합적인 산업구조에서 수평적이고 모듈화된 산업구조로 이동해왔다. 20세기 중반 헨리 포드(Henry Ford)와 알프레드 슬로언(Alfred Sloan)은 수평적으로 분산되어 있던 자동차업계를 포드(Ford)사와 GM사와 같은 소수의 거대 기업 위주로 재편하였다. 그러나 최근 포드나 GM이 자기 산하에 있는 사업 부문들을 매각하는 것을 볼 때 자동차업계는 이중 나선 모형을 따라서 다시 수평적이고 모듈화된 산업구조로 되돌아가는 듯 보인다(Fine 2002). 이와 같이 산업의 구조가 수직적이고 제품 구조가 통합적이면 수평적이고 모듈화된 산업구조로 통합을 해체하는 방향으로 압력을 받게 될 것이고, 반대로 산업구조가 수평적일 때는 수직 통합적 산업구조와 통합적인 제품 구조로 변화하려는 압력을 받을 것이다.

▌조직 능력(organizational capability)과 동적 능력(dynamic capability)

하나의 조직으로서의 기업은 외적인 환경에 적응하고 내적인 역량을 진화시킴으로써 생존하고 발전할 수 있다. 이러한 관점에서 기업은 '진화' 와 '성장' 에 있어서 두 가지 도전에 직면한다.

하나는 생태적인 과제(ecological task)로서 주변 환경에 성공적으로 적응하기 위해 기업이 변화할 것을 요구한다. 환언하면 환경이 변할 때 기업들 역시 따라서 변해야 한다는 말이다. 동적 능력이란 기업이 기업 내·외적인 역량을 결합하는 능력, 그리고 급변하는 환경에 맞춰 변화할 수 있는 능력을 뜻한다(Teece, Pisano and Shuen 1997; Eisenhardt and Martin 2000). 동적 경쟁 능력을 키우기 위해서는 기업들은 지속적으로 시장과 외부 환경을 주시(注視)하여야 하며, 이렇게 함으로써 싸우지 않고도 이기는 가장 이상적인 형태의 승리를 거둘 수 있다. 소위 포터(Michael Porter)의 전략적 포지셔닝(strategic positioning)이나 김위찬·르네 마보안(Rene Mauborgne)이 창안한 '블루 오션' 전략 등이 이 부류에 속한다. 또 다른 과제는 유전적인 과제(genetical task)로서 기업은 자체적인 능력으로 기업의 DNA를 진화시킬 수 있어야 한다. 자체적인 능력에는 학습을 통한 노하우(know-how)와 같은 보이지 않는 자산(intangible assets)이 해당한다. 이러한 능력 없이는 아무리 기업이 외부의 지원을 받는다 해도 절멸(絶滅)을 피할 수 없다. 이와 같은 기업의 능력을 조직 능력이라 부른다. 다시 말하자면 똑같은 하드웨어 자원을 가지고 있는 기업들 사이에서 발생하는 차별적인 경쟁력이라 할 수 있겠다. 이러한 내적 조직 능력은 베른펠트(Wernfelt 1984)가 발전시킨 자원 준거 관점(Resource Based View)에 기초하고 있으며, 이는 또다시 펜로즈(Penrose 1959)의 기업성장이론(Enterprise growth theory)과 프라할라드와 하멜(Prahalad and Hamel 1990)의 핵심 역량(core competence), 노나카(Nonaka 1994)의 암묵지(暗默知, Tacit Knowledge), 그리고 바니(Barney 1991)의 가치, 희귀성, 모방 불가능, 대용 불가능의 VRIN(Valuable, Rare, Imperfect imitability, and Not [imperfect] substitutability) 등의 영향을 받았다.

▌비즈니스 구조의 진화 방향

자동차 회사들의 진화 방향을 이해하기 위해서는 비즈니스 구조, 동적 능력, 조직 능력 이 세 가지 개념을 결부시켜 이중 나선 모형에 적용해야 하며 〈그림 1〉에서와 같이 하나의 다이어그램으로 나타내야 한다.

비즈니스 구조는 비즈니스 아키텍트들에 의해 계획된 것이고, 비즈니스 아키텍트들은 반드시 두 가지 핵심 능력인 동적 능력과 조직 능력을 충분히 고려해야 한다. 비즈니스 구조는 통합 구조와 모듈화 구조의 사이클을 따라서 진화를 계속해 나간다. 달리 말하면 회사가 진화한다는 것은 생산 구조, 생산물 구조, 공급 구조가 진화한다는 것이고 이 과정이 통합과 분산의 사이클을 계속 오고 간다는 것과 같다. 통합 단계(그림에서 2사분면과 3사분면)에서는 제품 개발 위주(product-orientation)이든 시장 개발 위주(market-orientation)이든[우리집1] 조직 능력이 강조된다. 반면 분산 단계(1사분면과 4사분면)에서는 역시 생산 지향적이든 시장 지향적이든 상관없이 동적 능력이 강조된

〈그림 1〉 비즈니스 구조 진화 경로의 확장된 이중 나선(double helix) 모델

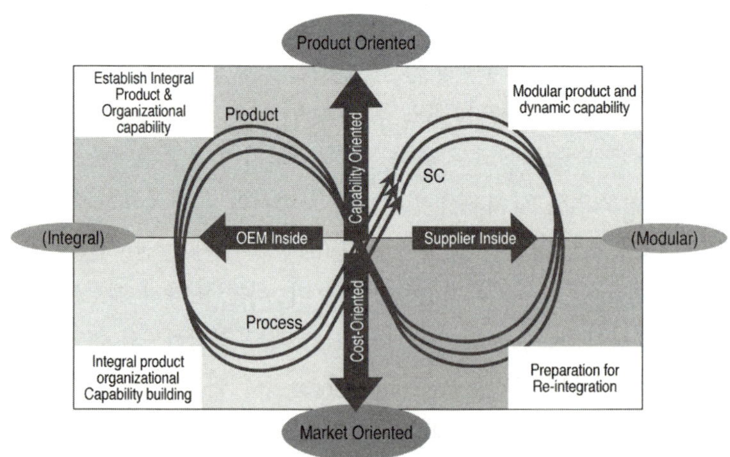

Source: Kim, Ki-Chan(2005), Dynamic Path of 3-D Business Architecture and Its Performance, MIT, IMVP, Researcher Meeting, June 1-3

다. 〈그림 1〉은 비즈니스 구조의 진화 과정에 관한 확장된 이중 나선 모형 (extended double helix model)을 보여준다.

한국 자동차업계의 진화 과정에 대한 실증적 분석

여기서는 〈그림 1〉의 모형을 활용하여 한국의 자동차 생산 회사(주로 x축)와 부품 회사(주로 y축)들의 비즈니스 구조 진화 경로를 분석해 보았다.

▍조작적 정의(Operational definition)

Y축을 정의하기 위해 우리는 아오키와 하루히코(Aoki and Haruhiko 2002), 그리고 다케이시와 후지모토(Takeishi and Fujimoto 2001)가 자동차업계의 모듈화 방법을 세 가지로 제시—제품 개발의 모듈화(제품 구조의 모듈화), 생산의 모듈화(공정의 모듈화), 그리고 기업 간 시스템의 모듈화(조직의 모듈화 혹은 부품 조달과 조립의 모듈화)—한 실증적 연구에서 사용한 준거 틀을 받아들이기로 한다.

X축을 정의하기 위해서는 통합의 방향으로 나아가려는 힘과 분산의 방향으로 나아가려는 힘을 구분할 수 있어야 한다. 생산 구조에서 우리는 울리히의 연구(1995)를 참고하기로 한다. 제품 구조와 부품 공급 사슬 구조가 수직 통합적 구조로 움직이는 경향에 대해서는 파인의 논의(1998)를 참고하기로 한다.

▍조사 표본

Y축에 관한 데이터들을 한국 회사 127개, 일본 153개를 각각 2002년과 2000년도에 조사한 것이다. 이후 한국 회사 201개, 일본 회사 149개를 2004년에 한 차례 더 조사하였다. X축에 관한 데이터는 자동차 회사의 제품

개발과 생산 분야의 엔지니어들을 상대로 직접 인터뷰한 것들이다.

▎결과

데이터 분석 결과 한국 자동차업계의 제품 구조, 생산 구조, 공급 사슬 구조를 추적할 수 있었다. 결과는 〈그림 2〉, 〈그림 3〉, 〈그림 4〉에 나타나 있다.

한국 자동차산업은 주로 현대자동차사를 중심으로 진화해 왔다. 1968년 현대자동차는 포드사와 조립 생산 제휴 협정을 맺고 포드사로부터 조립, 사후관리(A/S), 재료에 관한 매뉴얼을 넘겨받아 코티나(Cortina)의 양산에 착수했다. 포드사는 현대차에 부품과 기술을 제공했고 현대차는 단지 OEM 방식으로 부품 조립만을 담당했다. 비즈니스 구조의 진화 방향을 나타내는 확장된 이중 나선 모형에 비추어 볼 때 현대자동차는 제4분면에서 출발했음을 알 수 있다. 포드 코티나의 조립 기술을 이전받은 현대차는 엔진, 트랜스미션, 리어 액슬(rear axle) 관련 기술을 미쯔비시 자동차와의 기술 협력을 통해 이전받고 이탈리아 출신 디자이너에 차체 제작을 맡김으로써 마침내 1974년 최초의 독자 모델인 포니를 양산하는 데 성공했다. 코티나의 경우 포드사가 사실상 생산의 모든 과정을 장악하고 현대차는 오로지 조립에만 관여했다면, 포니의 경우 외국 회사로부터 기술을 지원받고 어떤 부품을 쓸지, 또 어떤 회사와 손을 잡을지를 더 독립적으로 선택할 수 있는 모듈화 생산 모형(Modular Production Model)을 창출했다. 이후 현대차는 1988년 한국 최초로 자동변속 장치를 개발했고 1991년에는 알파 엔진을 개발, 그리고 1995년에는 디자인 연구센터를 세웠고 2000년도에는 산타페를 개발했다. 2003년에는 현대-기아차 연구센터를 세웠고 2005년에는 NF소나타를 개발함으로써 현대차는 제2사분면으로 진입하게 되었다.

〈그림 2〉는 한국과 일본 자동차 회사의 제품 구조가 어느 방향으로 진화하는가를 보여주는데 둘 다 통합 구조의 방향으로 움직이고 있음을 알 수 있다. 한국 자동차 회사들은 조직 능력과 생산 지향성이 강조되는 통합의

단계(제2사분면)에 있다. 이러한 형태의 진화양상은 한국과 일본 자동차 회사들의 품질 향상을 이끄는 주요 동인(動因)이다.

〈그림 3〉은 생산 구조를 보여주는데, 한국은 4사분면을 향해서 움직이는 반면 일본은 3사분면을 향해서 움직이고 있다. 이는 한국 자동차산업의 생

〈그림 2〉 제품 구조의 진화 경로

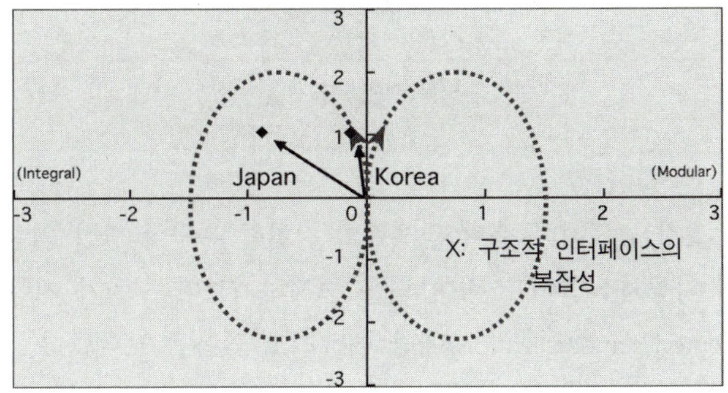

〈그림 3〉 생산 구조의 진화 경로

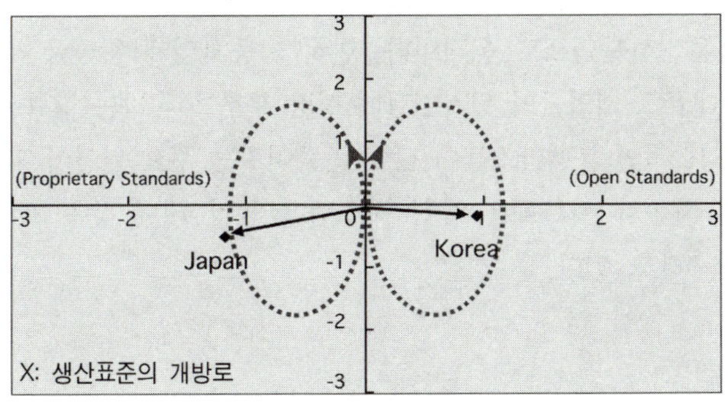

생산 시스템 표준

<**그림 4> 공급사슬구조의 진화 경로**

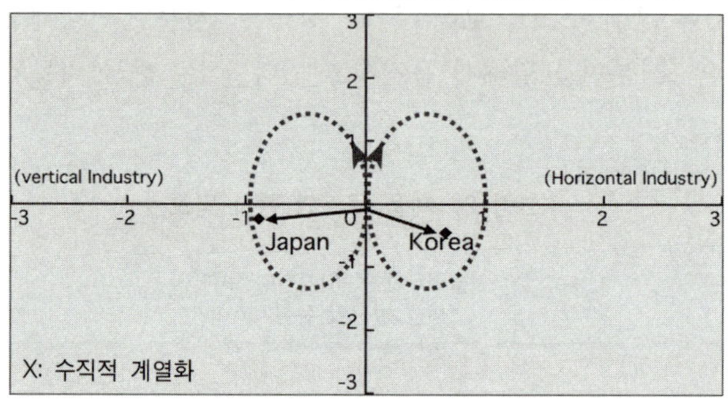

비용 견인 공급사슬

산 구조가 조직 능력이나 품질 경쟁력의 강화를 추구할 만한 역량을 갖추지 못해, 한국 자동차산업이 조직 능력을 중시하기보다는 원가 지향적인 표준화(cost-oriented standardization)에만 매달리고 있음을 보여준다. 이는, 한국 자동차업계가 아직 저생산성(低生産性)이나 생산 전문성에 대해(production expertise) 고민하지 않고 있다는 것을 의미한다. 대조적으로 일본 자동차업계의 생산 구조는 이미 보유한 회사 나름의 생산 시스템과 생산 전문성을 통한 비용절감으로 효율성을 높이고 있음을 알 수 있다.

〈그림 4〉는 공급 사슬 구조를 보여주는데, 한국은 4사분면으로 움직이는 반면 일본은 3사분면으로 움직인다. 한국 자동차업계의 공급 사슬 구조는 모듈화된 대규모 기업들의 원가절감에 상당 부분 의존하는 경향을 보여주는데, 이는 기술적인 블랙박스들이 많이 만들어지는 주요 원인이 되기도 한다. 반면 일본 자동차 회사들은 하위 시스템을 공장 내에 갖춘 회사 내 통합 구조를 구축하고 있다.

결론과 함의

지금까지 확장된 이중 나선 모형을 통해 한국 자동차 업체들의 진화 경로를 추적해 보았다. 그 결과 차세대 비즈니스 구조에 대한 아래의 몇 가지 함의를 얻을 수 있었다.

첫째, 한국 기업의 경우 제품 구조가 수직적이며 고부가가치 구조를 지향하려는 경향이 있음을 알 수 있었다. 한국 자동차 업체들은 더 이상 자동차를 단순히 부품들의 조립체로 볼 것이 아니라 부품들과 부품 구조와 기능의 통합을 가능케 하는 적합성이 증가된 인터페이스(interface)와의 상호작용의 산물로 보아야 한다. 내재적인 기술력과 디자인 기술력, 그리고 우수한 인적 자원의 총합이라 할 수 있는 품질은 기업의 생존을 가능케 하는 힘이 될 것이다.

둘째, 한국 자동차 업체들의 생산 구조는 생산과정의 모듈화와 표준화를 강조함을 알 수 있었다. 생산과정이 표준화되고 원가 지향적으로 바뀐 이후 한국은 중국과의 가격 경쟁에 돌입했다. 한국 부품 업체(주로 중소기업들)는 생산 기지를 중국으로 옮기고 있고 이 때문에 한국에서도 산업 공동화의 조짐이 포착되고 있다. 따라서 한국 자동차 업체들도 동적 능력에 기반한 생산 기술력을 강조하는 일본 기업들의 생산 구조를 벤치 마크해야 할 것이다.

셋째, 공급 사슬 구조의 경우 한국 업체들은 완성차 제조업체와 부품업체들이 함께 생산 능력을 향상시키기보다는 가격 경쟁력 유지를 위한 원가 절감형의 공급 사슬을 유지하기에 급급한 것으로 나타났다. 한국의 완성차 제조업체와 부품 제조사는 원가 절감에 있어서 협력적 관계에 있다기보다는 단절된 관계에 있다. 한국 중소 부품 생산 업체들은 낮은 생산성에 허덕이고 있고 완성차 제조업체는 핵심 부품이 제때 조달되지 못할 위험을 감수해야만 했다. 한국 부품 업체들은 원가 절감을 위해 생산 기지를 이전할 것이 아니라 동적 능력을 향상시키기 위한 전략적 행동을 해야 하며, 이를 통해 가격 경쟁력 확보 이전에 생산 능력과 기술력을 향상시킬 수 있을 것이다.

만약 한국의 생산 및 공급 사슬 구조가 4사분면에 머물러 있다면 한국

업체들은 가격 경쟁력과 모듈화된 제품을 무기로 하여 한동안 틈새시장을 지킬 수 있을 것이나, 이 단계에 오래 머무르기는 어려울 것으로 보인다. 덧붙여 마켓 커버리지(market coverage)의 한계 때문에 한국 업체들은 글로벌화를 추진하는 과정에서 새로운 시장에 침투하는 데 많은 장애물에 부딪힐 것이며, 한국의 낮은 진입 장벽은 개도국 자동차 업체들에게 매력적으로 다가올 것이다. 따라서 더욱 통합되고, 기술적으로 우월하며, 위계적인 공급 사슬의 도움을 받을 수 있는 제2사분면으로 이동하는 것이 중요하다.

참고문헌

Aoki, Masahiko, Anto Haruhiko, eds. 2002. *Modularization: Nature of New Industry Architecture.* Toukyo Kejai Sinmusha (Japanese).

Baldwin, Carliss Y., and Kim B. Clark. 1997. "Managing in an Age of Modularity." *Harvard Business Review,* September-October.

Barney, J. B. 1991. "Firm resources and sustained competitive advantage." *Journal of Management,* 17, 99-120.

Business Week. 2009. "GM's Korea Problem." July 6.

Eisenhardt, K. M., and J. A. Martin. 2000. "Dynamic capabilities: What are they?" *Strategic Management Journal,* 21, 1105-1121.

Fine, Charles. 1998. "Clockspeed-Winning Industry Control In the Age of Temporary Advantage." Perseus Books.

Fujimoto, Takahiro. 2001. "Japanese Style Supplier and Modularization: Nature of New Industry Architecture." Tokyo Kejai Sinmusha (Japanese).

______. 2002. "Architectures and Capabilities in European, American, and Japanese Automobile Firms." University of Tokyo, GERPISA 2002/6, Paris.

Kim, Ki Chan, Hi Sook Kim. 2005. "Comparative Study on the Evolution Vector of Business Architecture between Korea and Japan." The Korean association of small business studies, September.

Kim, Ki-Chan. 2005. "Dynamic Path of 3-D Business Architecture and Its Performance," MIT, IMVP, Researcher Meeting, June 1-3.

Kim, W. Chan, Renee Mauborgne. 2005. "Reconstruct Market Boundaries." *Blue Ocean Strategy,* pp.47-80.

New York Times. 2009. "Our Biggest Challenge Is to Reinvent the Automobile." July 10.

Nonaka, Kujiro. 1994. "A Dynamic Theory of Organizational Knowledge Creation." *Organization Science,* 5: 14-37.

Penrose, E. 1959. *The Theory of the Growth of the Firm.* Basil Blackwell, London.

Porter, E. Michael. 1986. "Competition in global Industries: A Conceptual Framework." In *Competition in Global Industries.* Edited by M.E. Porter.

Boston: Harvard Business School Press.

Prahalad, C. K., and G. Hamel. 1990. "The core competence of the corporation." *Harvard Business Review,* 68(3), pp.79-91.

Takeishi, Akira, Takahiro Fujimoto. 2001. "Modularization in the automobile industry: interlinked multiple hierarchies of product, production and supplier systems." *International Journal of Technology Management,* 2001.4.

Teece, D. J., G. Pisano, and A. Shuen. 1997. "Dynamic capabilities and strategic management." *Strategic Management Journal,* 18, 509-533.

Ulrich, Karl T. 1995. "The Role of Product Architecture in the Manufacturing Firm." *Research Policy,* 24, pp.419-440.

Wernerfelt, B. 1984. "A resource-based view of the firm." *Strategic Management Journal,* 5(2). 171-180.

금융위기 시대 일본 자동차산업의
현재와 미래

KAMIYAMA Kunio

일본 조사이대학(城西大学) 교수

일본 자동차산업의 현재

2008년 미국에서 촉발된 세계 금융위기로 인해 실물 경제는 예상보다 빨리 악화되고 있다. 일본 자동차산업도 예외가 아니어서, 수출과 국내 생산이 크게 줄어들었다. 일본 자동차산업은 금융위기 전만 해도 세계적인 경기 팽창에 따른 수출과 해외 생산의 증가로 좋은 실적을 유지한 반면, 내수 시장에서는 1990년 이후 장기적인 경기침체로 인해 고전을 면치 못했다. 그러나 이러한 상황은 지난해부터 급변하기 시작했다.

수출 지향적 구조의 붕괴

일본의 자동차 수출 대수는 올해 5월 기준으로 44만 5,966대로 지난해

같은 달 116만 61대에 비해 급격한 감소세를 보였다. 특히 대미 수출만 보면 94만 7,084대에서 31만 6,074대로 감소하였다. 6월 이후에는 재고 정리의 여파로 수출이 증가할 것으로는 예상된다. 하지만 한동안 축소 균형(reduction equilibrium)의 국면을 벗어나기는 어려울 것으로 보인다. 요약하자면, 내수 시장의 침체 속에서 팽창하는 해외 시장 확보에 주력하던 일본 자동차업계의 수출 지향적인 구조가 점차 붕괴하고 있는 것이다.

내수 부진의 가속화

일본 국내 자동차 판매 대수는 1990년 780만 2,882대로 정점에 달했다. 하지만 이후 내수 판매는 지속적으로 감소, 1998년 이후로는 해마다 600만 대를 밑도는 실정이다. 더욱이 이번 금융위기를 겪으며 이는 더욱 떨어졌다. 2006년에는 561만 8,545대, 2007년에는 531만 9,620대, 2008년에는 466만 9,800대의 판매고를 기록했다. 2009년에는 이 수치가 더욱 떨어질 것으로 보인다.

세계화 전략의 불가피한 수정

앞서 밝혔듯 최근 일본 자동차산업은 내수 침체에도 불구하고 해외 생산의 증가로 번영을 구가할 수 있었다. 일본 자동차 업체들이 해외에서 생산한 자동차는 1985년 고작 89만 1,142대에 지나지 않았지만, 2000년도에는 628만 8,192대, 2008년에는 1,185만 9,761대까지 이르렀다. 그러나 금융위기의 여파로 2009년에는 1,165만 1,428대로 줄어들었다. 이는 유럽과 미국에서 생산이 감소한 데 따른 것이다. 단 개발도상국들, 특히 아시아지역에서의 생산은 어느 정도 증가했다.

전망

　미래의 자동차산업은 말할 것도 없이 차세대 자동차 개발을 놓고 치열한 경쟁을 벌일 것이다. 덧붙여 중국, 인도와 같은 개발도상국 시장을 선점하기 위한 경쟁 역시 자동차산업의 미래를 결정하는 중요한 요소가 될 것이다. 이러한 상황 속에서 도요타, 혼다 등 일본 자동차 회사들의 고민거리가 무엇인지를 분석해야할 것이다.

제7부

지속가능 경영의 새로운 트렌드

- 사회자　　　　　_조동성

- 발표자

　　　　　_Jordan SIEGEL
　　　　　_나도선
　　　　　_박원순
　　　　　_이근관
　　　　　_강효상

지속가능 경영의 새로운 트렌드

사회자: **조동성** (서울대학교 교수)

발표자:
1) "기업의 지속가능성"
   - Jordan SIEGEL (하버드 경영대학원 교수)
2) "공공기관의 지속가능성"
   - **나도선** (울산대학교 교수)
3) "비정부기구(NGO)의 지속가능성"
   - **박원순** (희망제작소 상임이사)
4) "대학의 지속가능성"
   - **이근관** (서울대학교 교수, 기획부 실장)
5) "언론의 지속가능성"
   - **강효상** (조선일보 경영기획실장)

▌사회자

하버드대학교 경영대학원의 조단 시겔 교수님을 모시게 되어 영광입니다. 하버드대학교 교수들 중에서 시겔 교수님은 아마도 가장 친한파가 아닐까 싶습니다. 교수님은 한국에 대한 많은 중요한 논문들을 쓰셨을 뿐만 아니라 그 밖에도 여러 이유가 있습니다. 그럼, 시겔 교수님을 환영해 주십시오.

▌조단 시겔(Jordan SIEGEL)

저를 초청해주서서 감사합니다. 조 교수님께서 말씀하신 것처럼 저는 개인적으로 한국과 깊은 인연을 맺고 있습니다. 제 아내가 포항 사람입니다. 물론 처음 만난 것은 멕시코에서였지만요.

어쨌든, 오늘 제가 발표할 주제는 영리법인, 즉 기업의 지속가능 경영에 대한 것입니다. 그중에서도 제가 오늘 특히 집중하고자 하는 주제는 "친환경적이려면 돈이 드는가?"라는 질문입니다. 지속가능 경영, 특히 환경경영(environmental management)은 기업들의 지속가능한 비교우위(sustainable competitive advantage)를 보장해줄 수 있을까요?

대부분의 증거들은 긍정적인 대답을 하고 있습니다. 특히 세상의 정적인 측면이 아닌 역동적인 측면을 고려하고, 또한 정부가 친환경적인 게임의 규칙을 제정한다고 생각해 보십시오. 하지만 긍정적이라고 단호하게 예측할 수 없는 정황도 있습니다. 그렇다면 우리는 긍정적인 대답이 어떤 핵심 주장들을 내포하고 있는가에 대해 살펴볼 필요가 있습니다.

우선, 환경에 대한 투자가 선점자(first-mover)의 혁신에 대한 이익으로 이어져 기업의 비용은 지속적으로 절감되고 그 기업의 제품을 구매하려는 소비자의 의지는 지속적으로 증가한다는 주장입니다. 이것은 마이클 포터(Michael Porter)에 의해 처음으로 주창되어 전략, 전략경영, 그리고 환경경영의 분야에서도 받아들여진 아이디어입니다.

두 번째 주장은 우리가 현재 산업의 역사에서 전환기를 지나고 있고, 우리는 기업의 행동이 자연환경에 어떠한 영향을 끼치는지에 대해 고려해야 한다고 이야기합니다. 우리는 어떻게 하면 적은 자원으로 더 많이 생산할 수 있을까를 고민해야 한다는 것입니다. 환경경영은 이 아이디어와 완벽하게 일치합니다.

세 번째 핵심 주장은 친환경적 상품과 서비스에 대해 비용을 지불하려고 하는 소비자들이 점점 늘어나고 있다는 것입니다. 이것은 현재 진행 중인 연구들을 통해 증명되고 있습니다.

마지막 주장은 환경경영을 성공적으로 이끌 수 있는 기업의 능력이 지속가능한 비교우위라는 새로운 개념을 달성하는 데 중요한 일부분이라는 것입니다. 지속가능한 비교우위는 그 밖에도 지속적 개선(continuous improvement), 이해관계자 통합(stakeholder integration), 그리고 기업의 미래에 대한 공유된 비전을 포함합니다.

그렇다면, 이러한 주장들 뒤에는 어떤 가정들이 있을까요? 첫째는 오염의 감소는 생산성을 증대시킬 것이라는 가정이고, 둘째는 기업들이 현재보다 좀 더 친환경적 생산활동을 할 수 있다는 가능성에 완전히 눈뜨지 못한 채 기존의 생산방식에 몰두해 있다는 가정입니다.

환경보호는 점차 세계적인 추세가 되어가고 있으며, 여기에서 조금이라도 앞서 나가는 기업은 비용 절감과 동시에 소비자의 구매의사를 증대시키는 비교우위를 점할 수 있습니다.

마지막으로, 정부는 환경경영을 통해 지속가능 경영에 성공한 기업들의 사례를 널리 선전할 수 있을 것입니다.

이러한 주장에는 어떠한 가정이 있어야 할까요? 첫 번째는, 소비자들이 친환경적인 상품이나 서비스를 구매하려는 의사가 있어야 한다는 것입니다. 소비자들이 기업이 실제로 친환경적인지 안심할 수 있도록 신뢰할 만한 정보가 있어야 합니다. 또한 기업들의 친환경적 혁신 프로젝트가 다른 기업들에 의해서 손쉽게 모방되어서는 안 됩니다. 하버드 경영대학원의 제 동료 포레스트 라인하트(Forest Reinhardt)의 연구는 이것을 중요하게 다루고 있습니다.

스타키스트 튜나(Starkist Tuna)가 한 가지 사례인데요, 이 기업은 미국에서 처음으로 돌고래 보호 정책을 실시했습니다. 하지만 다른 기업들이 곧 모방하기 시작했고, 결국 스타키스트 튜나는 아무런 지속가능한 비교우위도 얻지 못했습니다. 반면, 미국 의류제조업체 파타고니아(Patagonia)는 탄소량이 최소화된 원단과 유기섬유를 사용해 의류 제품을 제조하기 시작하면서 마케팅에도 적극적으로 투자했습니다. 결국, 파타고니아는 지속가능한 우위를 점할 수 있었습니다. 최초로 친환경정책을 실시하고 그것을 마케팅과 결합한 결과 경쟁 기업들이 쉽게 모방할 수 없었던 것입니다.

정부 또한 이러한 전 세계적인 추세를 잘 파악하고 자국 기업들이 친환경 전략을 통해 지속가능한 비교우의를 점할 수 있도록 도와야 합니다. 우리는 정적인 생각을 깨고 좀 더 역동적인 사고를 가져야 합니다. 그렇지 않은 기업들은 "오염 피난처(pollution havens)"를 찾고 그곳에서 반환경적인 기술들을 이용해 생산활동을 지속하려고 할 것이기 때문입니다. 저는 심지어 오늘날에도 "오염 피난처"로 도피하려는 다국적 기업들을 종종 목격하고 있습니다.

긍정적인 방향으로의 변화가 이루어질 수 있는 방법에는 여러 가지가 있습니다. 토요타(Toyota)의 프리우스(Prius) 사례는 제가 하버드에서 수업시간에 사용했던 사례입니다. 제가 주목했던 점은 토요타가 하이브리드 자동차를 만드는 데 있어서 선점자였고, 10억 달러의 돈을 투자했다는 것입니다. 그 결과 경쟁사들은 토요타의 기술에 대해 라이센스를 지불하거나, 따라잡기 위해 뒤늦은 투자를 할 수밖에 없었습니다.

최근 연구에서 주목할 만한 다른 한 가지는 친환경 전략과 기업의 마케팅을 연동시키는 플래그십(flagship) 전략입니다. 이 전략은 기업의 모든 제품이 최고의 친환경 기술을 도입하고 있는가와는 별개로 모든 제품에 긍정적인 이익을 가져다 줄 수 있습니다. 프리우스가 다시 한 번 좋은 예입니다. 현재는 지엠(GM)이 시보레 볼트(Chevy Volt)를 통해 플래그십 전략을 추진하고 있습니다. 파타고니아 사례가 잘 보여줬듯이, 친환경성을 제품의 질과 연결하고, 기업의 전반적인 전략에서 환경을 중요한 요소로 포함시키는 것이 이 전략의 기본 아이디어입니다.

최근 연구에 의하면 상당히 많은 수의 소비자들이 자신들의 양심을 달래고 사회복지에 대한 관심을 드러내기 위해 상당한 프리미엄을 지불할 용의를 가지고 있다는 것을 알 수 있습니다. 한 조사 결과 미국의 소비자들은 국제노동기준을 준수하는 기업의 상품에 대해서는 10~20퍼센트의 프리미엄을 지불할 용의가 있는 것으로 드러났습니다. 제 생각에는 친환경 상품에 대해서도 마찬가지일 것입니다. 우리는 이 방향으로 나아가고 있습니다.

제가 최근에 연구한 또 한 가지 사례는 전력생산에 있어서 선구자의 역할을 해온 한 칠레 기업의 사례입니다. 사람들은 일 년 내내 과일을 원하고 칠레 농산품은 큰 시장을 갖고 있습니다. 하지만 사람들은 곧 칠레산 과일을 미국과 한국으로 운송하는 데 많은 양의 탄소가 배출된다는 사실을 알게 될 것입니다. 그래서 그 기업은 미래에 운송되는 과일에 대해서 탄소세가 붙을 것으로 예상하고 태양 에너지를 과일 운송에 사용하는 방법을 모색하기 시작했습니다. 결국 탄소세도 최소화하고 친환경의 프리미엄도 얻을 수 있는 것입니다.

지금까지 제가 이야기한 것은 기업들이 어떻게 친환경적 정책을 통해 지속가능한 비교우위를 점할 수 있는지에 대한 몇 가지 사례에 불과합니다.

▍사회자

시겔 교수님 감사합니다. 두 번째 발표자는 울산대학교의 나도선 교수님입니다. 나 교수님은 약학자이면서 한국과학문화재단 이사장이십니다. "공공기관의 지속가능성"에 대해 발표해 주시겠습니다.

▍나도선

한국 공공기관의 지속가능한 경영에 대한 제 생각을 여러분들과 나눌 수 있게 되어 영광입니다. 저의 오늘 발표는 한국과학문화재단이라는 준정부기관의 책임자로 3년간 일했던 경험에 기반하고 있습니다. 저는 공공기관이 지속가능성을 담지하기 위해 중요한 이슈와 도전에 대해 주로 이야기하려고 합니다. 그 후에 저는 여러분에게 제 아이디어를 설명드리고자 합니다. 저는 제 아이디어가 간단하고, 실행하기 쉬우면서도 준정부기관을 혁신할 수 있을 것이라고 생각합니다.

저는 왜 공공기관의 지속가능한 경영에 대해 관심을 가지게 되었을까요? 한국의 국내총생산(GDP)은 세계 14위이지만 국가경쟁력은 57개 국가 중 27위입니다. 이것은 2009년 발표된 2008년 자료입니다. 한국의 순위가 특히 낮은 분야는 정부효율성, 노동생산성, 그리고 공공재무관리 분야였습니다. 한국의 경쟁력을 끌어올리기 위해서는 공공기관이 지속가능 경영을 실천할 수 있어야 합니다. 그리고 지속가능하기 위해서는 효율적인 경영, 윤리적인 리더십, 그리고 사회적 책임에 대한 자각이 요구됩니다.

사회적 기업(social enterprise)들과 재계는 이미 지속가능한 경영을 실행에 옮기고 있습니다. 그러나 공공기관들은 정부가 존재하는 한 망하지 않을 것이라는 생각 때문에 지속가능한 경영이라는 개념에 별로 관심이 없어 보입니다. 최근 들어 비영리단체(NPO)들과 사회적 기업들이 공공기관들이 독점했던 영역으로 진출하기 시작하면서 공공기관들의 경영환경이 변화하고 있습니다.

준정부기관들의 예산은 한국 정부의 예산보다도 더 많습니다. 사실 공공기관에 대한 다양한 정의방식 때문에 정확한 공공기관의 숫자는 알기 어렵습니다. 하지만 공공기관의 숫자는 점점 늘어나고 있습니다.

공공기관을 감시하기 위해서 한국 정부는 2004년 공공기관 경영평가 프로그램을 도입했습니다. 이 프로그램에 의해 평가를 받은 공공기관의 수는 매년 약간의 차이가 있습니다만, 2009년의 경우 297개의 기관이 평가를 받았습니다. 2004년 이 프로그램의 도입 이후 철도공사와 공항공사 같은 대형 공공기관의 서비스는 눈에 띄게 개선되었습니다. 하지만 중소규모의 기관들은 아직 많은 개선이 필요한 실정입니다. 위의 297개의 기관 중에는 공사와 준정부기관들도 포함되었습니다.

저는 인적 자원, 효율적 경영, 지속가능한 경영의 개척이라는 세 분야에서 공공기관의 지속가능 경영에 대한 도전이 있을 수 있다고 생각합니다.

인적 자원 분야 중 첫 번째 이슈는 CEO에 관련된 것입니다. 인적 자원이 지속가능한 경영에서 가장 중요한 요소임은 말할 필요도 없습니다. 그러나 CEO들과 이사들의 선정은 종종 정치적 고려에 의해 결정되곤 합니다. 임기는 매우 짧고 연임하게 되는 경우는 거의 없습니다. 지난 50년 동안 24개 주요 공공기관을 이끌었던 301명의 CEO들을 조사해본 결과 대부분이 전직 정부관료, 군인, 그리고 정치인이었습니다. 4.7퍼센트만이 내부 승진에 의해 발탁되었습니다.

인적 자원 이슈에서 다음으로 중요한 것은 노동자입니다. 인적 자원을 개혁하는 것이 어려운 이유는 해고가 쉽지 않고 채찍이나 당근을 제시할 방법이 없기 때문입니다. 새로운 인물들을 채용하는 것은 쉽지 않습니다. 노동조합 또한 큰 이슈입니다. 노조 위원장과 간부들의 봉급은 기업으로부터 지급됩니다. 13년 전인 1996년, 국회는 기업이 일하지 않는 노조 간부들에게 봉급을 지급하지 못하도록 하는 법을 통과시켰습니다. 하지만 그 법안은 아직도 실행되지 못하고 있습니다.

그렇다면 경영 안정성과 노동 유연성은 어떻게 성취할 수 있을까요? 우선 CEO와 이사들의 선정에 있어서 정치적 영향력이 최소화되어야 합니다. 또한 인적 자원을 개혁할 수 있는 방안들이 모색되어야 합니다. 그리고 일하지 않는 노조 간부들에게 봉급을 지급하지 못하도록 하는 법도 조속히 실행되어야 합니다.

다음으로는 효율적인 경영 분야입니다. 공공기관 경영평가의 공정성에 대해서는 매년 이의가 제기되어 왔습니다. 평가기준이 매년 변경되었던 것이 문제를 악화시켰습니다. 현재의 방식대로라면 불과 수십 명의 전문가들이 수백 개의 기업을 3개월 안에 평가합니다. 이러한 평가는 비용은 비용대로 들고 결과는 신뢰받지 못하게 됩니다. 공정한 평가없는 효율적 경영이란 있을 수 없습니다. 평가 전문가들의 양성이 시급한 이유입니다.

다음으로 지속가능 경영의 개척에 대한 제 생각은 이렇습니다. 준정부기관들의 모든 프로그램은 예산에 달려 있습니다. 자금이 바닥나면 프로그램은 종료됩니다. 하지만 사회적 기업모델을 차용할 경우, 생산성의 혁신적인 증대가 가능합니다.

방과 후 프로그램은 교육부와 서울대학교가 협력해 만든 저소득층 학생들을 위한 교습 프로그램입니다. 300명의 서울대학교 학생들이 1,000명의 중고생들에게 방과 후 교습을 실시했습니다. 하지만 예산이 바닥나자 프로그램은 일 년 만에 종결되었습니다. 반대로, 미국의 벨(BELL: Building Education Leaders for Life)이라는 프로그램은 1992년 12,500달러의 예산으로 시작되어

15년 만에 2,000만 달러의 예산을 자랑하는 사회적 기업으로 성장했습니다. 그동안 12,000명의 학생을 대학에 보내고 장학금까지 지급했습니다.

무엇이 사회적 기업모델일까요? 준정부기관들은 인력을 양성하고, 프로그램을 개발하고, 사회적 기업을 감독합니다. 사회적 기업들은 준정부기관들의 프로그램을 실행합니다. 이러한 모델은 예산에 관계없이 지속가능성을 누릴 수 있습니다.

어떻게 현재의 상태에서 사회적 기업모델로의 전환이 가능할까요? 한국과학문화재단의 한 프로그램을 예로 설명드리겠습니다. 방과 후 과학실험실 프로그램은 한국과학문화재단이 예산을 지원하는 교습 프로그램입니다. 한국과학문화재단은 학급당 4백만 원의 예산을 배정하고 매년 20억 원의 예산 내에서 500개의 학급을 운영합니다. 이 프로그램은 인기가 굉장히 많았는데, 문제는 한국에 5,800개가 넘는 초등학교가 있다는 사실입니다. 학교당 한 학급을 운영하기 위해서는 290억 원의 예산이 필요합니다. 예산의 한계로 선생님들에 대한 보수는 최저선에서 유지되었고, 그 결과 선생님들을 모시기가 힘들었습니다.

여기서부터는 가상 시나리오입니다. 우선 한국과학문화재단은 선생님들을 양성하기 위한 교습방법을 개발하고 또 사회적 기업을 감독합니다. 사회적 기업은 과학실험실 프로그램을 운영하고 학생들에게 3만 원씩의 비용을 받습니다. 이것은 시장가의 20퍼센트 정도에 해당하는 금액입니다. 이렇게 된다면 선생님들의 보수는 현재에 비해 두 배로 높아질 수 있을 것입니다.

학급 수 또한 필요한 만큼 늘릴 수 있습니다. 수업의 질 또한 시장경쟁에 의해 높아질 것입니다. 영어와 컴퓨터 교습 등 많은 분야에서 이러한 사회적 기업의 모델이 적용될 수 있습니다.

이렇게 된다면 한국의 큰 사회문제 중 하나라고 할 수 있는 사교육비의 문제를 부분적으로는 해결할 수 있을 것입니다. 또한 일자리가 생겨 실업률을 낮추는 데도 기여할 수 있을 것입니다. 앞서 언급했듯이 교육의 질도 높아질 것입니다.

지속가능 경영이 가능하도록 공공기관들을 개혁하는 일에는 시간과 꾸준한 노력이 필요합니다. 하지만 공공기관들이 사회적 기업모델을 차용한다면 한국 사회에 지속적인 이익을 가져다 줄 것입니다. 물론 다른 나라들에서도 마찬가지입니다.

▌사회자

나 교수님, 감사합니다. 공공기관을 사회적 기업의 형식으로 탈바꿈시켜야 한다는 지적이시군요. 세 번째 발표자는 정말 많은 직함을 갖고 있지만 그 전에 저의 친구이기도 합니다. 비정부기구(NGO)의 개념에 일대 혁명을 일으켜온 희망제작소의 박원순 대표를 모시겠습니다.

▌박원순

한국의 NGO들은 정의구현과 민주주의의 발전에 지대한 공헌을 해왔습니다. 이러한 전통은 독립적인 지식인들이 왕의 권위에 도전했던 조선시대로 거슬러 올라갈 수 있을 것 같습니다. 1987년의 민주화는 수많은 학생들, 노동자들, 그리고 지식인들의 오랜 투쟁의 결과 가능한 것이었습니다.

그 과정에서 NGO들과 시민단체들은 핵심적인 역할을 감당했습니다. NGO들은 대중을 동원하고 정치에 영향력을 확장함으로써 성공할 수 있었습니다. NGO들은 또한 권위주의에서 민주주의로 이행하는 과정에서 체계적이고 세련된 사회기반을 도입하는 데에 노력을 쏟아 부었습니다. 정부의 정책결정과정에 참여하고, 정부의 부패와 비효율성을 지적하고, 또 재벌들과 싸우기 위해 많은 방법들을 사용하였습니다.

NGO의 수는 점차 증가하고 있습니다. 저는 최근의 정확한 수치는 잘 모르지만, 아마 만 개는 훌쩍 넘을 것이라고 짐작합니다. 최근에는 약간 하락하기는 했습니다만, NGO는 한국의 주요기관 신뢰도 평가에서 최상위를 기록하기도 했습니다. 덧붙여서 많은 대학들이 NGO 학과나 NGO 대학원을 설립하기도 했습니다.

하지만 시민사회운동의 여러 실패나 실수로 인해 심각한 위기가 대두되어 온 것도 사실입니다. 2000년의 낙선운동 이후 NGO들은 사회에 대한 영향력을 상당 부분 상실했습니다. 시민사회는 현 시대에 적합한 아젠다를 제시하는 데 실패했습니다. 젊은 세대를 끌어들이는 데도 실패했습니다. 대중들과 소통하는 통로가 차단된 것은 실망스러운 일이었습니다. 재정과 인력운영에 있어서도 지속가능성을 담보하는 데 실패했습니다.

한 조사결과 시민사회신문의 7퍼센트 정도가 재정적으로 심각한 상태로 드러났습니다. 기금모금에 실패하고, 또 미래에 대한 비전을 상실하고 있는 것입니다. 직원들은 과도한 업무로 고통을 호소하고 있습니다. 현재 종사자의 약 반 정도가 계속해서 NGO에서 일을 하고 싶다고 했는데, 반대로 얘기하면 다른 반은 떠나고 싶다는 것입니다. 그들의 봉급은 대부분의 경우 평균임금에도 못 미치는 100~150만 원 수준입니다. 아마도 이것이 떠나고자 하는 사람들의 한 이유가 될 것입니다.

이명박 정부의 출범 이후 시민사회는 많은 어려움을 겪고 있습니다. 정부와의 협력은 거의 전무한 상태입니다. 진보와 보수, 혹은 좌와 우 사이에는 심각한 갈등이 있습니다. 또한 인터넷상에서는 새로운 프리랜서 활동가들이 등장하고 있습니다. 촛불시위에서는 기존의 조직과는 무관하게 많은 사람들이 독립적으로 시위활동을 펼쳤습니다. 그 과정에서 NGO들은 기능을 다하지 못하고 리더십을 상실했습니다.

학생운동의 실종으로 인해 NGO들은 젊은 세대를 끌어들이는 데 어려움을 호소하고 있습니다. 또한 정치운동에 대한 과도한 집착으로 인해 정작 시민들의 참여는 줄어들었습니다. 이러한 상황에서 저는 지속가능한 시민사회를 위해 몇 가지 제언을 하고자 합니다. 이것은 일상생활에서의 민주주의를 강화하는 것과도 관련이 있습니다. 1987년 이후 우리는 민주주의가 완성되었다고 생각했습니다. 하지만 민주주의는 일상생활에서 여러 가지 문제점을 노출하고 있습니다.

근대화와 함께 우리의 지역사회는 정체성을 상실했습니다. 사실 지역사회가 완전히 붕괴했다고 하는 것이 옳을 것입니다. 따라서 우리의 지역사회를 살리는 것이 시급한 아젠다입니다. 거버넌스는 NGO를 위해서뿐만이 아니라 정부와 기업을 위해서도 중요합니다. 나 교수님께서 지적하셨듯이, 지속가능한 사회를 만들기 위해서는 사회적 기업이 기업과 공공기관들의 대안이 될 수 있습니다. 우리는 또한 지역사회의 가능한 모든 자원을 이용해야 합니다. 지역사회재단(community foundation)은 그 가장 근본적인 기반이 될 수 있을 것입니다.

미국에서는 현재 약 600여 개의 지역사회재단이 주민들의 지역활동에 금전적인 지원을 하고 있습니다. 그리고 이 지역사회재단의 모델은 독일을 비롯해 많은 나라들로 확산되고 있습니다. 우리나라에서도 아름다운재단이 2000년 설립되었고 작년에는 1,300만 달러의 기금을 조성했습니다. 7년 전 사회적 기업의 형식으로 아름다운재단의 활동이 시작되었는데, 현재는 전국에 100개의 희망가게를 운영하고 있습니다. 작년의 총매출은 1,500만 달러에 달했습니다.

우리는 이러한 공동체사업과 사회적 기업의 중요성에 주목해야 합니다. 제 생각에 이것은 전 세계적으로 일어나고 있는 혁명적인 현상입니다. 그리고 저는 지역의 자원을 이용해 공동체사업이 발달할 수 있는 잠재력이 아주 크다고 봅니다. 한국에서는 농업관련 사업도 젊은 사람들에게 매력적일 수 있다고 생각합니다.

저희 희망제작소는 젊은 사람들이 사회적 기업을 시작할 수 있는 기회를 제공합니다. 예를 들어서, 희망제작소와 머니투데이 신문사는 인터넷 쇼핑몰 개업에 공동투자했습니다. 이로운 몰이라고 불리는 이 쇼핑몰에서는 소규모 기업들이 물건을 팔 수 있습니다.

사회운동은 대안을 찾아야 합니다. 최근 용산에서는 재개발을 둘러싼 대립으로 인해 8명의 사람들이 목숨을 잃었습니다. 거주민들과 그들을 보호하려던 시민운동단체들에게는 대안이 없었습니다. 저는 이것이 굉장한 비극이라고 생각합니다. 런던의 코인 스트리트(Coin Street) 사건 또한 처음에는 비슷한 상황이었습니다. 하지만 개발자에 대항해 투쟁하는 과정에서 사람들은 그 지역을 어떻게 디자인할 것인지에 대한 대안을 가지게 되었습니다. 지역을 개발함으로써 얻어지는 이익이 집들을 다시 짓고 학교에 운동장을 만드는 데 사용되었습니다. 거주민들의 주도에 의해 재개발이 추진되었던 것입니다.

아름다운 지리산 또한 많은 사람들의 투쟁 무대입니다. 정부는 그곳에 댐과 골프장을 건설하고 케이블카를 설치하려고 했는데, 지역 주민들은 이에 대항해 투쟁해왔습니다. 하지만 만약 이 지역이 자연보호를 위한 특별구역으로 설정된다면, 사람들은 새로운 비전을 갖게 될 것입니다.

시민사회는 소규모 신문사와 같은 많은 사회적 미디어를 보유할 수 있어야 합니다. 예를 들자면 제주도에는 "제주의 소리"가 있습니다. 시민단체에 의해 창간된 제주의 소리는 제주도에서 점점 영향력 있는 미디어가 되어가고 있습니다. 우리는 많은 지역 라디오 방송국과 마을 신문사들을 설립할 수 있을 것입니다.

저는 또한 시민사회의 주역이 학생 운동가들이 아니라 주부들과 퇴직자들이 되어야 한다고 생각합니다. 비영리기구(NPO)에서 퇴직자들은 제2의 인생을 시작할 수 있을 것입니다. 희망제작소의 행복프로젝트가 한 예입니다. 우리는 또한 젊은 사람들을 위해 많은 일자리와 직업교육을 제공할 수 있어야 합니다. 행복설계아카데미가 바로 이 일을 하고 있습니다.

마지막으로, 시민사회를 위한 기반을 조성하는 것이 절실합니다. 앞서 언급한 지역사회재단은 시민사회를 위한 컨설팅을 제공할 수 있을 것입니다. 일본에는 현재 그와 같은 일을 수행하는 많은 NPO 센터들이 있습니다. 저는 공감이라는 법무법인을 설립하여 사회적 약자들에게 무료 법률 서비스를 제공하는 일을 하고 있습니다.

현재 많은 사람들이 위기를 이야기하고 있습니다. 하지만 저는 혁신을 통해 전화위복이 가능하다고 생각합니다. 현재의 위기는 기존의 것을 넘어서는 새로운 패러다임, 구조, 과정, 사고방식을 가져올 수 있을 것입니다. 감사합니다.

▌사회자

저는 박 대표님께서 한국과 전 세계의 NGO들을 돕는 컨설팅 회사를 하나 만드셨으면 좋겠다는 생각이 듭니다. 네 번째 발표자께서는 또 하나의 굉장히 중요한 조직인 대학의 지속가능성에 대해서 말씀해 주시겠습니다. 서울대학교 기획부 실장으로 일하고 계시고 또 법학대학에서 가르치고 계시는 이근관 교수님을 모시겠습니다.

▌이근관

지속가능성이라는 시의적절하고 굉장히 중요한 화두를 다루는 오늘과 같은 중요한 포럼에서 발표를 하게 되어 매우 영광스럽게 생각합니다. 우선 고백해야 할 것이 하나 있습니다. 저는 오전 7시 30분에 제주공항에 도착했습니다. 리무진버스가 있었는데 타고 보니 승객은 저 혼자뿐이더군요. 그래서 공항에서 해비치 호텔까지 리무진버스를 개인택시처럼 타고 왔습니다. 큰 리무진 버스를 혼자 이용한다는 것은 지속가능성, 친환경에는 전혀 도움이 되지 않았겠지만 전 마치 왕이 된 기분이었습니다. 이와 같이 환경적으로 지속가능하지 않은 생활은 때로 사람들을 기분좋게 해주기도 합니다.

오늘 저는 "지속가능한 친환경 서울대학교"를 주제로 이야기를 풀어나가고자 합니다.

본격적인 발표 이전에, 지속가능성의 정의라는 어려운 주제를 잠깐 짚고 넘어갔으면 합니다. 저는 지속가능성이라는 개념이 카멜레온과 같다고 생각합니다. 왜냐하면 지속가능성이란 맥락이나 말하는 사람의 의도에 따라 달라질 수 있기 때문입니다. 그렇기 때문에 지속가능성이나 지속가능한 개발의 지속가능한 정의를 내리기는 어렵습니다. 오늘 저의 발표에서 지속가능성이란 대략 친환경적인 지속가능성을 의미합니다. 한 가지 지적하고 싶은 점은 전 세계적 지속가능성은 환경적인 지속가능성뿐만이 아니라 사회경제적 지속가능성도 포함하는 포괄적인 접근에 의해서만 가능하다는 것입니다. 이 점은 앞서 발표하신 나 교수님과 박 대표님에 의해 잘 설명되었다고 생각합니다.

저는 우선 "삿포로 지속가능성 선언(Sapporo Sustainability Declaration)"이라는 문건을 소개하고 싶습니다. 여러분들에게는 아마 잘 알려지지 않았을 것이라고 생각합니다. 이 선언은 2008년 7월 일본 홋카이도에서 열린 G8 대학정상회의에서 채택되었습니다. 그것은 전 세계의 34개 대학 총장들이 모인 자리였습니다.

여러분이 보시는 것처럼, 문서에는 서울대학교 이장무 총장의 서명이 날인되어 있습니다. 서울대학교는 당시 포럼에 적극적으로 참여했습니다. "삿포로 지속가능성 선언"은 8개 항으로 구성되어 있습니다. 그중에 3항은 "대학의 책임(The Responsibility of Universities)"이라는 제목을 달고 있습니다. 제가 그중에 몇몇 중요한 구절들을 한번 읽어보겠습니다.

> "모든 대학은 지속가능한 세계를 후세에게 물려주기 위한 문제해결에 있어서 중요한 역할을 담당한다. 대학은 연구활동을 통해 문제들에 시의적절한 해답을 제공하고 정책결정자들과 긴밀히 협력할 것이 기대된다."

선언에는 대학의 책임과 역할이 매우 강조되고 있습니다. 당시 대학정상회의에서 얻은 교훈은 2008년 10월의 "지속가능한 친환경 서울대학교를 위한 선언"으로 이어졌습니다. 선언은 5개의 실천목표로 구성되어 있는데 지속가능발전을 위한 연구, 교육, 실천이 그 첫 번째입니다. 이 목적을 위해 저희는 〈아시아에너지환경지속가능발전연구소〉라는 연구센터를 설립하였습니다. 후에 이 연구소에 대해서 좀 더 말씀드리겠습니다.

두 번째는 지역 및 지구사회와의 협력에 대한 강조입니다. 여러분 중 일부는 서울대학교 캠퍼스가 관악산 기슭에 위치에 있다는 사실을 아실 것입니다. 그래서 저희는 관악산 보전협의회를 설립하고, 도림천 살리기에 적극 참여할 계획입니다.

세 번째는 기후변화에 대응하는 캠퍼스 환경관리입니다. 저희는 CO_2 배출량을 2030년까지 현재의 절반으로 줄일 계획입니다. 이것은 매우 야심찬 계획이라고 할 수 있습니다. 나머지 두 개의 실천목표는 친환경적 캠퍼스 조성과 지속가능보고서의 발간입니다.

서울대학교는 연구와 교육 중심의 고등교육기관입니다. 그래서 저희는 연구자들 사이에 네트워크를 조직하려고 시도하고 있습니다. 현재는 약 75명의 연구자들이 참여하고 있고 이 수는 앞으로 더 늘어날 것입니다.

이제 저는 현재 서울대학교의 지속가능성과 저희의 기본적인 성공 전략에 대해 말씀드리고자 합니다. 서울대학교는 현재 엄청난 탄소 배출량을 자랑하고 있습니다. 전기의 일인당 탄소배출량은 다음 순위인 경상대학교보다 무려 3배가 많습니다. 이것은 저희에게 매우 불편한 사실이고 매우 부끄러운 현실입니다. 그래서 CO_2 배출량을 2030년까지 현재의 절반으로 줄이는 것이 저희의 목표입니다.

다음으로 지속가능한 친환경 서울대학교를 위한 몇 가지 이니셔티브에 대해서 말씀드리겠습니다. 앞서 말씀드린 것처럼 서울대학교는 연구중심 대학입니다. 즉, 대학의 최우선적인 목표는 연구와 교육입니다. 이러한 의미에서 요즘 저희가 강조하는 개념은 융합입니다. 과학과 기술에 대한 다학제적이고 학제간적인 접근이 강조되고 있습니다. 이것을 위해 저희는 차세대 융합기술연구원을 설립하였습니다. 그러는 동시에 저희는 국제화와 함께 시민사회, 재계, 정부와의 협력 또한 강조하고 있습니다. 지금 보시는 것이 수원 근처에 있는 차세대융합기술연구원입니다.

저희는 또한 그린바이오 첨단연구단지를 강원도 평창에 설립했습니다. 그리고 저희는 "서울대학교 BT+IT"라는 매우 야심찬 프로젝트도 발족시켰습니다. 이 슬라이드에서는 이 프로젝트에 참가하고 있는 대학과 학과들을 보실 수 있습니다. 그리고 이 과목들이 현재 개설되어 있는 과목들입니다. 굉장히 많은 과목들이 개설되어 있는 것을 보실 수 있습니다. 앞으로는 더욱 많은 과목들이 개설될 예정입니다.

지속가능성 연구에 협력하기 위한 서울대 교수들의 네트워크인 환경위원회라고 불리는 모임 또한 존재합니다. "CEO 지속가능경영 포럼"을 통해 재계와의 협력도 강화하고 있습니다.

앞서 아시아에너지환경지속가능발전연구소에 대해 잠깐 언급했습니다. 지금 보시는 사진들은 연구소 개소기념 국제학술회의에서 찍은 것들입니다. 이명박 대통령과 환경부 장관의 모습도 보입니다.

앞으로 한국 사회를 이끌어갈 주역인 학생들의 주의를 환기시키는 것은 굉장히 중요하다고 할 수 있습니다. 저희는 또한 교직원들의 적극적인 관심을 끌기 위해서도 노력하고 있습니다. 정부와의 협력을 통해 국제환경경영 표준인증을 받기도 하였습니다.

이제까지 저희 서울대학교가 지속가능성이라는 시급한 문제에 어떻게 대응하고 있는지를 말씀드렸습니다. 하지만 서울대학교는 아직 대학경영에 지속가능성의 개념을 도입하려고 하는 초기 단계입니다. 저희 서울대학교는 아시아와 세계를 선도하는 고등교육기관으로서 지속가능 경영과 지속가능한 개발을 달성하는 데 있어서 사회적, 도덕적 책임감을 인지하고 있습니다. 저희는 또한 다른 대학들과 사회의 경험으로부터 많이 배우기를 원합니다. 경청해주셔서 감사합니다.

▌사회자

이 교수님께서 많은 사진을 곁들여 발표를 잘 해주신 것 감사드립니다. 매우 흥미로웠습니다. 마지막 발표자는 조선일보의 강효상 실장님입니다. 언론의 지속가능성에 대해 발표해 주시겠습니다.

▌강효상

조선일보의 강효상이라고 합니다. 제 발표를 시작하기 전에 개인적인 이야기를 하나 들려드리고자 합니다. 조선일보는 2007년 3월부터 학교 개선 운동을 벌이고 있습니다. 당시 사회부장이었던 저는 "스쿨업" 캠페인을 통해 한국 학교들의 열악한 환경을 개선하는 운동을 벌였습니다. 열악한 학교들을 사회단체와 연결함으로써 "스쿨업" 캠페인은 일찌감치 파장을 불러일으켰습니다.

솔직히 처음에는 어떤 결과를 가져올지 전혀 예측하지 못했습니다. 조선일보 전체와 특히 사회팀의 노력 덕분에 짧은 기간 안에 많은 성과를 낼 수 있었습니다. 시작 한 달 만에 55억 원 상당의 학교용품과 기금이 조달되었습니다. 일 년 후에는 180억 원 가량의 기금을 조성하였고 전국의 746개 학교를 지원하게 되었습니다.

개인기부도 상당히 많았습니다. 예를 들어, 방송인 김제동 씨와 디자이너 앙드레 김씨도 참여했습니다. 한 기부자는 익명으로 1억 원을, 정년퇴임한 교장선생님은 평생 모은 1,200권의 책과 1,000만 원을 쾌척했습니다. 그들은 그냥 우리 옆집 아저씨 같은 일반인들이었습니다.

요즘에는 스쿨업 홈페이지를 통해 도움을 원하는 학교들과 지원을 원하는 사회단체들의 개별적 교류가 활발합니다. 교육의 질을 한 단계 끌어올리고자 하는 이 캠페인이 정부가 아닌 한 신문사에 의해서 추진되었다는 점은 흥미롭습니다. 이것은 신문사의 영향력을 사회적 공언으로 환원한 한 모델이 되었습니다.

오늘 저의 발표주제는 한국 언론의 사회적 책임과 지속가능 경영에 관한 것입니다. 언론의 사회적 역할에는 사회적 책임이 포함되는데 이것은 다시 지속가능 경영의 일부분이라고 할 수 있습니다. 사회적 책임이라는 말은 사회적 문제와 복지에 관심을 기울이고 공적활동과 캠페인을 실행하는 것을 의미합니다.

언론의 기능은 사회의 신념과 목표가 실현될 수 있도록 사실에 진실한 보도를 하는 것입니다. 하지만 언론이 허위보도를 하거나 균형 잡히지 않은 보도를 하거나 일방적인 입장을 고수한다면 부정적인 기능을 하게 됩니다. 언론이 부정적인 기능을 하게 될 경우, 우리는 인권탄압이나 사회적 혼란으로부터 자유로워질 수 없습니다.

언론이 책임감을 망각할 때 이러한 일들이 벌어집니다. 언론의 허위보도, 균형 잡히지 않은 보도, 일방적인 입장은 쇠고기 광우병에 대한 촛불시위를 불러일으켰습니다. 보통 언론은 공기와 같다고들 얘기합니다. 공기오염이

건강에 나쁜 것과 마찬가지로 건전하지 못한 언론은 우리의 사고를 오염시킵니다.

지속가능 경영이란 기업이 이윤을 추구하는 동시에 사회적 그리고 환경적 책임을 다해야 한다는 것을 뜻합니다. 그럼 언론은 왜 지속가능 경영에 동참해야 하는 것일까요? 언론사의 목적 또한 이윤을 극대화하는 것입니다. 기업의 이윤은 다시 사회로 환원되어야 합니다. 언론사는 대중과 가장 빠르고 쉽게 소통할 수 있는 능력을 가지고 있습니다. 언론은 기사, 사진, 소리, 그리고 영상을 통해 언제나, 또 어디에나 있습니다.

조선일보의 신조는 지속가능 경영 이론과 일맥상통합니다. 조선일보는 사회정의를 옹호하고 불편부당한 보도를 추구해 왔습니다. 또한 기업철학에 바탕해 문화와 산업의 발전을 지지해 왔습니다. 조선일보는 한국에서 가장 영향력 있는 신문입니다. 이러한 위치 때문에 항상 현실 안주라는 유혹에 빠지기 쉽습니다.

저는 조선일보가 여러 가지 잘못을 범했던 것을 고백합니다. 그러나 그렇기 때문에 항상 비판에 귀를 열고 사회와 세계에 이바지하기 위해 노력해 왔습니다. 그리고 앞으로도 언론의 사회적 책임을 다하기 위해 노력할 것입니다.

조선일보가 교육분야에서 한 공헌은 앞서 언급한 학교개선 운동이 대표적입니다. 문화, 사회분야에서도 여러 상의 제정과 마라톤 행사 개최 등으로 공헌해 왔습니다. 환경분야에서는 일본의 마이니치신문과 함께 한일 국제환경상을 제정하였습니다.

환경분야에서 조선일보의 가장 큰 공헌은 "쓰레기 줄이기" 운동이라고 할 수 있습니다. 이 운동으로 인해 1992년에는 그 이전해 대비 7.7퍼센트 쓰레기 배출이 감소했고 1993년에는 10퍼센트가 더 감소했습니다. 최근에는 자전거타기 운동도 시작했습니다. 서울-춘천 간의 고속도로 개통을 자전거타기로 기념하기도 했습니다.

정보의 전달자인 언론은 큰 권력과 영향력을 행사합니다. 그렇게 때문에 보도는 반드시 사실에 기반하여 불편부당한 방식으로 제공되어야 합니다.

이것이 사회적 가치와 지속가능 경영 이전에 언론이 감당해야 할 책무입니다. 이 책무가 잘 지켜진 후에, 언론은 사회적, 환경적 가치를 추구할 수 있을 것입니다. 언론은 공공의 이익과 환경을 증진하는 일도 감당해야 하는 것입니다.

▌사회자

감사합니다. 이제 어떻게 제가 이 5개 분야와 연사들을 선택하게 되었는지 말씀드리겠습니다. 처음 이 프로그램을 구상할 때 저는 우리 사회의 5개 주요 기관을 염두에 두었습니다. 공공기관이 그중 하나였고, 기업과 NGO 또한 마찬가지였습니다. 여기에 더해서 저는 대학과 언론이 우리 사회를 구성하는 주요한 기관이라는 생각이 들었습니다. 이렇게 해서 5개 분야가 선정되었습니다.

하버드 경영대학원은 모든 사업가들이 순례하고 싶어 하는 메카와 같은 곳입니다. 과학문화재단은 공공기관의 대표로 선정했습니다. 희망제작소는 한국에서 가장 두각을 드러내는 NGO이고요. 서울대학교는 한국 최고의 대학이므로 선정했습니다. 조선일보 또한 한국 최고의 언론이고요. 그리고 오늘 모신 다섯 분은 위의 기관들을 대표하는 분들입니다. 제 생각에 다섯 분으로 짜여진 진행이 완벽하지 않았나 싶습니다. 이제 15분이 남았는데요, 방청객들로부터 질문을 받도록 하겠습니다.

▌김주난

저의 이름은 김주난이고 대학에서 교수직을 맡고 있습니다. 조단 시겔 교수님께 질문하겠습니다. 발표에서 환경경영의 중요성에 대해 말씀하셨는데 돌고래 보호 정책과 같은 선진국 기업들의 환경정책이 개발도상국에서는 보호무역으로 비춰질 수도 있습니다. 실제로 많은 개발도상국 기업들이 이것에 대해 걱정하고 있습니다. 이것에 대해 어떻게 생각하시는지요?

▌조단 시겔(Jordan SIEGEL)

적절한 지적이라고 생각합니다. 분명히 선진국 기업들의 환경보호 정책이 보호주의의 형태를 띨 가능성이 있습니다. 중국과 인도를 비롯한 개발도상국들이 선진국과는 다른 환경보호 정책을 실행하는 이유가 여기에 있다고 생각합니다.

환경경영과 전략경영의 연구 성과들이 우리에게 가르쳐주고 있는 교훈이 있다면, 그것은 기존의 사고틀에서 벗어난 투자, 즉 적은 자원과 환경오염으로 더 많은 생산을 하는 데에 투자를 한다면 더 많은 기회를 누릴 수 있다는 것입니다. 우리는 기업들이 기존의 성공사례를 바탕으로 기존의 사고틀에서 벗어나도록 해야 합니다. 개발도상국도 마찬가지입니다.

앞으로는 환경에 대한 규제가 더 심해질 것이 분명합니다. 세계시장에 접근하기 위해서는 이 장애물을 극복해야만 합니다. 이것은 분명히 장애물이지만 기존의 사고틀에서 벗어남으로써 장애물을 뛰어넘을 기회는 많습니다.

▌이근관

김 교수님이 지적해주신 것은 국제환경법의 분야에서도 매우 중요합니다. 교토협약(Kyoto Protocol)을 한번 생각해 보십시오. 만약 중국이나 인도와 같은 개발도상국에게 엄격한 탄소배출 규제를 요구한다면 그 국가들의 발전을 실질적으로 저해하게 될 것입니다. 이것이 많은 국제변호사들이 환경법에 있어서 공통적이지만 차별화된 원칙을 만들어내려고 하는 이유이기도 합니다.

우리는 지속가능한 환경과 지속가능한 발전이라는 공통의 목표를 갖고 있습니다. 하지만 동시에 개발도상국들의 특수한 상황을 고려하지 않을 수 없습니다. 공통의 목표를 위해 노력하지만 차별화된 책임을 가진다는 것입니다. 세심한 균형이 필요할 것입니다.

▌진 리(Jean LEE)

AP통신의 서울 지국장 진 리입니다. 저는 박 대표님께 질문 드리겠습니다. 한국의 NGO 운동이 학생운동으로부터 일상적, 자발적, 산발적인 새로운 운동으로 변화하고 있다는 말씀 잘 들었습니다. 저의 궁금증은 그렇다면 학생운동세대가 주축인 현존하는 NGO들은 어떻게 될 것인가 하는 것입니다.

저는 그들이 한국의 민주주의의 발전 과정에서 중요한 역할을 했다고 생각합니다. 하지만 작년에 본 것처럼, 그들은 지나치게 정치적이고 반정부적인 성향을 보임으로써 일반 대중으로부터 스스로를 격리시켰습니다. 그래서 박 대표님께서는 이 NGO들이 앞으로 어떻게 될 것이라고 보십니까?

▌박원순

1980년대까지는 사회운동에 인적기반을 제공한 강력한 학생운동이 존재했습니다. 이 사회운동가들은 정치라는 수단을 통해 사회 전체의 체계를 통째로 바꾸려는 생각을 갖고 있었습니다. 2000년까지 이들은 민주화 과정에서 큰 역할을 담당했습니다.

저는 1994년부터 2002년까지 참여연대의 사무처장직을 맡았습니다. 이 기간 동안 참여연대는 수백 건의 법률을 국회에 제출했고 노력의 결과 그 중 수십 건은 통과되기도 했습니다.

하지만 2000년 이후 다수의 중요 법률적, 민주적 개혁은 실행되지 못했습니다. 이제 시민단체들은 체계적인 접근법에서 탈피하여 일상생활에 초점을 맞춰야 합니다. 이것은 제가 참여연대에서 희망제작소로 옮긴 이유이기도 합니다. 일상적인 것의 중요함을 깨친 덕분이죠. 하지만 그렇다고 해서 사회적 변화를 가져오는 기존의 NGO들이 더 이상 중요하지 않은 것은 아닙니다.

사회를 변혁하는 데 있어서 우리는 다양한 전략을 취해야 합니다. 이명박 정부가 들어서면서 많은 지식인들이 민주적 제도들의 지속가능성에 의문을 품고 있습니다. 표현의 자유와 인권이 침해당하고 있습니다. 저는 여전히 기존 NGO 활동의 중요성을 강조하지 않을 수 없습니다.

하지만 앞서 말했듯이 기존 NGO의 방식을 뛰어넘어 새로운 아젠다를 발굴하는 것도 중요합니다. 결국 저는 두 가지가 모두 중요하다고 생각합니다.

▌나도선

몇 마디만 덧붙이겠습니다. 저는 앞서 발표에서 단지 예산대로 운영되는 프로그램과 지속가능한 프로그램을 대비해서 말했는데요, 한 프로그램이 종료되면 그 기관은 새롭고 더 좋은 프로그램을 만들 수 있습니다. 그럼으로써 기관은 지속가능해질 수 있겠죠.

▌사회자

오늘 이 자리에는 발레리나인 조기숙 교수님께서도 자리하고 계십니다. 이제까지는 우리는 기구의 지속가능성에 대해서만 얘기해왔는데요, 조 교수님께서 신체와 정신의 지속가능성에 대해 말씀해주실 수 있지 않을까 합니다. 한 말씀 하시겠습니까?

▌조기숙

박 대표님께 행복프로젝트에 대해서 여쭙고 싶습니다. 노인들을 위한 것이라고 알고 있는데, 맞나요?

▌박원순

한국인들은 생각했던 것보다 일찍 은퇴하고 있습니다. 우리는 보통 50대에 은퇴합니다. 반대로 기대수명은 증가하고 있습니다. 통계를 보면 한국인의 기대수명은 80살에 육박합니다. 즉, 우리는 은퇴 후 20년이라는 시간을 더 보내야 하는 것입니다. 하지만 개인적으로나 사회적으로나 이에 대한 대비는 부족합니다.

그래서 저희 희망제작소는 사람들이 이 새로운 상황에 적응할 수 있도록 도와줍니다. 자원봉사나 비영리단체에서 제2의 인생을 시작하도록 돕는 것이죠. 남은 여생을 사회복지나 공동체 구성원들을 위해 일할 수 있도록 말입니다. 이미 9회에 걸쳐 300명의 사람들이 과정을 이수했습니다. 그중 절반이 비영리단체에서 새로운 일을 시작했습니다.

▌사회자

감사합니다. 사회자로서 강 실장님께 질문을 드리고 싶습니다. 모든 언론매체에도 부침이 있겠지만 현재 신문업계는 힘든 시기를 지나고 있는 것 같습니다. 조선일보는 현재의 위치를 고수하기 위해 어떤 계획을 갖고 있는지요?

▌강효상

인터넷의 등장으로 저희는 어려움에 직면하고 있습니다. 조선일보는 모든 네트워크를 동원해 콘텐츠를 제공하기 위해 노력하고 있습니다. 우선 방송 사업에 진출하려고 계획하고 있고요, 인터넷의 일등 뉴스 사이트인 chosun.com을 운영하고 있습니다. IPTV 등 새로운 매체들도 물론 중요하지만, 저는 콘텐츠가 가장 중요하다고 생각합니다. 결국 좋은 콘텐츠를 제공하기 위해 저희는 노력을 다할 것입니다.

▌사회자

콘텐츠 개발에 힘을 쏟으면 지속가능할 수 있을 것이란 말씀이시군요. 지속가능성이라는 주제에는 시작과 끝이 없습니다. 그래서 오늘 우리의 토론에도 마무리는 필요 없을 것 같습니다. 토론은 계속되어야 하니까요. 발표자분들, 방청객들, 그리고 작은방에서 통역에 힘써준 두 여성분들을 위해 박수를 보내주시기 바랍니다. 그럼 이것으로 마치겠습니다. 감사합니다.

제8부

기억의 문제와 역사의 정치

- 역사, 기억 그리고 동아시아의 국제정치　_정재호

- 동북아시아의 역사 전쟁:
  평화조약을 위한 제안　　　　　_Donald BAKKER

- 일본의 기억의 정치:
  동북아시아 국제정치에의 함의　_YOSHIHIDE Soeya

- 갈등과 화해:
  동아시아에서의 역사적 기억　　_YANG Biao

역사, 기억 그리고 동아시아의 국제정치

정재호
서울대학교 교수

정치 사회적 구조로서의 역사 그리고 국제관계

역사는 끊임없이 남녀노소 모두의 관심을 끄는 낭만주의적인 영역이다. 역사는 언제나 사소하거나 심각한 우리의 궁금증을 받아줄 준비가 되어 있다. 동시에 역사는 셀 수 없이 무한한 사실과 수치, 담화, 전설들로 가득 차 있고 우리의 지적인 상상을 향한 목마름을 달래줄 것이다. 역사는 또한 연구의 대상과 소재를 끊임없이 제공해 준다. 이것은 아마도 대부분의 경우에 우리가 수용할 수 있는 양보다 더 많은 양의 정보이다.

역사는 지난 수십 년 동안 국제관계학이라는 영역의 성장을 위해 양적, 그리고 질적으로 소재, 아이디어, 자료를 엄청나게 주었다. 역사학과 국제관계학, 두 학문의 상호적인 발전은 냉전 종결 이후 가장 눈에 띄는 변화이다.[1] 일반적으로 역사학의 본질은 다른 많은 분야들처럼 사건기술(事件記述)적, 즉 정확성과 기술적인 면이 중요하다고 여겨지고 있다. 하지만 그런 것과는 다르게 역사학은 정치학적, 사회학적인 구조를 동시에 가지고 있다. 국제관계학 학자들을 포함한 역사 소재의 주요 소비자들은 그 당시 분위기 속에서 형성된 역사적 서술들에 쉽게 영향을 받는다.[2]

하지만, 학자들은 대체로 정치적인 목적을 위해 '사실'들을 지어내거나 왜곡하지 않는다. 만약 일부 그런 학자들이 있다고 할지라도 아주 적은 숫자일 것이고 쉽게 제거할 수 있다. 그러나 "구조화한다"라는 말은 그 자체로 좀 더 깊은 의미를 담고 있다. 흔히 대학과 학자는 피치 못하게 자신이 받은 교육과 자신이 경험한 사건들, 그리고 그들의 개인적인 삶의 과정으로부터 영향을 받는다. 그들은 고독 속에서 살지 않고, 정부가 실행하는 일들에 의해 깊은 영향을 받는다. 학문의 객관성이라는 신조가 여전히 존재하더라도. 그들 중 많은 이들은 그들의 상상을 확증해줄 기록과 자료들을 열렬히 따르며 진정으로 믿는다.[3]

특히 미국과 서양의 국제관계학계를 보라. 세계화의 진전, 그리고 세계화의 결과로 세계의 다양성에 대한 깨달음은 또 다른 종류의 약간은 불편한 인식을 주었다. 지금까지의 국제관계학은 단지 명목상으로만 "국제적"이었을 뿐이며 실제로는 불균등하게 영미문화권의 입장으로 치우처져 있었다. 한 학자가 다음과 같이 말했다.

"제한적인 방식으로 "국제관계학을 하는" 대부분의 사람들은 각자의 문화적

---

1) 정치학자와 역사학자의 저술한 두 권의 서적을 비교하는 것은 이러한 점을 설명할 것이다. G. John Ikenberry, *After Victory: Institutions, Strategic Restrain, and the Rebuilding of Order after Major Wars* (Princeton: Princeton University, 2001) and Niall Ferguson, *Colossus: The Price of America's Empire* (New York: The Penguin Press, 2004) 참조.

2) Jack S. Levy, "Too Important to Leave to the Other: History and Political Science in the Study of International Relations," *International Security*, Vol.22, No.1(Summer 1997), pp.27-29 참조.

3) 물론 일부 학자는 정부에 대한 학문적 해석에 참여한다. 일례로 Bruce Cumings, "Boundary Displacement: Area Studies and International Studies during and after the Cold War," and Chalmers Johnson, "The CIA and Me," *Bulletin of Concerned Asian Scholars*, Vol.29, No.1(January-March 1997), pp.6-26, 34-37 참조.

방식과 사고, 그리고 그 시대의 패권국적 가르침의 영향을 받은 이론들로 젖어 있으며, 그들의 이론은 미국적 구조에 대한 의존성 혹은 추종적 경향을 투영한다."[4]

이 말을 한 작가가 진정 여러 시대에 걸쳐 진행되고 있는 방법론 대 통찰(포퍼(Popper) 대 쿤(Kuhn))의 논쟁을 제대로 파악하고 있었을지라도 이 "구조에 의한 편견"에 대한 해결방안은 전혀 없다. 그렇다면 동아시아의 방식으로 동아시아라는 지역의 국제관계를 공부하는 것은 어떨까?

동북아시아의 역사, 기억 그리고 국제관계

냉전 종결의 영향은 결코 단순하지 않았다. 냉전의 끝이 인류의 안정과 번영을 가져다 줄 거라는 대중의 기대와는 대조적으로, 냉전 후 국제정치는 여전히 불확실성과 갈등으로 고통받고 있다. 이데올로기적 대립은 꽤 쇠퇴하였지만, 세계는 또다시 아주 오랫동안 존재해 왔었던 국가 간 대립의 원인들―영토적, 종교적 그리고 인종적 대립들―과 직면하고 있다.

이러한 국가 간 대립의 전통적인 원인들은 국가 정체성과 인식이라는 핵심적인 요소와 밀접한 관계가 있다. 이것들은 마치 상극의 이데올로기들만큼이나 민감하고 격정적이다. 냉전시대 동안에는 친구와 원수를 가르는 선이 명확했다. 기민한 외교적 노력이 자주 중대한 역할을 하긴 했지만, 적절

---

4) Robert M. A. Crawford, "International Relations as an Academic Discipline: If It's Good for America, Is It Good for the World?" in Robert M. A. Crawford and Darryl S. L. Jarvis (eds.), *International Relations–Still an American Social Science? Toward Diversity in International Thought* (Albany: State University of New York Press, 2001), p.20; Barry Buzan and Richard Little, "Why International Relations Has Failed as an Intellectual Project and What to Do about It," *Millennium,* Vol.30, No.1(2001), p.25; and Arlene Tickner, "Seeing IR Differently: Notes from the Third World," *Millennium,* Vol.32, No.2(2003), pp. 295-324.

한 선에 대한 의미를 오해할 만한 경우는 극히 적었다. 동맹국-적국의 구분이 명확했기 때문에, 상호의 외교 전략을 이해하고 학습하는 것은 생존을 위해 동맹과 연합을 강화시키는 과정에서 빠르게 이루어졌다. 그러나 1991년이 지나고 나서 이러한 모든 선은 흐려졌고, 오늘날 모든 국가들은 자국의 이익을 최우선으로 하는 실용주의적이고 유연한 정책을 공표한다. 안정적인 연합의 날들은 지났고, 따라서 상호 이해는 더욱더 어려워졌다.

상황을 더 복잡하게 만드는 것은 세계적으로 퍼져나가는 민주화와 자유화이다. 원격통신, 특히 인터넷의 발달은 시민사회를 점차 발달시켰고, 그 결과 견해와 평판, 국가 이미지, 대중의 의견이 모두 외교정책에 영향을 주게 되는 새로운 시대가 되었다. 외교는 사회주의 사회에서조차 더 이상 중앙정부의 독점물이 아니다. 사회의 영향력은 외교정책을 정할 때 점점 중요해져갔다. 게다가 인터넷의 보급은 민족주의적 청원의 거대한 장을 네트(Net)라는 공간에 창조해 냈다. 이러한 현상은 흔히 네트민족주의(Net-Nationalism)라고 불려진다.5)

이 모든 발전은 동아시아와 동북아시아지역에 결코 이롭지 않다. 포크너(William Faulkner)의 표현을 빌린다면 동아시아와 동북아시아에서 "과거는 죽지 않았다; 아직 과거조차 되지 않았기(the past is not dead; it's not even past)" 때문이다. 동아시아는 "독일에 대한 의심"이 거의 사라진 유럽과는 확실히 다르다. 유럽에서는 상호의 불신을 극복하고 유럽연합을 설립했지만, 불행하게도 동아시아에서는 "일본에 대한 의심(혹은, 샌프란시스코 조약의 "저주")"가 아직 해결되지 않은 상태이다. 2차 세계대전의 끝이 60년이나 지난 지금, 동아시아지역은 그 고통스러운 기억들로부터 아직 완전히 회복하지 못했다.6)

---

5) Thomas E. Copeland (ed.), *The Information Revolution and National Security* (Carlisle, PA: Strategic Studies Institute, 2000), pp.31-46; Hao Yufan and Lin Gang (eds.), *Zhongguo waijiao juice: kaifang yu duoyuan de shehui yinsu fenxi* (Chinese Foreign Policymaking: Analyses of the Opening Policy and Multiple Societal Factors) (Beijing: Shehuikexue wenxian chubanshe, 2007), chs.4-5.

아물지 않은 오랜 상처: 중-일, 한-일 불화

동북아시아는 비극적인 역사와 아픈 기억들로 가득 차 있다. 이 역사적 견해에 관련된 문제의 중심에는 일본 제국주의의 과거와 얽혀 있는 상처들이 있다.7) 그래서 중-일 그리고 한-일 관계는 쉽게 깨지기 쉬운 유리 같은 특성을 가지고 있다. 이 모든 문제의 원인이 일본이긴 하다. 하지만 잊기보단 다시 기억해내는 것에 더 익숙한 모든 이들이 그러한 불화의 근본적인 책임을 함께 져야 한다. 학교교육과 가정교육 그리고 미디어보도 등을 통해 적개심을 위 세대에서 아래 세대로 전달하면서 이 고통스러운 역사는 동아시아에 계속 존재하게 되었다.8)

일본 내무성이 매년 집행한 설문조사에 의하면, 일본 대중의 중국에 대한 호의적인 태도는 꾸준히 줄어들어 1988년도에 69%이던 것이 2005년에는 32%까지 내려갔다. NHK가 진행한 2006년도 설문조사에서는 일본 국민의 73%가 중국을 라이벌로 여기고 27%만이 파트너로서 여긴다는 결과를 얻었다.9) 다른 국가들에서와 마찬가지로 일본정치인들이 대 중국 감정을 이용해서 지지도 상승을 이끌어내려 하는 성향이 강하다는 점을 볼 때, 이러한 대중의 중국에 대한 감정은 정치적으로 조작될 여지가 크다.

더 심각한 문제는 이러한 감정들이 서로를 상호적으로 증대시키는 작용을

---

6) Charles Hill, "Fighting Stories: The Political Culture of Memory in Northeast Asian Relations," in Gerrit W. Gong (ed.), *Remembering and Forgetting: The Legacy of War and Peace in East Asia* (Washington, D.C.: CSIS, 1996), pp.1-18.

7) Nicholas D. Kristof, "The Problem of Memory," *Foreign Affairs,* Vol.77, No.6 (November-December 1998), pp.37-49.

8) 샌프란시스코 체제와 관련해서는 San Francisco system, see Meredith Woo-Cumings' contribution to David Steinberg (ed.), *Korean Attitudes toward the United States* (Armonk: M. E. Sharpe, 2005); and for the factor of intergenerational transmission of sentiments, see Rita R. Rogers, "Intergenerational Transmission of Historical Enmity," in Vamik D. Volkan (ed.), *The Psychodynamics of International Relationships* (Lexington: Lexington Books, 1990) 참조.

9) NHK Survey —"Japan and the Future of China"— conducted on August 15, 2006.

한다는 것이다. 중국 관리들이 일본 관리들이 하는 것과 같은 종류의 정치 게임을 하지는 않지만, 반일감정을 이용하는 것은 중국에서도 나타난다.[10] 어떤 거리 시위라도 강력히 금지하는 중국 정부가 반일 대중 시위를 어느 정도까지 묵인하는 점이 그 하나의 예이다. 사실, 일본의 역사 미화 정책들은 꾸준히 한국과 중국에서 강한 반일감정을 키워주었고, 이에 반응해 일본에서도 반동적인 적개심이 자라날 수 있는 환경이 형성되었다. 이 적대감 재현의 악순환은 중-일 그리고 한-일 불화를 없애는 것을 어렵게 한다.

일본에 대해 유연한 자세를 취하는 것은 자주 "배신자" 딱지를 당할 위험이 있기 때문에, 일본과의 관계에 관한 자유주의적 접근은 한국과 중국 양국에서 흔하지 않다.[11] 정부 간의 갈등과 다른 믿음 또한 영구적인 관계 개선을 어렵게 만드는 요인이다. 반면에, 일본은 민주주의와 인권이 일본과 미국을 움직이는 근본적인 힘이라고 생각하지만 중국은 이런 가치관을 공유하지 않는다. 중국이 이러한 가치관을 공유하지 않는다는 점으로 인하여 중국이 급속히 성장할 경우 일본과 중국과의 대립을 촉발시킬 수 있다는 불안감을 가져왔고, 따라서 일본이 점점 미국과 밀접한 관계를 유지하게 되었다.[12] 반면 중국은 가치관이 아닌 공동의 이해관계와 목표가 국가 간의 대립을 극소화 해주는 요소라고 믿는다. 중국은 미일관계가 이익관계에 근거하고 있으며, 미국이 일본과 동맹을 맺은 이유를 미국이 동맹을 통해 일본의 호전적인 특성을 억제하려고 하는 것으로 여긴다.

---

10) Peter Hays Gries, *China's New Nationalism: Pride, Politics, and Diplomacy* (Berkeley: University of California Press, 2004), pp.95-97.

11) Gilbert Rozman, "China's Changing Images of Japan, 1989-2001: The Struggle to Balance Partnership and Rivalry," *International Relations of the Asia-Pacific*, Vol.2(2002), pp.95-129.

12) Ren Xiao and Hu Yonghao, *Zhongmeiri sanbian guanxi* (The Trilateral Relations between China, the United States and Japan) (Hangzhou: Zhejiang renmin chubanshe, 2002), pp.153-166; and Mike Mochizuki, "China-Japan Relations: Downward Spiral or a New Equilibrium?" in David Shambaugh (ed.), *Power Shift: China and Asia's New Dynamics* (Berkeley: University of California Press, 2005), pp.144-145.

한국과 중국이 한 패로 일본과 넓은 영역에서 교섭을 진행하고 있지만, 이것은 본질적으로 전략적인 행동이다. 이러한 전반에 걸친 전략적 분위기는 중일 관계의 급진적인 개선에 악영향을 준다. 중국은 오랜 역사 동안 일본에 영향력을 미쳐온 반면, 일본은 아주 짧은 시간 동안 중국을 지배했다. 이제, 최초로 이 두 나라들이 동시에 주도적 세력으로 등장하고 있다. 일본은 중국에 뒤처질까 두려워하기에, 중국의 부상은 일본과 미국이 다시 한 번 결속하게 되는 계기가 되었다.[13]

만약 동북아시아의 전략적 기반이 해양세력과 대륙연합세력의 대립구조로서 재구성된다면, 진정한 화해의 여지는 거의 없을 것이다. 장기적으로 중국의 기대와 소망에도 불구하고 중국의 미래에 대한 불확실성은 중국이 일본 및 한국과의 관계 개선에 악영향을 미칠 것이다.[14]

새롭게 생겨나는 상처: 한중 역사 논쟁

이제까지의 역사 논쟁은 일본이 주도하였다. 하지만 최근 중국은 중화인민공화국의 현재의 영토 내에 있는 모든 역사 속의 국가와 왕조, 그리고 역사들을 중국 역사에 편입시키는 작업을 하고 있다. 이로 인하여 몽골, 베트남, 터키가 피해를 받고 있지만, 가장 두드러진 피해자는 한국이다. 한국의 고대 왕조였던 고구려가 중국의 역사라고 주장되고, 중국은 그 역사가 한국인에게 중요한 역사의 한 부분임을 완전히 무시하였다.[15]

---

13) Christopher P. Twomey, "The Dangers of Overreaching: International Relations Theory, the U.S.-Japan Alliance and China," in Benjamin L. Self and Jeffrey W. Thompson (eds.), *An Alliance for Engagement: Building Cooperation in Security Relations with China* (Washington, D.C.: The Henry Stimson Center, 2002), pp.3-29.

14) June Teufel Dreyer, "Sino-Japanese Rivalry and Its Implications for Developing Nations," *Asian Survey,* Vol.46, No.4(July-August 2006), pp.556-557; Jae Ho Chung, *Between Ally and Partner: Korea-China Relations and the United States* (New York: Columbia University Press, 2007), ch.9.

마오쩌둥 시대 동안 중국은 고구려 역사를 한국 역사로 완전히 인정했었다. 그러나 1980년대 중반 이후로 일부 중국학자들은 흔히 "일사이용(一史二用, 중국어로는 yishi liangyong, 하나의 역사를 둘로 해석함)"이라고 불리는 논제를 발표하고 평양으로 천도하기 이전의 고구려 역사(706년의 고구려 역사 중 460년 기간)를 중국의 한 지방 역사로 봐야 한다고 주장했다. 더 문제가 되는 점은, 2002년 이래로 "동북공정"이라 불리는 학파와 학계 프로젝트가 (1)고구려가 분리될 수 없는 중국의 중앙 왕국의 "하나의 체제(一體, one system, 중국어로는 yiti)"에 속해 있었으며, (2)고구려의 중국 속국 지위는 실제로는 속국의 지위가 아닌 중국 내부의 중앙-지방 정부의 관계였으며, (3)마지막으로 고구려가 (현대) 중국의 북동쪽에서 발생했기 때문에 중국의 역사 속한다고 주장한다는 점이다.

만약에 동북공정 프로젝트가 순전히 학문적인 연구 프로젝트로서 시작되었을지라도 중국 정부가 이 새로운 기회를 이용할 가능성은 완전히 배제할 수 없다. 아직 한국이 단순히 중국의 '속국'이었을 뿐 결코 '지방정부'가 아니었다는 것을 주장하는 중국학자들이 있긴 하지만 그들이 언제까지 이런 입장들을 내세울 수 있을지는 알 수 없다. 특히 중국은 NGO들이 정부 정책에 반대하는 것을 금지하기 때문에 최근 한국인의 대중(對中) 호감의 감소가 적나라하게 보여주듯이 한국 정부의 고민은 점점 깊어갈 수밖에 없다.

심각한 역사분쟁에 아울러 또 다른 불길한 사건이 존재한다. 제주도 남쪽이자 상하이 북동쪽에 있는 이어도(離於島) (중국어 - 苏岩礁(수옌자오))분쟁이 바로 그것이다. 미디어의 집중조명은 두 나라에서 민족주의적 감정이 격해지는 데 기여하며 한중 관계의 난관이 되었다.16) 중국이 이미 주변 여러

---

15) 이 부분은 Jae Ho Chung, "China's 'Soft' Clash with South Korea: The History War and Beyond," *Asian Survey,* Vol.49, No.3(June 2009), pp.468-483에서 재인용함.

16) "Leo-do nomboneun jungguk heuksim mwonga" (China's Territorial Ambition over the Socotra Rock), *Jugan Hanguk* (Hangook Weekly), October 3, 2006, pp.58-59; and Jiang Xun, "Han zhanling suyanjiao bengju zhonghan shenjing" (South Korea's 'Occupation' of the Socotra Rock Getting on China's Nerve),

국가들과 영토분쟁 속에 있다는 점 — 특히 댜오위다오-센가쿠 제도(한국어로 조어도)와 남사군도 그리고 배타적 경제 수역(Diaoyutai/Senkaku, Spratlys and exclusive economic zones(EEZ)) — 을 감안했을 때 중국이 이 지역에서 신용회복을 하기까지 갈 길이 멀다는 것을 알 수 있다.

국제 정치학의 관점에서 본 역사 문제

지역통합이나 지역주의가 연관되면 사람들은 동북아시아는 항상 제외시킨 후, 거의 유럽과 동남아시아의 경험을 떠올린다. 동아시아의 지역주의에 대한 담론과 주장들은 많지만 실제 기관차 역할은 흔히 동남아시아가 맡아 왔다(예) ASEAN+1, ASEAN+3, East Asian Summit 등). 사실, 동북아시아(한중일)는 비전통적인 안보라는 편리한 깃발을 내세우며 동남아시아의 리드에 맞춰가는 식이었다. 오래된 상처와 새로운 상처들이 모두 역사 문제와 관련되어 있다는 점에서 최근 몇몇의 흥미로운 교섭들을 제외하고는 동북아시아는 이 기나긴 교착상태에서 벗어나기 위한 좋은 위치에 있지 않다.

역사는 계속해서 정체성 관련 문제들 — 인종적이고, 종교적이며, 민족적인 — 이 국제정치에서 가장 일촉즉발적인 문제라는 것을 보여주었다. 냉전의 종결은 이러한 "전통적인" 이슈들을 최전선에 보냈고 가장 불안정적인 요소들을 국제정치에 소개했다. 역사와 관련한 갈등들은 동북아시아의 소속 국가들에게 가시밭 같은 외교적 상황을 만들어냈다. 역사문제는 한 번씩 수면 위로 떠올라서는 다양한 지역통합과 협동을 위한 노력들에 찬물을 끼얹었다. 자유무역협정(FTA)과 관련 이슈는 이런 점에서 좋은 예이다.

거북이 걸음 같은 한중일 자유무역협정(CJK-FTA)의 진전속도는 역사분쟁의 악영향을 자명하게 보여준다. FTA에 대한 각국의 입장에서 경제적인 요소도 매우 중요했지만, 정치적인 요소들의 중요성은 절대적이었다. 한일 자

Yazhou zhoukan (Asia Weekly), December 3, 2006, pp.24-27.

유무역협정(Korea-Japan FTA)은 독도문제와 역사교과서문제 때문에 2004년 가을 이후로 지금까지 계속 교착상태이다. 더 심각한 문제는 수세기에 걸쳐 생겨난 적대감이 한·중·일 자유무역협정의 노력 또한 막아서고 있다는 것이다.[17]

결론적으로, 만약 과거가 실제로 우리를 어디로 이끌어갈 수 있다면, 중일 라이벌의식은 더 오랜 기간 동안 지속될 것이며 그 문제를 근본적으로 해결하는 것은 쉽지 않다. 동북아시아의 난점들을 본질 그 자체에서 바꾸려는 공동의 노력―즉, 널리 퍼져있는 관념들을 다시 비판적으로 보기―이 있긴 하지만, 궁극적인 지역의 안보문제와 고민은 쉽게 사라지지 않을 듯하다.[18] 사료편찬과 질적으로 다른 안보관련 딜레마들의 충돌―중국의 상승과 남북관계의 미로―은 이 지역에서의 불확실성만 증폭시킬 것이다. 그리고 비록 어떤 서열 관계가 형성되더라도 이것은 아주 단기적일 것이며 본질적으로 긴장과 불안을 내포하고 있을 것이다.[19] 굳은 정치적 결심을 가진 지역적 리더십만이 이러한 어마어마한 도전들을 극복할 수 있다. 하지만 이러한 리더십은 그냥 얻어지는 것이 아니며, 따라서 이것은 엄청난 노력이 뒷받침되어야 한다.

---

17) "Japan Cool to China Bid for a Free Trade Accord," *International Herald Tribune,* May 20, 2005; "South Korea Blames Japan for a Free Trade Impasse," *Financial Times,* June 28, 2005; and Kawai Masahiro, "East Asian Economic Regionalism: Progress and Challenges," *Journal of East Asian Economics,* Vol.16, No.1(February 2005), p.51.

18) 변성(denaturalizing)에 대해서는 Allen Carlson and J. J. Suh, "The Value of Rethinking East Asian Security: Denaturalizing and Explaining a Complex Security Dynamic," in J. J. Suh, Peter J. Katzenstein and Allen Carlson (eds.), *Rethinking Security in East Asia: Identity, Power, and Efficiency* (Stanford: Stanford University Press, 2004), ch.6 참조.

19) T. J. Pempel, "Tentativeness and Tensions in the Construction of an Asian Region," in T. J. Pempel (ed.), *Remapping East Asia: The Construction of a Region* (Ithaca: Cornell University Press, 2005), ch.11.

동북아시아의 역사 전쟁:
평화조약을 위한 제안

Donald BAKKER
브리티시 콜롬비아대학교 교수

홀로코스트 생존자이자 노벨 평화상 수상자인 엘리 비젤(Eile Wiesel)은 2009년 7월 5일 나치의 강제수용소였던 국립 부켄발트 기념관(National Buchenwald Memorial)을 방문했다. 그는 아버지가 돌아가신 그곳에서 버락 오바마(Barack Obama) 미국 대통령, 독일 수상과 함께 엄숙한 추도예배를 드렸다. 비젤은 그 자리에서 짧은 연설을 했는데 그중에 다음 말은 오늘날 우리에게 많은 시사점을 준다. "기억은 사람들을 서로 멀어지게 하는 것이 아니라 하나로 묶어야만 합니다. 기억은 우리 마음에 분노를 뿌리내리게 하기 위해서 존재하는 것이 아니라, 우리를 필요로 하는 모든 사람과 연대하기 위해서 존재하는 것입니다."[1]

그런데 그와 정반대의 현상이 오늘날 동북아시아에서 벌어지고 있다. 기

---

[1] http://www.bundesregierung.de/Webs/Breg/EN/Homepage/home.html(2009년 7월 10일 검색).

억, 특히 과거 인근 국가들과의 관계에 대한 민족적 기억이 사람들을 하나로 묶어주는 것이 아니라 분노를 느끼게 하고 분열을 조장하고 있는 것이다. 역사학자로서 또한 인류 공동체의 한 구성원으로서, 나는 이것을 매우 안타깝게 생각한다. 내가 역사를 공부하는 이유는 역사에 대한 탐구가 과거의 잘못된 관계들에 대한 반성을 가능하게 해주어 미래에 그 실수를 되풀이하지 않게 할 수 있다고 믿기 때문이다. 하지만 기억과 역사를 둘러싼 전쟁은 정반대의 결과를 가져다주었다.

이것은 수천 마일 떨어진 밴쿠버(Vancouver)에서 편안히 사태를 관망하는 한 캐나다 역사학자의 안이한 걱정이 아니다. 나는 학교에서 아시아 문명 개론(Introduction to Asian Civilizations)이라는 과목을 가르치고 있다. 200명이 조금 넘는 수강생 중에 과반수 이상이 인종적으로 동아시아인이다. 흥미로운 점은 매번 강의가 개설될 때마다 내가 가르치는 내용이 사실이 아니라며 불만을 토로하는 중국인, 대만인, 일본인, 한국인 학생들이 있다는 사실이다. 자신들의 부모나 조부모로부터 배운 것, 혹은 자신들 선조들의 국가에서 정부가 발간하는 교과서로부터 읽은 것과 상반된다는 것이 이유였다.

학생들의 분노는 단지 수업에서 좋은 학점을 받기 위해서는 그들에게 낯설고 예기치 않았던 것들을 배워야 한다는 자각에서 비롯된 것이 아닌, 그보다 훨씬 더 깊은 것이었다. 그 분노는 마치 우리가 동북아시아에서 종종 목격하는 이웃 국가의 역사 기술 방식에 대한 외교적 항의나 길거리 군중집회 등과 같은 성격의 것에 가까웠다. 즉, 학생들은 그들이 누구인가를 규정하는 정체성에 대한 도전을 받았던 것이다. 우리는 우리가 무엇이었고 무엇을 해왔는가를 근거로 우리 스스로를 정의한다. 만약 누군가 우리가 우리 자신의 과거를 이해하는 방식을 부정한다면, 그것은 우리가 사실이라고 믿고 있는 것에 대한 도전일 뿐만 아니라 우리의 자기 정체성에 대한 도전이 되는 것이다.

역사가 자아 정체성과 자긍심의 필수불가결한 요소라는 사실은 개인뿐만이 아니라 민족 공동체와 같은 집단에도 적용된다. 더군다나 민족 공동체와 같은 인간 집단은 공유된 역사인식에 기반을 하는 경우가 많다. 우리는 한 집단의 역사를 공유한다는 사실에 근거하여 우리를 그 종족 혹은 민족 공동체의 구성원으로 정의한다. 결국, 우리가 누구인가라는 공유된 인식을 공격하는 누군가가 있다면, 그는 우리가 사실이라고 믿고 있는 것을 부정할 뿐만 아니라 한민족공동체라는 연대감 그 자체를 허무는 것이다.

역사 전쟁은 우리가 우리 스스로를 정의할 수 있는 권리, 우리가 믿는 자아 정체성을 고수할 수 있는 권리에 대한 전쟁이다. 물론 폭력이나 대규모 살상이 수반되지 않는 역사 전쟁이 실제 전쟁보다 낫다고 말할 수는 있다. 하지만 쉽게 감정적으로 변할 수 있는 설전이 역사 전쟁이라는 점에서 동일하게 위험하다.

제주도, 기억의 전쟁

제주도는 기억의 전쟁이 자아 정체성 그리고 집단 정체성에 미친 영향에 대해서 논의하기에 특별히 적합한 장소이다. 아마도 많은 사람들이 이 아름다운 섬이 비극적인 역사를 가지고 있다는 사실을 모르리라고 생각된다. 제주도는 한국 전쟁이 한반도를 전쟁으로 몰아넣기 2년 전에 이미 내전으로 빠져들었다. 1948년 4월 3일, 남한 단독정부가 서울에 수립될 것이라는 사실을 알게 된 좌파들이 통일된 조국의 꿈을 포기하고 제주 전역에서 경찰서 공격에 나섰던 것이다. 이것은 좌파와 우파가 충돌하면서 보수적인 추정으로도 대략 30,000명의 사망자를 내 제주 전체 인구의 십분의 일을 죽음으로 몰아넣은 비극적 분쟁의 서막이었다.[2]

내가 몇 년 전에 한 제주 토착민으로부터 들은 이야기는 당시 내전이 얼마나 잔혹했었는지를 잘 말해준다. 당시 제주도를 여행 중이었던 나는 어느 작은 마을의 가게에 들렀다. 초저녁이었기 때문에 나와 아내는 가게 근처의

---

2) 이에 대한 영어로 된 더 자세한 정보는 John Merrill, *Korea: The Peninsular Origins of the War* (Neward: University of Delaware Press, 1989), pp.63-83을 참조.

간이 테이블에 앉아 산들바람을 즐기며 간단한 안주와 함께 술을 마시기로 했다. 근처에는 마침 내 또래의 남자 세 명이 나처럼 술을 마시고 있었다. 우리는 곧 함께 대화하기 시작했는데, 어느 정도 취기가 돌아 민감한 주제를 꺼내도 괜찮겠다고 생각한 나는 혹시 그들이 1948년에도 그 마을에 있었는지 물었다. 그중 한 명이 그렇다고 대답했고 나는 그때 무슨 일이 있었는지 기억하느냐고 물었다. 그는 나를 똑바로 응시하면서 억제된 목소리로 "모든 성인 남자가 죽임을 당했지"라고 대답했다. 나는 더 이상 그에게 반세기도 전에 일어난 비극에 대해서 캐묻지 않았다. 어느 편이 살인을 저질렀냐고도 묻지 않았는데, 그것은 내가 이미 양쪽 다 비극에 책임이 있다는 것을 알았기 때문이었다.

제주 4·3사건에서 우파가 저지른 행위에 대해서는 최근까지 많이 알려진 바가 없었는데, 공산당 세력의 반란을 진압하기 위한 정당한 폭력의 행사였다는 공식 기술 이외에 그 사건에 대해 말하거나 기록하는 것은 불법이었기 때문이다. 1980년대 말까지 당시에 대한 기억은 가족이나 가까운 친구 사이의 사적 대화나 죽은 사람들의 목숨을 달래기 위한 무속적 제사에 의해서만 명맥을 유지했다.[3] 한국이 민주화되고 그러한 사건들에 대해 합법적으로 이야기할 수 있게 된 후에 제주도는 한 가지 문제에 봉착하게 됐다. 그 사건을 경험한 많은 사람들이 아직 생존해 있었던 것이다. 오늘날에도 당시 좌파의 테러에 친구들을 잃고, 우파의 테러에 친지들을 잃은 많은 사람들이 제주도에 생존해 있다. 많은 사람들이 양쪽의 테러에 의해 사랑하는 사람들을 떠나보내야만 했던 것이다.

한 제주 출신의 작가에 의하면, 다행히도 당시의 열정들은 사그라졌고 사람들은 더 이상 극단적인 편 가르기를 하지 않는다고 한다. "당시 뜻하지 않게 좌파 운동에 참여했던 사람들이 지금은 자신들의 행동이 옳지 못한 것이었다고 느낀다. 그리고 반대편에서 우파 친민주주의 운동을 지지했던

---

3) Seong Nae Kim, "Chronicle of violence, ritual of mourning: Cheju Shamanism in Korea," doctoral dissertation (University of Michigan, 1989).

사람들은 잔혹했던 진압에 참여했던 것을 후회한다.[4] 이것이 결국 제주 4·3평화공원과 제주 4·3 평화기념관의 건립을 가능하게 했다. 제주 사람들은 분열의 과거를 극복하고 양측의 희생자 모두를 기리고 있는 것이다.[5]

우리는 제주 사람들로부터 교훈을 얻을 수 있다. 만약 60여 년 전 이웃들이 서로를 무참히 살상한 분열의 과거를 뒤로할 수 있다면, 이웃 국가의 사람들끼리도 똑같이 할 수 있다는 것이다. 그러나 내가 브리티시 콜롬비아대학교 학생들로부터 배운 것처럼 그것이 말처럼 쉽지는 않다.

역사 전쟁의 이유들

학교에서 아시아 역사를 가르쳐온지 20년이 넘는 세월을 통해서 나는 동아시아의 역사 중 특히 두 영역이 논쟁의 중심에 있음을 알게 됐다. 학생들은 필자의 주연구분야인 18, 19세기 역사에 대해서는 그렇게 관심을 드러내지 않는다. 그들이 나와 학급 동료들을 향해서 이의를 제기하는 것은 주로 고대 역사와 20세기 역사 해석의 문제이다. 왜 두 시기의 역사 기술이 가장 논쟁적인지 대해 알아보기 위해 나는 학생들이 의견을 경청하고, 또 상반된 주장을 펼치는 전문가들의 논의도 연구해 보았다.

주장 자체에 대한 엄밀한 분석이 아니라 그러한 주장들이 표출되는 방식에 근거한 나의 인상은, 고대와 근현대 역사에 대한 엇갈린 주장들에는 각기 다른 이유가 있다는 것이다. 사람들이 고대 역사에 대해 격렬히 논쟁하는

---

4) Kil-Un Hyun, *Dead Silence and Other Stories of the Jeju Massacre*, translated by Hyunsook Kang, Jin-Ah Lee and John Michael McGuire (Norwalk, CT: East-Bridge, 2007), p.154.

5) Heonik Kwon, "Healing the Wounds of War: New Ancestral Shrines in Korea," *The Asia-Pacific Journal*, Vol.24-4-09, June 15, 2009. http://japanfocus.org/(2009년 7월 4일).
제주 4·3 평화기념관에 대해서는 "제주 4·3 평화기념관 인권 성지로 자리매김," 『제주투데이』(2009년 7월 4일), http://www.ijejutoday.com/(2009년 7월 4일).

이유는 주로 수천 년 전에 무슨 일이 있었는지를 알 수 있게 해주는 명백한 근거가 부재하기 때문이다. 상반된 주장을 하는 사람들은 각기 가능한 최선의 증거로 자신들의 주장을 뒷받침한다. 설상가상으로, 사람들은 현재의 정치적·종족적 정체성을 그것이 적용될 수 없는 너무 먼 과거에까지 적용하려고 한다. 그 결과, 문제에 대한 객관적이고 전문적인 분석이 불가능해진다.

현대 역사에 관해서는 상황이 다르다. 신뢰할 수 있는 자료가 풍부하기 때문이다. 하지만 문제는 사람들이 그 자료를 해석하는 데에서 발생한다. 분석 대상인 사건에 대한 개인적인 경험이 있거나 그러한 경험이 있는 친지들 혹은 친한 친구들로부터 사건에 대한 이야기를 들은 적이 있는 사람은 자료를 객관적으로 대하기가 어렵다. 내 자신이 개인적 기억과 객관성의 충돌을 경험한 당사자이기도 하다.

나는 1970년대 처음 한국에 와서 한반도 남쪽에 위치해 있는 광주에 살았다. 광주는 내가 한국을 사랑하도록 만들었고, 그곳에 살았던 3년이 내가 한국 역사를 연구하는 학자가 되는 데 결정적인 영향을 끼쳤다. 나는 1974년 미국에서 대학원에 진학하기 위해 한국을 떠났다가 1978년 논문 자료조사를 위해 다시 한국으로 돌아왔다. 나는 서울에 살았지만 광주의 친구들과 지속적으로 연락을 주고받았다. 군사 쿠데타를 일으킨 전두환 장군이 1980년 5월 광주에 특공대를 투입했다는 소식을 접하고 나는 친구들의 안위가 걱정되어 광주로 내려갔다. 친구들은 모두 무사했고 나는 그들로부터 광주에서 어떤 일이 벌어졌는지에 대해 들었다. 나는 무고한 시민들 수백 명이 희생당했다는 친구들의 증언을 확인할 증거도 보았다.

후에 내가 역사학자의 입장에서 광주에서 벌어졌던 사건에 대해 연구를 시작했을 때 나는 그 사건을 직간접적으로 체험했었던 경험이 내가 객관적이 되는 것을 방해하고 있다는 것을 깨달았다. 내가 직접 보고 들었던 것들이 1980년 5월 광주에서 실제로 일어났던 사건의 일부분에 불과하다는 것을 인지했지만, 그럼에도 불구하고 그것은 내게 가장 실제적인 부분이었다. 결과적으로, 그 편향된 기억들이 내가 후에 광주 민주화 운동(Gwangju Democratization Movement)이라고 불리게 된 사건을 포괄적으로 이해하는 데 장애가 됐던 것이다. 나는 결국 광주 민주화 운동에 대한 내 해석을 출판하지 않았고, 단지 그 사건에 대한 여러 시각을 소개한 글만을 출판했다.6)

불행하게도, 광주 민주화 운동과 같은 충격적인 사건을 직간접적으로 경험한 동아시아의 많은 사람들은 이제껏 자신의 경험에 기초해 편향된 시각에서 그 사건에 대한 해석을 내리는 것에 별로 가책을 느끼지 않아왔다. 이것이 일본 식민지를 경험한 한국인들이나 그 후손들이 그 시절을 매우 고통스러웠던 시간으로 기억하는 반면에, 조선 총독부에서 일했던 사람이나 그와 관련이 있는 사람들은 한국이 일본의 식민지배로 인해 근대화에 성공할 수 있었다고 주장하는 이유이다. 또한 제2차 중일전쟁의 직간접적 경험이 있는 중국인들은 일본의 극악무도함을 기억하는 반면에, 전쟁에 직간접적으로 참여했던 일본인들은 중국인들의 비난이 과장되었다고 반박한다.

나는 역사적으로 중대한 사건들을 직접 경험한 목격자가 그들이 본 바를 기록해서는 안 된다고 주장하는 것이 아니다. 내가 지적하고 싶은 것은 목격자들의 증언을 객관적이고 포괄적인 것으로 간주해서는 안 된다는 것이다. 그러한 증언들은 단지 큰 그림의 일부를 보여주는 것으로 취급되어야만 한다.

직간접적인 목격자들의 증언에 크게 의존해서는 안 되는 또 한 가지 이유는 그들이 분석대상인 사건에 너무 밀접하게 연관되어 있기 때문에 사건 전개 과정에서 의도와 결과를 구분하기 힘들다는 것이다. 특정 사건으로부터 부정적으로 영향을 받았다고 느끼는 사람들은 많은 경우 그 사건에 책임이 있다고 생각되는 대상에게 사악한 동기가 있었다고 간주한다. 예를 들자면, 만약 한국인들이 일본 지배하에서 고통을 당했다면 한국인들은 일본인들이 한국인들에게 그러한 고통을 주기 원했을 것이라는 가정을 할 것이다. 중국인들은 난징 대학살(Nanjing Massacre)에서 희생된 사람들의 수를 보고 그 사건이 중국인들을 위협하려는 일본의 의도적 정책의 결과였다는 가정을 할 것이다.

---

6) 필자의 "Victims and Heroes: Competing Visions of May 18," *Contentious Kwangju: The May 18 Uprising in Korea's Past and Present* (New York: Rowman & Littlefield, 2003), pp.87-107를 보라.

반면에, 그 반대의 입장에 서있는 사람들은 그들의 의도가 선한 것이었으며 비판자들의 주장처럼 부정적인 결과를 가져오지 않았을 수도 있다고 생각한다. 예를 들어, 일본의 한국 식민 통치를 옹호하는 일본인들은 식민지화가 전근대적 정부의 압제와 비효율성에 갇혀 고통 받고 있던 한국인들에게 근대화의 경험을 가르쳐주기 위한 목적이었다고 주장할 것이다. 그러므로 그들은 일본이 한국을 병합했을 때 한국인들에게 의도적으로 해를 가할 목적이 있었다는 비난은 부당하다고 변명한다. 이제는 소수이긴 하지만 일부 일본인들은 일본이 중국을 침략했을 때 동일하게 고상한 목적이 있었다고 주장한다. 적어도 만주에서만큼은 근대적이고 다문화적인 사회를 건설하려고 했다는 것이다. 그들은 역사의 흐름에 역행하는 중국인들에게 근대화를 가르쳐주려고 했을 뿐이지 강탈을 위한 침략은 아니었다고 주장한다.

고대 역사에 대한 견해 차이 극복하기

이번 제주도에서의 모임은 과거에 대한 것이 아니라 미래에 대한 것이다. 우리는 상호 이익과 공동의 번영을 실현하기 위한 비전을 찾을 수 있는 방도를 모색하기 위해 여기 모였다. 하지만 과거를 둘러싼 기억의 전쟁, 심지어는 고대 과거에 대한 기억의 전쟁도 오늘날 적실성을 갖는다. 과거의 해석을 둘러싼 다툼이 오늘날 국가 간의 관계에 영향을 미치기 때문이다. 나는 그 중에서 고대 역사를 둘러싼 두 가지 논쟁, 그리고 20세기 역사를 둘러싼 두 가지 논쟁을 중점적으로 살펴보고자 한다.

우선, 한일 관계를 보자. 20세기 초 일본제국이 한국을 병합하려고 했을 때 그것을 정당화하기 위해 했던 주장 중의 하나는 한국 혹은 한국의 상당 부분이 6세기 때 일본 영토였기 때문에 일본은 단지 그것을 회복하려 한다는 것이었다. 8세기 일본 역사서들은 "임나(Mimana)"라고 불리는 한국의 동남부 모퉁이에 일본의 군사 식민지가 있다고 기록한다. 한국인들은 이것을 완강히 거부하면서 1,500년 전 한국의 동남부 모퉁이에 살던 한국인들이 일본과 교역 관계는 가졌지만 그것이 절대로 지배 관계는 아니었다고 주장한다. 그들은 또한 일본인들의 주장을 뒷받침할 고고학적 증거가 없다고 일축한다. 무엇보다도 한국의 역사서들이 일본이 임나가 있었다고 주장하는 위치에 "가야(Gaya Confederation)"가 존재했음을 기록하고 있다.

고고학적 발견들은 4세기에서 6세기 사이 일본 남부에 살던 사람들과 한국의 동남부에 살던 사람들 사이에 긴밀한 경제적·문화적 관계가 성립했었음을 보여준다. 같은 양식의 도기는 물론이고 갑옷과 승마기구가 한반도에서 처음 나타난 지 불과 수십 년 후 일본 무덤들에서 발견된다. 또한 일본에서 전방후원분 고분이 출현한 지 삼백 년 후에는 한반도에서 사람들이 같은 양식의 고분을 만들기 시작한다.[7] 하지만 어느 고고학적 기록도 일본이 한반도에 정치적으로 존재했다는 주장을 뒷받침하지는 않는다. 물론 고대 일본 역사서들은 그런 주장을 하고, 중국 역사서에도 그와 같은 기록이 있기는 하다. 증거가 모호하기 때문에 양측이 모두 자신들의 주장을 뒷받침할 객관적인 증거가 있다고 주장할 수 있는 것이다.[8] 한국인들은 종종 일본인들이 아직도 한국의 일부분이 한때 일본 영토였다는 주장을 한다는 데에 격분하고, 일본인들은 한국인들이 고대 일본역사가 믿을 수 없다고 주장을 한다는 데에 분노한다.

나는 이 문제가 다음과 같은 방식으로 해결될 수 있다고 생각한다. 앞에서 지적했듯이, 고대 역사에 대한 의견충돌이 일어나는 이유는 사람들은 현재의 정치적·종족적 명패를 그것이 적용될 수 없는 너무 먼 과거까지 적용하려고 하기 때문이다. 한국인들은 가야인들이 한국인이었다고 주장한다. 하지만 가야인들은 통일된 한국 정부, 한국어, 한국 문화의 성립 이전에 존재했다. 다른 한편, 일본인들은 임나에 살던 사람들이 일본인이었다고 주장

---

7) 예를 들어, Oh Young Kwon, "The Influence of Recent Archaeological Discoveries on the Research of Paekche History," *Early Korea*, vol.1 2008, pp.97-105를 보라.

8) 한국의 독립 이후에도 계속되고 있는 이 논쟁에 대해서는 영어와 한국어 위키피디아가 "가야"에 대해서 이야기하는 것과, 일본어 위키피디아가 "임나"에 대해서 이야기하는 것을 보라.

한다. 하지만 마찬가지로 당시 일본은 통일된 정부, 언어, 문화가 없었다. 결국, 양쪽 모두 현재의 정치적·종족적 정체성을 그것이 적용될 수 없는 과거에 투사하고 있는 것이다.

"한국인" 그리고 "일본인"이라는 근대적 개념을 사용하는 대신에, 우리는 1,500년 전 한국 동남부에 살던 사람들과 일본 남부에 살던 사람들 사이에 각기 북쪽에 존재하는 이웃보다 더 공통점이 많았다는 점을 인정해야 한다. 그들은 자신들을 현재 한국에서 "한국 해협," 일본에서 "쓰시마 해협"이라고 부르는 바다의 양쪽에 사는 동족으로 생각했을 수도 있다. 신라 왕국이 가야를 병합했을 때 가야인들은 한국인이 된 것이다. 바다 건너 그들의 친족들은 야마토 왕국에 병합되어 일본인이 되었다. 나의 제안을 받아들인다면, 양쪽의 주장은 의미가 없어지고 더 이상 논쟁할 필요성이 없어지는 것이다.

우리는 이 논리를 한국과 중국 사이 고대 역사를 둘러싼 논쟁에도 적용해 볼 수 있다. 가야가 바다 건너 사람들과 활발하게 경제적·문화적으로 교류를 하던 비슷한 시기에 현재 중국의 동북부 거주민들과 한국의 북부 거주민들은 고구려라는 강력한 왕국을 건설하고 있었다. 한국 사람들은 전통적으로 고구려를 3세기에서 7세기 사이 한반도의 지배권을 두고 경쟁하던 삼국의 하나로 인식해왔다. 즉, 고구려는 주류 한국 역사의 일부로 인식되어 왔던 것이다. 10세기에 한반도 거의 대부분을 처음으로 통일한 왕조가 고구려의 후예라고 천명하고 이름을 고려라고 정한 것을 보면 잘 알 수 있다.

그런데 지난 수십 년 동안 일군의 중국학자들이 중앙정부의 후원 아래 고구려가 중화제국의 한 지방 정부였다는 주장을 하기 시작했다. 그들의 주장은 당시 중국인들이 고구려의 전 영토가 만리장성 북쪽에 위치하고 있었기 때문에 고구려를 자국의 역사로 간주하지 않았다는 사실을 간과한 것이다. 하지만 지금 그들은 고구려의 영토 대부분이 현재 중국의 국경선 안에 위치해 있고 고구려의 후손들 대부분이 현재 한국이 아닌 중국에 살고 있다는 것을 근거로 고구려가 중국의 지방 정부였다고 주장하고 있다. 그들은 또한 중국 제국을 건설한 여진족과 만주족이 고구려의 후손임을 공표했다는 것도 그것의 근거로 든다. 이러한 연유로 고구려가 중국 역사의 일부로 간주되어야 한다는 것이다.

이것은 단순히 무미건조하고 학문적인 주장이 아니다. 나는 남한에서 "선조의 땅을 회복하자"는 주장을 담은 책들이 출간되는 것을 보아왔다. 여기서 선조의 땅이란 중국 동북부 지방을 말하는 것이다. 나는 지난 여름 밴쿠버로 남북한과 중국의 학자들을 초청해 개최한 학술회의에서도 이것을 목격했다. 학술회의의 주제는 고구려의 정체성에 관한 것이었는데 참석자들은 3일 동안 격렬한 논쟁을 벌였던 것이다. 한국의 민족주의자들은 중국이 한국의 역사를 강탈하려 한다고 비난했다. 반대로 중국의 학자들은 한국인들이 중국의 영토주권을 침범하려 한다고 맞섰다. 당시에는 한국이라는 개념이 없었기 때문에 고구려인들은 자신들이 한국인인지 아닌지 명시적으로 밝힌 기록이 없는 것이 당연하다. 그렇기 때문에 우리가 현재의 정치적·종족적 명패인 "한국인"과 "중국인"이라는 개념을 과거로 투영하는 한 이 분쟁을 해결하기는 불가능하다.

우리는 분쟁의 원인이 되고 있는 시대착오적인 가정에서 탈피하여 고구려인들이 중국인도 아니고 한국인도 아니었다는 사실을 인정할 필요가 있다. 고구려는 중국 정부의 통제 아래에 있지 않았기 때문에 중국이 아니었다. 또한 당시에는 통일된 한국 정부, 언어, 문화, 혹은 정체성이 부재했기 때문에 고구려는 한국도 아니었다. 고구려인들은 자신들이 맞서 싸우던 신라인이나 백제인과 동일하다고 생각하지 않았던 것이다. 고구려에 한국 또는 중국이라는 딱지를 붙이는 것이 역사를 왜곡하는 것이라는 데에 합의가 이루어진다면, 더 이상 논쟁할 거리가 사라진다. 그렇게 된다면 분쟁의 소지 없이 한국인들과 중국인들은 고구려의 문화와 전통이 한국과 중국 모두에게 영향을 미쳤다고 동의할 수 있을 것이다.

현대 역사에 대한 견해 차이 극복하기

시대착오적인 개념을 사용하지 않는 것이 고대 역사에 대한 해석의 차이를 극복하는 데 도움을 줄 수는 있겠지만, 현대 역사를 둘러싼 분쟁까지 해결해주는 것은 아니다. 현대 역사를 다루는 데 있어서 우리는 역사의 아이러니를 이해하고 의도와 결과를 분별할 수 있는 능력을 함양해야 한다. 인간의 행동은 종종 의도하지 않았던 결과를 가져오고, 때로는 예상했던 것과 정반대의 결과를 가져오기도 한다.

의도하지 않은 결과의 한 예가 제국주의와 식민통치가 피식민지에서 불러일으킨 민족주의 바람이다. 제국 열강의 침입에 대항한 반작용이라는 측면에 대한 고려 없이는 동아시아의 근대 민족주의를 설명할 수 없다. 일본의 민족주의는 서구 제국주의의 위협, 특히 1850년대 요코하마 항에 나타난 한 미국 군함의 위협에 대한 반작용이었다. 또 크게 보면 중국과 한국의 민족주의는 일본 제국주의의 위협에 대한 반작용이었다. 의도된 것은 아니었지만 일본의 침략은 1930년대 중국에서 근대적 대중 민족주의를 일으키는 기폭제가 되었다. 마찬가지로 의도된 것은 아니었지만 일본의 한국 식민지화는 한국에서 근대적 대중 민족주의의 바람을 일으켰다.

근대 동아시아 역사는 기술과 해석을 둘러싼 논쟁거리가 너무도 많다. 그중에서 가장 중요한 두 가지는 일본의 한국 식민지배와 1937년에서 1938년까지 일본 군대에 의해 수십만 명이 희생당한 난징 대학살이다. 한국인들과 일본인들은 20세기 초 한국이 독립 국가였으며 1910년 조선조 왕실과 대다수 한국인들의 반대에도 불구하고 일본 제국에 의해 병합되었다는 사실을 인정한다. 또한 양쪽 모두 1945년 일본의 식민통치가 막을 내렸을 때의 한국 상황이 1910년의 것과는 확연히 달라져 있었다는 사실도 인정한다. 한국은 독립하면서 1910년에는 존재하지 않았거나 맹아 상태였던 근대적 철도 체계, 근대적 공공 교육 체계, 근대적 보건 체계, 그리고 근대적 언론을 갖게 되었다. 여기에 더해서 한국은 많은 공장과 함께 산업 경제의 기반도 갖게 되었다.[9] 하지만 한국인들과 일본인들은 누가 그러한 근대화에 책임이 있느냐에 대해서는 상반된 해석을 내린다.

최근까지는 아주 소수의 한국 학자들만이 일본의 식민통치가 한국에 긍정적인 변화를 가져왔다는 데에 동의했다. 대다수의 한국인들은 한국이 일본에게 경작지를 제공해주고, 상품 수출을 위한 시장이 되어주고, 값싼 노동력을 제공해주고, 중국 공격을 위한 전초기지로서의 역할을 했다고 생각한다. 일본이 한국인들을 돕기 위해 한국을 식민지화했던 것이 아닌 이상, 한국의 경제발전과 생활수준 향상은 우연이었거나 일제 치하에서 많은 역경을 헤치며 열심히 일한 한국인들의 공이라는 것이다. 한국인들은 종종 일본이 한국을 침략하지 않았더라면 한국은 더욱 성공적으로 근대화를 이룩할 수 있었을 것이라는 주장을 하기도 한다.[10] 일본의 정치인들과 역사학자들이 일본의 식민지배 기간 동안 한국이 더 살기 좋은 곳이 되었다는 주장을 할 때마다 한국인들은 그것이 일본의 수탈을 정당화하기 위한 변명이라고 생각해 분노를 표출하는 것이다.

일부 일본인들은 일본 총독부가 한국의 발전을 위하는 정책을 실행했기 때문에 한국이 인프라를 확충하는 등 경제적 근대화를 할 수 있었다고 주장한다. 식민지 한국에는 일본인들보다 한국인들이 훨씬 더 많았기 때문에 총독부가 일본인들뿐만이 아니라 한국인들의 이익을 위해서도 일했을 것이라는 주장이다. 그렇기 때문에 많은 일본인들이 한국인들을 배은망덕하다고 느낀다. 한국인들은 일본이 강탈만 했다고 주장하지만, 실제로는 일본이 한국으로부터 가져간 것보다 더 많은 투자를 했다는 것이다.

이런 방식으로 의도와 결과가 혼동을 일으킨다면 이 분쟁은 결코 해결될 수 없다. 하지만 만약 한국인들이 일본 제국주의의 이기주의와 오만을 일본 식민통치가 가져온 결과와 분리할 수만 있다면 역사를 좀 더 객관적으로

---

9) 예를 들어, Giwook Shin and Michael Robinson, eds., *Colonial Modernity in Korea* (Cambridge, MA: Harvard University Asia Center, 1999)를 보라.

10) Yongha Shin, "'Modernization' During the Colonial Period: A Criticism of the Argument that Japanese Colonial Rule Modernized Korea," *Essays in Korean Social History* (Seoul: Jisik-sanup Publishing, 2003), pp.440-50.

바라볼 수 있을 것이다. 동일하게, 일본인들이 "대동아공영권(Greater East Asian Co-Prosperity Sphere)"의 건설과 서구 제국주의의 축출이라는 그들 일부가 주장하는 숭고한 목표와 실제 식민통치의 결과가 어떠했는지를 구분할 수 있다면 식민지배 아래 한국인들의 고통을 이해할 수 있게 될 것이다. 그들이 구축한 근대적 공공교육 체계 아래에서 피지배 한국인들은 지배자의 언어와 역사를 공부해야 했기 때문이다. 또 식민통치 기간 동안 일본의 앞선 기술에 힘입어 농업 생산성이 증가했음에도 불구하고, 한국인들이 1945년에는 1910년보다 더 낮은 비율로 주식이던 곡물과 쌀을 섭취했는데 그것은 대부분의 쌀이 일본으로 반출되었기 때문이었다. 일본인들은 또한 많은 한국 여성들이 위안부로 끌려가 성적 노예가 되었다는 사실도 수긍할 수 있을 것이다.

이와 같은 방식으로 지각된 의도와 실제 결과를 구분하면, 한국인들과 일본인들이 1910년과 1945년 사이 한국에서 실제 어떤 일들이 벌어졌는지에 대해 초점을 맞출 수 있을 것이다. 그렇게 된다면 양국의 시민들 사이에 차분한 상태에서의 대화가 가능해지고 상호 이익과 공동의 번영을 위해 평화적으로 협력할 가능성이 증가할 것이다.

같은 전략이 중국인들이 난징 대학살 또는 난징의 강간(Rape of Nanjing)이라고 명명하고, 일본인들이 난징 사건(Nanjing Incident)이라고 부르는 역사적 기억에 대한 중국과 일본의 분쟁에도 적용될 수 있다. 대부분의 사람들이 1937년 12월부터 1938년 2월 사이에, 수없이 무고한 중국인들과 무장해제된 중국 군인들이 난징에서 일본군에 의해 학살되었다는 사실에 동의한다. 문제는 얼마나 많은 사람이 죽었는지와 그것이 일본 정부와 군부의 의도적인 행위였는지에 대한 것이다.

역설적이게도, 난징 대학살이 발생했었고 그것이 전쟁 범죄에 해당한다는 사실을 세계에 알린 것은 다름 아닌 일본 학자들이었다.[11] 하지만 1980

---

11) Daqing Yang, "Convergence or Divergence? Recent Historical Writings on the Rape of Nanjing," *American Historical Review,* 104: 3. www.thehistoryco-operative.org (2009년 7월 5일 검색).

년대부터는 중국이 난징에서 벌어진 일들에 대해서 비난의 범위를 넓혀가면서 일본의 야만적인 행위를 지탄하기 시작했다. 그 이후로 보수적인 일본학자들과 민족주의적인 중국학자들 사이에 왜 대학살이 일어났는지에 대한 논쟁이 이어져왔다. 중국인들은 그와 같은 대규모의 살상은 중국인들을 협박하기 위한 일본 정부의 명확한 정책의 결과였다고 주장한다. 난징에서의 비극적인 결과로 볼 때 가해자들이 그와 같은 의도를 가지고 있었을 것이라고 추정하는 것이다.

많은 일본인들은 자신들의 선조와 동료에 대한 그런 모독에 분개했다. 그들은 대신에 우선 사건의 규모가 과장되었고, 또한 의도치 않은 참사였다고 주장한다. 난징 사람들이 생각보다 거센 저항을 하자 화가 난 군인들을 통제하지 못한 결과라는 것이다. 의식적인 의도에 대한 부인은 대학살의 규모에 대한 부정과 연결된다. 무고한 시민들을 학살하는 것이 의도된 정책이 아니었다면, 그렇게 많은 수의 사람을 짧은 시간 안에 학살하는 것이 불가능했을 것이라는 주장이다.

만약 보수적인 일본인들과 민족주의적인 중국인들이 한 발짝 뒤로 물러서서 의도나 동기에 대한 고려와 실제 벌어진 결과에 대한 고려를 분리한다면, 어떤 합의점을 도출해 낼 수 있을지도 모른다. 하지만 지금은 그것이 힘들어 보인다. 제2차 중일전쟁에 참여한 일본인들 모두가 피에 굶주린 전범들이 아니었을 것이라는 주장을 하는 사람이 있다면 중국 내에서 배신자로 낙인찍힐 것이기 때문이다.

일례로, 최근 난징 대학살에 대한 영화인 "난징! 난징!(City of Life and Death)"을 제작한 루 추안(Lu Chuan) 감독은 한 일본 군인을 인간적으로 묘사했다는 이유 때문에 살해 협박을 받기도 했다.[12] 그리고 일본에서도 난징 대학살에 가담한 군인들의 전쟁범죄를 지적하는 사람들은 애국심이 없는 사람으로 비난받는다.[13] 그럼에도 불구하고 우리는 차가운 머리를 가진

---

12) Edward Wong, "Showing the Glimmer of Humanity Amid the Atrocities of War," *New York Times,* May 23, 2009. www.nytimes.com (2009년 7월 17일 검색).

시민들과 학자들이 편향된 시각을 극복하고 객관적으로 난징 대학살의 증거를 평가할 수 있는 날이 올 것이라는 희망을 포기해서는 안 된다.

결론

최근에 동아시아 공동의 역사를 기술하려는 시도가 있었다. 한중일 삼국의 학자들이 『미래를 위한 역사(*The Modern and Contemporary History of Three East Asian Countries*)』라는 중학교 교과서를 집필하기 위해 머리를 맞댄 것이다. 하지만 그 교과서는 충돌하는 역사적 해석을 중재하려는 시도보다는 모든 동아시아인들이 20세기에 겪은 고통들을 기술하는 데에 방점을 두었다.14) 『미래를 위한 역사』 교과서는 한·중·일 삼국의 협력을 가로막는 고대사 해석 부분에 있어서도 침묵했다.

진정으로 역사 전쟁을 극복하고 상호 이익과 공동의 번영을 달성하려고 한다면, 우리는 어렵고 논쟁적인 주제들을 피해가는 방식으로 역사를 생산해서는 안 된다. 우리는 논쟁의 방식을 바꾸어야 한다. 개념적인 혼돈을 극복하기 위해서는 근대적인 종족적·정치적 정체성을 먼 과거까지 적용하려는 발상을 지양해야 한다.

또한 역사의 역설적인 측면을 더 깊게 이해해 이웃 국가들에 대한 비난과 적개심의 교환 없이 과거의 비극적인 사건들에 대해 논의할 수 있어야 한다. 만약 우리가 그럴 수 있다면, 역사 전쟁을 끝내고 감정에 치우침 없이 열정적으로 역사를 논의할 수 있을 것이다. 다른 말로 하면, 평화조약의 체

---

13) 희생당한 사람들의 수와 그 책임소재를 둘러싼 감정적 논쟁에 대해서는 Joshua A. Fogel, ed., *The Nanjing Massacre in History and Historiography* (Berkeley: University of California Press, 2000)와 Takashi Yoshida, *The Making of the "Rape of Nanking"* (New York: Oxford University Press, 2006)을 참조.

14) Zheng Wang, "Old Wounds, New Narratives: Joint History Textbook Writing and Peacebuilding in East Asia," *History & Memory*, 21:1 (Spring/Summer, 2009), pp.101-26.

결과 함께 역사 전쟁을 종결할 수 있을 것이다. 그럴 때만이 역사는 비젤이 이야기했던 것처럼 사람들을 멀어지게 하는 것이 아니라 하나로 묶는 역할을 할 수 있을 것이다.

일본의 기억의 정치:
동북아시아 국제정치에의 함의

YOSHIHIDE Soeya
게이오대학교

서론

냉전의 종언 이래로 동아시아에서 가장 중요한 전략적 관계는 중국과 미국의 관계였고, 앞으로도 그럴 것이다. 이러한 현실을 감안한다면, 전략적으로 덜 중요한 위치에 있는 일본을 동북아시아의 "4대 강국(four great powers)"에 포함시키는 것은 분석적인 면에서나 정책적인 면에서나 현명한 것이 아니다.

일본의 지위에 대한 잘못된 인식은 일본 연구에 있어서 "대실패(grand failure)"의 이유가 되었는데, 일본 연구들이 일본의 군사 대국화나 핵무장 옵션과 같은 중요하지 않은 문제들과 씨름해 왔기 때문이다. 최근의 변화를 포함한 일본 외교를 이해하는 데 있어서는 물론이고, 더 중요하게는 동북아시아의 국제정치를 분석하는 데 있어서도 이 문제는 굉장히 중요하다.

일본에 대해서 잘못된 관점을 가지게 된 이유들은 다양하고 복잡하지만, 일본 국내 정치나 대외 관계에 있어서 역사 문제가 미치는 영향과 그 기능을 제대로 이해하지 못함에서 기인하는 측면이 있다. 이런 맥락에서 볼 때, 일본에서 정치적 보수주의의 부상은 가장 중요한 현상이라고 할 수 있다. 역사 문제가 보수주의 주창자들의 정치·외교 아젠다에 있어서 핵심 이슈 중의 하나이기 때문이다.

이 글에서 나는 우선 역사 문제를 포함한 보수주의 아젠다의 핵심 주장들과 그 특징들에 대한 개관을 제시할 것이다. 다음으로는 전후 일본 정치·외교의 구조적 문제에 대한 설명을 하고, 보수주의의 반격은 기본적으로 그 구조적 문제의 증상이라는 주장을 펼칠 것이다. 보수주의는 대안의 전략을 제시하지 못해왔고 앞으로도 그럴 것이다. 다시 말해서, 일본 정치에서 보수주의의 부상은 전후 일본 정치·외교의 구조적 문제에 대한 증상일 뿐이지 해답은 아니라는 것이다.

그렇다면 어떤 해답이 있을까? 이것은 일본 정치와 사회가 당면해 있는 가장 근본적인 문제이다. 정치적 보수주의의 부상은 꼭 일본이 보수주의 정치·외교 노선을 따르지 않을 것이라고는 해도, 결국 현실적인 해답으로부터 멀어지는 것을 의미한다. 여기서 문제는 일본이 표류하고 있다는 것이다. 일본의 보수주의 운동가들은 일본을 한편으로 하고 한국과 중국을 다른 한편으로 하는 역사분쟁의 악순환을 이용해 일본 사회에 보수주의적 분위기를 조성하고 있다. 과연 탈출구는 있는가? 나는 일본과 한국이 진정으로 동등한 동반자관계가 되는 것에서부터 동북아시아와 동아시아의 대안적 미래를 위한 첫걸음이 될 수 있다는 주장으로 글을 마무리하려고 한다.

정치적 보수주의와 역사 문제

위에서 암시한 바와 같이, 일본 사회의 보수주의 담론과 정치는 일본 외교에 제약을 가했을 뿐만이 아니라 일본에 대한 지역 내 국가들의 인식에도 혼란을 가져와 지역주의의 진전에도 영향을 미쳤다. 정치적 보수주의의 부상은 종종 일본 외교가 좀 더 강대국 중심의 권력정치에 참여하는 방향으로 변화할 것이라는 예상과 연결되어 왔다. 하지만 이것은 사실과는 거리가 멀다. 내가 이 글에서 말하는 정치적 보수주의는 다음과 같은 뚜렷한 특징을 갖는다.

1. 정치적 보수주의는 일본의 전쟁경험, 특히 1930년대 이후 전쟁경험을 특수성이 아닌 세계 전쟁사의 보편성이라는 시각에서 바라본다. 그러므로 정치적 보수주의는 전쟁경험에 대한 일본의 공식적 시각을 불필요한 패배주의의 산물로 간주한다. 그 대상에는 침략전쟁에 대한 정의와 일본 군국주의를 비난하는 진보적인 시각이 포함된다.

2. 따라서 정치적 보수주의는 전후 일본의 외교가 전쟁경험에 의해 지나치게 제약을 받아왔으며 주권 국가로서의 "적극성(assertiveness)"을 결여했다고 주장한다. 특히 국가 방위와 중국과 한국을 상대로 한 역사분쟁을 포함하는 전통 안보 분야에서 그렇다.

3. 정치적 보수주의는 전후 일본 외교가 부당하게 제약당한 근본 원인이 전쟁 패배로 인해 외부에서 주어진 헌법에 있다고 주장한다. 헌법 제9조의 개정이 일본의 "적극적인(assertive)" 외교를 위해 필수적이라는 것이다.

4. 하지만 전후 일본 외교에 대한 정치적 보수주의자의 불만은 대부분의 경우 미래 지향적인 전략의 수립과 연결되지 않았다. 그들의 동기는 오히려 국내정치적으로 자유주의자들과 진보주의자들의 역사관에 대항하기 위한 것이었다.

5. 미래 지향적 전략의 부재로 정치적 보수주의는 일본 외교에 있어서 미일동맹의 기능에 대해 뒤섞인 시각을 보인다. 정치적 보수주의 이데올로기의 측면에 있어서는 미국이 전후 일본 외교에 있어서 가장 큰 제약이었다. 하지만 미래 지향적 전략의 부재는 국가 방위와 같은 전통적 안보문제에 있어서 미일동맹에 의존할 수밖에 없는 결과를 초래한다.

　나는 다시 한번 일본 사회에서 정치적 보수주의의 부상이 실제적인 것이지만, 그것이 일본 외교의 향후 진로를 결정할 수는 없을 것이라는 점을 강조하고자 한다. 그럼에도 불구하고, 일본 외교의 일상적 관리에 있어서는 그 영향이 실제적이고 매우 중요하기도 하다. 정치적 보수주의의 부상이 국내정치에서 의사결정 과정을 복잡하게 만들 뿐만 아니라 대외적 이미지에도 영향을 미치기 때문이다. 이것이 사실이라면, 일본 내에서 정치적 보수주의의 영향력이 커지면 커질수록 일본 외교는 더 오랜 시간 지역 내 정치와 협력에 악영향을 끼칠 것이다. 물론 이것이 중국과 일본의 지정학적 충돌로까지는 이어지지 않을 것이다.

　요약하자면, 정치적 보수주의에 저당잡힌 일본 외교는 불안정의 근원이 되거나 세력경쟁의 부활을 가져오지는 않겠지만, 지역 내 정치와 협력에 있어서 아무런 역할도 하지 못할 것이다. 사실 일본은 지난 십 년간 국방비 지출이 매년 줄고 있는 유일한 동아시아 국가이기도 하다.

　결국, 정치적 보수주의의 부상은 냉전이라는 국제구조와 이른바 1955년 체제라고 불리는 일본 국내구조의 붕괴에 따른 일시적인 현상이었다는 것이 판명날 것이다. 우리는 전후 일본 정치가 상당기간 비현실적이고 이상주의적인 외교정책으로 무장한 진보적 좌파에 의해 좌지우지되었던 것을 기억한다. 오늘날 전통적 보수주의의 부상은 이에 대한 반작용으로서의 성격이 강하다. 중요한 점은, 보수주의 외교정책이 이데올로기적으로는 상반됨에도 불구하고 진보적 좌파와 동일하게 비현실적이고 이상주의적이라는 것이다.

　이러한 이분법을 이해하기 위해서는 전후 헌법과 미일 안보조약에 기반을 두었던 이른바 요시다 노선(Yoshida line)에 내재된 구조적 문제에 대해 개괄할 필요가 있겠다.

전후 일본 외교의 구조적 문제

　전후 일본 외교의 대전제는 전후 헌법과 미일 안보조약이었다. 이 두 가지 대전제는 전후 일본 외교의 방향을 결정지은 요시다 시게루(Yoshida Shigeru) 총리에 의해서 선택된 것이기 때문에 요시다 노선이라고 불려왔다. 논쟁의 여지는 있겠지만, 전후 헌법이 한 번도 개정된 적이 없고 미일 안보 조약도 1960년 이후 한 번도 개정된 적이 없기 때문에 일본 외교는 여전히 요시다 노선을 따르고 있다. 헌법 개정에 대한 논의가 더 이상은 금기시되지 않고 있고 미일동맹 내에서 일본의 역할이 지속적으로 확대되고 있지만, 요시다 노선은 앞으로도 계속 유지될 전망이다. 다시 말하면, 냉전의 종언 이후 일본 외교의 변화는 요시다 노선이라는 큰 틀 내에서의 변화로 볼 수 있는 것이다.

그러나 요시다 노선은 한 가지 중요한 구조적 문제점을 내포하고 있다. "적극성"과 "독립성"을 추구하는 민족주의라는 도전에는 취약할 수밖에 없었던 것이다. 이것은 요시다 노선의 두 축인 전후 헌법과 미일동맹이 일본의 자유와 선택권을 근본적인 방식으로 제한했기 때문이다. 주권 국가의 외교가 심한 제약을 받는 상황에서 민족주의적인 공격에 취약하다는 것은 어쩌면 자연스러운 일이다.

하지만 냉전이라는 현실과 침략전쟁의 당사국으로서, 요시다 노선이라는 선택은 "현실적"이라고 간주될 수 있다. 그러한 상황하에서 "독립성"과 "자율성"을 추구하는 전후 일본 민족주의는 오히려 "비현실적"이었던 것이다. 이런 이유로, 전후 일본의 민족주의는 요시다 노선에 내재되어 있는 구조적 문제의 증상이었지 그것에 대한 해답이 아니었다. 전후 일본이 세계 제2의 경제대국으로 부흥하고 국제평화에 기여하는 국가로서의 이미지를 구축했던 것을 상기하면, 요시다 노선은 대체적으로 성공적이었다. 논쟁의 여지는 있지만, 일본의 "전후 현실주의(postwar realism)"는 요시다 노선에 의해 발현되었던 것이다.

하지만 앞에서 언급한 바와 같이 거기에는 대가가 따랐다. 가장 값비싼 대가는 요시다 노선이 "적극성"과 "독립성"을 추구하는 민족주의라는 도전에는 취약할 수밖에 없었다는 것이다. 이 구조적 문제는 복합적인 것이었는데, 그 이유는 민족주의가 좌파와 우파 이데올로기로 나뉘어졌기 때문이다. 사실 그러한 분열은 요시다가 선택한 결과였다.

1946년 요시다가 전후 헌법을 받아들였을 때 냉전은 아직 시작되지 않은 상태였고, 미국과 연합국 국가들은 국제협력이라는 원칙 아래 전후 질서를 구상하고 있었다. 국제협력의 원칙은 미소 간의 협력을 포함하는 것이었고, 국제연합(United Nations)이라는 기구로 상징화되었다. 아시아의 평화는 국제연합 안전보장이사회(Security Council) 상임이사국이 된 민주주의적 중국에 의해 유지될 것으로 기대되었다. 전후 헌법을 받아들인 일본의 안보는 국제연합에 의해서 보장될 수 있을 것으로 기대되었다.

하지만 1947년 유럽에서 냉전이 시작되자 일본의 전후 헌법은 적어도 국제정치의 논리에서 볼 때 이미 사망선고를 받게 되었다. 그렇기 때문에 미국이 일본에 대해 전후 헌법, 특히 제9조에 대해서 재고해 볼 것을 요구하기 시작한 것도 자연스러운 것이었다. 요시다와 대다수 일본인들은 그것이 현명한 선택이 아니라고 생각했다. 그래서 미국이 동아시아의 안보를 책임지고 일본의 안보를 보장하기 위해 미일 안보조약을 체결하는 문제가 수면 위로 떠올랐다. 결국 샌프란시스코 평화조약(San Francisco Peace Treaty)이 체결된 직후인 1951년 9월 요시다는 샌프란시스코에서 미국과의 안보조약에 서명을 하게 된다.

이렇게 요시다 노선은 다른 국가였다면 동시에 선택하려 하지 않았을 전후 헌법과 미일 안보조약이라는 완전히 다른 국제환경의 산물 위에 세워진다. 그 결과, "자율성"을 추구한 일본 민족주의는 좌파와 우파로 나뉘게 된다. 전후 헌법을 신성하게 받든 좌파 정치세력은 일본의 전쟁경험에 대해 극히 부정적인 시각으로 무장하고 미일 안보조약과 후에는 자위대(Self Defense Forces)까지 공격하게 된다. 반대로 "독립성"이라는 보수주의적 가치를 추구한 우파 정치세력은 초기에는 전후 헌법과 미일 안보조약 모두를 달가워하지 않았다. 하지만 점차 미일 안보조약은 받아들이면서 헌법 개정이라는 아젠다를 설정하게 된다. 이것은 실제로 1955년 자민당(LDP)이 만들어질 때 강령에 명시되기도 했다.

좌와 우로 분열된 민족주의는 요시다 노선의 각기 다른 축을 공격했지만 "전후 현실주의"를 실현한 요시다 노선은 샌프란시스코 평화체제(San Francisco Peace Regime)하에서 굳건히 살아남았다. 이런 환경 속에서, 전후 헌법의 개정이 샌프란시스코 평화체제의 변질을 가져와 다시 헌법의 개정을 불가능하게 만드는 구조가 생성되었다. 무엇보다도 중요한 점은, 일본국민의 대다수가 전쟁에 대한 참회로 인해 전후 헌법을 자발적으로 지지했다는 점이다.

앞서 언급한 바와 같이, 헌법 개정을 주장하는 보수주의의 지배적인 주장은 침략전쟁의 경험에 대한 보수주의적 시각과 밀접한 관련이 있다. 만약 헌법이 개정된다면, 그것은 전후 샌프란시스코 평화체제에 있어서 혁명적인 변화를 가져올 것이다. 한 가지 중요한 점은, 전후 헌법의 개정에 대한 보수주의자들의 주장이 그러한 혁명적 전략으로 표출된 적이 없다는 것이다. 전쟁경험에 있어 승자의 역사를 받아들이는 데 대한 불만도 마찬가지이다. 보수주의자들의 주장은 단지 국내정치의 반대세력과 경쟁할 때나 중국 혹은 한국과의 역사문제가 외교적 분쟁으로 비화될 때 대항하기 위한 수단에 불과했던 것이다.

이것이 보수주의가 실제로 냉전의 종언 이후 일본 외교정책을 변화시키는 중요한 정치적 요인이 되었음에도 불구하고 절대로 일본 외교의 미래를 좌지우지할 수는 없을 것이라고 내가 확신하는 이유이다. 우리는 이제 냉전의 종언 이후 일본 외교의 변화에 대해서 살펴볼 차례이다.

탈냉전기 안보정책의 변화

많은 관찰자들이 전통적인 의미에서 적극적인 국가주의의 부활로 해석하는 최근 일본의 안보정책 변화는 두 개의 유형으로 분류할 수 있다. 첫 번째는 종종 일국 평화주의라고 불렸던 극히 소극적인 정책들을 교정하려는 일군의 시도들이다. 전후 일본의 방어 및 안보 정책에 있어서 어떤 "비정상성(abnormality)"을 상정하는 "보통국가로서의 일본(Japan as a normal state)"이라는 개념은 이러한 맥락에서 나온 것이다. 그러므로 최근의 변화는 주권국가로서 "비정상적"이었던 일본의 전후 방어 및 안보 정책에의 반대에 한해서만 두드러지게 드러난다. 이것이 동아시아 국제정치에 주는 함의는 최근의 변화 그 자체보다는 오히려 전후 헌법과 미국과의 동맹이라는 연속성이 더 중요하다는 점이다.

오자와 이치로(Ozawa Ichiro)가 1990년대 초반 "비정상적"의 개념을 제기했을 때, 그것은 냉전의 종식이라는 현상에 대한 일본의 적응 실패와 특히 1991년의 걸프전쟁(Gulf War)에 대한 일본의 무력한 대응에 관련된 것이었다. 냉전의 종언 이후 새로운 안보환경에 대한 일본의 자각은 국제평화유지 활동을 비롯한 국제무대에의 참여와 미일동맹의 재확인으로 이어졌다.

두 번째 일련의 변화들은 전후 외교안보 정책과 그 전제에 대한 보수적 민족주의자들의 강한 반발에서 드러났다. 이들이 전면에 등장할 수 있었던 것은 일본 국내정치에서 사회주의 세력의 붕괴로 인한 1955년 체제의 몰락 때문이었다. 앞서 언급했듯이, 전후 일본의 지배적 합의사항에 대한 보수적 민족주의자들의 산발적인 공격은 일본 미래의 청사진을 제시하는 대전략과는 거리가 있었다. 그럼에도 불구하고 그들의 목소리는 복잡한 정책결정과정에서 실질적인 변화들을 이끌어 냈다.

그러한 변화들 가운데 국제안보에의 참여와 미일동맹의 관리가 가장 중요하다. 한 가지 재미있고 또 중요한 현상은 보수적 민족주의자들조차 일본 안보정책의 기본방향과 그 중요성에 대해서는 부인하지 않는다는 점이다. 이것은 그들이 대안적인 전략을 전혀 고려하고 있지 않다는 것을 반증한다.

냉전 이후 일본의 중요한 안보정책 변화 중 첫 번째는 국제안보의 영역에서 일어났다. 1991년 걸프전쟁은 일본 정부가 냉전 이후의 새로운 안보환경에 눈을 뜨게 하는 계기가 되었는데, 당시 일본은 "수표외교(checkbook diplomacy)" 이외에는 아무것도 할 수 없는 무능력함을 보여주었다. 국제적 망신을 당한 일본은 1992년 7월 국제평화협력법(International Peace Cooperation Law; PKO Law)을 제정하게 된다.

국제평화협력법의 제정은 일본 정부가 국제연합 캄보디아 잠정통치기구 (United Nations Transitional Authorities in Cambodia; UNTAC)를 비롯해서 자이레, 골란고원, 동티모르 등의 국제연합 평화유지군에 수차례 자위대를 파견하는 것을 가능하게 했다.

일본이 전후 처음으로 국제안보 무대에 가시적인 참여를 하는 동안, 1993년 8월 자민당이 권력을 잃고 반자민당 연합의 호소카와 모리히로(Hosokawa Morihiro) 정부가 출범했다. 이듬해 7월 사회당과의 연립을 통해 정권을 탈환한 자민당은 사회당 당수 무라야마(Murayama)에게 총리 자리를 내주게 된다. 그런데 무라야마 총리는 자위대의 합법성과 미일동맹의 정당성을 인정하면서 사회당의 존립근거를 스스로 무너뜨린다. 결과적으로 사회당은 몰락하고 소위 1955년 체제는 막을 내리게 된다.

일본 국내정치에서 좌파 평화주의 정치세력의 붕괴는 안보문제에 대한 정치담론의 맥락을 근본적으로 바꾸어놓았다. 무엇보다도 국내정치의 전반적인 분위기 변화가 전후 헌법 제9조의 개정을 포함해 금기시되던 국가안보와 관련한 논의들을 가능하게 했다는 것에 특히 의미가 있다.

그 이후로, 헌법 개정을 지지하는 여론은 건전한 방향으로 꾸준히 진화했다. 예를 들어, 요미우리신문의 여론조사(2006년 4월 4일) 결과 응답자 중 56퍼센트가 헌법 개정을 지지했고, 70퍼센트는 현행 헌법이 자위대의 존재를 명시하지 않고 있기 때문에 그렇게 해야 한다고 대답했다. 또한 47퍼센트는 현행 헌법이 다자 안보와 같은 새로운 이슈를 적절히 다루지 못하고 있기 때문이라고 대답했다. 이것은 다른 여론 조사에서도 마찬가지인데, 대다수 일본 대중이 헌법 개정을 민족주의의 문제라고 생각하지 않는다는 것을 뜻한다.

그러나 이러한 건전한 진화의 근저에는 보수주의자들의 역사 수정주의와 대중들의 국제주의 사이의 깊은 간극이 여전히 존재한다. 이것이 일본 외교와 지역적 역할에 대한 인식이 당면한 어려움 중의 하나이다.

여기에 더해서, 일본의 보수주의는 종종 미일 관계의 관리를 어렵게 하기도 하는데, 특히 역사문제가 불거질 때 그렇다. 하지만 미국과 일본은 기본적으로 합리적인 방식으로 미일동맹을 관리한다. 그것이 자국의 이익을 증진시킴과 동시에 동아시아는 물론 전 세계의 안정에도 기여하기 때문이다.

미일동맹의 "재확인(reaffirmation)" 과정은 두 번째 냉전 이후 일본의 중요한 안보정책 변화를 나타낸다.

1996년 4월 17일 하시모토 류타로(Hashimoto Ryutaro) 총리와 빌 클린턴(Bill Clinton) 대통령에 의해 채택된 "미일 안보공동선언(U.S.-Japan Joint Declaration on Security: Alliance for the Twenty-First Century)"은 미일동맹의 가장 중요한 역할이 아시아태평양지역의 안전보장과 평화를 제공하는 공공재로서 역할이라고 정의했다. 미일동맹을 재확인 하게 된 계기로는 종종 "중국 위협"이 지목되곤 했지만 사실은 클린턴 행정부가 북한의 핵무기 시설에 대해 정밀 폭격까지 고려했던 1994년의 북핵 위기 때문이었다. 당시 도쿄와 워싱턴의 정책결정자들은 한반도에서의 전쟁과 같은 군사적 협력이 필요한 상황이 발생할 경우에 대비한 아무런 준비도 없음을 자각했던 것이다.

이러한 자각은 양국의 정책결정자들에게 일본이 방관자의 입장이 될 경우 동맹의 생존가능성에 대한 심각한 의문을 제기하게 만들었다. 윌리엄 페리(William Perry) 국방장관은 훗날 만약 미국이 한국에서 피 흘리며 싸우는 동안 일본이 지켜보고만 있다면 그것은 곧 동맹의 종결과 다름없었을 것이라는 회고를 하기도 했다. 즉, 미일동맹 재확인 절차의 가장 중요한 동기는 동맹의 붕괴를 방지하려는 것이었다.

미일동맹의 위기는 1978년 미일 방위협력 가이드라인(Guidelines for Defense Cooperation between the United States and Japan)의 개정으로 이어졌다. 1997년 일본 정부로부터 승인된 신가이드라인은 주변 지역에서 유사상황 발생 시 미국과의 협력에 있어서 일본이 헌법적으로 무엇을 할 수 있고 할 수 없는지를 상세하게 기술했다. 말할 필요도 없이, 신가이드라인의 제정은 일본의 전략적 독립성을 강화시키기보다는 미국에의 의존성을 증대시켰다.

부시(Bush) 행정부에 들어서는 이것이 더 노골적으로 드러난다. 부시 행정부의 초기 미일동맹 청사진은 워싱턴 정책서클의 핵심 인사들로부터 나왔는데, 이들은 후에 부시 행정부의 외교정책팀에서 중요한 위치를 점하게 된다. 이른바 아미티지 보고서(Armitage Report)라 불리는 "미국과 일본: 성숙한 동반자관계를 향하여(The United States and Japan: Advancing Toward a

Mature Partnership)"에 이들의 생각이 잘 나타나 있다. 일본의 현실이 미국의 기대에는 훨씬 못 미쳤지만, 그들은 미일동맹을 미영동맹과 같은 수준으로 만들고자 했던 것이다.

미일동맹의 기본 논리가 가까운 장래에 변화할 것 같지는 않지만, 오바마 행정부 들어서 일본의 다자안보협력 참여는 좀 더 복잡해질 것이다. 오바마 대통령은 미국이 독자적으로 이라크에 집중하기보다는 아프가니스탄에서의 국제협력을 중점과제로 삼았기 때문이다.

여전히 지배적인 일본 정부의 해석에 의하면, 일본은 미국과의 동맹 관계 하에서 집단 자위권을 행사할 수 없다. 또한 일본은 "국제분쟁을 해결하는 수단으로써" 무력 사용이 포함된 집단자위권을 행사할 수 없다. 일본의 아프가니스탄과 이라크 전쟁 참여는 스스로 부과한 제한들에 의해서 제약을 받아왔는데, 일본이 다른 방안을 마련하지 않는 이상 상황이 바뀌지는 않을 것이다.

하지만 오바마 행정부는 아프가니스탄을 안정화시키기 위한 포괄적 계획을 모색하고 있으며, 그 계획은 국제사회에 의해서도 대체적으로 지지받고 있다. 이것은 일본에게 다소 다행스러운 일이다. 아프가니스탄 재건을 위해 비군사 분야와 민간 영역의 활동이 특히 중요해지기 때문이다.

국제무대에서 일본의 안보역할 확대와 미일동맹이라는 맥락 속에서, 보수주의 정치인들은 의회에서 관련 법안들이 손쉽게 처리되는 데 중요한 역할을 했다. 몇 년 전이었다면 불가능했거나 오랜 시간이 소요되었을 법한 일이었다. 이런 측면에서 볼 때, 변화의 정도는 주목할 만하다. 그러나 동일한 정치인들이 이러한 변화가 일어나는 전략적 맥락은 인지하지 못하고 있다. 전후 헌법과 미일 안보조약을 두 축으로 하는 요시다 노선은 아직 건재함을 과시하고 있는 것이다. 한편에서는 국제주의, 다른 한편에서는 국내정치에 있어 보수주의자들의 득세라는 변화의 내용과 함의 사이의 간극은 일본의 지역 정책과 동아시아에서 일본의 이미지를 복잡하게 만든다.

결론: 대안의 미래를 향하여

이러한 혼란은 일본이 이제껏 자신의 전략적 위치를 이용해 일관된 동북아 외교를 보여주지 못했음을 말해준다. 나는 일본이 한국을 진정한 동반자 관계로 인식하고 한일관계를 준거점으로 삼아 지역 문제에 접근한다면, 일본의 외교적 그리고 장기 전략적 이익도 최대화할 수 있을 것이라고 생각한다.

이것은 혹 있을지 모를 북한의 정권변화나 붕괴로 인한 한반도의 통일이라는 시나리오를 생각했을 때 명확해진다. 그런 상황이 벌어질 경우나 혹은 그러한 변화의 과정에 있어서, 미국, 중국, 러시아는 군사적 수단의 사용을 배제하지 않은 상태에서 각기의 정책을 추진해나갈 것이다. 한국과 일본은 미국과의 동맹 관계에 의존할 수밖에 없을 것인데, 한일 사이에 전략적 협력이 이루어지지 않는다면 양국의 국익과 전략에 도움이 되지 않을뿐더러 미국의 전략에도 부담이 될 것이 뻔하다.

동북아, 더 넓게는 동아시아에 있어서 일본과 중국의 관계에도 동일한 분석적 시각이 강조되어야 한다. 예를 들자면 많은 한국인들에게 일본과 중국 사이의 지정학적 경쟁구도는 불가피한 것이다. 하지만 그럴 가능성은 매우 희박하다. 이것은 한국을 "4대 강국"에 둘러싸인 것으로 인식하는 한국인의 의식구조의 산물인 것이다. 하지만 위에서 언급했듯이, 몇 가지 중요한 변화들에도 불구하고 일본 외교의 미래를 그런 시각으로 보는 것은 적절치 않다.

동아시아 지역주의 담론에도 일본과 중국의 경쟁구도에 대한 논쟁이 만연해 있다. 동아시아 지역주의에 대한 각기 다른 접근으로 인해 일본과 중국 사이에 경쟁의 여지가 있기는 하지만 그것을 "강대국" 사이의 지정학적 경쟁으로 보는 것은 옳지 않다. 중국은 그 자체로 하나의 소우주이고, 좋든 싫든 간에 가까운 미래에 중국을 중심으로 하는 동아시아 지역주의는 어쩌면 불가피하다. 2002년 싱가포르에서 고이즈미 준이치로(Koizumi Junichiro) 총리의 동아시아 공동체 구상에서 나타난 일본의 역할이나, 동아시아정상회의(East Asian Summit)가 태동하는 과정에서의 일본의 역할은 지역 협력에 있어서 이해관계를 같이하는 동아시아 국가들과의 협력이 필수적이라는 인식에 기반을 둔다. 그러한 협력은 미국과 중국이라는 두 독립적인 전략적 행위자 사이에서 동일한 이해관계를 갖고 있는 동아시아 국가들 가운데 이루어져야 할 것이다.

이제까지의 논의를 전체적으로 볼 때, 한일관계는 동아시아 지역주의에 있어서 패러다임의 전환에 필적하는 파괴력을 내재하고 있다. 요약하자면, 한일 관계의 토대는 양국이 미국, 중국, 러시아라는 세 일방주의적인 국가들에 둘러싸여 있다는 지정학적 현실이다. 이 새로운 지정학적 시각은 한국과 일본의 동반자 관계가 정치적 슬로건이 아니라 진정으로 동등할 수 있을 때, 양자관계의 실질적 토대가 될 수 있음을 보여준다. 이것을 배경으로 한일 양국의 민주주의와 시민사회 간의 교류가 양국관계에 근본적인 영향을 줄 수 있다. 이렇게 볼 때, 일본인들은 자국 내에서 정치적 보수주의의 부상과 그들의 전략적 대안에 대한 성찰 부재가 혼란의 원인이 될 수 있음을 자각해야 한다.

역사와 영토 문제로부터 비롯되는 양국 사이의 감정적 간극에 있어서는 정치 지도자들의 역할이 중요하다. 그들은 종종 상황을 호전시키기 보다는 오히려 악화시키는 정반대의 역할을 하기도 한다. 하지만 감정의 악순환은 상대방에 대한 잘못된 가정들에 근거한 것이다. 이 글의 시각에서 본다면, 유럽의 통합에 있어서 촉발제 역할을 했던 프랑스와 독일의 화해가 한일 관계에도 적용될 수 있을 것이다.

갈등과 화해:
동아시아에서의 역사적 기억

YANG Biao

화동사범대학(East China Normal University) 교수

갈등의 패턴

최근 몇십 년 동안, 동아시아 국가들 간의 관계 속에서 긴장이 고조되고 있다. 민족주의가 만연하고 역사교과서와 야스쿠니 신사 문제에 관련해서는 아무런 타협도 이루어내지 못하고 있다. 역사적 개념들의 충돌이라는 점에서 동아시아는 또 하나의 중동이 되고 있다. 이러한 상황의 주요 원인은 이 국가들이 역사 사건들에 대해 각기 다른 관점을 가지고 있다는 것이다. 역사에 관한 기억을 두고 벌이는 분쟁으로 인해 동아시아에서는 갈등과 불안한 평화의 순환이 지속되고 있다.

동아시아에서 분쟁의 근본적 원인은 "불화(不和)"에 있다. 이 불화는 동아시아 사회의 치명적인 약점이다. 동아시아 근대 발전의 역사를 보았을 때, 이 불화는 본래 존재하던 것이 아니라 역사적으로 형성된 특성이다. 본래 유교라는 공통된 문화의 영향 아래 동아시아에서는 국가들 간에 밀접한 유

대가 형성되었고 동아시아는 점차 고유한 문명과 중국을 중심으로 하는 사회체제로 발전해갔다.

그러나 근대에는 유교라는 공통 문화와 안정적인 중화체제에 의해 유지되어왔던 동아시아 사회구조 전체가 서구 문명의 충격으로 인해 파괴되기 시작했다. 중국의 쇠락, 일본의 서구화, 그리고 서구 열강들의 침략은 동아시아의 전통체제를 와해시키고 더 나아가 문화적 통일성을 위협하였다. 또한 일본의 성장은 동아시아의 기존 구조를 파괴하였다. 일본에 의한 침략과 식민화는 정복당한 주변의 국가들로부터 강렬한 저항과 증오심을 불러일으켰다. 그 결과 동아시아 사회에 존재했던 기존의 정신적·감정적 유대는 붕괴되었다. 2차 세계대전 이후, 동아시아까지 뻗친 "철의 장막"과 함께, 동아시아에 형성된 "죽(竹)의 장막"은 동아시아 사회를 분절시켰다. 그 결과, 기나긴 역사를 통해 형성되었던 통합적인 사회구조는 파편화되었다. 사회체제, 감정적 유대 그리고 사회구조의 파괴는 통합적이었던 동아시아를 산산조각 내었다.[1]

그러므로 동아시아의 놀라운 경제적 기적과 동시에, 우리는 최근 몇십 년 동안 통합과 불화 사이에 위치해 있는 역설적 상황을 관찰할 수 있다. 통합은 동아시아의 역사와 전통 사이에 내재된 공통 가치들과 연결된다. 근대 발전으로 이끄는 유교의 추동력은 근대의 동아시아 국가들이 여전히 본질적인 통합체 속에 위치하고 이 공동의 문화로부터 많은 이득을 본다는 것을 보여준다.

그러나 현재의 동아시아에서는 이 통합력이 불화를 상쇄할 만큼 강하지 않다. "불화"는 동아시아가 소유한 공통된 기반 속에서도, 사회구조에 존재하는 다양성 또는 상이성을 의미한다. 이것은 또한 인식과 사상의 관점에서의 상이성을 의미한다. 이 상이성은 특히 역사적 개념의 충돌과 사상의 이질성을 말한다. 통합은 동아시아 사회의 상호 발전을 이끌어내는 힘이지만

---

1) See Shang li Lin, "From Regional Dispersiveness to Regional Advantage: the East Asia Strategy of China," in *Peace Geography* (Press of the Communication University of China, 2005), p.190.

반면 불화는 동아시아가 자신의 영향력을 세계적으로 발휘하는 데 장애가 되는 존재다. 역사 인식의 충돌은 동아시아에 내재된 약점을 드러낼 뿐만 아니라 평화로 나아가는 데 지장을 준다. 따라서 동아시아를 통합으로 이끌어나갈 수 있는 중심적인 힘이 필수적으로 요구된다. 유럽 공동체의 통합은 이러한 의미에서 좋은 예를 제공한다.

동아시아 국가들은 "익숙한 이방인"이라고도 부를 수 있다. 우리 아시아인들은, 가까운 이웃 국가들을 낮추어 보는 동시에, 소위 서양 문명을 우러러보는 경향이 있다. 전쟁을 통해서도 단절될 수 없었던 문명은 이제 우리들의 역사 논쟁에 의해 위험에 처해 있다. 우리는 아시아의 가장 아름다운 것, 즉 "사랑과 평화"라는 아시아 문명의 유산을 잊고 있는 것이다. 20세기에 존재했던 일본 역사가 오카쿠라 텐신(Okakura Tenshin)이 말했듯이, 아시아는 하나의 통합체다. 히말라야 산맥은 거대한 두 문명 사이를 관통하는데 두 문명 중의 하나는 유교의 집산주의를 나타내는 중국 문명이고, 다른 하나는 불교의 개인주의를 대표하는 인도 문명이다. 이 "눈의 장막"[2]조차도 아시아 국가들에 의해 추구되어 왔던 보편적 사랑의 확장을 가로막을 수 없었다. 세계의 가장 중요한 종교들을 창출해내는 것은 바로 이 보편적 사랑이다. 페르시아의 시들, 인도의 사상들, 그리고 중국의 윤리들은 모두 고대 아시아의 평화에 대한 사랑을 말해준다. 보편적 사랑은 동아시아를 평화적으로 만들어나가는 과정에 있어서 공통된 역사 인식이 수행하는 중요한 역할을 대표한다고 할 수 있다. 이처럼 보편적 사랑은 국가들 사이의 우정을 강화하고 사람들을 화합시킨다.

동아시아는 발전적 미래를 위한 좋은 기반을 가지고 있다. 중요한 것은 불화를 벗어나서 동아시아 고유 세력들의 결합을 통해 지역적 강점을 형성하는 것이다. 동아시아는 외부의 세력보다는 스스로의 규제와 협력을 통해 자신의 안정성을 유지할 수 있게 된다. 이러한 지역적 강점은 한번 형성되고 나면 커다란 힘을 발휘하게 될 것이다. 이것은 동아시아 전체를 전진시

---

2) 히말라야 산맥을 의미한다(역자 주).

킬 것이고 더 중요하게는 경제, 사회, 정치 그리고 문화의 전반적인 발전을 가져올 것이다. 따라서 동아시아 국가들은 그들 사이에 문화 교류를 증가시키고 미래의 발전에 도움이 되는 "공통의 가치들"을 탐구하기 위한 전략적인 방법, 특히 전략적인 인식을 채택하여야 한다.

역사와 문화의 통합은 지역적 강점을 형성하기 위한 중요한 자원이다. 이러한 관점에서 동아시아는 공통된 인식과 기본 가치들을 형성시키기 위해 문화 교류의 범위를 확장시키고 동아시아 전체를 위한 역사적 자원을 탐구할 필요가 있다. 역사의 핵심 가치와 문화의 통합은 평화적 발전과 동아시아의 지역적 강점의 형성을 위한 기반이 될 것이다.

충돌하는 역사적 기억들

중국인 연구자의 입장에서 볼 때, 중국의 역사적 기억은 낙관주의로 특징지을 수 있다. 중국은 자신의 역사를 낭만화시키려 하는 특성을 가진다. 다른 국가들의 국민들은 중국인들이 실패들 속에서도 영광을 찾는 모습에 당황할 수 있다. 중국은 분열, 패배 그리고 외세의 침략 속에서 많은 고통을 겪었음에도 불구하고 중국인들은 대국의 자리에 있었던 그들의 과거를 여전히 자랑스러워한다. 이 자부심은 종종 세상의 역사를 바라보는 척도가 된다. 민족주의적 사고가 날마다 확장되는 시대에, 중국이 자신들의 세계관을 구성하고 과거를 이해하는 것은 이 공동의 기억을 통해서다. 이로 인해, 역사의 기억은 낭만화되고 낙관주의로 점철된다.

이에 반해 일본의 역사기억은 현실주의와 비관주의가 지배한다. 현실적이고 뚜렷이 규정되지 않은 일본의 전쟁기억은 역사와 이념과 관련된 특징을 내포하고 있다. 우리는 일본의 전쟁기억을 사회적 역사적 맥락에서 이해할 필요가 있다. 일본의 대중이 전쟁에 대한 책임감에 대해 어떻게 생각하는지는 일본이 어떻게 미래의 정치적·경제적 요구에 대응할지와 밀접하게 연관되어 있다. 이는 국제관계의 변화와 주변국에서의 보상금 요구와 관련 있다. 이에 반해 중국의 경우에서는 감정적 회상만이 주요한 역사적 기억의 원천일 뿐이다. 일본의 경우와 같이 복잡한 국제적·정치적 관계를 고려하지 않아도 되는 것이다.

1980년대 이후 일본에서는 전쟁기억과 전쟁책임에 관해 뚜렷한 인식의 변화가 있었다. 이는 일본의 역사교과서 심의 방식에 대해 1982년 여름 동아시아 국가들이 강력하게 비난하면서부터 시작됐다. 이 해에 일본의 역사교과서는 "침략"이라는 단어를 "진입(進入)"으로 바꾸었다. 더욱이, 이러한 문제는 4년마다 새 역사교과서 개정판이 나올 때마다 재현되었다. 또한 90년대에는 위안부 여성, 강제부역자, 전쟁포로 등이 제기한 소송이 언론의 집중적인 관심을 받았다.

가해자로서의 책임에 직면하게 되자 일본인들은 도덕과 인권에 대해 의식하게 되었다. 더구나 전쟁의 기억은 심하게 양극화되어 있었다. 따라서 우리는 국제사회의 심각한 분위기가 일본사회의 역사적 기억을 바꾸었다는 것을 알 수 있다. 하지만 정치적 영역에서는 이러한 변화가 때로는 실용적 철학이 지배하는 정책이 전이된 것에 불과할 때가 있다. 일본 정부는 비종교적인 전쟁기념관을 건립해야 한다는 의견을 내기도 했다. 이런 기념관에서는 방문자가 A급 전범을 포함하고 있는 야스쿠니 신사를 방문할 때 고민해야 하는 이념적·종교적 문제를 겪지 않아도 되는 것이다. 하지만 이 제안은 총재 선출을 앞두고 자민당 내부분열을 막기 위해 폐기되었다.3)

중국은 일본 정부가 전쟁의 책임을 소극적으로 인정하였을 뿐이고 최소한의 사과를 하였을 뿐이라고 생각한다. 일본의 이와 같은 행동은 일본 내에서 역사에 대한 성찰을 심화시키기보다는, 일본의 외교적 부담을 덜어주어 아시아의 지도적 위치를 유지할 수 있게 해준다.4) 따라서 국제적 환경에서 변화가 일어나고 있던 그 순간에, 일본 국내에서는 과거의 일본의 책임에

---

3) *Asahi Shimbun*, August 15, 2003.

4) Jianping Liu, "Japanese Consciousness of the War Responsibility," *China Reading Weekly*, November 9, 2000.

대한 인식이 정체되거나 거꾸로 가고 있을 수도 있다. 중국에서와 같이 역사적 기억을 낭만화하려고 하지는 않는다.

최근 동아시아 "역사전쟁"에도 불구하고 일본과 중국을 비교해 볼 때 현재로서 중국은 과거의 실패와 무관하게 자신들의 역사적 기억을 재구성할 수 있는데 비해 일본은 과거에서부터 크게 벗어나지 못하고 있다. 일부 전시(戰時) 요소들은 전후 일본에도 어느 정도 남아 있다. 예를 들어 천황제의 성격이 변했다고는 해도 천황제는 여전히 일본 사회의 기본적 구조이며 이는 무시할 수 없다. 일본인들은 독일인들이 전쟁의 책임을 히틀러에게 넘기듯 천황에게 넘길 수 없다. 과거와 절연할 수 없기 때문에 일본은 여전히 과거의 그림자 속에서 살며 역사적 압력과 책임을 견뎌야 한다. 독일의 전쟁비판은 국가에 대한 근본적인 비판으로 여겨지지 않는데 비해, 일본에서 역사적 비판은 국가에 대한 용납할 수 없는 비난으로 받아들여질 수 있다.

이렇게 과거와 분리할 수 없는 관계 때문에 일본의 역사는 현재의 삶과 근본적으로 관련되어 있고, 이러한 이유로 일본인들은 자신들의 역사를 비난하기가 어렵다. 현재 일본 정부의 전쟁책임 인정 및 이러한 책임을 인정하는 방식은 현대 정치적 문제에서 비롯된 것이지 역사적 기억이 심화되고 있기 때문이 아니다. 이러한 역사적 기억 뒤에는 국가로서의 일본의 미래에 관한 무수하고 복잡한 문제들이 숨어 있다.

일본은 섬나라이기 때문에 중국과 달리 역사적으로 크게 침략 받은 적이 없다. 따라서 중국처럼 중앙집권화와 관료제를 발달시키지 못했다. 역사적으로 가장 효율적인 행정체제는 지역정부였고, 수세기의 문화적 진화를 통해 사회적 구조에 관한 합의가 이루어졌다. 공공도덕은 잠재적으로 중요한 힘으로서 중국의 관료들이 추구했던 가치인 '형식'과는 정반대의 위치에 있다.5) 따라서 현대 중국이 패전경험을 '서구열강' 탓이라고 돌리는데 비해 일본은 패전을 국가 자체의 실패로 생각하였다. 중국과 일본의 가장 중

---

5) Ren Yu Huang, *Capitalism and the 21st Century* (Beijing: Shanlian Publishing House, 1997), p.312.

요한 차이는 그 나라와 국민 그리고 군대가 얼마나 단결하느냐의 정도이다.

일본의 전쟁기억은 국민모두가 각자 맡은 소임을 하는 통합된 국가관을 반영한다. 세계화라는 단어가 — 물론 정의가 모호하지만 — 모든 상황에 적합한 단어가 된 오늘날에 전쟁기억은 국가와 민족이 단순한 학문적·이념적 개념이 아니라는 것을 보여준다. 전쟁기억은 일단 "감정의 기록"6)이기 때문에 우리가 역사적 기억을 논리적으로 접근하면서도 민족적 특성과 전통적 시각을 통해 접근할 필요가 있다.

우선 민족적 특성 혹은 문화적 측면을 살펴 볼 때, 일본문화의 자신감과 형식성은 역사에 깊은 뿌리를 두고 있다. 일본문화는 이상주의적이어서 사람과 사물은 완벽해야 하는데 비해 중국인들은 더 여유롭고 남의 일에 참견하지 않는다. 특히 근대로 들어와서는 이 자신감이 확장하게 되어 지도층에서부터 대중에 이르기까지 우월감에 휩싸이게 된다. 근대 일본의 역사기억에 무의식적으로 존재하는 이 우월감이 전쟁을 일으켰으며 동아시아와 일본 간의 괴리를 넓히고 있다.

2차 세계대전은 아직도 현재진행형이다. 이는 전쟁에 참여했던 사람들이 아직 살아 있어서가 아니라, 전쟁을 일으켰던 요소들이 아직도 남아 있기 때문이다. 따라서 전쟁을 우리의 역사기억의 일부로 만들고 거기서 지식을 얻으려는 것만이 이 전쟁을 이해하는 유일한 방법이 아니다. 우리는 다른 민족들이 전쟁에 대해 다른 관점을 갖는 이유가 지식의 문제가 아니라 감정의 문제임을 인정해야 한다.

전후 일본의 역사기억에는 피해의식이 크게 자리 잡고 있다. 독일의 전쟁기억이 아우슈비츠에 초점을 맞추고 있는데 비해 일본의 경우는 진주만보다는 히로시마에 초점을 맞추고 있다. 어떤 때는 일본의 전쟁기억은 독일의 1차 세계대전 직후의 감정과 닮아 있을 때가 있다. 세계 제2경제대국임에도 불구하고 상대적으로 낮은 국제적 지위는 자신들이 신성한 천황의 후손이라

---

6) Ge Shun, "The War Memory in the Chinese and Japanese Media," in *The Complication and Development of Modernity in East Asia* (Jiling People's Publishing house, 2002).

믿는 자부심 강한 민족에게 불만족스러울 수밖에 없을 것이다. 극우민족주의자와 보수파들은 역사를 수정하려 하고 있지 않은가? 특히 그들은 군사력을 포기한 패전국의 역할을 버리고, 미국과 영국처럼 무력을 자유롭게 쓸 수 있는 국가가 되기를 원한다. 지속적인 평화세력이 있다고는 하나 이는 우리가 피할 수 없는 현실이다.

또한 일본 전쟁기억의 문제는 역사적 관점을 포함한 국제적 관점에서 살펴보아야 한다. 실제로 세계화의 정치적·문화적 논리를 통해서 우리는 일본의 전쟁기억에 대해 보다 깊은 통찰력을 쌓을 수 있다. 솔직히 말해서 세계화란 서구문명의 국제화이다. 역사적 관점에서 봤을 때 "세계화" 운동은 근본적으로는 "지난 500년간 지속된 서구의 팽창의 연속이다."[7]

사실 일본과 같이 서구의 영향권에서 고립된 국가가 전쟁을 일으키고 경제대국이 된 것은 서구팽창의 내재적 원리를 일본이 성공적으로 받아들였음을 뜻한다. 일본은 전쟁을 통해서 "대동아공영권"을 이루어서 일본이라는 국가의 팽창을 꾀했을 뿐만 아니라, 아시아의 재원을 차지하려 했다. 이는 세계화를 지지하는 일부 물질적 논리와 맥을 같이 한다는 것은 자명하다.[8] 세계화의 또 다른 의미는 지역문화와 국내문화 사이에 존재하는 차이와 모호함을 없애는 것이다. 또한 세계화는 여러 나라들을 차별화시켜주었던 역사적 서사를 제거하고자 한다. 역사적 서사는 전통적 사회에서만 존재할 뿐이며, 식민지주의로 상징되는 경제적 착취의 논리를 반영하는 것은 인종주의와 민족주의에 기반을 둔 근대적 전쟁기억과 서사이다. 또한 이러한 이야기 뒤에는 국제자본주의라는 거대한 체제가 자리하고 있다.

역사기억의 문제에 있어서 우리는 과거를 가지고 논쟁하지만 사실은 미래에 관심을 가지고 있는 것이다. 따라서 우리는 논쟁을 과거의 특정사건에 제한할 것이 아니라 미래에 대한 해결책을 내놓아야 한다. 아시아의 미래는

---

7) Xi Wang, "Globalization: a Dilemma for Choice," *Globalization Times,* February 25, 2002.

8) Jin Hua Dai, "Witness and Eyewitness," in *Reading,* No.3, 1999.

과거 때문에 망가져서는 안 된다. 우리는 동아시아의 미래를 위해서 민족적 증오를 뛰어넘어서 문제를 직면해야 한다. 우리가 극과 극을 오가게 되면 동아시아의 평화를 보장할 수 없기 때문에 평등과 합리성의 원칙은 지켜져야 한다.

민족적 유산: '아시아'와 '서구'

장대한 역사를 지니고 있는 일본과 중국은 모두 19세기에 서양의 그늘 아래서 자국을 재구성하기 시작했다. 하지만 중국은 당시 점점 여성적이고 소극적인 문화로 발전하였고 일본은 남성적인 길을 가게 된다. 이 두 나라는 근대화 과정에 대해서 다른 역사적 관점을 갖고 있었다. 중국에게 아시아는 모(母)대륙이었기 때문에 중국은 명백하게 동양 역사의 자취를 따라갔다. 일본의 경우 서양의 발자취를 따라가기 위해서 모(母)대륙인 아시아로부터 스스로를 분리해야 하는지에 대해 많은 논쟁이 있었다.

세계화와 마찬가지로 "아시아"라는 개념은 정의하기 어렵다. 아시아는 정치적인 개념이면서 동시에 문화적인 개념이다. 지리적인 관념이면서 동시에 가치판단기준이다. 역사적으로 볼 때 아시아는 자족적인 지리개념이기보다는 유럽에 대응하는 수직적이고 이념적인 이미지인 경우가 많았다.

역사적으로 보자면 일본은 아시아에 대해 두 가지 접근방식이 있었고 이 두 가지 다 19세기 일본의 근대화 과정에서 주장되었다. 이 중 하나는 메이지 유신의 주요 정치적 인물인 후쿠자와 유키치(Fukuzawa Yukichi)를 중심으로 한 "아시아를 벗어나 유럽으로 들어가자(脫亞入歐)"는 이론이다. 다른 주장은 오카쿠라 텐신(Okakura Tenshin)을 중심으로 한 "아시아는 하나"라는 주장이다.

후쿠자와는 서양 강대국의 반열에 오르기 위해 일본은 중국, 한국과 같은 "저급한 주변국"과 거리를 둘 필요가 있다고 주장하였다. 그에 따르면 유럽이 이슬람 문명을 퇴출하면서 발전했듯이 아시아와의 결별은 필수적이라고 주장하였다. 일찍이 중화문명의 영향을 떠나 유럽문명을 추구한 일본의 발전과정 또한 이러한 "탈아시아" 성향을 잘 보여준다.

이에 반해 미술 비평가이자 역사가였던 오카쿠라는 아시아 문명은 유럽문명을 뛰어넘는 "사랑"과 "미(美)"를 제공한다고 주장하였다. 즉 동양문명은 유럽문명이 가지고 있지 못한 가치를 지니고 있는 것이다. 중국과 달리 일본은 본질적으로 복잡한 문제를 안고 있었고, 일본은 동아시아에서 수천 년간 지속된 하급국가지위 — 중국의 영향력 아래 있으며 한국과 경쟁하는 — 에서 벗어나고자 하고 있었다. 서구와의 접촉은 이러한 동아시아 질서를 바꾸어놓을 수 있었다.

동시에 일본은 인종분류라는 개념을 고려했어야 했다. "유색인종"으로 분류가 되면 일본이 아시아 밖에서 국제적 활동을 하기가 어렵기 때문에 서양체제에 편입할 수가 없었다. 일본은 아시아를 탈출해야 하는가, 재생시켜야 하는가? 즉 일본은 아시아의 일부인가, 그리고 아시아에 대한 책임을 지고 있는가? 근대 일본 이념사에서 이는 광범위하게 이루어지는 논쟁이다. 또한 이 둘은 아직까지도 정치적·문화적 에너지를 발산하는 일본 역사기억의 상징적인 두 구심점이다.

근대에 일본의 "탈아시아" 성향은 아시아에 대한 적대적 정책과 경멸을 초래했다. 이러한 무의식적 태도가 일본의 전쟁을 이끈 중요한 이념적 요인 중 하나이며 전쟁역사가 왜곡되는 이유이다. 2차 세계대전 이후 일본은 국제질서 속의 자국의 위치를 재고해 보았지만 아시아를 넘어서 세계를 직접적으로 대면하지는 못했다. 핵심적인 논점 중 하나는 패망한 일본이 아시아에 대한 책임이 있느냐는 것이었다. 일본은 어떻게 지난 세기의 제국주의에 내재되어 있던 아시아에 대한 태도를 없애버릴 수 있을 것인가? 일본은 아시아를 어떻게 대해야 하며, 과연 일본은 아시아 내에서 특수한 위치에 있는가 하는 문제는 여전히 일본의 역사기억에 큰 영향을 주고 있다.

일본의 문화가 번창한 것은 신제국주의와 민족주의가 대세였던 19세기가 아니라 세계의 문화가 혼합되기 시작한 20세기에 들어서였다. 대규모의 혼용을 통해서만 일본 문화는 그 특수성을 보여줄 수 있었다. 그러므로 아시아에서 일본의 위치가 지워지는 과정에서 보여지는 반복되는 형태와 역사적인 근본요소들은 역사기억의 재건과 세계 역사의 새로운 인식과 관련 있다.

세계사적 관점으로 봤을 때 중국과 일본은 밀접한 관계를 맺고 있다. 일본의 역사 해석에 대해서 이야기하려고 한다면 중국은 일본 문화와 사회에 대해서 합리적으로 이해할 필요가 있다. 근대에 중국은 일본을 통해서 서양을 이해하고 따라할 수 있었다. 오늘날은 일본이 메이지시대에 서양을 동경했듯이 중국이 서양을 동경하지만, 일본문화는 무시한다. 이러한 배경에는 민족주의도 한몫을 한다. 다양성의 시대에 동아시아 국가들은 타국가의 역사적 기억을 진정으로 이해하기 위해서 열린 자세를 가져야 한다. 이렇게 해야만 미래의 평화에 대해 전망할 수 있다.

동아시아 역사교육의 전망

동아시아 역사기억의 갈등을 해소하는 중요한 방법 중 하나는 역사교육이다. 오늘날 동아시아 역사교육은 새로운 과제에 직면해 있다. 첫째로 21세기 동아시아 사회의 현상 중 하나는 국제화와 정보화이다. 정보와 지식은 사회발전의 중요한 추진력이 될 것이다. 교육의 주요 목표는 학생들의 창의력과 개성을 길러주는 것이다. 역사교육은 과거보다 더 많은 책무를 지게 될 것이다.

둘째로 1980년대 이후로 중국은 농경사회에서 탈피하고 있다. 90년대에는 산업화의 영향이 전국에 미쳤고, 21세기에는 정보화시대가 시작되었다. 미래에 요구되는 인적자본은 현재와는 매우 다를 것이다. 따라서 사회교육의 중요한 부분인 역사교육은 변화하고 발전해야 한다.

셋째로 동아시아 사회가 발전하면서 획일적이고 중앙집중화된 교육정책과 기준이 없어질 것이다. 동아시아 교육은 더욱더 통제보다는 자기관리에 집중할 것이다. 더 많은 지역기관들이 정책결정을 하게 될 것이기 때문에 앞으로 역사교육이 발전할 공간이 더 많아졌다.

이런 새로운 상황을 맞이하며 과거 동아시아 역사교육을 돌아볼 때 우리는 미래 역사교육의 새로운 방향이 있어야 한다. 첫째로 다른 국가 간의 상호이해가 세계화의 과정과 문화적 다양성에 큰 역할을 가져야 할 것이다. 역사교육은 이러한 상호이해의 근본이 된다. 따라서 우리는 이러한 기능을 강화시키고 과거의 편견을 없애야 한다. 역사교육은 다른 국가와의 이해를 증진시키고 협력을 이끌어내기 위해 중요한 수단이 될 것이다.

둘째로 지식 그 자체보다 인간이 역사교육의 중심이 되어야 할 것이다. 개성의 중요성은 날로 증가하고 있다. 역사교육은 이러한 수요를 맞춰야 할 것이다. 전통적 역사교육은 중요한 인간의 테마보다 올바른 내용의 선택, 과학적 원리의 완성, 학문적 구조에 집중하고 있다. 미래 역사교육 이론의 핵심은 학습내용을 어떻게 개인의 발전과 연관시킬 것인가 하는 것이어야 한다. 학습자는 모범적인 시민으로 성장하기 위해 이 이론의 중심에 있어야 한다.

셋째로 미래의 동아시아 역사교육은 암기에서 벗어나 새로운 것의 창조로 나아가야 한다. 우리는 학생들의 암기력뿐만 아니라 독립적 사고력, 분석력, 자기평가력, 자기관리력 등을 길러 주어야 한다.

마지막으로 역사교육은 지역의 시급한 문제와 국민의 요구를 반영해서 학생들이 미래의 과제와 현 상황의 이해를 역사적 분석을 통해 할 수 있게 해야 한다. 역사교육은 현재의 문제를 외면할 것이 아니라 과거경험과 함께 시대의 전망까지 보여주어야 한다. 학생들이 미래의 문제를 해결하는 데 있어 과거의 경험을 활용하도록 격려해주어야 한다. 학생들은 역사교육을 통해 다양한 가능성에 대해 이해하고 "공통문화권(a shared culture)"의 책임을 맡아야 한다.

또한 평화교육이 도입되어야 한다. 역사교육은 단순히 역사적 지식을 제공하고 분석적 능력을 기르는 것이 아니다. 역사교육의 중요한 목표 중 하나는 평화를 옹호하는 태도를 기르게 하는 것이다. 동아시아에 부족한 평화교육은 초등학교에서부터 대학교에까지 시행되어야 한다. 개인 간, 집단 간, 그리고 국가 간 갈등은 역사교육에 빠지지 않는 내용이다. 따라서 이러한 갈등을 어떻게 평가하고 이해하는지에 대한 교육은 평화교육에 큰 도움이 된다.

전체적으로 역사교육은 동아시아 평화를 향한 중요한 단계 중 하나이다. 역사교육의 목표는 역사적 증오로 아시아의 질서를 해치는 것이 아닌 미래의 해결책을 찾는 것이다. 젊은이들은 국가적 증오가 아닌 상호이해를 통한 갈등해결 방법에 대해서 배워야 한다. 동아시아 국가 간 신뢰를 쌓는 방법 중 하나는 역사교육을 통해 공통의 역사적 기억과 사고를 쌓는 것이다. 아시아 국가가 EU와 같은 협력을 원한다면 공동역사인식은 평화와 발전의 초석이 될 것이다. 역사교육과 갈등해결은 상호 연관되어 있다. 동아시아에 평화를 이루기 위해서 우리는 역사로부터 교훈을 얻어야 하고 역사교육은 지역협력의 시작점이다. 새로운 역사적 관점과 진실에 대해서 배우게 된다면 젊은이들은 평화를 위해 노력할 것이다. 결과적으로 동아시아는 새로운 세대를 통해 평화를 보장받게 될 것이다.

제9부

동북아시아의 정체성의 위기와 문화적 갈등

간도문제와 일본의 조선 이주민에 대한 회유정책

강용범
중국연변대학교 인문사회과학학원

근년에 중국사학계와 한국사학계에서는 "간도문제"에 대해 많은 연구를 하여 왔는데, 주로는 중조변계문제와 연변지구의 조선인관할권문제에 대한 연구이다. 그중 "간도" 지구의 조선인관할권문제는 일본이 연변지구에서 조선인을 이용하는 정책을 실시하였기 때문에 생긴 문제이다. 일본이 조선인을 이용하는 정책에는 비록 여러 가지가 있었으나 그중에 조선인에 대한 "인심수람(人心收攬: 회유정책을 의미)" 정책도 하나의 중요한 정책이었다. "인심수람" 정책에 대한 연구는 중조변계문제 등 "간도문제"의 다른 측면의 문제에 대한 연구와도 밀접한 관련이 있기 때문에 역시 홀시할 수 없는 연구과제이다.

일본의 "간도문제" 조작과정에 조선간민에 대한 보호 방침

일본이 "간도문제(間島問題)"를 조작하는 과정에 있어 간도에 거주하는 조선인에 대한 "인심수람" 정책은 우선 조선인에 대한 소위 "보호" 방침에서 나온 것이다. 그 "보호" 방침은 또 일본이 조선인을 이용하자는 데 그 목적이 있다.

메이지유신 이래 일본은 점차 대외팽창주의 "대륙정책(大陸政策)"을 제정하고 주변국가인 조선과 중국만주에 대한 침략활동을 감행하였다. 그러나 연변지구에 대한 침략야심은 주로 러일전쟁이 발발한 후에 중국과 조선 사이의 국경문제를 계기로 비로소 처음으로 나타났다.

중국과 조선 사이의 국경선 문제는 우선 1883년 조선의 서북경략사 어윤중(魚允中)이 간도땅이 조선 측에 속한다고 주장한 때부터 시작되었다. 어윤중의 근거는 주로 "두만(豆滿)"강과 "토문(土門)"강이 서로 다른 강이라는 데서 기인한 것이다. 그 후 중국과 일본은 이 문제를 해결하기 위하여 1885년과 1887년 두 차례의 공동답사를 하였고 나중에는 무산(茂山) 이하 하류에서의 국경선은 별로 이의가 없음을 확인하였다. 다만 무산 이상의 몇 갈래 지류에서 홍토수(紅土水)와 석을수(石乙水) 지간에 어느 것이 원류인가 하는 문제에서 공통점을 찾지 못한 채 중단되었다. 그러나 중국과 일본이 평화적인 협상을 통하여 해결하려는 의도는 변하지 않았다. 우선 청나라 정부는 1904년 3월과 5월에 두 차례나 조선에 주재하고 있는 청나라 대사인 허태신(許台身)으로 하여금 조선 외무(外部)에 대하여 양국이 다시 국경선을 공동답사하여 최후로 해결할 의향을 전달하였다.[1] 그러나 이때 조선 정부는 이미 일본한테 완전히 외교권을 박탈당하여 자국의 외교를 자율적으로 행사할 수 없는 궁지에 빠졌다.[2] 바로 이때 이런 사실을 알게 된 일본은 동년

---

1) 申基碩, 『統監府臨時派出所紀要』(探究堂, 1979년), 128쪽.
2) 1904년 2월 8월 일본은 러일전쟁을 발동한 동시에 당일에 인천에 상륙해 수도 서울을

6월 16일에 청 정부에 각서를 보내 고의적으로 중국과 조선의 공동답사를 방해하였다. 즉 일본은 지금 러시아와의 전쟁 때문에 군사업무로 한창 바쁘고 또 중국과 조선 사이의 국경선 답사는 빠른 시일 내에 끝낼 일이 아니라는 이유로 뒤로 미룰 것을 요구하였다.[3] 일본이 그렇게 주장한 이유는 중조 양국이 일단 공동답사를 하고 국경선 쟁의를 원만히 해결하는 날이면 일본은 곧 중국과 조선 사이의 국경선 분쟁을 이용하여 동북지구를 침략하려는 구실을 잃게 되기 때문이다. 이것이 바로 일본이 중국과 조선 사이의 국경선 문제를 이용하여 연변지구를 침략하려는 최초의 표현이었다. 이때 일본 정부의 이런 음모를 간파하지 못한 청나라 정부는 6월 23일 일본 정부에 각서를 보내 일본 정부의 뜻을 양해한다고 표시하였다.[4] 그 결과 청나라 정부는 일본 정부의 전략에 빠져서 러일전쟁이 끝난 후 3년도 채 되지 않은 1907년에 일본은 중국과 조선 사이의 국경선 문제를 다시 들고 나와 "간도 문제"를 조작하고 연변지구에 대한 침략을 강화하였다.

주지하는 바와 같이 일본이 "간도문제"를 조작할 때 이렇게 우선 국경선 문제를 이용하려는 의도가 이었다. 그러나 간도지역 한인들을 이용하려는 의도는 그 후에 생겼는데 이는 대체로 1905년 10월 27일 일본이 조선 정부를 억압하여 을사보호조약을 체결하고 조선의 외교를 장악한 후부터이다. 왜냐하면 일본이 이 조약을 통하여 조선을 일본의 "보호국"으로 만들었기 때문에 조선의 외교에 관여할 "자격"이 생겼기 때문이다. 시노다 하루사쿠 (篠田治策)도 "러일전쟁의 결과 한국은 제국의 보호국으로 되었고 제국 정부는 한국의 외교를 장악하기에 이르렀다"고 하였다.[5] 그러므로 그 이전에는

점령하였다. 2월 23일에는 또 조선정부를 핍박하여 『일한의정서』를 체결하였다. 이 조약에 의하면 금후 조선은 제3국과 함부로 이 의정서의 종지에 위반되는 조약이나 협정을 체결할 수 없다고 규정하였다. 申基碩, 『統監府臨時派出所紀要』(探究堂, 1979년), 128쪽을 참조.

3) 吳祿貞著, 『延吉邊務報告』; 李澍田主編, 『長白叢書』 初集(吉林文史出版社, 1986년), 158-159쪽.

4) 申基碩, 『統監府臨時派出所紀要』(探究堂, 1979년), 129쪽.

5) 篠田治策 편저, 『統監府臨時派出所紀要』(史芸研究所, 2000년 3월), 36쪽.

일본이 간도지역 조선인을 이용할 엄두도 낼 수 없었다.

그러나 일본이 직접 연변지구의 월경민에 대한 "보호"책을 세우기 시작한 계기는 한국 의정부 참정대신 박제순(朴齊純)이 1906년 11월 18일 공문으로 조선통감부 통감 이토 히로부미(伊藤博文)에게 조회를 보내어 일본 정부에서 관리를 파견하여 "간도" 재주민의 생명재산을 보호해 달라는 요청을 한 때로부터이다.6) 박제순의 이 공문은 바로 일본의 의도와 딱 맞았다. 때문에 이토 통감은 일본제국정부와 협의하여 "재류한인의 보호문제는 간도소속문제와는 달리" 하루도 등한히 할 수 없기 때문에 일본관원을 파견하는 동시에 또 한국관원도 소속시켜 "한인보호(韓人保護)"의 실적을 거두도록 할 것을 결정하였다.7)

조선간민에 대한 일본의 "인심수람" 정책의 제기

일본이 연변지구의 조선인에 대해서 직접적으로 "인심수람" 정책을 제기한 것은 주로 두 곳이다. 하나는, 1907년 8월 6일 일본이 간도에 들어오기 전에 간도파출소 소장 사이토 스에지로(齋藤季治郎)가 파출소원들에 대한 훈시(訓示)에서 제기한 것으로서 그는 이 훈시에서 간도 조선인들에 대해 "인심(人心)을 수람(收攬)하는 것은 대성공(大成功)의 기초(基礎)"라고 하였다.8) 다른 하나는 1908년 8월 17일 역시 사이토 소장이 간도파출소를 설치한 이래의 성적을 평가하면서 한 "훈시"에서 한 것으로 그때 그는 한인에 대해 "관엄(寬嚴)"과 "은위(恩威)"를 병행하는 정책을 말하면서 "지금은 제1기 성공을 한 데 불과"하고 제2기에는 "진일보 인심을 수람하여 시설경영의 기초를 공고히 함과 아울러 나아가서 그 범위를 확장"해야 한다고 하

---

6) 篠田治策 편저, 『統監府臨時派出所紀要』(史芸研究所, 2000년 3월), 36-37쪽.
7) 篠田治策 편저, 『統監府臨時派出所紀要』(史芸研究所, 2000년 3월), 36-37쪽.
8) 篠田治策 편저, 『統監府臨時派出所紀要』(史芸研究所, 2000년 3월), 44쪽.

였다.9) 물론 그 외에도 간접적으로 "인심수람" 정책에 대해 언급한 것이 여러 번이나 된다. 그럼 일본이 어째서 조선간민에 대해 이와 같은 "인심수람" 정책을 제기하였는가? 여기에는 주로 아래와 같은 두 가지 이유가 있다.

첫째로, "인심수람" 정책은 일본이 제기한 청조군대와의 정면적이고 대규모적인 무장충돌을 피면해야 한다는 방침에서 출발한 것이다.

간도파출소 총무처장 시노다 하루사쿠도 "파출소의 태도는 침착하게 하여 감히 병력을 동원하여 청국관원과 항쟁을 하는 일이 없도록"해야 한다고 하였다.10) 그럼 일본은 어떤 이유에서 청과의 대규모의 항쟁을 피하려 하였는가? 이는 아마도 일본제국의 침략활동이 당시 열강인 영국, 미국 등 열강들의 세계질서 속에서 진행되었기 때문이다.

러일전쟁을 통해 러시아군대를 격파한 일본은 러시아를 완전히 격파한 것이 아니며 언젠가는 또 한번 승부를 가릴 전쟁이 일어날 것이라고 예측하였다. 이에 대비하여 일본은 장래의 전쟁에서 주도권을 잡고 유리한 위치에 있으려면 반드시 중국연변지방을 점령하지 않으면 안 된다는 것이 일본군 측의 주요한 전략인식이었다. 그러나 일본은 무작정 연변지방을 점령할 수는 없었다. 왜냐하면, 당시의 일본이 비록 아세아의 강국이지만 영국, 미국 등 열강들에 비하면 약소국이었다. 따라서 국제사회에서 항상 영국, 미국 등 열강들이 허락하는 국제질서 범위 내에서 행동해야만 했다. 청일 갑오전쟁 이후 일본이 이미 점령했던 요동반도를 다시 포기해야만 했던 예가 바로 그 유력한 증거이다. 또 러일전쟁 그 자체도 이런 열강들이 "허락"하는 질서범위 내에서 발생하였던 것이다. 만약 일본이 연변지구에서도 이처럼 함부로 무력을 행사한다면 마찬가지로 이런 열강들의 세계질서 범위 안에서 진행되어야 한다. 그러나 금방 미국의 조정하에 러시아와 포츠머스조약을 체결한 일본이 만약 또 전쟁을 일으킨다면 필연적으로 열강들의 신경을 건드리게 된다. 전적으로 이는 일본의 전체적인 전략이익과 상충한다. 때문에

---

9) 篠田治策 편저, 『統監府臨時派出所紀要』(史芸研究所, 2000년 3월), 150-151쪽.
10) 篠田治策 편저, 『統監府臨時派出所紀要』(史芸研究所, 2000년 3월), 171쪽.

일본은 "간도문제"를 조작하는 과정에서 청나라 군대와의 무력충돌을 피하는 방침을 취하였다. 시노다 하루사쿠는 파출소의 최초의 방침에 대해 언급할 때 연변지구에서의 파출소 소장의 권한은 "청국 내지(內地)에서의 제국 영사와 동일한 권한"을 갖고 한인을 "보호"하고 아울러 "청국 측의 현재의 시설(기구)에 대해서는 급격히 항쟁할 수 없기에 임기응변하는 방법으로써 우리의 세력을 증진"시켜야 하며 "대국(大局)상으로부터 노력하여 청국과의 충돌을 피면하고 또 청국의 종래의 시설도 전혀 무시(無視)할 수 없다"고 거듭 강조하였다.[11] 일본이 "간도문제"를 조작하는 과정에서의 연변지방의 조선인에 대한 "인심수람" 정책은 바로 이런 원인과 방침에서 선택된 것이다.

둘째로, 일본은 과거 이범윤(李範允)의 "교훈"을 많이 반영하였기 때문이다. 이에 대해서 시노다는 이범윤이 왕년에 간도관리사로서 한번 간도에 들어 왔으나 끝내는 아무것도 하지 못한 채 물러가버리는 "동일한 전철(前轍)"이 있지 않겠는가라고 근심하였다.[12]

이범윤은 1903년 말 조선 정부로부터 북변간도시찰사(北邊間島視察使)로 임명되었다. 이어 그는 간도주재 전관사무생민재산보호사(間島駐在 專管事務生民財産保護使)라고 자칭하고 도문강 북안의 중국 국경지대에서 간도 조선인을 조직화하였다. 그는 무력으로 일거에 연변지방을 점령할 목적으로 각지의 관리인원을 임명하고 군비를 거두며 무기를 구입하고 사포대(私砲隊)를 조직하였다. 이 과정에 이범윤이 간민들에 대해서 함부로 실시한 과도한 징세와 징량 등의 부담은 당시 간도 조선인들의 환영을 받지 못하였고, 나중에는 이로 인하여 연변지방에서 오래 있지 못하고 중국지방부대와의 싸움에서 패하기까지 하였다. 이 사실에서 일본은 이범윤이 실패한 주된 원인이 간도 주민들에 대한 민심을 얻지 못한 것이라고 인식하였다.

---

11) 篠田治策 편저, 『統監府臨時派出所紀要』(史芸硏究所, 2000년 3월), 146쪽.
12) 篠田治策 편저, 『統監府臨時派出所紀要』(史芸硏究所, 2000년 3월), 146쪽.

간도 조선인에 대한 일본의 "인심수람" 정책 실시

일본의 연변지구의 조선간민들에 대한 "인심수람" 정책의 실시는 주로 다음과 같은 여덟 가지 측면으로 표현된다.

우선, 간도 파출소에서 조선인 각 마을의 촌장의 "인심"을 "수람"하는 데서부터 시작되었다. 1907년 8월 27일 한국 황제의 즉위식을 진행하는 날에 파출소에서는 간도 부근 마을의 조선인 촌장과 명망이 높은 조선인 인사들을 학교정원에 불러들여 연회를 베풀었다. 연회에서 사이토 소장은 한국 황제의 즉위를 축하함과 아울러 촌장뿐만 아니라 가난한 백성까지도 축하하기 위해 적지만 자신이 차린 술과 요리를 각 촌에 내려주는 동시에, 각 촌장들이 돌아가서 촌민들에게 파출소 소장의 뜻을 누락없이 전달해달라고 부탁하였고 또 일정한 액수의 돈도 주었다.[13] 사이토 소장은 또 변강지구의 조선 백성에게까지 은혜를 베풀고 생명재산의 안전을 도모하는 것은 한국 황제폐하의 성스러운 뜻으로서 폐하는 일본천황폐하가 파견한 이토 통감에게 위탁하였는데 자신은 또 통감의 파견을 받고 간도 한국신민과 고락을 같이하고 그 생명과 재산을 보호할 것이니 모두 안심하라고 하였다.[14]

둘째, 순회하면서 조선인민정을 고찰하였다. 우선 여러 차례에 걸쳐 한국 관리를 각지에 파견하여 파출소의 뜻을 전달하는 동시에 민정을 고찰하기 위해 각 헌병 분견소에서도 끊임없이 자기 관할구역을 순회(巡廻)하였다. 파출소 소장도 스스로 각지를 순회하면서 민정을 살펴보았다. 사이토 소장은 모두 두 차례 지방에 대한 시찰을 진행하였다. 제1차는 하천평(下泉坪), 걸만동(傑滿洞), 국자가(局子街), 팔도구(八道溝), 동불사(銅佛寺) 등지를 순회하였고 제2차는 동경태(東京台), 복사평(伏沙坪), 두도구(頭道溝) 등지를 순회하였다. 순회과정에 사이토 소장은 우선 조선인 사장, 촌장, 어른들과 만나 연설하였고 다음 학교의 학생들과 만나서 강연을 하였다.[15] 순회과정에서 소장

---

13) 篠田治策 편저, 『統監府臨時派出所紀要』(史芸研究所, 2000년 3월), 172쪽.
14) 篠田治策 편저, 『統監府臨時派出所紀要』(史芸研究所, 2000년 3월), 172쪽.

은 또 각 회사(各社) 사장에게 회중시계를 선물로 주면서 백성들의 민심을 얻으려 하였다.[16]

셋째, 파출소에서는 조선인마을에 친일단체인 일진회(一進會)의 지부를 세우고 세력을 확장하였다. 파출소는 이전에 연변지구에 일진회 회원이 많았다고 한다. 때문에 파출소는 조선 경성(京城)의 일진회를 통하여 연변지구에 그 지부를 설치하고 윤갑병(尹甲炳)이란 자를 지부회장으로 임명하였으며, 세력을 확장함과 동시에 "간도문제" 해결을 돕도록 부탁하였다. 윤갑병은 각지에 지회를 설치하고 회원을 모집하여 친일본사상을[17] 고취시켰다. 일진회는 그의 뜻에 따라 각지에서 청국관헌에게 납세하는 의무가 없다고 주장하고 또 청인의 손으로부터 간도 전체에서의 토지소유권도 빼앗아 한인에게 주고 미개간지에 나무표식을 세워서 이를 점유하려고 하는 등 과격한 행동을 함부로 감행하였다. 그 결과 이는 중국군과 일본군 사이의 무장충돌로 비화될 가능성이 날로 높아졌다. 이런 사태가 나아가서 간도문제의 해결에 큰 영향을 미칠까봐 두려워한 일본은 일진회의 극단적인 행동을 저지하면서 종래대로 청나라에 세금을 바치고 현 상태를 유지하라고 설득하였다.[18]

넷째, 조선인 교육과 종교에 대한 지배를 강화하였다. 교육 측면에서 보면 파출소는 조선인 마을에 친일학교를 세웠다. 일본은 우선 파출소 소재

---

15) 篠田治策 편저, 『統監府臨時派出所紀要』(史芸硏究所, 2000년 3월), 176-184쪽.

16) 篠田治策 편저, 『統監府臨時派出所紀要』(史芸硏究所, 2000년 3월), 178쪽.

17) 일본은 일진회에 아래와 같은 고시를 발표했다. 1) 미개간지는 파출소에 청원하여 동의를 얻으면 자기의 경작지로서 영원히 경작할 수 있다. 2) 한인 또는 청인의 소유지에서 경작하는 소작인는 그 지주에 대하여 관례에 따라 分給할 수 있다. 3) 자기의 소유지를 경작하는 자는 일 푼이라도 청국에 납세할 의무가 없다. 4) 자기의 소유지를 타인에게 경작하게 할 때에는 소작인으로부터 소작료를 받을 뿐 청국관아에 세금을 바칠 의무고 없다. 5) 어떠한 곳을 통과해도 소위 통과세와 기타의 무명 잡세는 모두 청국에 바칠 수 없다. 6) 청한인 간의 貸借는 경우에 따라 필요하다. 7) 소와 말을 매매할 때에는 시장, 점포세를 청국에 바칠 수 없다. 8) 수목砍伐稅, 私釀酒稅, 工匠稅, 猪稅, 가옥신축세, 야장세를 청국에 바칠 수 없다. 9) 淸兵주재소에 나무, 석탄, 곡물 및 우차의 徵求는 모두 응할 수 없다. 10) 청인 지주의 각종 부역에 응할 수 없다(篠田治策 편저, 『統監府臨時派出所紀要』(史芸硏究所, 2000년 3월), 172쪽).

18) 篠田治策 편저, 『統監府臨時派出所紀要』(史芸硏究所, 2000년 3월), 172-175쪽.

지인 용정(龍井)에 소위 "규범(模範)적인 보통학교(普通學校)"를 설립하였다. 또 "사립학교규칙(私立學校規則)"을 제정하고 사립학교의 설립을 촉진함과 아울러 이를 통일하는 방침을 취하였다. 이 방침에 따라 반일인재 양성학교인, 당시 연변지구에 있던 조선 최초의 사립학교인 서전(瑞甸)서숙을 폐쇄시키고 이를 "한민회유(韓民懷柔)의 일책(一策)"이라고 하면서 일본인 교감 1명, 조선인 교사 2명을 파견하고 파출소 사무관을 명예교장으로 하여 파출소장의 감독하에 간도보통학교(間島普通學校)를 설립하였다.[19)

종교방면에서는 종교자유의 방침을 집행하고 이에 관여하지 않고 차라리 "회유의 태도"를 취하였다고 한다.[20) 그중 시천교는 일진회와 합세하여 친일적인 종교로 되어 그 세력을 확장하였다.

다섯째, 위생방면에서 여러 가지 위생조치를 강화하였다. 우선 "토민회유(土民(원주민: 편집자 주)懷柔)의 일책"으로서 1907년 8월 통감부파출소개설과 동시에 용정에 자혜병원(慈惠病院)을 설치하고 저가로 지표를 해주었다.[21) 당시 연변지구의 백성들은 일반적으로 생활수준이 낮고 위생의식이

---

19) 篠田治策 편저, 『統監府臨時派出所紀要』(史芸硏究所, 2000년 3월), 203쪽.

20) 篠田治策 편저, 『統監府臨時派出所紀要』(史芸硏究所, 2000년 3월), 203쪽.

21) 동년 8월 24일 병원 개설 이래 1909년 11월 1일 파출소를 철회할 때까지 진료를 하였는데 환자 총수는 실히 13,533명에 달하였다. 일체 업무는 간도헌병대분대 부속 村井 일등 軍醫에게 책임지고 看護長 1명, 看病人 2명이 협조하였다(파출소 철회 후에도 이 병원은 총영사관에서 계속 경영하였다). 병원은 설비를 부단히 개서하여 診斷所, 藥室, 藥庫, 軍醫看護長室, 수술실, 문진실, 환자관찰실을 구비하였다. 많은 약품과 설비는 회녕위수병원에서 보급받았다. 자회병원은 개설 이래 일본의술이 비상한 신용을 얻었다. 파출소 철회 전까지 신환자는 총계 13,533명, 평균 하루에 신환자가 16명 이상이나 되었다. 그중 日本人이 1,302명, 韓人이 10,641명, 淸人이 1,586명, 불란서인 4명이였다. 환자의 총연인수는 121,797명 매일 평균 152명에 달하였다. 환자는 남녀노소를 물론이고 10日里(약 39공리) 내지 30일리(117공리)되는 먼 곳에서도 와서 병을 보았다. 일상 환자들을 조사해본 데 의하면 용정촌을 중심으로 한 水北三峰村, 東盛湧街, 大小涝門, 大敎洞, 小佛洞, 獐巖村, 頭道溝, 靑地墟, 碑巖村, 鶴洞, 土城浦, 太拉子, 藏財村 등지이고 먼 곳에서 온 환자들은 용정촌의 여관에 주숙하면서 병원을 다녔다. 병원은 개설한 이래 병을 보러 오는 환자가 어찌나 많은지 늘 "여름철에는 병원문 앞을 우차마차로 꽉 차 있어 마치도 시장과도 같았다."(篠田治策 편저, 『統監府臨時派出所紀要』, 史芸硏究所, 2000년 3월), 210, 217-222쪽.

결여되었다. 일본은 파출소 인원 중에서 위생위원을 두어 용정촌에서의 전염병예방 및 기타 청결법시행 등 처리를 진행하였다. 원주민 중에 전염병환자가 있을 때에는 의사를 파견하여 치료하고 예방 조치하였다고 한다. 특히 용정에서의 위생상의 시설에 관하여, 첫째로, 파출소에서는 여러 개의 우물을 파서 우물을 마시게 함으로써 원주민들이 이전에 강물을 길어다 마시던 습관을 고치게 하였다. 둘째는, 각지에 공동변소를 지음과 동시에 원주민 각 호마다 가능하면 변소를 제각기 짓도록 하였다. 셋째로, 파출소 경찰을 파견하여 주민들에게 일주일에 한 번씩 청결법을 학습하도록 하였다. 넷째로, 오물을 버리는 곳을 정했다. 다섯째로, 도로의 양측에 배수구를 파게 했다. 여섯째로, 의관을 파견하여 식당, 여관, 화식칸에 대한 검사를 진행하였다.

끝으로, 수의를 파견하여 우역(牛疫)을 예방하고자 하였다. 우역방지의 필요성에 대하여 시노다 하루사쿠는 "간도한인은 거의 다 농민으로서 경작하고 운반하는 데 전부 소를 사역하였기 때문에 매호마다 꼭 한 마리 내지 몇 마리의 부림소를 갖고 있었다. 당시 소는 농민의 가장 중요한 재산이었다. 그러나 이 지방은 때론 우역이 유행되었기에 농민들은 이 때문에 손해를 적지 않게 받았다. 뿐만 아니라 한국 국내 특히 북한지방의 소는 품종이 우량하여 해마다 국외로 수출되는 것이 많았다. 그러나 간도에서 유행되는 우역이 한국 국내에 만연되어 심한 피해를 끼치기 때문에 우역을 예방하여 농민의 이익을 보호하는 것은 가장 필요하다고 느껴져 수의를 파견하여 시료 및 예방을 강구할 필요가 있다는 의견을 제출하였다." 드디어 1909년 7월 농공상부로부터 일본인과 한국인 수의사를 각기 1명(기구와 약품과 함께)씩 이 파출소에 파견하여 파출소 소장의 지휘감독에 귀속시켰다. 이어 이들 수의는 각지에 파견되어 우역의 계통을 조사하고 병든 소가 있으면 치료를 받게 함으로써 한인의 보호 및 회유를 도모하였다고 한다.[22]

---

22) 篠田治策 편저, 『統監府臨時派出所紀要』(史芸研究所, 2000년 3월), 223쪽.

중국지방당국의 일본의 "인심수람" 정책에 대한 반응

일본의 조선간민에 대한 "인심수람" 정책은, 우선 일본이 청나라 당국으로부터 간접적인 방법으로 조선인에 대한 통치권을 빼앗아내는 수단이 되었다. 앞에서 진술한 바와 같이 일본이 "간도문제"를 조작할 때 단기간 내에는 연변지구를 무력으로 점령할 가망이 없다는 것은 잘 알고 있었다. 이런 상황에서 특히 청나라 지방당국과의 싸움에서 민심에 대한 쟁탈이 가장 중요한 요인이 되었다. 당시 연변 지방당국에서는 일본의 "인심수람" 정책에 상응한 대책을 강구하였다.

첫째, 지방당국에서는 간도 조선인에게 시국에 관한 정확한 인식과 반일사상을 널리 선전하였다. 예를 들면, 달라자 분방장(分防長) 허덕유(許德洧)는 지방을 순회하는 도중 1908년 3월 29일에 "종성간도"의 조선인학교의 양정학당(養正學堂)에 와서 학생들과 학부형 및 청국 지방정부에서 임명한 총향약(總鄕約), 향약(鄕約) 및 기타 일반 공중들을 소집하여 놓고 시국에 관한 정확한 인식과 반일사상을 선전하였다. 그리고 두만강은 양국의 천연적인 경계로서 경계문제는 두만강 상류의 불과 4, 5십리에 불과한 곳의 문제이며 이 지방은 옛날부터 청나라의 영토이기 때문에 청나라의 말과 서적을 열심히 배워야지 일본의 법제에는 절대로 복종하여서는 안 된다는 것이다. 또한 일본의 위협에서 벗어나 일진회 회원처럼 일본에 아부하는 도당들의 말을 한 마디도 들어서는 안 된다고 훈시하였다. 또 치발역복(雉髮易服, 청나라식으로 상투를 자르고 호복을 입는 것)을 하도록 종용하면서 만약 이 명령에 복종하지 않으면 중국에서 축출한다고 경고하였다. 또 흑판에 글도 쓰면서 반일사상을 고취하였다. 23)

둘째, 힘써 친중국 반일사상을 가진 조선인을 보호하였다. 그중에 종성간도에 거주하는 현덕승(玄德勝)은 당시 조선인들 중에서 명망이 높고 반일사상을 갖고 있는 인사로서 청나라 지방당국에서는 일찍 그를 도향약(都鄕約)

---

23) 篠田治策 편저, 『統監府臨時派出所紀要』(史芸研究所, 2000년 3월), 301-302쪽.

으로 임명하였다. 이에 그를 눈엣가시처럼 여긴 간도 파출소에서는 1907년 12월 12일 헌병을 파견하여 조선으로 압송하였다. 이때 청나라 파반처에서는 수십 명의 군대를 파견하여 중도에서 그를 구해냈다(그 후 끝내 파출소에서 그를 붙잡아 갔지만 중국 측에서도 있는 노력을 다하였기에 나중에는 석방되었다).[24] 또 1908년 9월 3일 회녕간도에서 파출소 순사가 소위 "폭도(조선 반일인사)" 혐의자를 붙들어가는 도중 지방 순경들이 그를 구해냄과 동시에 파출소 순사가 휴대했던 칼과 모자를 빼앗았고 포박하여 병영 내에 구류하였다. 9월 15일 일본 순사가 또 "폭도(조선 반일인사)" 2명을 회녕으로 압송하는 도중 오록정이 직접 수십 명의 호위병을 지휘하여 그들을 구원하였다.[25]

셋째, 오록정은 조선인으로서 중국말에 능통한 자를 모집하여 헌병보조원으로 양성하였다. 또 이들을 이용하여 조선인들의 사정을 이해하고 일본의 시설을 제지하였다. 또 한인이 가령 청국의 복장을 입었지만 한국 국적을 상실하지 않아 한국형법 제200조에 저촉되는 경우가 생기는 것을 중시한 오록정은 광서 16년(1890) 전에 두만강 이북에 거주한 한민은 이미 편갑맹(編甲氓, 편입한 이주민)으로서 청국민(淸國民)이 되었다고 하면서 한인들을 교육하였다.[26]

넷째, 일본의 교육정책에 대하여 변무공서에서는 화한인민(華韓人民, 중국인과 한국인)의 평등한 교육을 주장하였다. 우선 변무공서에서는 중국인들이 조선인에게 토지를 팔아서 조선인 학교를 짓는 것을 지원하도록 권유한 동시에 변무경비에서 1만 원을 내어 학교를 짓는 비용으로 제공하였고, 이후에는 또 매년 2만 냥의 은을 학교의 경상경비로 제공하였다. 그 결과 1908년 2월까지 연길청변무순경학당(延吉廳邊務巡警學堂)을 개설하였고, 또 오래지 않아 『학무관제(學務管制)』에 따라 연길학무공서(延吉學務公署)를 설립하고 연길청 소속의 교육기관에 대한 교육행정사무를 책임지었다. 그 이후로 사

---

24) 篠田治策 편저, 『統監府臨時派出所紀要』(史芸研究所, 2000년 3월), 186-187쪽.
25) 篠田治策 편저, 『統監府臨時派出所紀要』(史芸研究所, 2000년 3월), 291쪽.
26) 篠田治策 편저, 『統監府臨時派出所紀要』(史芸研究所, 2000년 3월), 276쪽.

회교육, 직업교육, 성인교육 시설을 연이어 건설하였다. 동년 2월에 또 초급 사범학당을 세우고 교원을 양성하였다. 동시에 화룡욕, 광제욕, 모아산과 각 향진에 초등소학교 8개소, 고등소학교 4개소를 건립하였다. 오록정은 이런 학교들에서 조선인들도 중국인과 같은 평등한 교육을 받도록 하였다.[27]

일본의 조선간민에 대한 "인심수람" 정책의 실질

일본의 조선간민에 대한 "인심수람" 정책의 실질은 일본의 식민이익을 도모하기 위한 데 있다. 이는 사이토 소장의 훈시에서 표현된다. 그는 "인심을 수람하는 것은 대성공의 기초이지만 이원(利源)의 개발이 동반되지 않으면 경세(經世)의 실적(實積)을 발휘하여 국리민복(國利民福)의 발전을 기대할 수 없다."고 하였다.[28] 여기에서 말하는 "국리민복의 발전"이라는 것은 사실상 일본인의 "국리민복의 발전"이지 절대로 조선간민의 "국리민복의 발전"은 아니다. 왜냐하면, 일본이 간도 내의 한국신민(韓國臣民)에 대한 "보호"의 구호를 외쳤지만 간도의 개발을 위한 조치에서는 "일본인의 이주를 장려하고 농공상업의 진보와 발전을 도모"한다고 하였다.[29]

사실 일본은 연변지구의 이원을 개발하기 위해서 러일전쟁 전부터 그 이원에 대한 정보활동을 빈번히 진행하였다. 이에 대해 오록정은 "러일전쟁 이후 일본인들은 길림남부를 측량하였다. 측량수는 약 천 명이나 되었고 월비는 수십만 원에 달하였다." 이런 측량수들은 연변지구를 "끊임없이" 드나들었다고 하였다.[30] 일본이 간도 파출소를 설치한 후에는 더욱 공개적이고 상세한 정보활동을 하였다. 그중 지질탐사와 농업에 대한 조사가 가장

---

27) 姜龍範, 『吳祿貞과 東疆主權』, 『東疆學刊』, 2000년 4월 제2기.
28) 篠田治策 편저, 『統監府臨時派出所紀要』(史芸研究所, 2000년 3월), 44쪽.
29) 篠田治策 편저, 『統監府臨時派出所紀要』(史芸研究所, 2000년 3월), 38-39쪽.
30) 吳祿貞著, 『延吉邊務報告』; 李田主編, 『長白叢書』 初集(吉林文史出版社, 1986년), 134쪽.

대표적인 실례이다.

지질탐사정황을 보면, 1907년 9월 11월 서강(西崗), 이도구(二道溝), 삼도구(三道溝)의 금광 및 탄광에 대하여 탐사활동을 진행하였다. 1908년 9월 초순부터 하순까지 또 네 차례의 탐사를 진행하였는데 제1차는 9월 5일부터 11일까지로서 주로 조양천(朝陽川), 연길하(延吉河) 방면에서 연지강(煙芝江) 금광, 육도구(六道溝)은광, 적라현사금지(赤羅峴砂金地), 호귀동(胡貴童)사금지, 삼도외(三道崴)은광과 사금지 등을 탐사하였다. 9월 15일부터 23일까지는 두만강 연안 및 함박동(咸朴洞) 방면에서 "회녕간도(會寧間島)"의 증산동(甑山洞)탄광, "회녕간도"의 사기동(沙器洞)탄광, 함박동(咸朴洞)사금지, 숙문보(繡紋浦)은광, 칠도구(七道溝)사금지 등지를 탐사하였다. 10월 6일부터 23일까지는 일량구(一兩溝), 알하하(嘎呀河)유역, 연춘(琿春) 방면에서 백초구(百草溝)사금지와 철광, 연춘(琿春)사금지와 탄광을 탐사하였다. 11월 9일부터 21일까지는 천보산(天寶山)은동광, 봉밀구(蜂蜜溝)동남차(東南岔, 동남분기점), 삼도구(三道溝)사금지, 노두구(老頭溝)탄광, 전심호(轉心湖)와 토산자(土山子)탄광 등지를 탐사하였다. 1909년 3월부터 5월까지 역시 3차례의 탐사를 진행하였는 바, 3월 13일부터 16일까지는 국자가(局子街), 관청미(官廳尾), 조만동(傑滿洞), 하천평(下泉坪), 용암촌(龍巖村) 방면에서, 4월 5일부터 11일까지는 국자가로부터 조양천, 금불사(金佛寺)지구까지 탐사하였으며, 4월 26일부터 5월 20일까지는 장백산지구를 탐사하였다. 이런 탐사에서 일본은 광석의 상세한 위치, 지질특점, 채취조건, 중국 측의 채취상황 등에 대해 상세하게 조사하였다.

농업에 대한 조사정황을 보면, 1907년 9월부터 11월까지 우선 "온성간도(穩城間島)"와 포이합통하(布爾哈通河) 하류지역을 조사하였다. 1908년 5월 하순부터 11월 중순까지는 선후로 네 차례나 되는 조사를 진행하였는데, 5월 29일부터 6월 19일까지는 "동간도 서부(東間島 西部)" 즉 고동하(古洞河), 토문강(土門江), 대소사하(大小沙河) 등지를 조사하였고, 9월 3일부터 12일까지는 서강, 남강, 북강의 각지를 조사하였으며, 10월 6일부터 23일까지는 일양구(一兩溝)유역, 알하하(嘎呀河)유역, "온성간도"와 연춘지방을 조사하였고, 11일 9일부터 18일까지는 포이합통하 상류지방을 조사하였다. 1909년 3월 중순부터 10월 초순까지 역시 다섯 차례나 되는 조사를 진행하였는바, 3월 19일부터 23일까지는 국자가, 동불사(銅佛寺)와 두도구(頭道溝) 방면을 조사하였고, 7월 5일부터 9일까지는 "종성간도(鍾城間島)"의 개문사(開文社), 하천평(下泉坪), 조만동(傑滿洞)과 화전사(樺田社) 방면을 조사하였으며, 8월 12일부터 19일까지는 두도구의 세린하(細麟河), 동불사(東佛寺), 조양천(朝陽川), 연길하(延吉河)와 국자가 방면을 조사하였고, 8월 23일부터 9월 1일까지는 "회녕간도", "무산간도(茂山間島)"와 삼도구 방면을 조사하였으며, 9월 29일부터 10월 8일까지는 천보산의 옹성랍자(甕聲拉子), 삼도외(三道崴)의 두주하(牡丹河), 백초구와 일량구 방면을 조사하였다.

특히 일본은 파출소 위에서 2,000평에 달하는 땅을 구입하여 파출소의 "부속농원(附屬農園)"을 만들고 일본으로부터 과수나무와 묘목(사과, 배, 복숭아, 앵두, 살구, 내화, 보도, 장미, 흑송, 오동, 뽕나무 등)을 가져다가 실험까지 하였고 그 "성적"이 아주 좋았다고 한다.[31]

정보활동뿐만 아니라 실제로 일본은 연변지구의 자연자원을 약탈하기 위해 온갖 애를 썼다. 예를 들면 "천보산사건(天寶山事件)"이 바로 그 대표적인 사건이다. 천보산은광은 1906년 12월에 일본인 중야이랑(中野二郎)과 청국인 정광제(程光第)가 계약을 맺고 공동사업으로서 경영에 착수한 것이지만 오록정의 보고로부터 1907년 10월 길림순무는 정광제에 대해 이 광산을 봉금하라고 명령하였다. 이에 정광제는 복종하였지만 일본인은 소속 미정의 땅에서 청국관원의 명령에 복종할 의무가 없다고 주장하면서 광재(鑛滓(slag), 광석에서 금속을 빼내고 남은 찌꺼기)를 일본으로 운반하기 시작하였다. 이에 오록정은 11월 13일에 군대를 파견하여 광재를 운반하는 차량을 차압하고 그 인마를 병영 내에 억류하였다. 결과 중일지간에 복잡한 교섭사건으로 발전하였다.[32]

---

31) 篠田治策 편저, 『統監府臨時派出所紀要』(史芸研究所, 2000년 3월), 382쪽.
32) 篠田治策 편저, 『統監府臨時派出所紀要』(史芸研究所, 2000년 3월), 274-280쪽.

　요약컨대, 일본이 연변지구의 조선간민에 대한 "인심수람" 정책은 전반 국제질서의 테두리에서 선택한 조선인을 이용하여 연변지구에 장기적으로 침투하려는 책략에서 기인된 것이다. 물론 이 정책을 실행하는 과정에 의료, 위생 등의 방면에서 확실히 빈곤한 조선인에게 일부 좋은 점을 가져다주었다. 그러나 이는 국부적인 현상에 속하고, 조선인에게 불리한 면은 그보다도 더 컸던 것이다. 이런 "인심수람" 정책으로 인하여 중일 간에 불가피하게 조선인에 대한 민심쟁탈전이 생겼는데 일본 측에서 더 많은 우세를 차지했다 할 수 있다. 그 과정에 무고한 조선인 백성은 결국 이중의 불신임을 받는 대상이 되었다. 특히, "인심수람" 정책의 근본목적은 일본제국의 식민지 침략이익을 도모하는 데 있었기 때문에 일본에게만 유리하였다.

주러 한국공사 이범진과 한러 관계

김영수
동북아역사재단 연구위원

머리말

100여 년 전에 전 세계는 러일전쟁의 당사자인 러시아와 일본만 주목했다. 그 이유를 다음과 같이 두 가지로 추측할 수 있다.

하나는 러시아와 일본 중 승전국은 누구일까라는 부분에 전 세계의 이목이 집중되었다는 사실이다. 또 하나는 러시아와 일본을 비롯한 당시 열강은 국제정세의 주체로서 한국을 대등한 나라로 인식한 것이 아니라, 자국의 편으로 끌어들이는 객체로서 한국을 인식했던 것이다. 결국 러일전쟁이 종결되자 한국은 일본의 보호국이 되었고, 사실상 일본의 식민지적 상황에 처했다. 이렇듯 19세기 말 20세기 초반의 시기는 러시아와 일본뿐만 아니라 한국의 역사에서도 매우 중요한 의미를 갖고 있다. 무엇보다도 한국은 국가 존립의 위기에 직면했다.

당시 러시아는 극동지역에서 일본과 대립하는 하나의 축이자 한국과 국경을 맞대고 있는 나라였다. 이러한 상황에서 한국은 러시아의 외교정책에 대해서 매우 민감하게 반응할 수밖에 없었다. 그런데 러시아의 한국 외교정책과 함께 반드시 살펴보아야 하는 주제가 바로 한국 정부의 입장이다. 일방적인 국제관계가 아닌 한국과 러시아의 상호 대응이라는 측면이 규명되어야 한다.

그동안 한국에서는 근대 한국 정치가 중 한 명으로 이범진을 기억했다. 그 이유는 아관파천 직후 법부대신을 역임한 이범진이 1896년 6월 권력에서 밀려나 주미 한국공사로 임명되었다고 파악되었기 때문이었다. 따라서 한국에서 외교관 이범진은 오랫동안 잊혀진 인물이었다.

하지만 이범진은 러시아와 일본의 대립 시기인 1899년부터 1905년까지 주러 한국공사 신분으로 한국 외교정책을 직접적으로 수행했다. 즉 러일전쟁 전후 한국의 외교정책을 밝혀줄 수 있는 인물이 바로 주러 한국공사인 이범진이었다.

1906~1910년 러시아 외무대신을 역임한 이즈볼리스끼(А.П. Извольсккий)는 이범진에 대해서 "이범진이 러시아에 거주하는 한국의 마지막 비밀요원이었다"고 평가했다.[1] 러시아 외무부는 러시아에서의 이범진의 활동을 기억했다. 1900~1906년 러시아 외무대신을 역임한 백작 람즈도르프(В.Н. Ламздорф)는 이범진을 1등급 스따니슬라브 훈장을 받도록 주선했다.[2]

하지만 일본 정부는 러시아 정부와는 달리 이범진을 극도로 경계했다. 1901~1905년 일본 외무대신을 역임한 고무라(小村壽太郎)는 이범진을 '극단주의자'라고 규정하면서 이범진을 반드시 '제거해야 할 인물'이라고 주장했다.[3] 더구나 일본 정부는 1911년 이범진이 사망했을 때 장례식을 위해서 그의 시신을 서울에 옮기는 것조차 금지시켰다.[4]

---

1) Архив внешней политики Российской империи (АВПРИ 대외정책문서보관소), Ф. 283, Оп. 766, Д. 106, Л. 9-11.
2) АВПРИ, Ф. 143, Оп. 491, Д. 74, Л. 55.
3) 국사편찬위원회, 『駐韓日本公使館記錄(9)』(1995), 420쪽.
4) Речь, 19 января 1911 г.

러시아와 일본의 외무대신들은 왜 이범진에 관해 상반된 평가를 내렸을까? 이범진이 한국을 둘러싼 러시아와 일본 외교정책에 미친 영향력은 무엇인가? 이러한 상반된 평가를 이해하기 위해서는 이범진의 정치와 외교활동 및 그의 근대화 구상 등을 주목할 필요가 있다. 특히 러일전쟁 전후 이범진의 외교정책을 살펴보면 상반된 평가가 이해될 수 있을 것이다.

지금까지 이범진에 관한 한국의 연구 성과는 그가 러시아와 일본에 미친 영향력에 비해 매우 적은 편이다. 이러한 일련의 연구는 이범진을 최초로 복원했다는 측면에서 의의를 갖는다.[5] 하지만 기존 연구는 이범진의 부분적인 활동을 대상으로 연구했기 때문에 그의 일대기를 전체적으로 구성할 수 없었다. 그 이유는 한국에서 이범진의 개인적인 회고록과 문집을 발굴할 수 없었기 때문이었다. 당시 일본 헌병대가 서울에서 이범진의 자택을 자주 수색했기 때문에 이범진의 부인은 그의 편지를 비롯한 이범진 관련 기록을 스스로 파기했다.

러시아 학자 뻬스꿀로바는 러시아에서 최초로 이범진 생애에 관한 연구를 최초로 진행했다.[6] 최근 러시아에서 이범진의 생애와 관련된 책이 출판되었다.[7] 이 책은 이범진에 관한 러시아 측 자료를 정리했다는 데에 중요한 의미를 갖는다. 하지만 이 책은 을미사변 전후 이범진의 정치세력 형성, 러일전쟁 전후 이범진의 외교정책 등을 주목하지는 못했다. 무엇보다도 이범진의 개혁 구상에 관한 자료가 발굴되지 못했다.

이 논문은 이범진의 정계 진출과정, 러일전쟁 전후 이범진의 외교활동 등을 추적하면서 그의 일대기를 전체적으로 구성할 것이다. 특히 필자는 새롭

---

5) 방선주, "서광범과 이범진," 『崔永禧先生華甲紀念 韓國史學論叢』(탐구당, 1987); 강인구, "러시아 자료로 본 주러한국공사관과 이범진," 『역사비평』 57호(2001); 오영섭, "을미사변 이전 이범진의 정치활동," 『한국독립운동사연구』 25집(2005).

6) Пискулова Ю.И. Корейский политик и дипломат Ли Пом Чин (한국 정치가 및 외교관 이범진) // Проблемы Дальнего Востока(극동문제). № 6. М., 2000. С. 109-116.

7) Ли Бомджин(이범진) / Отв. ред. Ю.В. Ванин. М., 2002 (외교통상부, 『이범진의 생애와 항일독립운동』, 2003, 마스타상사).

게 발굴된 이범진의 한국 근대화 개혁구상을 분석할 것이다. 또한 필자는 러일전쟁 전후 이범진의 외교정책을 살펴보면서 한국의 외교정책을 조망할 것이다.

이범진의 정계 진출과 국내정치활동

1852년에 태어난 이범진은 훈련대장을 역임한 이경하(李景夏)의 서자(庶子)였다. 이범진은 갑신정변 당시 명성황후를 구해준 인연으로 명성황후의 총애를 받아 민비가문과 긴밀한 관계를 맺을 수 있었다.[8] 이범진은 갑신정변 이후 고종의 특명에 의해 규장각직각(奎章閣直閣)으로 승진하고, 삼국간섭 이후 상의사장(尙依司長), 제용원장(濟用院長), 궁내부협판(宮內府協辦) 등 궁내부의 중요 관직에 발탁되었다.[9] 이렇듯 고종과 명성황후의 신임을 받은 이범진은 을미사변 이후 러시아공사관에 은신하면서 고종의 어려운 상황을 해결하기 위해 노력했다.[10]

삼국간섭 이후 이범진은 러시아공사관과 연결되면서 그동안 정계에서 소외받았던 인물들을 결속했다. 춘생문사건에 가담한 궁내부관료 중 대다수가 과거시험을 거치지 않고 관직에 진출한 신진관료였다. 이 중 주석면(朱錫冕)과 김홍륙(金鴻陸)은 함경도 출신으로 춘생문사건 당시 러시아공사관과 연

---

8) 『高宗實錄』21년 12월 28일. 李景夏는 廣平大君派 중 定安副正公派로 李範升과 李範 晉을 아들로 두었다. 이범승은 생부가 國夏로서 이경하의 양자고, 이범진은 이경하의 서자였다(朴垣, 『在蘇韓人民族運動史』(1998), 36쪽). 황현에 따르면 이범진은 이경하가 晋州兵使로 있을 때 기생과의 사이에서 태어났고, 용맹이 뛰어나 '호랑이' 라고 불렸다(황현, 甲午以前, 『梅泉野錄』, 183-185쪽).

9) 이범진은 고종의 특명에 의해 弘文館修撰에 임명되었고, 1880년대는 同知春秋館事, 內務府協辦, 吏曹參判 등을 역임했다(『高宗實錄』21년 10월 21일, 21년 12월 28일, 24년 10월 25일, 24년 11월 29일, 25년 10월 15일, 32년 閏5월 28일, 32년 6월 29일; 『官報』, 『日省錄』).

10) John M.B Sill, New Korean Minister to Washington, 1896.6.23, pp.1-2 (NARA FM 134 Roll 13 No 224).

결되었던 점을 주목할 필요가 있다. 그 밖에 궁내부관료 출신은 아니지만 아관파천 직후 관직에 발탁된 김도일(金道一)과 조윤승(曺潤承)이 함경도 출신이었다.[11] 여기에 이학균(李學均)과 이병휘(李秉輝)도 춘생문사건 당시 러시아공사관과 연결되었다. 이러한 사실을 통해 이범진은 함경도출신을 중심으로 러시아와 관련된 인물을 결속, 자신의 궁내부 인맥을 형성한 것으로 보인다. 그 이유는 고종이 중앙 정계에 정치세력을 형성하지 못한 함경도 출신을 궁내부에 발탁하여 자신의 정치적 영향력을 강화하려했기 때문이었다.

한편 이범진이 궁내부 협판에 임명된 직후 추진했던 1895년 9월 '개국기원절' 행사를 주목할 필요가 있다.[12] 이날 행사는 궁내부에서 행사를 주관했다. 고종과 명성황후는 이날 행사에 직접 참석하였는데 고종은 직접 개회 연설을 하고, 행사가 끝난 후 실무를 담당한 궁내부 관료들에게 품계를 올려주었다.[13]

이날 행사의 준비위원회에서는 외국인 중 궁내부 고문관(宮內府 顧問官) 리젠드르(C.W. Legendre) 장군, 러시아공사 베베르의 부인의 자매이자 궁내부에 소속된 존타크(Antoinette Sontag) 여사, 그리고 건축사 사바찐(Середин-Сабатин А.И.)도 포함시켰다. 그래서 리젠드르 장군은 사무장(事務長)이라는 명예위원으로 외국인들을 접대하였고, 존타크 여사는 음식과 식탁 준비를 담당했으며, 사바찐은 식장의 장식 부분을 총괄했다.[14] 사실 개국기원절은 일본의 영향력을 약화시키고 왕실의 정치적 영향력 확대를 보여주는 상징적인 행사였다.

개국기원절 행사에 관여했던 47명 중 궁내부관료는 41명이었다.[15] 이 중

---

11) 국사편찬위원회, 『駐韓日本公使館記錄(11)』, 加藤→大隈, 1897년 1월 20일 「내각원과 寵臣간의 알력」, 222-224쪽; 『뮈텔주교일기』 1896년 7월 25일.

12) 한철호는 정동파가 개국기원절 행사의 제반 실무를 추진했다고 주장했다(韓哲昊, 「1880-90년대 親美 開化派의 改革活動 研究」(翰林大史學科博士論文, 1996), 79쪽).

13) 『尹致昊日記』 1895년 9월 4일; 『高宗實錄』 32년 7월 16일.

14) АВПРИ. Ф.150.Оп.493.Д.6.Л.133об.

15) 『日省錄』, 『高宗實錄』 高宗 32년 7월 15일. 궁내부관료 이외 6명은 군부부령 洪啓薰, 군부참령 李學均, 한성부 관찰사 李采淵, 군부협판 權在衡, 외부협판 尹致昊, 교

최영하(崔榮夏)와 주석면은 이범진과 함께 춘생문사건에 가담했다. 이학균은 을미사변 이후 이범진과 함께 러시아공사관에 은신했다.[16] 현흥택(玄興澤)과 이명상(李明翔)은 러시아공사관과 긴밀한 관계를 유지했던 인물이었다.[17] '개국기원절' 행사를 통해 궁내부 협판 이범진은 이학균, 최영하, 주석면, 현흥택, 이명상 등과 연결되어 자신의 궁내부 인맥을 확대했던 것으로 보인다.

1895년 10월 8일 을미사변 당일 궁내부협판 이범진은 "러시아와 미국 공사관에 도움을 요청하라"는 고종의 지시를 충실히 수행했다. 이범진은 추성문과 영추문 사이의 담장 주변을 살펴보았지만 이미 군인들로 꽉 차있는 것을 확인했다. 광화문으로 달린 이범진은 이곳도 군인들이 포위했다. 이범진은 궁궐 동남쪽 모서리인 동십자각으로 향했고 경비가 소홀하다는 것을 파악했다. 이범진은 보초를 서고 있는 2명의 일본 병사가 멀리가기를 기다렸다가 4.5미터(15피트) 정도의 높이에서 뛰어내렸다. 대궐 담장이 높았기 때문에 다리를 다친 이범진은 절뚝거리면서 주한 미국과 러시아 공사관에 도착해서 현장의 상황을 전달했다.[18]

이범진은 1895년 11월 28일 고종을 구출하려는 춘생문사건이 실패하자 피신했다. 춘생문사건 실패 이후에도 이범진은 고종의 아관파천 의사를 확인했고, 미국 공사관으로 도피한 이윤용·이완용과 함께 김홍집 내각에 대항할 방법을 모색하였다.[19] 이범진은 러시아 공사의 지원을 확인하는 한편

섭국장 朴準禹 등이었다.

16) 윤치호에 따르면 이학균은 미국서기관 알렌의 약품을 훔쳐 알렌과 불편한 관계를 갖고 있었다(『尹致昊日記』 1895년 9월 22일; Horace N. Allen, *Korea: Fact and Fancy* (1904)[金源模編, 『近代韓國外交史年表』(서울: 檀國大出版部, 1984), 149쪽]).

17) 국사편찬위원회, 『駐韓日本公使館記錄(11)』, 加藤藤 → 大隈, 1897년 1월 20일 「내각원과 寵臣간의 알력」, 222-224쪽.

18) АВПРИ. Ф.150.Оп.493.Д.6.Л.68.

19) Секретан Телеграмма Щпйера [왕의 비밀 메모], 1896.1.21(양2.2)(Б. Пак, 1998 앞의 책, 157쪽);『駐韓日本公使館記錄(9)』, 小村藤 → 西園寺, 1896년 2월 13일 機密第11號 「朝鮮國 大君主 및 世子宮 露國公使館에 入御한 顚末報告」, 138쪽.

고종에게 '궁중(宮中)의 여화(餘禍)'가 있을지 모른다는 서신을 보냈다.[20]

이범진은 규장각 각감(閣監) 이기동(李基東)을 통해 사촌 누이동생인 이상궁(李尙宮)을 설득하여, 춘생문사건 당시 실패했던 가마를 이용한 파천 방법을 추진하였다. 이상궁과의 친분관계를 바탕으로 이기동은 이상궁이 대궐로 들어갈 때 가마를 호위할 수 있었다. 이를 통해 이기동과 이상궁은 대궐을 자연스럽게 출입할 수 있었고, 대궐 수비대의 경계를 늦출 수 있었다.[21] 이러한 노력 이외에 이범진은 춘생문사건 당시 동원하지 못한 장교 이승익(李承益)과 김원계(金元桂) 등을 통해 공병대를 투입하여 러시아공사관의 문 밖과 통로를 경계시켰다.[22]

1896년 2월 11일 새벽 고종은 가마를 타고 경복궁에서 정동에 소재한 주한 러시아공사관으로 피신했다. 아관파천이 성공되자 고종은 측근 인물을 내각관료로 임명했는데 그중 자신이 가장 신뢰하는 이범진을 법부대신에 임명했다. 그리고 고종은 법부대신 이범진에게 을미사변에 대한 전면적인 재조사를 지시했다.[23]

아관파천 이후 이범진은 자신의 궁내부 인맥을 승진시켜 정치적 영향력을 강화했다. 이범진은 법부대신에 임명된 직후 춘생문사건에 함께 가담한 이병휘를 법부검사로 발탁하였고, 그 다음날 법부형사국장에 임명했다.[24]

---

20) 鄭喬, 建陽元年 2월 10일, 『大韓季年史(上)』, 137쪽; 尹孝定, "露館播遷의 動機," 『韓末秘史』, 177-178쪽.

21) 尹孝定, "露館播遷의 動機," 『韓末秘史』, 177-178쪽; "철저한 감시 속에서도 왕은 충성스러운 상궁들과 장교 이기동의 협력이 있었기에 궁중에서 간신히 빠져 나올 수 있었다"(Карнеев и Михайлов, Поездка геиерального штаба полковника Карнеева и поручика Михайлова по Южнее Корее в 1895-1896 гг, с.185[유리바린등저, 『기광서역』(풀빛, 1999), 51쪽]).

22) 국사편찬위원회, 『駐韓日本公使館記錄(9)』, 小村→西園寺, 1896년 2월 17일 機密第12號 「親露派 李範晉등의 음모에 대한 보고」, 144쪽. 춘생문사건에 공병대 중 參領 金用來, 正尉 李承益, 副尉 柳錫用, 參尉 林煥奎 金元桂 등을 동원하려 하였다(국사편찬위원회, 『駐韓日本公使館記錄(7)』, 小村→西園寺, 1895년 12월 30일 機密發 第100號 「28日 事變의 顚末」, 88-89쪽).

23) 高等裁判所, 開國五百四年八月事變報告書, 建陽元年四月十五日, 1-2쪽(藏書閣-고도서-史部-雜史類).

법부를 장악했던 이범진은 을미사변 관련 혐의자 13명을 체포하여 김홍집 내각과 연결된 인물을 제거하려 했다.[25] 또한 이범진은 주석면을 학부참서관으로 임명하고, 김홍륙을 외부협판으로 기용하려 했다. 두 사람은 윤치호 등의 반발로 임명되지 못했지만 이후 각각 내부참서관(內部參書官)과 비서원 승(秘書院丞)에 임명되었다.[26]

정치적 영향력을 확대하려는 노력과 함께 이범진은 자신의 인맥을 동원 하여 러시아를 통해 일본을 견제하려는 외교적 활동을 전개했다. 이범진은 러시아 황제 대관식에 한국대표를 파견하여 러시아의 지원을 확고하게 하려 고 노력했다. 이범진은 주석면과 김홍륙을 동원하여 외부주사인 김도일을 러특파참서관(露特派參書官)으로 승진시켰다. 이들은 김도일을 러시아로 파 견하여 자신들과 연결된 정보망을 구축했다.[27]

한편 을미사변 이후 고종은 특히 엄 상궁을 총애했다. 엄 상궁은 러시아 공사관에 물품을 보내는 등 러시아공사관과 긴밀한 관계를 유지했다.[28] 이 러한 상황을 파악한 이범진은 아관파천 직전 궁내부 전선사장(典膳司長)인 김명제(金明濟)를 보내 엄 상궁이 아관파천에 협조할 것을 주장하여 설득시 켰다.[29] 이러한 인연으로 이범진은 엄 상궁과 긴밀한 관계를 형성하며 엄 상궁을 후원했다. 아관파천이 성공되자 엄 상궁은 고종의 주변에서 간접적 으로 정치적인 영향력을 행사할 수 있었다.[30] 이후 엄 상궁은 1897년 10월

---

24) 『議奏(4)』, 1896년 2월 23일, 48册(奎 17705), 291쪽; 『議奏(4)』, 1896년 2월 24일, 48册(奎 17705), 303쪽.

25) 『뮈텔주교일기』, 1896년 2월 23일.

26) 『尹致昊日記』, 1896년 2월 25일; 『日省錄』 建陽 元年 正月 21일(양3.4), 3월 30일 (양5.12).

27) 『尹致昊日記』, 1896년 3월 30일.

28) 국사편찬위원회, 『駐韓日本公使館記錄(10)』, 小村→荻原, 1896년 2월 15일 「奉露主 義者의 國王播遷計劃에 관한 보고」, 90쪽.

29) 국사편찬위원회, 『駐韓日本公使館記錄(9)』, 小村→西園寺, 1896년 2월 17일 「親露 派 李範晉등의 음모에 대한 보고」, 144쪽.

30) I.B. Bishop 저, 이인화 역, 앞의 책, 420-423쪽, 486-488쪽, 492-493쪽.

영친왕(英親王) 이은(李垠)을 출생하여 엄 귀인(嚴貴人)에 봉해져서 정치적 영향력을 확대했다.[31]

위에서 언급한 이범진의 정치세력을 정리하면 후원인물로 이학균과 현홍택, 주요인물로 홍종우, 주석면, 김홍륙, 김도일, 조윤승, 이병휘, 최영하 등으로 추정된다. 궁내부에 기초한 이범진의 정치세력은 러시아와의 연대를 적극적으로 추진한 고종의 의사를 충실히 수행했다.

이범진은 1896년 4월 미국 연대를 주장하는 정치세력의 반발 때문에 법부대신에서 규장원경으로 임명되었다. 규장원경에 임명된 이후에도 이범진이 간접적으로 정국에 관여하자 독립협회에 기반한 정치세력은 이범진의 정치적 영향력을 완전히 제거하려고 시도했다. 독립협회에 기반한 정치세력은 1896년 6월 국내에서 정치적 영향력을 행사하지 못하도록 주미 한국공사로 이범진을 임명시켰다.[32] 이에 대해 이범진은 1896년 7월 주미공사 임명을 철회해 줄 것을 요구하는 상소를 올렸다.

이러한 상황에서 주한 러시아공사 베베르도 정치세력의 대립이 정변으로 발전된다면 일본이 한국에 직접적으로 개입할 가능성이 높기 때문에 이범진의 주미공사 부임을 재촉했다.[33] 결국 고종은 "왕실이 이범진의 공훈을 알고 있다"면서 이범진의 주미공사 사임을 반려했다.[34]

그 후 이범진은 1896년 12월 워싱턴에 도착하여 외교관의 생활을 시작했다.[35] 1899년 3월 이범진은 주러 한국공사로 임명되었다. 당시 한국은

---

31) 『高宗實錄』, 光武 1년 10월 20일, 10월 22일.

32) John M.B Sill, New Korean Minister to Washington, 1896.6.23, pp.1-2 (NARA FM 134 Roll 13 No 224).

33) 『尹致昊日記』, 1896년 3월 30일. 기존연구는 이범진의 주미공사 임명에 대해 보수적인 대신과 개명관료들에 의해 밀려난 것이거나, 베베르가 자신의 후원 아래 이범진이 권력을 전횡한다는 국내외의 의구심을 불식시키려는 조치로 이해했다(徐榮姬, 1998 앞의 논문, 20쪽; 韓哲昊, 1996 앞의 논문, 106쪽).

34) "卿勳勞乃心王室日昨特簡意"(『日省錄』, 建陽 元年 5월 22일); 『日省錄』, 建陽 元年 5월 23일.

35) Note from the Korea legation in the United States. 1896.12.9, pp.1-2 (NARA FM 166 Roll 1).

1899년까지 도쿄, 워싱턴에만 자국 공사를 주재시켰다. 그런데 의화단 사건 이후 한국과 만주를 둘러싸고 러시아와 일본이 첨예하게 대립하게 되었다. 주미공사를 역임한 이범진의 주러공사 임명은 고종의 신임 아래 한국 외교 분야의 업무를 수행하는 핵심인물이 바로 이범진이라는 것을 의미한다.

이범진의 근대화 구상 및 외교정책

주미 한국공사 이범진은 1898년 3월 3일 미국 선교사 게일(James Scarth Gale)에게 정치, 교육, 산업, 군대, 경찰, 관료, 신분, 의복 등에 관한 한국 근대화 개혁 방안을 제시했다.

이범진은 한국 정부가 참고해야 할 외국의 정치제도 중 "영국과 독일 법에 기초한 정치개혁"의 필요성을 제기했다. 여기서 이범진의 고민이 엿보인다. 아관파천 전후 한국의 러시아 연대론 주장, 1년 이상 주미공사 수행 등을 고려한다면 이범진은 특정 국가에 치우치지 않으면서 서구의 정치체제를 합리적으로 파악하려고 노력했다. 이범진은 영국의 내각제와 독일의 전제군주제를 고려하여 왕권의 권위를 인정하면서 내각의 강화를 인정하는 '제한군주제'를 구상했던 것으로 보인다.

이범진은 한국의 군사력을 언급하면서 "서구 열강과 아직 경쟁할 단계가 아니다"고 판단하면서 우선적으로 "국내 질서를 유지하기 위해서 무력이 필요하다"고 생각했다. 이범진은 서구의 군대 중 "육군에 대해서는 독일, 해군에 대해서는 영국, 기병에 대해서는 러시아에게 배워야 한다"고 주장했다. 이범진은 러시아 육군과 해군의 군대 기반이 독일과 영국에 비해 뒤떨어졌다고 인식했던 것으로 보인다. 이범진은 한국이 군사력을 갖추기 위해서 특정 국가에 편중될 필요가 없으며 각국의 장점을 배워서 한국에 적용할 것을 생각했다. 특히 이범진은 한국의 경찰 개혁에 관해서 일본의 경찰 제도를 전형으로 제시했다. 이범진은 정치적으로 일본과의 연대를 반대했지만 한국의 근대화를 위해서 일본의 장점까지도 수용하려는 의지를 보였다.

이범진은 산업의 장려를 적극적으로 권장하면서 "서구의 산업이 새로운 것에 대한 편견을 제거할 것"이라고 생각했다. 이범진은 외국의 산업 개혁 중 "재정에 대해서는 영국, 증기와 전기에 대해서는 미국, 비단 산업에 대해서는 중국"의 지식을 배워야 한다고 주장했다. 이범진은 기존의 한국 산업이 낙후되어 서구 산업의 수용만이 문제를 해결할 수 있다고 생각했다.

이범진은 그동안 한국의 교육에 관해서 "지금까지 백성에 대한 교육이 무지와 미신만 남겼다"고 비판했다. 이범진은 "중국문자를 폐지하고 국가 문자로써 언문을 확립할" 필요성을 제시했고 서구 지식을 적극적으로 수용할 것을 제안했다. 이러한 이범진의 교육 구상은 중국의 영향력을 배제하고 서구 지식의 수용을 통해 한국의 독자적인 교육체계를 확립하는 것이었다.

이범진은 "월급을 받지만 봉사하지 않는 관료가 한국을 채우고 있다"며 한국 관료체제 부패를 심각하게 인식했다. 이범진은 한직에 종사하는 관료를 해임시키고 각 부서의 실권을 부여하여 관청을 강화해야 한다고 생각했다. 이범진은 실권을 행사하는 관청의 강화가 고위 관료의 부정을 처벌할 수 있다고 판단했다. 이범진은 정부 각 부서의 강화와 견제를 통해서 관료의 부패를 청산하려고 했다. 더구나 이범진은 정부의 부패를 청산하는 방법으로 "상류 계급의 폐지"까지 주장했다. 이범진은 "관직에 있는 사람만이 상위로서 인정해야 한다"며 관직에 진출한 사람만 특권을 가질 수 있다고 주장했다. 이범진은 관직 진출자의 자손에 대한 특권을 없애는 방안으로 상류계급의 폐지까지 제시했다.

그 밖에 이범진은 "일상복으로서 흰색의 금지"까지 주장하여 한국 근대화에 상징으로 의복의 개혁까지 주장했다. 이범진은 당시 주미공사임에도 불구하고 그의 개혁 구상 중 산업 개혁만을 제외하고는 미국식의 개혁 방식을 채택하지 않았다. 또한 이범진은 한국에서 러시아연대를 주장한 인물이었지만 특정국가에 편중되지 않고 서구열강의 장점만을 취합하여 한국 근대화 개혁에 적용하려고 구상했다.[36]

---

36) Gale, *Korean Sketches* (1898), pp.220-221. Gale은 이범진이 1898년 3월 3일 한국

고종은 1899년 3월 15일 러시아, 프랑스, 오스트리아 3국 주재 한국공사로 이범진을 임명했다.[37] 이범진은 자신의 임명을 미국 국무장관 존 헤이에게 서면으로 알렸고, 1900년 3월 유럽을 향해 출발했다.[38] 런던을 거친 이범진은 1900년 6월 11일 파리에서 빈으로 출발했다. 이범진은 1900년 7월 3일 1등 수행원 김도일과 그의 비서 남필우를 동반하여 러시아 수도 뻬쩨르부르크에 도착했다.[39] 이범진은 1900년 7월 13일 러시아 황제 니콜라이 2세를 알현한 자리에서 고종의 친서를 제출했다.[40]

주러 한국공사 이범진은 1900년 하반기부터 뻬쩨르부르크 소재 호텔 '노르트(Норд)'에서 공사업무를 시작했다. 이범진은 1900년 12월 한국 정부로부터 공사관운영을 위한 자금 7,870엔을 받았다.[41] 이범진은 한국과 러시아의 관계를 강화하기 위해서 러시아 외무대신을 자주 만나려고 노력했다. 이범진은 1901년 3월 오스트리아 황제 및 프랑스 대통령에게 '금척대훈장'을 수여하기 위해서 뻬쩨르부르크에서 빈과 파리로 향했다. 이범진은 오스트리아 외무차관을 면담하고 한국과 오스트리아의 관계를 강화하기 위해서 노력했다.[42]

1901년 3월 12일 고종은 유럽과의 외교 관계를 강화하기 위해서 영국, 독일, 프랑스 주재 신임 한국공사를 임명했다. 당시 고종은 주미 한국공사까지 새로운 인물로 기용했지만 주러 한국공사인 이범진만은 그대로 유지했다. 1899년까지 해외주재 한국공사는 단지 동경과 워싱턴에만 파견되었다.[43] 고종은 새로 임명된 공사를 통해서, 유럽과의 외교관계를 강화하려고

에 필요한 10가지 개혁안을 자신에게 밝혔다고 기록했다. 당시 게일이 주미 한국공사였던 이범진을 워싱턴에서 만난 것으로 추정된다.

37) 『高宗實錄』, 光武 3년 3월 15일.

38) Note from the Korea legation in the United States. 1900.3.26, pp.1-2 (NARA FM 166 Roll 1).

39) АВПРИ, Ф. 150, Оп. 493, Д. 69, Л. 6.

40) Правительственный вестник(관보), 1 июля 1900 г.

41) АВПРИ, Ф. 150, Оп. 493, Д. 69, ЛЛ. 15, и 22.

42) 국사편찬위원회, 『駐韓日本公使館記錄(16)』(1997), 444-445쪽.

시도했는데, 그 이유는 향후 '한국중립화'를 위한 유럽 열강의 지지를 획득하려 했기 때문이다.

고종의 한국중립화 계획을 달성하기 위해서 러시아는 매우 중요한 위치에 놓여 있었다. 당시 고종은 극동지역에서 러시아의 외교방향에 관해서 항상 주의를 기울였다. 1901년 9월 고종은 러시아와 일본의 만주와 한국 교환에 관한 황성신문의 보도를 주목했다. 고종은 즉시 이범진에게 전보를 보내서 더욱 상세한 정보 및 이범진 공사의 견해를 자문했다.[44]

1898년 주한 러시아공사를 역임한 마쮸닌(Матюнин Н.Г.)은 1900년 12월 '압록강삼림채벌권'에 관한 기간을 연장해 줄 것을 한국정부에 요청했다. 이미 1900년 8월 마쮸닌은 서면으로 이범진에게 다음과 같이 요청했다. 러시아의 이권 유효기간을 12년으로 설정해줄 것, 러시아가 청국과의 평화협정 체결에 따라 압록강 연안접경 지역에 3년 동안 작업하는 것을 지지해 줄 것 등이었다. 이범진은 시베리아를 거쳐 한국으로 돌아가는 김도일을 통해서 고종과 한국외무대신에게 보내는 서한을 동봉했다. 이범진은 편지에서 '압록강삼림채벌권'에 관한 기간을 연장해 줄 것을 제안했다.[45]

1901년 1월 이범진은 마쮸닌에게 서울의 정치적 상황을 다음과 같이 알려주었다. 이범진에 따르면 고종은 이범진의 편지를 받았지만 친일세력에 둘러싸여 있는 상태여서 '압록강삼림채벌권'에 관한 기간 연장의 결단을 내리지 못했다. 따라서 이범진은 마쮸닌에게 고종이 추가 협정에 관한 체결을 이범진에게 위임할 것을 요청하는 전보를 주한 러시아공사 파블로프(Павлов А.И.)에게 보낼 것을 제안했다.[46] 당시 일본은 '압록강삼림채벌권'에 관한 러시아의 이권을 강력히 반대했는데, 그 이유는 러시아가 압록강 지역을 군사적 목적으로 이용할 수 있기 때문이었다. 하지만 이범진은 일본의 한국

---

43) АВПРИ, Ф. 150, Оп. 493, Д. 11, ЛЛ. 38-39.

44) 국사편찬위원회, 『駐韓日本公使館記錄(16)』(1997), 343쪽.

45) АВПРИ, Ф. 150, Оп. 493, Д. 134, Л. 150-150 об.

46) АВПРИ, Ф. 150, Оп. 493, Д. 134, Л. 155-155 об.

정책에 관해서 경계심을 갖고 있었다. 이범진은 일본보다는 러시아가 '압록강삼림채벌권'을 획득하는 것을 찬성했다. 결국 한국 정부는 1901년 4월 11일 '압록강삼림채벌권'에 관한 기간을 추가적으로 3년 연장했다.

1903년 10월 초 주러 한국공사관 비서 곽광희는 서울에서 뻬쩨르부르크에 도착했는데, 곽광희는 러일전쟁의 가능성에 대비한 한국중립화방안에 대한 고종의 편지를 이범진에게 전달했다. 이범진은 고종의 편지를 전달하기 위해서 러시아 외무차관 오볼렌스끼(Оболенский В.С.)를 접견했다. 오볼렌스끼는 이범진에게 한국중립화방안에 대해서 검토할 것을 약속했지만 러시아 정부가 한국중립화방안을 지지할 수 있을지는 보장하지 않았다. 그날 저녁 이범진은 주러 일본공사도 접견하면서 한국중립화 방안에 관한 일본의 견해를 파악하려고 노력했다. 주러 일본공사는 한국중립화 방안에 대해서 시종일관 침묵했고, 단지 한국의 독립을 달성하기 위해서는 일본, 중국, 한국 3국이 연합할 것을 강조했다.[47] 이범진은 만약 러일전쟁이 발생하여 한국이 중립화를 선언하면 일본과 러시아가 각각 한국중립화 선언을 지지하지 않을 것이라는 사실을 파악했다. 그럴 경우를 대비하여 이범진은 차라리 한국과 러시아가 동맹을 체결하는 것이 유리하다고 판단했다. 이범진은 당시의 정세를 판단하면서 한국의 가장 위험한 국가가 바로 일본이라고 생각했다. 따라서 이범진은 한국과 러시아의 동맹에 관한 고종의 비밀편지를 러시아 외무대신 람즈도르프(Ламздорф В.Н.)에게 전달했다.[48]

1904년 1월 21일 고종은 러시아와 일본이 충돌할 경우에 중립을 준수할 것이라는 성명서를 발표했다. 하지만 이범진은 고종의 중립화 성명서에 관한 내용을 람즈도르프에게 제출하지 않았다. 그 이유는 이미 고종이 1903년 11월 특사 현상건을 통해서 니콜라이 2세(Николай II)에게 전달한 동맹의 편지 내용과 모순되었고, 러시아정부와 외교적인 마찰을 고려했기 때문이

---

47) 국사편찬위원회, 『駐韓日本公使館記錄(20)』(1997), 358-360쪽.

48) Дневник А.Н. Куропаткина(꾸라빠뜨낀의 일기) // Красный Архив(적서). Т. 2. М.-Л., 1923. С. 85, 24 ноября 1903 г.

었다.[49]

1904년 2월 1일 이범진은 주한 러시아 외교관 케르베르그(Керберг П.Г.)에게 고종, 현상건 등에게 전달할 것을 요청하는 편지를 보냈다. 이 편지의 주요 내용을 살펴보면 첫째 이범진은 서울에 있는 일본 첩보요원의 감시를 피하기 위해서 새로운 형태의 전보를 보낼 예정이다. 둘째 이범진이 한국의 중립화 성명을 러시아 외무부에 전달하기는 어려운 실정이다. 셋째 러일전쟁이 발생할 경우 한국이 러시아와 동맹을 체결하는 것을 피할 수 없다. 그 이유는 한국중립이 러시아와의 동맹 협정을 파괴시키기 때문이었다.

이범진은 러시아가 만주를 합병하고 압록강 유역의 경계를 통제할 것이라고 생각했다. 이범진은 영국과 미국이 자국의 이해관계 때문에 러시아의 중국 북동쪽 영향력을 제한할 것이라고 판단했다. 이범진은 영국과 미국이 한국의 독립 구상을 지지하지 않을 것이라고 생각했다. 이범진은 한국이 러시아와의 협정에 근거하여 자국의 독립을 스스로 확보해야 한다고 판단했다.[50] 이범진은 한국의 독립을 유지하도록 지원할 수 있는 유일한 나라가 러시아라고 확신했다. 이범진은 러시아가 1877~1878년 전쟁 당시 발칸반도에서 불가리아와 세르비아를 해방시켰듯이 극동에서 한국의 독립을 위해서 노력해줄 것을 희망했다.[51]

러일전쟁 전후 고종은 한국중립화 방안을 보장받기를 희망했다. 그런데 서구열강이 한국중립 선언을 승인하지 않자 고종은 한국과 러시아의 동맹 방안을 추진했다. 고종은 러시아와 일본의 전쟁 때문에 한국중립이 손상된다면 러시아와의 동맹을 공표할 것을 결심했다. 하지만 고종은 한국과 러시아의 동맹 방안을 실현할 수 없었다. 고종은 현실적으로 일본정부와 친일세력의 압력과 위협때문에 한국의 중립을 준수하는 성명서를 발표했다.

이범진은 고종의 명령에 따라 러일전쟁이 발생할 경우 한국의 중립을 보

---

49) АВПРИ, Ф. 143, Оп. 491, Д. 52, Л. 90-90 об.

50) 국사편찬위원회, 『駐韓日本公使館記錄(18)』(1997), 438, 440-441쪽.

51) АВПРИ, Ф. 143, Оп. 491, Д. 60, Л. 149-150 об.

장 받을 수 있도록 노력했다. 하지만 일본과 러시아가 한국의 중립을 거절하자 이범진은 한국과 러시아의 동맹 체결을 위해 노력했다.

러일전쟁 이후 이범진의 외교활동과 그의 사망

러일전쟁 이후 이범진은 뻬쩨르부르크 소재 한국공사관을 유지시키려고 노력했다. 이범진은 재정적으로 어려운 상황을 해결하기 위해서 러시아 외무부의 재정지원을 요청했다.52)

당시 일본정부는 주러 한국공사관의 외교적 활동을 단절시키려고 노력했다. 주한 일본공사 하야시(林權助)는 1904년 4월 16일 한국외무부에 러시아에서 한국외교관을 즉시 소환할 것을 요청했다. 무엇보다도 하야시는 러시아 수도 뻬쩨르부르크에 이범진이 체류하는 것에 대해서 강력하게 항의했다.53)

고종은 일본의 압력 때문에 1904년 5월 18일 주러 한국공사관의 폐쇄와 이범진의 소환을 지시했다.54) 이에 따라 한국 외무부는 이범진의 러시아 철수 전보를 주러 한국공사관에 보냈다.

하지만 이범진은 한국 정부가 러시아의 수도를 포기하라는 요청을 거절했다. 하야시는 이범진의 소환에 관한 고종의 지시를 일본 외무부에 보고했다.55) 그런데 고종은 1904년 5월 27일 주한 프랑스대리공사 퐁트네(Vicomte de Fontenay)를 통해서 이범진에게 자신의 밀지를 전달해 줄 것을 요청했다. 즉 고종은 이범진이 일본의 압력에 의해 러시아를 외교적으로 포기하라는 자신의 명령을 수행하지 말고, 뻬쩨르부르크에 남아서 공사업무를 수행할

---

52) АВПРИ, Ф. 150, Оп. 493, Д. 143, Л. 5-5 об.
53) 국사편찬위원회, 『駐韓日本公使館記錄(22)』(1997), 261-262쪽.
54) 『高宗實錄』, 光武 8년 5월 18일.
55) 국사편찬위원회, 『駐韓日本公使館記錄(22)』(1997), 263, 269쪽.

것을 지시했다. 더구나 고종은 주러 한국공사관의 운영을 위해서 자신의 개인적인 재정적 지원도 약속했다.[56] 이것은 이범진에게 정치적인 망명을 의미했다.

이범진은 주러 일본공사의 방해에도 불구하고, 일본에 대한 외교적인 대응을 실행했다. 그 후 1904년 9월 이범진은 고종의 탄생일을 기념하는 축하연을 개최하는 등 주러 공사업무를 지속적으로 수행했다.

이범진은 그의 소환이 일본의 음모라는 성명서를 발표하며, 러일전쟁 전후 주러 한국공사관을 유지했다.[57] 러시아 수도에 남은 이범진은 일본의 전쟁수행 상황을 파악하기 위해서 노력했다. 1904년 10월 이범진은 한국 내의 전쟁 상황에 관한 정보를 분석하고 정리한 문서를 러시아 외무대신 람즈도르프에게 전달했다. 그는 람즈도르프가 군부대신 꾸라빠뜨낀(Куропаткин А.Н.)에게 전달해 줄 것을 요청했다. 이범진이 전달한 문서에는 친일세력의 성장, 서울과 함경도 사이의 일본의 활동, 일본군의 한반도 주둔에 관한 정보 등이었다.[58]

러시아 외무대신 람즈도르프는 러일전쟁 전후 이범진의 외교와 정치 활동을 높이 평가하여 1906년 1월 이범진에게 1등급 스따니슬라브 훈장을 수여할 것을 러시아 정부에 추천했다. 이후 니콜라이 2세는 이범진의 활동을 평가하여 1등급 스따니슬라브 훈장을 수여하도록 허락했다.[59] 이에 따라 이범진은 매달 러시아 정부로부터 100루블의 재정적인 지원을 받을 수 있었다.[60]

1905년 11월 17일 한국에 주둔한 일본군대는 고종이 거주하는 경운궁을

---

56) АВПРИ, Ф. 143, Оп. 491, Д. 56, Л. 85; Пак В.Д. Пак Б.Д. Жизнь и деятельность выдающегося корейского политика и дипломата Ли Бомджин(정치가와 외교가인 이범진의 삶) // Ли Бомджин. М., 2002. С. 46.

57) 국사편찬위원회, 『駐韓日本公使館記錄(22)』(1997), 270-271쪽.

58) АВПРИ, Ф. 143, Оп. 491, Д. 60, Л. 149.

59) АВПРИ, Ф. 143, Оп. 491, Д. 74, Л. 55.

60) АВПРИ, Ф. 283, Оп. 766, Д. 106, Л. 9-12.

포위했고, 일본의 한국보호에 관한 서류에 서명하도록 고종에게 강요했다. 을사조약의 강제 체결 이후 한국에 거주하는 일본 외교 대표는 한국의 자주적 외교권을 박탈했다.[61] 을사조약에 기초하여 일본 정부는 주러 한국공사관의 폐쇄를 지시했다. 이범진은 더 이상 뻬쩨르부르크 소재 공사관을 운영할 수 없었기 때문에 1906년 11월 뻬쩨르부르크 교외에 위치한 '신농촌(Нов ая деревня)'이라는 도시의 아파트를 임대했다.[62]

이범진은 뻬쩨르부르크 교외에 위치한 도시에서 한국독립을 위한 활동을 전개했다. 그의 아파트는 러시아에 거주하는 한국 이주민들의 모임장소로 활발히 이용되었다. 특히 1909년 여름 이범진의 아파트에서 20여 명의 한국인들이 한국독립을 위한 적극적인 활동을 전개하기 위해서 비밀회합을 가졌다.[63] 이범진은 중국과 한국의 경계에 위치한 간도지역에서 독립운동을 전개하는 전 간도관리사(間島管理使) 이범윤에게 무기 구입을 위한 재정적인 지원을 제공했다.[64]

기존연구는 1911년 이범진의 사망을 자살로 받아들였다.[65] 당시 이범진 죽음의 과정을 살펴보면 다음과 같다.

당시 이범진의 2층 아파트 안에는 6개의 방이 있었는데 사무실, 서재, 침실, 식당, 비서와 하인 등의 방으로 구성되었다. 1911년 1월 26일(러시아 구력 1월 13일) 낮 12시 이범진은 사무실에서 식당으로 들어갔다. 잠시 후 이범진의 비서와 하인은 식당에서 3발의 총성을 들었다. 놀란 공사의 비서관 임진태는 마당으로 뛰어가 관리인에게 총격사실을 알렸다. 관리인은 해당 지역 경찰서로 가서 총성의 사실을 알렸고, 라드첸코(Радченко) 경관과

---

61) АВПРИ, Ф. 143, Оп. 491, Д. 73, Л. 51.

62) 국사편찬위원회, 『駐韓日本公使館記錄(22)』(1997), 270-271쪽. 체르나레치나야 거리 5번가 위치(Чернореченая улилица Д.5).

63) 국사편찬위원회, 『駐韓日本公使館記錄(22)』(1997), 271-272쪽.

64) АВПРИ, Ф. 327, Оп. 579, Д. 54, Л. 67-67 об.

65) 박벨라는 이범진의 죽음과 관련하여 러시아 신문자료를 중심으로 유일한 연구를 진행했다. Пак Б.Б. Ли Бомджин: последние дни жизни(이범진의 마지막 삶) // Ли Бомджин(이범진). М., 2002.

함께 공사의 집에 도착했다.

이범진 공사 비서 임진태가 경찰과 함께 먼저 방으로 들어갔고, 흰 한복을 입은 이범진 공사가 천장에 목을 매달고 죽어 있는 것을 발견했다. 이범진은 꾸즈네쪼프(Кузнецов) 경찰서장 앞으로 보내는 편지를 작성했고, 고종, 니콜라이 2세, 자신의 친형 등에게 보내는 전보 3통을 작성했다.

이범진의 지갑에서는 블라지미르스끼 거리에 위치한 장례국의 영수증이 발견되었다. 이 영수증은 2,500루블 짜리로 뻬쩨르부르크에서의 장례식, 블라디보스토크로 시신을 운반하는 비용을 의미했다.

이범진의 죽음 현장에서 군의관 바실리예프(Васильев)는 이범진이 밧줄에 매달려 작은 책상을 밀쳐낸 지 3분 만에 사망했다고 밝혔다. 또한 의사는 이범진의 경추 골절의 이유에 대해서 밧줄에 매달린 채 책상을 밀쳐냈기 때문이라고 주장했다.[66]

이범진의 비서관인 임진태는 1월 26일 밤 경찰서에서 다음과 같이 진술했다. 임진태는 일본의 한국 병합 때문에 이범진이 자살의 의사를 자주 밝혔다고 주장했다. 주러 한국공사관의 번역 업무를 담당한 꼬발스까야(Ковальская М.П.)는 1월 14일 경찰서를 직접 찾아와서 이범진이 남긴 편지와 전보를 꼬발스까야 자신이 직접 작성했다고 주장했다.[67]

1월 28일 오전 10시 뻬뜨로빠블로프 병원 해부실에서 이범진의 시신이 부검되었고 자살로 공식 확인되었다. 1월 29일 이범진의 아들 이위종은 이범진 공사의 장례식을 거행했다.[68]

당시 러시아에서는 이범진의 죽음이 자살이라고 규정되었고, 기존연구도 지금까지 이범진의 자살을 당연하게 받아들였다. 하지만 이범진의 죽음과 관련하여 여러 가지 의혹이 제기된다.

---

66) Речь(레치), 14 января 1911 г. 편지는 러시아로, 전보는 영어로 작성되었다(ГАРФ, Ф.102, Оп.241, Д.34, Л.13).

67) Новое время(노보예 브레먀), 15 января 1911 г.

68) Новое время(노보예 브레먀), 16 января 1911 г. 이범진은 뻬쩨르부르크 북부 공동묘지(Успенский кладбищ Сант-Петербурга)에 안장되었다.

비서와 하인은 이범진의 거처에서 총성을 들었음에도 불구하고 왜 곧바로 이범진에게 달려가지 않고 경찰이 오기만을 기다렸을까? 이범진을 측근에서 보좌한 비서와 하인이 곧바로 식당으로 들어가지 않은 이유를 납득하기 어렵다. 비서와 하인은 이범진의 생명 보다는 자신들에게 불리한 혐의를 조금이라고 남기지 않으려고 노력했던 것으로 보인다.

당시 이범진은 영어와 러시아어를 자유롭게 사용할 수 없었다. 더구나 이범진은 영어와 러시아어를 작문할 정도의 실력도 갖추지 못했다. 그런 이범진이 유서를 어떻게 작성했을까? 이범진의 사망 직후 꼬발스까야는 자신이 편지와 전보를 작성했다고 밝혔다. 꼬발스까야가 아무리 사적으로 가까운 사이라고 할지라도 이범진의 유서를 쉽게 작성했다고 보기는 어렵다.

이범진의 시신을 검사하면서 그의 죽음에 관한 의혹이 생겼다. 이범진의 직접적인 사망 원인은 척주 골절이었다. 그런데 척주 골절현상은 강압적인 교수형에서 볼 수 있는 현상이었다. 당시 의사는 이범진이 밧줄에 목을 맨 후 탁자를 세게 밀쳐 생긴 것이라고 주장했다. 탁자를 세게 밀쳤다고 척주가 골절될 수 있는가라는 사실에 관한 의학적인 검토가 더욱 필요하다.

이범진 사망 이후 1911년 5월 25일 러시아 외무부는 러시아 내무부 소속 경찰국에 뻬쩨르부르크 소재 주러 일본 무관들의 소재처를 비밀문서로 보냈다. 이 문서에서 러시아 외무부는 1910년 이전에 주재한 주러 일본무관의 이름까지 적시하면서 현재의 소재처까지 경찰국이 탐문해줄 것을 요청했다.[69]

1911년 6월 18일 러시아 내무부 소속 비밀경찰국은(По Особому отделу по 1 Отделению) 1910년 전후의 주러 일본 무관들의 소재처를 러시아 외무부에 비밀문서로 전달했다. 비밀문서의 내용을 살펴보면 주러 전임 일본공사관 무관 대령 하기노 수오키치(Хагино Суокич)는 일본에 돌아갔고, 주러 전임 일본무관 보좌관 소령 오다기리 나가주리(Одагири Нагазули)는 현재 바르샤바에 근무하고 있다. 또한 현재 주러 일본무관 대령 나카지마 마사지

---

69) ГАРФ(국립문서보관소), Ф.102, Оп.241, Д.34, Л.14.

카(Накадзима Масатика)는 뻬쩨르부르크 모이카(Майка)에서 거주하고, 주러 일본무관 보좌관 소령 오자바 사부라(Озава Сабура)는 뻬쩨르부르크 넵스끼 쁘라스뻭트(Невский проспект)에 거주하고 있다.[70]

그런데 1911년 5월 현재 나카지마와 오자바는 뻬쩨르부르크에서 다른 곳으로 이동했다. 이범진 사망 당시 주러 일본공사관 무관은 나카지마(中島正武) 대령이었다. 나카지마는 1870년 코찌현(高知県)에서 태어나 1890년 육군사관학교를 졸업하고 보병소위로 임관되었다. 나카지마는 청일전쟁과 일본전쟁을 거치면서 승진을 거듭했다. 특히 육군 중령 나카지마는 1906~1908년 동안 프랑스에 사비로 유학 갈 정도로 자기관리가 철저한 인물이었다. 나카지마는 1909년 6월 주러 일본공사관 무관에 임명되었다. 그 후 일본에 귀국한 나카지마는 육군 참모본부 과장을 역임한 뒤 1915년 육군소장, 1919년 육군중장까지 비약적으로 승진했다.[71]

그런데 이범진의 사망 이후 러시아 외무부는 하필 주러 일본무관의 소재처를 묻는 이유가 무엇인가? 더구나 이러한 외무부의 문서가 러시아국립문서보관소(ГАРФ) 이범진 관련 문서에 함께 보관된 이유는 무엇인가? 그만큼 이범진의 사망 이유에 관해 풀리지 않는 의혹들을 해명해야만 이범진의 자살 규정을 납득할 수 있을 것이다.

맺음말

19세기 말 러시아와 일본은 극동지역에서 한국과 만주를 둘러싸고 대립과 협상을 반복했다. 1896년 6월 '모스크바의정서'를 통해서 한국의 현상

---

70) ГАРФ(국립문서보관소), Ф.102, Оп.241, Д.34, Л.16, с об.

71) 防衛省防衛研究所 〉 陸軍省大日記 〉 貳大日記 〉 明治43年坤「貳大日記 6 月」, 中島大佐外5名旅券交付の件, p.790; 防衛省防衛研究所 〉 陸軍省大日記 〉 貳大日記 〉 明治39年坤「貳大日記11月」, 中島歩兵中佐私費留学の件, p.1389; 宇垣一成宛諸家書簡, 中島正武書簡, 昭和2(1927), 東京.

유지에 합의한 러시아와 일본은 그동안 삼국간섭과 아관파천 등 상호 대립의 상황에서 갈등관계를 해소하고 극동지역에서 세력균형을 이룰 수 있었다. 하지만 1897년 11월 독일의 교주만 점령을 계기로 러시아는 서구열강의 적극적인 극동정책에 대응하여 그 해 12월 여순을 점령했다. 이러한 여순 점령 이후 일본은 더 이상 러시아가 극동지역에서 세력균형을 준수할 것이라고 생각하지 않았다. 하지만 당시 러시아와 전쟁을 수행할 능력이 부족한 일본은 1898년 4월 한국에서 일본의 경제적 우위를 인정한 '도쿄의정서'에 일시적으로 만족해야 했다.

20세기 초반 러시아와 일본은 극동지역에서 한국과 만주를 둘러싸고 첨예하게 대립했다. 1900년 6월 의화단사건 이후 러시아가 군사적으로 만주를 점령하자, 일본은 1902년 1월 영일동맹을 통해 외교적으로 러시아를 압박하면서, 한국 진출에 대한 러시아의 포기를 끊임없이 요구했다. 이러한 상황에서 러시아와 일본은 1902~1903년 사이 한국에 대한 일본의 정치·군사적 특권에 대해서 협상을 진행했지만 1904년 러일전쟁으로 치달았다.

쓰시마해전에서 승리한 일본은 1905년 9월 러시아와 포츠머스평화조약을 체결했다. 평화조약 체결 이후에도 러시아는 한국을 완전히 일본에 양보하지 않았고, 한국에서의 최혜국 권리를 여전히 갖고 있었다. 그 후 러시아는 1910년 7월 러일협정을 통해서 일본의 한국 병합을 승인하면서, 북만주와 몽골에서 러시아의 우위를 일본으로부터 인정받았다.

이러한 러시아와 일본의 대립 속에서, 고종의 러시아와의 연대 계획을 충실히 수행한 인물이 바로 이범진(李範晋)이었다. 궁내부에 기반한 이범진은 함경도 출신자를 중심으로 정치세력을 형성했고 민씨 가문의 후원 아래 정치적으로 성장했다.

삼국간섭 이후 고종은 군주권을 강화하기 위해서 궁내부에 기반한 이범진을 적극적으로 후원했다. 아관파천 이후 법부대신에 임명된 이범진은 을미사변 관련자를 처벌하면서 정국을 주도했다. 하지만 독립협회에 기반한 정치세력은 이범진의 지나친 권력 집중을 강력하게 견제했고, 이범진을 1896년 6월 주미공사로 파견시켰다.

1899년 3월 이범진은 주러 한국공사로 임명되었다. 당시 한국은 1899년까지 도쿄, 워싱턴에만 자국 공사를 주재시켰다. 그런데 의화단사건 이후 한국과 만주를 둘러싸고 러시아와 일본이 첨예하게 대립하게 되었다. 주미공사를 역임한 이범진의 주러공사 임명은 고종의 신임 아래 한국 외교 분야의 업무를 수행하는 핵심인물이 바로 이범진이라는 것을 의미한다.

이범진은 고종의 명령에 따라 러일전쟁이 발생할 경우 한국의 중립을 보장받을 수 있도록 노력했다. 하지만 일본과 러시아가 한국의 중립을 거절하자 이범진은 한국과 러시아의 동맹을 체결하기 위해서 노력했다. 이범진은 한국과 러시아의 긴밀한 상호협력을 발전시키려고 노력한 주요한 인물이었다.

안중근의 동양평화론과 안중근의 행동에 대한 일본 지식인들의 반응:
일본 외무성에서 녹취된 청취서(聽取書)를 중심으로

KUROKI Morifumi
전 후쿠오카 국제대학교 교수

머리말

안중근의 사망 직전과 관련이 있는 문서 중의 하나는 청취서(聽取書)이다. 이 청취서는 1920년 2월 17일 뤼순(旅順)에서 안중근이 관동지역 고등법원장에게 했던 진술을 담고 있다. 그러한 진술은 일본 외무성에 "이토 히로부미의 만주 순찰 (분권)"이란 문서로 기록되었다.[1] 이 당시 안중근은 이미 "동양평화론(東洋平和論)"의 서(序, 서론)와 전감(前鑑, 역사적 배경)을 마친 상황이었다. 그러나 다른 장들, 현상(現狀, 현재 상황), 복선(複線, 예상), 문답(問答, 질문과 답변)은 1910년 5월 26일 그의 사형집행으로 인하여 미완성으로 남겨졌다.[2]

---

[1] 이 문서의 존재는 최서면에 의해 알려졌다. 나는 이번 기회를 통해 그의 도움에 감사를 표한다.

그러므로 이 청취서는 그가 마지막 순간에 가졌던 시각을 보여줄 것이다. 이 문서에 의하면, 그는 일본 정부가 20세기에 자신의 "동양평화론"에 근거해서 동북아시아에 평화정책을 추진해야 한다고 제안했다.

이 논문의 첫 번째 부분에서는 "청취서"에서 언급된 안중근의 "동양평화론"을 살펴보고자 한다. 두 번째 부분에서는 안중근이 초대 일본 수상이자 초대 조선 총독관이자 일본 원로회의 겐로(元老)였던 이토 히로부미의 암살에 대해서 일본의 지식인들이 어떻게 반응했는지에 대해 논의하고자 한다.

안중근의 사상

유교와 가톨릭에 바탕을 둔 안중근의 사상은 "안중근 재판 기록"과 "안중근 일기", "동양평화론", "청취서"에 근거해서 다음과 같이 분류할 수 있다.

▌ 인민주권의 존중

안중근은 "국가는 인민을 바탕으로 해서 존재한다"고 적었다.[3] 그는 "나는 법원에 대해 무례한 행동을 할 수 없다. 하지만 나는 내 의견을 표현하는 것이 허용되어야 하며, 정부에게 나의 의견을 표현할 수 있는 권리가 나에게 있다고 믿는다"고 말했다.[4] 이를 볼 때, 그는 인민주권을 존중해야 한다는 생각을 했다고 할 수 있다.

---

2) 안중근의 "동양평화론"의 뒤 세 장은 제목만 있고 그 내용은 발견할 수 없다(역자 주).

3) "안중근 일기," 이치카와 마사아키, 『안중근과 일-한 관계 역사』(하라 쇼보, 1979), p.528.

4) "안응칠에 대한 일곱 번째 심문 기록," 김정명 편, 『이토 히로부미 암살 파일』(하라 쇼보, 1972), p.177.

▌인도주의

첫 번째 심문에서 안중근은 이토 히로부미의 15가지 죄목들을 따지면서 왜 자신이 그를 암살했는지를 주장했다.[5] 그러한 죄목들에는 자국과 자국민, 그리고 조선 왕실에 대한 통제와 억압; 공공성의 말살; 다양한 재화의 탈취 등을 포함하고 있다. 그러나 이것이 전부가 아니었다.

> (1) 안중근은 이토 히로부미가 메이지 유신과 중일전쟁, 러일전쟁을 통해 수만의 일본인들을 죽음으로 몰아넣었기 때문에 암살을 했다고 주장했다.[6]
> (2) 안중근은 다음과 같이 말했다고 한다. "나는 일본의 4천만 동무와 조선의 2천만 동무를 위하여 행동했다."[7]
> (3) 그는 국제법에 의거하여 그가 잡았던 일본군 포로를 놓아준 적이 있었다.[8]

위에서 볼 수 있듯이 안중근은 이토 히로부미를 암살한 이유로 이토가 수많은 조선인과 일본인의 생명을 빼앗았다는 점을 언급하고 있다. 이러한 사실은 안중근이 민족주의뿐만 아니라 인도주의도 가졌음을 보여준다. 인도주의는 그의 기본적인 사상으로 보인다.

▌민족과 국가의 해방에 대한 요구(민족주의)

조선의 주권은 일본의 식민지 정책에 의해서 박탈되었다. 외교권은 빼앗겼고 조선의 군대는 무장해체를 당했다. 안중근은 그것의 회복을 요구했다.

---

5) "안응칠의 첫 번째 심문 기록," ibid., p.55.
6) "안응칠의 여덟 번째 심문 기록," ibid., p.223.
7) "안응칠과 기타 세 명의 세 번째 법정 기록," ibid., p.322.
8) "안중근 일기," op.cit., p.537.

그는 또한 조선 사람들이 평화를 추구하고 침략과 억압에 대항하는 문화적 특성을 가졌다고 이야기했다.

▌지역적 평화주의

지역에서의 평화는 그 지역의 나라들이 상호적으로 주체적이고 독립적일 때만이 가능하다. 만약 한 나라라도 독립적이지 않다면 그 지역은 평화로울 수 없다. 안중근은 동북아시아의 일본과 중국, 조선 세 나라의 평화가 각 나라의 주체성과 독립과는 떨어질 수 없는 것이라고 주장했다.9)

▌동종주의(同種主義)

이는 원래 인종주의(人種主義)이지만, 이러한 표현은 의미상 다른 인종에 대한 차별을 의미한다. 그래서 나는 다른 인종에 대한 차별이라는 의미가 없는 "동종주의(同種主義)"라는 용어를 사용하고자 한다. 안중근은 "동종지의(同種之誼; 같은 인종에 대한 의리)"와 "애종지의(愛種之義; 같은 종을 사랑하는 의리)"와 같은 표현을 썼다.10) 이러한 원칙은 안중근이 국제정치에서 경쟁과 대결, 갈등을 목격하면서 가졌던 기본적인 시각이었다.11)

   (1) 안중근은 일본과 조선, 중국 사이의 대결과 갈등은 오히려 이득을 추구하는 서구 열강들에게 좋은 기회를 줄 것이라고 경고했다. 그래서 그는 세 나라가 서로 싸우지 말고 함께 연합해야 한다고 생각했다.

   (2) 일본이 러일전쟁에서 승리할 수 있었던 것은 조선과 중국의 정부와

---

9) "안응칠의 여섯 번째 심문 기록," op.cit., p.177.
10) "동양평화론" '前鑑,' 이치가와 마사아키, op.cit., pp.190-91.
11) Ibid., p.189, p.174.

인민들이 일본군에 저항하지 않고 같은 동족으로서 일본과 같은 편에 섰기 때문이다. 이것도 동종주의 원칙에 근거하고 있다.
(3) "청취서"에서 안중근이 일본의 헤게모니를 인정하고 있는 언급은 동종주의를 암시하는 것일 수 있다. 헤게모니는 리더십으로 번역할 수 있다. 이에 대해서 후에 보다 자세히 논의하겠다.

▌동양 문명 원칙

안중근은 서양의 문명국들이 '전자포'나 잠수함, 전투기와 같은 대량살상무기를 만들고 그들 나라의 수많은 생명을 죽인 것에 대해서 비판했다. 그에 비해서 동북아시아의 나라들은 그러한 비문명적인 행동을 하지 않는다. 우리는 문화의 가치를 중요시한다. 우리는 우리 스스로를 보호하기 위해서만 싸운다. 동북아시아는 유럽국가를 침략한 역사가 없다.[12] 그는 그의 평화에 대한 시각을 동양 문명과 관련시켰다.

"청취서"에서 바라보는 동양평화론

"청취서"에서 안중근은 뤼순 법원에 의한 사형이 부당하다고 주장했다. 그는 또한 이토 히로부미를 암살한 것이 개인적인 감정에 의한 것이 아니라고 주장했다. 그는 조선과 조선 인민의 해방을 원했고, 이를 국제사회에 호소하고 싶었다. 안중근은 그의 동양평화론에 근거해서 일본이 20세기에 시행해야 하는, 동북아시아에 평화를 가져올 정책을 주장했다. 만약 일본이 이러한 정책을 실행에 옮길 수 있다면, 일본은 동아시아에서 "헤게모니"를 행사할 수 있다. 그리고 그는 일본이 만약 자국의 정책을 바꾸지 않고 계속 약소국을 괴롭히는 서구의 권력 정책을 따라한다면, 일본은 "동아시아에서

---

12) "동양평화론" '序,' 이치카와 마사아키, op.cit., p.174.

의 헤게모니"를 얻을 수 없으며, 동시에 주변국으로부터 고립된다고 조언했다. 일본은 주변국과의 평화로운 관계를 회복할 수 없으며 매우 곤란한 상황에 처할 것이다.

▌일본 정부에 제안한 동북아시아에서의 평화정책

안중근은 동북아시아에서의 일본의 입장을 사람의 머리로 비유했다. 일본은 정책을 조심스럽게 수행해야 한다. 일본은 자국의 어려운 재정적 상황을 타계하기 위하여 조선과 중국을 침략하려고 했다. 그러나 이것은 일본이 자신의 살을 뜯어먹는 것과 같다. 이것은 문제를 전혀 해결할 수 없고 오히려 문제를 악화시킬 뿐이다.

그는 동북아시아의 평화를 창조하고 촉진하기 위하여 일본 정부에게 다음의 요점들을 제안했다.

(1) 뤼순을 일본의 지배로부터 해방시키고, 그곳을 일본과 조선, 중국군의 공용 해군 항구로 만들 것.

(2) 일본이 조차지인 뤼순을 중국에게 반환하고 그곳을 평화를 위한 중심으로 만드는 것이 가장 이로울 것이다. 그러고 나면 국제사회는 일본의 결정에 감탄하고 일본을 신뢰할 것이다. 일본과 중국, 조선은 영구적인 평화와 행복을 얻을 것이다. 결과적으로 일본은 '동아시아에서의 헤게모니'를 쟁취할 것이다.

(3) 뤼순에 일본과 중국, 조선에서 유능한 사람을 초청하여 평화단체를 조직한다. 그 단체를 세계에 알려서 일본 쪽에 아무런 야심이 없음을 보여준다. 세 나라의 일반 시민으로부터 그 회원을 충원한다. 사람 당 1년 회비는 1엔이다. 세 나라에서 수천만 명이 이 단체에 가입할 것이다. 이 단체의 지점들은 주요 지역들에 설치될 것이다. 비록 안중근이 "평화단체"와 "동아시아 평화단체"라는 서로 다른 표현을 사용했지만, 이는 같은 의미라고 본다.

(4) 일본은 뤼순을 지키기 위하여 뤼순항에 예닐곱 개의 군함을 주둔해야 한다. 그래서 비록 만약 일본이 뤼순을 중국에 반환하더라도, 뤼순에서의 일본의 실질적 지배는 변하지 않는다.

(5) 서양 열강이 동북아시아를 침략하는 것을 대항하기 위하여, 일본과 중국, 조선의 대표자들이 임무를 책임지고, 세 나라의 젊고 강한 사람들을 골라서 군대를 조직한다. 그 군인들은 서로의 언어들을 학습하게끔 한다. 그들의 언어 능력이 향상되면 그들은 "형제국"으로서의 감정을 가지게 될 것이다.

(6) 뤼순에 수표와 화폐를 발행할 은행을 설립한다. 신용을 얻게 되면 금전적 상황이 안정될 것이다. 평화단체와 은행의 지점들을 설립한다. 이것은 일본의 재정 상태를 전체적으로 건전하고 안정되게 할 것이다.

(7) 결과적으로 일본의 수출은 증가할 것이고 재정적 어려움은 해결될 것이다. 일본은 다른 나라의 모범이 될 것이다. 타이와 다른 아시아 나라들은 동아시아 평화단체에 가입하려고 할 것이다. 그리고 "일본은 다른 나라를 침략하지 않으면서 동북아시아에서의 통제력을 얻을 수 있을 것이다."

(8) 일단 일본이 "헤게모니"를 얻으면, 일본과 중국, 조선의 황제들이 교황을 만나서 그에게 맹세를 하고 황관을 수여받을 것이다. 로마 가톨릭이 세계 종교의 3분의 2를 구성한다는 점에서, 세 나라는 세계 인민 3분의 2의 신뢰를 얻을 것이다.

▌동아시아 평화정책의 특징들

(1) 안중근은 일본과 중국, 그리고 조선의 세 나라가 같은 종족임에 근거해서 세 나라 사이에 동반자관계와 평화로운 우호관계를 창출할 것을 주장했다.[13]

(2) 이 정책은 기본적으로 일본과 중국, 조선으로 이루어진 평화로운

동북아시아를 실현하려는 목적이 있다.

(3) 뤼순은 동북아시아 교통의 중요한 교차점이라는 점에서 군사적으로도 중요한 지역이었다. 안중근은 뤼순을 평화와 경제개발의 중심으로 만들기를 원했다. 뤼순은 중일전쟁과 러일전쟁 중에 중요한 전투 지역이었다. 그곳은 인천의 반대쪽에 위치한다는 점에서 조선의 무역과 안보에도 중요한 지역이다. 안중근의 제안은 세 나라에게 갈등의 도시를 평화와 경제개발의 중심으로 변화하려고 했다는 점에서 상당히 대담했다.

(4) 동아시아 평화단체와 은행 사이의 관계는 "청취서"에서 파악하기 힘들다. 그러나 적어도 다음과 같이 말할 수 있다: 동아시아 평화단체는 평화단체와 은행이라는 두 가지 부문으로 나눠진다. 두 부문은 포괄적인 평화를 유지하고 발전하기 위해 함께 일한다. 평화부문은 평화로서의 고유한 기능을 가진다: 평화를 회복하고 유지하고 촉진하고 발전하는 기능. 은행 부문은 보통 은행과 같은 상업적 기관에 돈을 빌려준다. 평화를 지원하기 위하여 추가적으로 지역적 평화를 창출하고 촉진하는 프로젝트에 융자를 해준다.

동아시아 평화단체는 세 가지 역할을 하도록 기대했다: a) 평화를 회복하고 유지하며 촉진하는 것, b) 경제와 산업을 개발하는 것, c) 평화를 촉진하는 프로젝트를 금융적으로 지원하는 것.

(5) 3개국 연합군의 조직에 대한 제안과 관련하여, 군의 구성이나 배치에 대한 구체적인 계획은 알려진 바가 없다. 하지만 만약 이러한 계획이 널리 알려지게 되면, 이러한 계획은 민족주의를 넘어 지역주의를 촉진했을 것이다.

(6) 교황의 승인을 획득하게 되면, 3국은 서양 국가들 및 그들의 국민들과 신뢰적인 우호관계를 만들 수 있다. 이러한 생각은 안중근이 단순히 서구 열강과 대결하려고 일본과 중국, 조선을 평화로운 지

---

13) Ibid., p.177.

역으로 뭉치려고 한 것이 아니라, 그들과 협력해서 평화로운 세계를 창출하려는 의도가 있었음을 보여준다.

(7) 왜 안중근은 일본의 '헤게모니'와 '뤼순의 실질적인 지배'를 인정하는 발언을 했나? 우리가 위에서 언급한 내용을 보면, 안중근은 일본이 동아시아 평화정책을 실천해야 한다고 제안했다. 그는 동아시아에서 평화가 실현된다면 그 순간 일본은 '헤게모니'를 얻을 수 있다고 말했다. 이것을 볼 때, 그가 말하는 '헤게모니'는 아시아에서의 통치와 지배를 의미하기보다는 아시아에서 신뢰와 존경을 얻는다는 것을 의미한다. 이것은 곧 리더십을 의미한다.

▌동아시아 평화정책의 역사적 중요성

(1) 일본이 조선을 식민화하려고 할 때, 안중근은 일본의 대 조선 정책의 잘못된 점을 지적하면서 다른 동북아시아 정책을 제한했다. 그는 "일본이 정책을 바꾸지 않는 한 회복할 수 없는 궁지에 빠질 것"이라고 경고했다.

(2) 그 당시 일본과 중국, 조선 세 나라의 정부와 국민들은 오직 군사력만이 국가의 안보를 담보할 수 있다고 생각했다. 하지만 안중근은 세 나라의 안보는 그들이 자주적이고 상호적인 신뢰를 통해서 평화로운 관계를 형성할 때 보장된다고 주장했다.

(3) 안중근은 세 나라에 평화를 실현화할 실질적인 수단과 방법들을 제안했다. 그것은 뤼순항의 공동 사용과 뤼순을 평화의 중심지로 만드는 것, 동아시아 평화단체의 설립 및 3국 연합군의 창설 등을 담고 있다.

(4) 안중근이 제안한 평화는 나라에 기반한 것이라기보다는 동북아시아라는 지역을 기반으로 하고 있다. 나카에 쵸민과 우에키 데모리와 같은 근대 일본 자유주의자들의 경우 소규모 국가 이론(Small Nation Theory)에 근거한 평화를 주장했다. 그러나 이들의 평화는

국가에 기반을 두거나 지구적 수준에 기반을 둔 것이었지[14) 동북아시아라는 지역에 기반을 둔 것은 아니었다.

(5) 안중근은 "동아시아 평화단체"를 위한 기금을 위해 세 나라의 국민으로부터 회비를 걷을 것을 주장했다. 그는 대중이 국가의 지원에 의지하지 않고 직접 기금을 모으려고 한다면 이것이 평화를 가져올 것이라고 기대했다.

▌동아시아 평화정책의 현재 중요성

(1) 사적 기금으로 은행을 세우고 금전적 운동을 통해서 평화를 창조하자는 안중근의 제안은 아시아는 물론 세계에도 전례가 없었다. 그의 발상은 21세기의 평화운동에도 시사점을 준다.

(2) 안중근은 일본과 중국, 러시아가 이해관계로 충돌하는 지역인 뤼순에서 평화운동의 중심지를 세우자고 주장했다. 안중근은 갈등 지역을 평화의 기초로 삼으려고 했다. 불가능해 보이는 상황에서 해결책을 모색하려는 이러한 독창적인 발상은 오늘날에도 주목할 필요가 있다.

(3) 안중근이 제안했던 "동아시아 평화단체"는 일본과 중국, 조선의 인민들로 구성된 풀뿌리 조직이었다. 이와 같은 평화단체는 오늘날 사회에도 필요할 것이다.

안중근의 행동에 대한 일본 지식인들의 반응

안중근은 조선을 해방하고 조선에 대한 일본의 억압을 방지하며 동북아

---

14) 우에키 에모리, "万国共議政府, 국제연합 헌법을 세우고 국제연합 정부를 조직하는 것에 대한 의견," 『우에키 에모리 전집』, Vol.1(이와나미 쇼텐, 1990), pp.77-111.

시아에 평화를 세울 수 있기를 희망했다. 그러나 그는 그것들을 평화적으로 달성하는 방법을 찾을 수 없었다. 1909년 10월 26일, 하얼빈의 기차역 승강장에서 안중근은 이토 히로부미를 암살했다.

이 사건은 여러 신문에서 집중적으로 다루어졌다. 그 신문들은 근대 일본의 건설에 대해 지대한 공헌을 한 이토 히로부미의 죽음을 애도했다. 많은 일본인도 비슷한 의견을 가지고 안중근은 비판했다. 일본 정부는 이토 히로부미의 공헌을 기리기 위하여 국장을 치렀고 많은 일본인이 이에 참여했다.

하지만 이러한 추도의 분위기 속에서도 몇몇 일본 지식인은 적극적으로든 소극적으로든 안중근의 행위를 지지했다. 나는 이들을 소개하고자 한다.

▌코토쿠 슈수이

코토쿠 슈수이는 초기 사회주의자로서 제국주의를 비판했다.[15] 그는 1904년의 러일전쟁에 반대했고, 평화로운 반전 운동을 위해 러시아 사회주의 정당과의 합동 투쟁을 요구했다.[16] 그는 또한 일본의 조선 합병을 반대했다. 왜냐하면 그것이 조선을 붕괴시킬 것이라고 보았기 때문이다.[17]

1907년 도쿄에서 아시아의 종족적 운동을 교류하기 위하여 아주화친회(亞州和親會; 아슈화신카이)가 설립되었다. 코토쿠 슈수이는 아주화친회가 설립될 때 그것에 참가했다. 그는 서구 열강에 의해 억압받고 통제받았던 아시아 국가들의 협력과 독립에 관심이 있었다. 그가 안중근의 이토 히로부미 암살에 대해 관심을 가진 것은 자연스러운 일이었다. 코토쿠 슈수이는 사건이 발생하고 나서 어떤 중국시를 읽게 되었다. 그 시의 내용은 「舍生取義 殺身成仁 安君一擧 天地皆振」[18]이었고 그것은 "안중근의 초상이 그려진

---

15) 코토쿠 슈수이, 『20세기의 괴물, 제국주의』, 이토 세이 편, 『코토쿠 슈세이』(츄오우 코론 샤, 1984), pp.81-146.

16) "러시아 사회주의당으로 보낸 서한," 『주간 헤이민 신분』, Vol.18, 1904년 3월 13일.

17) "조선 합병에 반대하며," ibid., 1904년 7월 17일.

18) "삶을 버리고 의를 취한다. 몸을 버리고 인을 완성한다. 안중근이 한 번 거사를 하니,

엽서의 제목"이었다. 코토쿠 슈수이는 안중근이 "정의를 위해 자신의 목숨을 던지고 인류애를 위해 자신을 희생했다"고 높이 평가했다.

안중근이 뤼순 감옥에 있으면서 「志士仁人殺身成仁」[19]이라는 글을 남겼다. "의지와 인류애를 가진 이는 인류애를 위하여 자신을 희생할 것이다." 코토쿠 슈수이와 안중근은 이토 히로부미의 암살을 같은 단어로 묘사했다. 이는 비록 그들이 서로 다른 나라와 장소에 살고 있더라도 그들은 이토 히로부미의 한국 정책에 대해 반대했고 인류에 대한 도덕적 감성을 공휴했음을 보여준다. 그들이 자신이 느낀 바를 같은 중국 성어를 통해서 표현했다는 사실은 그들 사이에서 문화적 공통점이 있었음을 보여준다.

안중근의 투쟁은 조선인뿐만 아니라 코토쿠 슈수이 또한 적극적으로 지지했다. 그러나 코토쿠 슈수이 자신은 이토 히로부미를 이은 카츠라 정부에 의해 반역죄로 구속되었다. 그는 죄가 없었음에도 불구하고 첫 비밀재판에 사형선고를 받고 1911년 1월 24일에 사형되었다. 이것은 안중근이 사형된 지 10개월이 지난 후였다.

▌극단적 자유주의자들

인민주권 운동의 영향을 받은 극단적 자유주의 집단이 있었다. 여기에는 우에마츠 코슈, 미우라 테츠타로, 이시바시 타이잔이 참여했다. 그들은 "동아경제신보(東亞經濟新報; 토요 케이자이 신뽀)"를 발행했다. 러일전쟁이 발발했을 때 초기에 그들은 신문에서 한국의 주권은 독립한 국가로서 존중되어야 한다고 주장했다. 그러나 그들은 곧 전쟁을 지지했고, 러시아에 대항하기 위하여 일본의 군대를 조선에 배치할 것을 요구했다.[20]

그들은 국민들의 부담을 줄이기 위해 정부의 전시 세금 인상 정책을 반대

천지가 모두 진동하는구나"(역자 주).

19) "뜻이 있는 선비와 인이 있는 사람은 자신을 버리고 인을 완성한다"(역자 주).

20) "뭐, 조선에 군대를 보내든 말든,"『토요 케이자이 신뽀』, Vol.294, 1904년 2월 5일.

했다. 그리고 그에 대한 대안으로 국채 발행을 주장했다.[21]

안중근의 이토 히로부미 암살과 관해서 그들은 우선 이토 히로부미의 죽음을 애도했다. 하지만 그들은 또한 그의 죽음이 겐로들에 의한 위헌적 지배의 종식을 앞당길 것이라고 기대했다. 그들은 일본에 입헌주의 정부를 설립하는 것을 선호했다. 신문의 어떤 기사에서도 안중근을 비판하는 글이 없었다.[22]

교토 제국대 법학과 교수였던 슈에히로 시게오는 1912년에 일본의 안보와 극동의 평화를 유지하기 위해서는, 남만주가 국제적인 지구로서 강대국에 의해 정치적으로 그리고 경제적으로 함께 통치되어야 한다고 주장했다.[23]

이시바시 타이잔은 슈에히로의 의견에 대해서 회의적이었다. 이시바시 타이잔은 "만주 포기에 대한 글"[24]을 썼다. 1921년에 그는 일본이 자국의 모든 식민지를 포기해야 한다고 주장하기 시작했다.[25] 이후에 신문은 작은 일본주의를 주장하기 시작했는데, 작은 일본주의는 정부에 의한 확장적인 외교정책을 반대했다. 1921년에 이시바시 타이잔은 자신이 일본의 주권을 확장하려는 큰 일본주의 대신에 작은 일본주의와 반제국주의를 지지할 것이라고 말했다.[26] 조선에 대한 일본의 억압을 반대하고 일본과 중국, 조선의 독립과 평화를 선호한다는 관점에서 볼 때, "동아경제신보"의 작은 일본주의는 안중근의 '동양평화론'과 비견될 수 있다.

---

21) 우에마츠 코슈, "전시 세금에 강력히 저항하며" (1)-(3) 부록과 함께, ibid., Vol. 295-298, 1904년 2월 15일~3월 15일.

22) "악! 이토 히로부미가 쓰러지다," ibid., Vol.504, 1909년 11월 5일.

23) 슈에히로 시게오, "새로운 일-러 조약에 대해," 『케이코 지호』, 1911년 9월 15일.

24) 『토요 지론』, 1912년 10월.

25) "모든 것을 포기할 결심," 『토요 케이자이 신뽀』, 1921년 7월 23일, "큰 일본주의의 환상," ibid., 1921년 7월 30일, 8월 6일, 13일.

26) 이시바시 타이잔, "큰 일본주의," 『토요 지론』 10월호(1912).

▌나츠메 소세키

나츠메 소세키는 근대 일본 문학의 대표적인 학자이다. 그는 1909년 9월부터 10월까지 만주와 조선을 여행하면서 일기를 썼다. 그의 일기에서 조선에 대한 그의 시각을 엿볼 수 있다. 10월 5일자 일기를 보면, 그는 조선에 있는 일본 상인들의 불쾌한 사업 매너를 지적하면서 조선 사람들이 "가엾다"고 동정했다.[27] 10월 9일자 일기에서는, 그가 일본인들이 "조선을 재앙에 몰아넣으면서 부자가 되고 있지만 동시에 몇몇 일본인들은 조선인에게 속임을 당하고 있다."[28] 그는 일본의 조선 식민지 정책이 조선인의 삶을 향상시키는 데 기여하지 못한다고 관찰했다.

나츠메 소세키의 소설 "문(門; 몬)"에서 주인공인 소스케는 안중근의 이토 히로부미 암살에 대해서 언급한다. "이토상은 역사적으로 위대한 사람으로 기억될 거야. 왜냐하면 암살되었거든. 만약 늙어서 죽었다면 이렇게 되진 않았을 거야."[29] 여기서 볼 수 있듯이, 나츠메 소세키는 이토 히로부미가 역사에 이름을 남길 수 있었던 이유는 그가 정치인으로서 이루었던 업적―조선 정책을 포함해서―때문이 아니라 단순히 암살을 당했다는 사실 때문이라고 했다. 다른 말로 하면, 이토 히로부미는 안중근 덕분에 역사적인 인물이 되었다는 것이다. 나츠메 소세키의 조선에 대한 연민을 고려한다면, 그가 안중근의 행동을 간접적인 방법으로 지지했다고 할 수 있다.

일본의 억압적인 조선 정책은 세이유카이 정당과 결합한 한바츠 관료 정부에 의해 계속되었다. 몇몇 일본 지식인들이 이러한 조선 정책을 반대했음을 위에서 살펴볼 수 있었다. 이들은 안중근의 이토 히로부미의 암살을 긍정적으로 평가했다.

---

27) 『나츠메 소세키 전집』, Vol.13(이와나미 쇼텐, 1966), p.471.

28) Ibid., p.474.

29) Ibid., Vol.4(이와나미 쇼텐, 1966), p.645.

제10부

동아시아 평화체제 건설

동아시아 평화체제 건설:
비전과 전망, 그리고 새로운 안보위협에 대한 대처

김학수
아시아경제공동체재단 이사장

ASEAN+3이든 아니면 ASEAN+6이든 동아시아지역은 가장 역동적이며 상대적으로 개발이 잘된 지역임에도 불구하고, 다양한 신안보위협을 공동으로 대처하기 위한 제도는 잘 되어 있지 않다.

오늘 발표는 먼저 기존의 다변화된 정부 간 협력에 대해 검토한 후, 새로운 안보 위협을 살펴보고 다양한 시나리오들을 제시하기 위한 시도를 할 것이다.

새로운 안보위협과 동아시아지역에 대한 함의

유엔의 2004년 위협과 도전 그리고 변화에 대한 유엔 고위급 패널보고서 (Report of the Secretary General's High-level Panel on Threats, Challenges and Change, 2004)는 세계가 지금부터 10년 안에 직면할 다음의 6가지 위협

에 대해서 언급하고 있다.

    ① 빈곤, 전염병 그리고 환경 파괴를 포함한 경제 및 사회 위협
    ② 국가 간 분쟁
    ③ 내전, 학살 및 대규모 잔학행위를 포함한 내분
    ④ 핵, 방사능, 화학 및 생물학 무기
    ⑤ 테러리즘
    ⑥ 초국가적 조직범죄

먼저 경제 및 사회 위협은 선진국과 후진국 간 빈부의 차이가 커지게 된 개발 격차와 관계가 있다. 이 위협은 2000년 9월 각국 정상들이 모여 채택한 새천년 선언(Millennium Declaration)에 잘 반영되어 있으며, 새천년개발목표(Millennium Development Goals)에 더욱 분명히 명기되어 있다.

어떠한 위협의 근본적인 원인은 경제와 사회의 불안정이 그 원인이라고 해석될 수 있다. 사회 및 경제개발과 함께 환경보호, 이 세 문제는 특히 2002년 세계 지속가능한 개발을 위한 정상회의(World Summit for Sustainable Development)와 같은 데에서 최근 몇 년 동안의 주요 주제였다.

둘째, 2차 세계대전의 종전과 1990년까지 지속되었던 냉전시대 이후에는 국가 간 분쟁이나 전쟁이 전통적인 안보위협의 중심이 되어 왔다. 그러나 1945년에는 51개국에서 2008년에는 192개국으로 국가 수가 거의 4배가 증가했을 정도로 많은 신생국가들의 탄생이 있었지만, 20세기의 초기에 비해 후기에는 국가 간 전쟁이 더 적었다. 그럼에도 불구하고 국가 간 분쟁의 예방은 국제사회의 최우선 사항으로 남아 있다.

셋째, 냉전시대의 종말 이후로 내분은 더 심각해지고 있다. 내전들에 대한 중재와 평화유지 그리고 분쟁 이후의 평화구축은 국제평화와 안보에 대한 유엔의 운영과제가 되어 왔다. 유엔은 리더십과 협상 기회, 전략적 조정 그리고 이행에 필요한 자원들을 제공하였지만 성공뿐만 아니라 실패도 있었다. 앙골라, 르완다, 보스니아와 코소보, 아프가니스탄, 수단 그리고 스리랑

카 등은 모두 내분의 위협의 범주에 속해 있으며 우리는 인종청소와 대량학살에 대한 경계를 늦추지 말아야 한다.

넷째, 우연이든 계획적이든 핵, 방사능, 화학 및 생물학 무기들의 어떠한 사용도 재앙적 수준의 인명 손실과 경제혼란을 야기할 위험성을 가지고 있다. 국가나 비국가 행위자들에 의한 대량살상무기들의 확산 및 사용을 방지하는 것은 집단 안보를 위하여 최우선 과제로 남아야 한다.

다섯째, 테러리즘은 인권에 대한 존중, 법치, 시민을 보호하기 위한 전쟁 규칙, 인간들과 국가들 간의 관용, 분쟁에 대한 평화적 해결 등과 같은 유엔 헌장의 보편적인 가치를 위배하고 있다. 테러리즘은 절망과 굴욕, 빈곤, 정치적 억압, 극단주의 그리고 인권학대와 같은 환경에서 번성한다. 2001년 9·11 테러는 이러한 새로운 위협의 중요성을 확실히 보여주고 있다.

여섯째, 초국가적 조직범죄는 현재 마약밀매와 돈세탁으로부터 인신매매와 불법무기 거래까지 확장되어가고 있으며 이러한 범죄들은 인간안보와 법과 질서를 제공하는 국가들의 근본적인 지위까지 좀먹고 있다.

위에 언급된 6가지의 위협들은 세계 흐름과 더욱 관련이 있으며 2004년 이후부터 일부 위협들은 동아시아 안보위협들로 심화 내지 특화되어가고 있다.

주관적일지라도 동아시아지역의 전망으로부터 우선순위의 관점으로 봤을 때, 위에서 언급된 위협들 중에서 재정립해야 될 것이 있다면, 그 순서는 다음과 같다.

① 핵, 방사능 그리고 화학 무기들
② 경제 및 사회 위협, 특히 환경파괴
③ 초국가적 조직범죄
④ 테러리즘
⑤ 내분과 국가 간 분쟁 등과 같은 기타사항

동아시아 안보위협에 대처하기 위한 다면적인 구상

역사적으로 동아시아지역 국가들은 최근까지 지역안보에 대처하기 위한 공동의 국가 간 협력에 적극적으로 참여하거나 개선시켜오지 않았다. 1989년 아시아태평양경제공동체(APEC), 1996년 아시아유럽정상회의(ASEM) 그리고 1997년 ASEAN+3 등과 같은 최근에 창설된 국가 간 기구들은 모두 자유무역과 투자협정을 촉진하기 위한 경제적 협력에 기반을 두고 있다.

그러나 그러한 기구들 중 아세안지역안보포럼(ARF), ASEM 그리고 ASEAN+3는 미래발전을 위한 안보문제들을 다루고 있다.

▌아세안지역안보포럼(ASEAN Regional Forum)

1994년 17개국을 회원으로 시작하여 현재 아세안 10개국, 한국, 일본, 중국, 미국, 러시아, 캐나다, 호주, 뉴질랜드 그리고 유럽연합 의장국 등과 최근 가입한 북한, 몽골, 인도 그리고 파키스탄 등을 포함하여 27개국으로 확대되었다.

1995년에 채택된 "컨셉 페이퍼(Concept Paper)"에 따르면, 다음과 같은 세 단계를 명시하고 있다. 1)신뢰구축조치의 촉진, 2)예방외교 메커니즘의 개발, 그리고 3)분쟁해결에 대한 점진적 접근이 그것이다.

ASEAN의 원조하에 아세안지역안보포럼이 창설된 이후, 아세안지역안보포럼의 규칙, 절차 그리고 사무국 운영은 ASEAN의 지원을 받고 있다. 비록 안보포럼이 형식적인 협의체로서 여겨지고 있지만, 안보현안을 제기하고 양자회담을 주선하며, 드물지만 북한과의 양자회담 기회도 제공하고 있다. 아세안지역안보포럼은 정치적·대중적 인식을 고취시키고 비전통적 안보 현안들을 해결하기 위한 협력과 노력을 강화하기 위한 중요한 포럼으로서의 역할을 해오고 있다. 2000년에 있었던 초국가적 범죄에 대한 아세안지역안보포럼 전문가 그룹 회의에서는 초국가적 범죄에 대한 ASEAN 장관회의를 개최하기로 결정하였다.

2009년 7월 21일부터 22일까지 개최된 16회 아세안지역안보포럼에서 포럼회원국 장관들은 북한의 핵 위협을 포함한 아시아와 태평양에서의 전반적인 안보 위협들을 논의하기 위해 태국 푸켓에 모였다.

▌ 아시아유럽정상회의(ASEM)

아시아태평양경제협력체(APEC)의 영향으로 1996년에 창설된 아시아유럽정상회의는 경제, 사회 측면뿐만 아니라 한반도, 미얀마의 인권문제, 국제테러, 대량살상무기, 초국가적 범죄 그리고 자연재해와 같은 정치 분야까지도 다루고 있다.

ASEAN 7개국과 한국, 일본, 중국 그리고 유럽연합 15개국이 최초로 참여하였고 최근에는 라오스와 미얀마, 캄보디아, 인도, 파키스탄, 몽골 그리고 유럽연합의 새 회원국인 루마니아와 불가리아가 참가하여 2008년에는 전체 회원국이 45개국으로 증가하였다. 아시아유럽정상회의는 2년에 1번씩, 아시아지역과 유럽지역에서 교대로 개최되고 있다.

외무부장관회의, 재무부장관회의, 경제부장관회의 그리고 재무차관보회의 등은 2년에 1번씩 개최되는 반면, 고위급 회의(SOM)와 무역투자 고위급 회의(SOMIT)는 일 년에 두 번씩 개최되고 있다.

아시아태평양경제협력체(APEC)와 다르게, 아시아유럽정상회의는 최근에 기후변화, 식량안보 그리고 다자주의의 강화를 포함한 협력을 위해 정치와 안보 분야에서의 협의를 외무부장관회의에서 하고 있다.

▌ 아세안+3(APT)

1997년 말레이시아에서 개최된 제2회 아세안 비공식 정상회의와는 별도로 아세안국가들과 한국, 일본, 중국 정상들이 모여 비공식 정상회의를 개최하였다. 아세안+3체제는 1999년 마닐라에서 개최된 제3회 아세안+3 회의에서 각국정상들이 동아시아협력에 대한 공동성명을 발의했을 때 제도화되었다. 아세안+3 국가정상들은 특히 경제, 사회, 정치 등과 같은 다양한 분야와 수준에서 동아시아협력을 강화 및 심화시키는 데 대한 결의와 자신감을 표명하였다.

아세안+3 국가들 간의 정치 및 안보협력은 협력을 강화하기 위해 각국 정상, 장관, 고위급 그리고 실무그룹과 전문가 레벨에서 정기적 협의 및 회담을 개최하면서 순조롭게 진행되고 있다.

아세안+3 국가들은 테러리즘과 초국가적 범죄에 의한 위협들을 해결하기 위해 협력해 왔다. 초국가적 범죄에 대한 제1회 아세안+3 장관회의가 2004년에 개최되었으며, 그 자리에서 각국 장관들은 테러리즘과 불법마약거래, 인신매매, 해적행위, 무기 밀거래, 돈세탁, 국제경제범죄 그리고 사이버 범죄와 같은 8가지 분야의 초국가적 범죄를 해결하기 위한 콘셉트 플랜을 채택하였다. 2004년에 개최된 한국, 일본, 중국 등 동아시아 3개국을 포함한 초국가적 범죄 고위관계관 회의(SOMTC+3)에서는 위에서 언급된 8개 분야의 초국가적 범죄에 대해 각 분야마다 주도국을 선정하고 공동협력을 위한 콘셉트 플랜에서 상세한 워크 프로그램을 개발하는 데 동의하였다.

그 사이에 2002년 6월 브루나이에서 개최된 아세안+3 외무부 장관회의에서는 초국가적 범죄에 대해 아세안 장관회의보다 아세안+3 장관회의를 개최하자고 했던 중국의 제안을 받아들였다.

가능한 시나리오

위에 언급된 아세안지역안보포럼(ARF), 아시아유럽정상회의(ASEM) 그리고 아세안+3와 같은 3가지 정부 간 기구들은 현재 동아시아 안보 현안들을 피상적으로 그리고 중복해서 다루고 있다.

최근에 아세안지역안보포럼과 아세안+3는 대체로 초국가적 범죄에 초점을 맞춘 이른바 비전통적 안보위협들을 처리하고 있다.

▌아세안+3의 진화

아세안 사무국은 고위급회의, 전문가회의, 장관회의와 같은 수많은 회의로 인해서 과부하 상태에 있다. 특히 아세안지역안보포럼, 아시아유럽정상회의, 그리고 아세안+3의 지원 업무들은 사무국에 엄청난 부담을 가중시키고 있다.

아마도 조직자체를 새롭게 구성하는 것이 아니라 아세안+3의 개념으로부터 발전된 새로운 기구의 창설을 심각하게 고려해야 봐야 하는 시점이 온 것 같다. 이 기구는 기존의 아세안+3의 기능들을 이어 받아 동아시아정상회의(EAS)나 동아시아공동체(EAC)로 명명할 수 있을 것이다.

동아시아정상회의나 동아시아공동체를 더욱 효율적으로 지원하고 산하기구로서 공식적인 안보조정을 전개해나가기 위해서 ASEAN 사무국으로부터 분리된 새로운 사무국이 창설될 수 있다.

이 생각은 기본적으로 ASEAN+3를 강화하기 위한 것이다.

이러한 전개과정에서, 한국은 미들파워 외교로서 중요한 역할을 해야 한다. ASEAN+3의 13개 국가 중에서, 한국은 ASEAN+3에서 동아시아공동체까지 새로운 협력체를 제안하기 위한 협력적인 공공외교에 참여해왔고 또한 한국에 새로운 사무국을 유치하는 데 적극적으로 노력해 왔다.

▌ASEAN+3의 통합

아세안지역안보포럼, 아시아유럽정상회의, ASEAN+3 사이에는 매우 중복된 회의와 기능들이 산재해 있다. 아마도 안보현안들을 하나의 몸체로 통합하는 것은 또 다른 제안이 될 수도 있다. 아세안지역안보포럼은 그 좋은 예이다.

아세안지역안보포럼 그 자체는 유럽안보협력기구(Organization of Security Cooperation in Europe)를 벤치마킹하여 정비될 수 있으며 동아시아안보기구로 재탄생할 수 있다. 사실 이러한 생각은 아세안지역안보포럼을 강화하여 그것을 안보조정지역기구로서 발전시키기 위한 것이다.

▌ASEAN+3의 유지

ASEAN+3는 지역에서 가장 정치적으로 강한 기구이다. 그러므로 만약 통합이나 발전과 같은 변경사항이 없다면, 최고의 안보우산은 ASEAN+3가 될 것이다. 이러한 체제 아래 초국가적 범죄나 테러리즘 분야에서는 이미 어느 정도 진전이 있었다.

만약 우리가 현 체제를 유지하려 한다면, 중복된 현안들을 정리해야 할 뿐만 아니라 ASEAN+3를 어떻게 연계시킬 수 있는지에 대한 고민이 필요하다. 이상적인 계층구조로서는 정상회의-장관회의-고위급회의와 같은 구조일 것이다. 그러나 ASEAN+3 회원국들의 다양성과 차이점은 극복해야 할 문제이다.

다른 문제로는 ASEAN+3와 ASEAN+6를 둘 다 유지해야 하는지, 아니면 이 두 체제를 하나의 기구로 통합해야 하는지, 그리고 동북아시아의 남아 있는 국가들, 몽골, 북한 그리고 러시아를 어떻게 해야 할지에 대한 것이다.

6자 회담은 비록 현재 교착상태에 빠져 있지만, 북한 핵문제를 해결하기 위한 유용한 합의창구를 제공했었다. 동아시아안보체제에서 이 6자 회담을 어떻게 효과적인 제도로 만들 수 있는지 또한 어려운 과제이다.

어쨌든 이러한 계획은 민간부분의 연구기관들과 싱크탱크들 간의 더 밀접한 연계를 요구하게 될 수도 있다. 이를 위하여 민간부문 대화를 위한 비정부기구, 학자 그리고 전문가 그룹 간의 조정역할을 할 수 있는 아시아태평양안보협력기구(Council for Security Cooperation in the Asia Pacific)가 하나의 예가 될 수 있을 것이다. 또한 제주평화포럼과 제가 몸담고 있는 아시아경제공동체포럼 역시 동아시아의 평화체제 구상을 위해 기여할 수 있을 것이다.

동아시아 평화체제에 대한 비전과 전망

홍순영

전 외교부 장관

개요

오늘 발표할 주제는 "동아시아의 평화체제 구축에 대한 비전과 전망"이다. 동아시아지역의 평화체제 구축에 관해서는 어떠한 합의도 아직 없는 것 같다. 그러나 동아시아 평화체제 구축에 관한 논의가 새로운 것은 아니다. 동아시아지역의 평화와 안정에 관한 주제는 오랜 기간 동안 항상 존재해 왔고, 동아시아 국가들과 그 이외의 국가들까지 포함한 다양한 회의에서 논의되어 왔다. 나는 여러분들의 관대함을 기대하면서 이 주제에 대한 필자의 견해를 밝혀 보려 한다.

동아시아지역에서 평화체제를 구축하는 방안에 대한 논의를 시작하기 전에 우리는 먼저 동아시아지역의 범위에 대한 정의를 내려야만 한다. 그리고 역내 평화를 저해하는 과제들에 대해 약술해야만 한다. 이후에 우리는 동아시아지역 내에서의 평화를 위한 체제를 제안할 수 있고, 그것의 이상과 가치

뿐만 아니라 역내 평화를 촉진하고 유지하기 위해서 필요한 원칙들이 무엇인지 논의할 수 있을 것이다. 그러면 이러한 결과를 위해 우리가 어떻게 협력할 수 있는지에 대한 논의가 필요하다 하겠다.

동아시아의 정의

동아시아지역은 여러 가지 측면에서 정의될 수 있다. 그러나 대개 중국, 일본, 그리고 한국을 포함한 동북아시아의 3개국과 40년의 역사를 가지고 있는 ASEAN의 10개국을 포함한 지역을 의미한다. ASEAN 회원국들과 동북아 국가들은 아주 오랜 역사와 밀접한 관계를 가지고 있으며 지금 많은 면에서 서로 연결되어 있다.

이 국가들은 함께 동아시아공동체로서 분류되어 있으며 동아시아지역의 평화체제를 구성하고 있다. 그러나 역내 평화체제를 구성하고 있는 국가들 중 지리적으로 동아시아지역에 포함되지 않는 국가들도 포함되어 있다. 동아시아지역의 평화와 안보에 강하고 지속적인 영향력을 가지고 있는 국가들도 참여하도록 초대할 수 있다. 미국 같은 경우가 그러하다. 이외에도 러시아와 몽골 같은 국가들도 동아시아 평화체제에 참여할 수 있겠다.

동아시아 평화에 대한 위협들

현재 동아시아지역의 평화를 위협하는 것은 첫 번째로 분단된 한반도에서의 북한 핵문제이다. 나는 당면한 이 문제 대해서 집중하기를 원한다. 역내에는 동아시아 평화를 위협하는 다른 문제들도 있으며 동아시아 평화체제가 구축되었을 때 이 문제들을 제기하고 그것들을 공개적으로 논의할 수 있을 것이다. 이러한 전망을 가지고 나는 동아시아 평화체제 구축과 관련된 더 많은 논의들이 생겨나기를 기대한다.

북한 핵문제는 오랜 역사를 가지고 있다. 1991년 12월에 한국과 북한은 한반도 비핵화 공동선언을 채택하였다. 그러나 1993년 3월에 북한은 핵확산 방지 조약을 탈퇴한 후 핵무기 개발을 계속 진행시키겠다고 선언하였다. 그러나 1994년 10월 미국과 북한은, 미국이 북한에게 경수로 2기를 제공하기로 하고 북한은 영변 핵시설을 폐기하기로 약속한 제네바 합의를 체결하였다. 하지만 머지않아 북한의 핵 야망은 다시 수면위로 부상하였고 양국 간의 긴장은 고조되었다. 그런 후에 2006년 10월, 북한은, 핵실험을 강행하였고 2008년 4월에는 북한은 위성이라고 주장하지만 미사일 실험도 실행하였다. 누구나 짐작할 수 있겠지만 북한의 가장 큰 목표는 핵보유국의 지위를 인정받는 것이며 북한은 핵무기가 국가안보를 보장해 줄 것이라고 생각한다. 2009년 4월 북한은 다시 한 번 미사일 발사 실험을 실행하면서 세계에 자신들의 장거리 미사일 능력을 보여주었다. 또한 2009년 5월에 북한은 2차 핵실험을 강행하였다. 유엔안전보장이사회는 2009년 6월 12에 북한에 대한 제재 결의안을 통과시켰다.

북한의 핵무기 보유는 한국을 위협할 뿐만 아니라 동아시아지역과 전 세계의 정치 및 안보 질서에 심각한 문제가 될 것이다. 그러한 위협을 해소하는 것은 역내 개별 국가들과 국제사회의 과제가 될 것이다. 한국, 일본, 중국, 미국, 그리고 러시아와 같은 6자 회담 당사국들은 그러한 위협에 대항해야만 한다. 북한 핵 무장은 단순히 한국과 일본과 같은 특정 국가들만의 문제가 아니라 동아시아지역 및 전 세계 국가들의 문제이다. 중요한 것은 주변 사회에 평화와 안정이 있을 때에 비로소 국가의 안보가 보장된다는 것이다.

한 국가의 평화와 안정은 이웃 국가들이 무슨 행동을 하는지에 따라 손상될 수도 있다. 나는 역내 국가들이 평화와 안정에 관하여 지속적으로 대화해야 하며 평화체제는 다양한 형태로 존재해야 한다고 생각한다.

여기서 강조해야만 하는 것은 지리적으로 동아시아에 속하지는 않지만 역내 평화의 정착과 유지에 참여하고 있는 국가는 이 평화체제 속에서 어떤 역할을 맡아야 한다는 것이다. 미국은 동아시아지역에 속하지는 않지만 정치적·군사적으로 이 지역과 연결되어 있으며 평화체제의 구축에 관해서는 아시아의 한 국가로서 간주될 수도 있다. 미국의 존재는 평화를 위한 중국-미국 파트너십의 맥락에서 환영받을 수 있다. 동아시아지역의 평화체제에서 일본을 고려한다면 이 세 강대국은 동아시아 평화구축에 있어 주도적인 역할을 하게 될 것이다.

북한이 이 평화체제에 참여할 때를 예측해 볼 수 있다. 북한에 대한 한국의 정책의 기반은 평화공존이다. 평화공존은 한반도의 두 국가 사이의 교류와 협력을 의미한다. 북한이 비핵화를 추진하고 개혁과 문호 개방의 새로운 체제를 선언할 때, 북한은 비로소 동아시아 평화체제에 참여하게 될 것이다. 한국과 북한은 유엔의 독립적인 회원국이다. 공존과 협력이 현실화될 때, 아마도 양국은 자유무역협정을 체결할지도 모른다. 그것은 통일에 대한 협의로까지 이어질 수도 있다. 그리고 그러한 발전은 동아시아 평화체제의 틀 안에서 이루어지게 될 것이다.

동아시아의 이상과 가치

동아시아 평화체제의 설립과 유지에 대한 생각들 뒤에는 모든 국가가 포함된 평화와 번영에 관한 공유된 희망이 놓여 있다. 각 국가의 정치 경제 체제의 이름과 제도가 다를 수도 있다. 그러나 모든 국가들은 자유와 존엄성을 지지하고 촉진하려는 역사적 큰 흐름을 향해 노력하고 있다. 그러므로 정치경제 체제와 자유와 인간존엄성의 문제 기저에 존재하는 가치들에 대해 논의할 필요가 있을지도 모른다. 나는 그러한 논의들이 평화체제의 틀 안에서 일어날 수 있다고 생각한다. 국가들은 머지않아 그들 자신의 문화와 역사에 따라서 그러한 가치들을 추구하게 될 것이다. 이 점에 있어서 나는 그러한 역사적 흐름을 재확인하고 선언하는 것이 동아시아 공동체의 통합과 협력에 이바지하게 될 것이라고 믿는다.

그러한 동아시아 공동체의 이상과 가치에 대한 헌신을 굳건히 하기 위해서는, 공동체 회원국들 간의 심도 있는 파트너십이 유지되어야만 한다. 이외에도 평화를 넘어 윤리, 문화, 환경, 우주, 에너지 그리고 경제를 포함한 문제들에 대한 논의와 협의를 위한 노력이 반드시 필요하다. 평화체제의 틀 안에서 이루어질 그러한 논의와 협력은 체제를 강화시키는 데 기여할 것이다. 그러면 동아시아의 평화체제는 전 세계의 평화와 번영에 기여하는 초석이 될 것이다. 이러한 전망을 고려해 볼 때, 나는 동아시아지역의 국가들이 시대의 흐름에 따라 그들 자신을 정의하고 동아시아 평화체제를 구축하기 위한 시도를 해보기를 희망한다.

동아시아의 평화, 안보 및 발전에 있어서 러시아의 역할

Evgeny AFANASIEV
주태국 주재 러시아 대사

동아시아, 더 넓은 의미에서 아시아태평양지역 전체에서의 평화와 안보 그리고 개발에 대한 여건들을 구축하는 것은 러시아의 최우선 외교정책 목표이다. 그동안의 명백한 실패와 여러 문제에도 불구하고 만약 우리가 범세계적인 관점으로 이 지역을 바라본다면, 우리는 아시아지역에서 평화와 경제발전을 보장하는 지역 국가들이 상호작용할 수 있는 새로운 체제를 구축하기 위한 확실한 여건들을 갖출 수 있다.

첫째, 구소련과 미국 간의 냉전과 날카로운 이념대립의 종식은 처음으로 지역적뿐만 아니라 범세계적으로 새로운 위협과 도전 과제들을 공동으로 대처하기 위한 방법을 모색할 수 있는 기회를 제공하였다. 과거에 비추어 볼 때, 이러한 변화는 분쟁을 해결하기 위한 해법이 군사적인 방안에서 비군사적인 방안으로 변해가고 있다는 것을 의미한다.

둘째, 아시아의 특색은 문화, 종교, 역사적 경험, 그리고 국가 간 개발수준이 다양하다는 것이다. 이러한 다양성은 국제법에 기반한 다중심주의

체제를 구축하는 데 유리하다는 것을 증명할지도 모른다.

셋째, 아시아지역의 세계화는 문명들의 공존을 긍정적이고 통합된 의제를 조성하는 데 필수불가결하게 만들었다. 냉전 동안 두 군사·정치 블록으로서 미소 양국의 평화로운 공존은 일종의 성과로서 간주되었다. 그런 반면에 현재 우리는 다양한 개발모델들과 다른 가치 체제들에 대한 동등한 권리를 인정하지 않고 있다. 어떻게 보면 우리는 존재가 불가능한 문명들의 합의와 관련하여 이야기하고 있다.

현재 진행 중인 경제위기에도 불구하고, 아시아태평양지역이 세계에 가장 발전이 빠른 지역 중의 하나라는 것은 주목할 만하다. 점진적으로 교역 및 투자와 자본의 흐름이 아시아태평양지역으로 이동하고 있으며 또한 이 지역은 양자 혹은 다자 무역이 증가하는 곳이기도 하다. 지역 간 기구들과 협의체들은 아시아태평양지역의 협력의 장으로서 존재해 왔다. 중국과 인도의 급격한 경제성장과 러시아와 다른 국가들의 발전, 그리고 아세안의 통합은 다극화 세계질서의 형성을 향해 나아가려는 지속적인 경향을 반영하고 있다.

러시아에게 아시아태평양지역은 중요 외교정책 우선순위들 중의 하나이다. 러시아의 관심사는 현재 아시아태평양지역에서 진행 중인 변화의 과정들과 밀접하게 연관되어 있다. 특히 가장 큰 관심사는 극동지역의 안보와 안정을 보장하고, 자원이 풍부한 시베리아와 극동지역의 경제개발을 위한 가장 최선의 여건을 만드는 것이다. 러시아는 지역적 분쟁들을 해결하고 아시아태평양지역의 정치, 경제, 그리고 군사적 상황을 안정적이고 예측 가능하게 만드는 것에 상당한 관심을 가지고 있다.

지역 협력을 위한 정치적·경제적 변화에 대한 러시아의 적극적인 개입은 러시아의 아시아태평양지역으로의 편입이야말로 진정한 변화라고 자신 있게 말할 수 있게 해주었다. 더욱이 발전하고 있는 러시아는 아시아태평양지역의 전략적 안정성과 지속적인 경제성장의 요소로서 점차적으로 자리매김해오고 있다.

아시아지역에서 새로운 평화체제를 구축하는 동안 우리는 현재 이 지역에서 진행 중인 새로운 변화에 대해서 숙고해봐야만 한다. 아시아는 통합을 향한 움직임을 표명해 왔다. 최근 몇 년 동안 경제적 상호교류에 대한 협의체와 메커니즘들이 구성되어 왔으며, 그러한 예로서는 아시아태평양경제공동체(APEC), 상하이협력기구(SCO), ASEAN, 아세안지역안보포럼, ASEAN+3, 동아시아정상회의, 아시아협력대화(Asia Cooperation Dialog), 아시아 교류 및 신뢰구축회의(Conference on Interaction and Confidence Building Measures in Asia) 등이 있다. 사실 각 지역이 국제관계에서의 건전한 경향을 반영한 지역특수성에 따라 지역현안에 대한 해결책을 모색할 때, 이러한 현상은 세계 정치경제의 지역화가 진행되고 있다는 증거이다.

아시아태평양지역은 여전히 최선의 안보체제가 요구된다. 솔직히 말해서 이 목표는 간단한 문제가 아니다. 아시아는 헬싱키 최종협약과 신뢰형성을 위한 비엔나 협약(Vienna documents on confidence building measures)과 비슷한 역할과 비슷한 법적 효과를 가지고 있는 안보체제를 가지고 있지 못하다. 따라서 그러한 안보체제는 여전히 요구된다.

아시아는 일련의 안보위협에 직면하고 있다. 비록 최근에 규모가 큰 무력분쟁이 발생하지는 않았지만 역내 수많은 지역에서의 긴장은 사라지지 않고 있다. 한반도에서의 핵문제가 해결되지 않은 채, 특정 일부 국가들의 영토 및 국경분쟁을 해결할 수 없다. 테러리즘과 대량살상무기 확산, 분리주의, 종교적 극단주의 그리고 해적 문제 등과 같은 것들은 신중하게 대처해야만 한다. 또한 세계경제위기의 관점에서 식량부족, 금융 및 에너지 안보와 관련된 문제들의 심각성은 그 어느 때보다도 높아지고 있다.

우리는 아시아에서 발생하고 있는 새로운 도전들과 지역적 문제들에 대한 해결은 정치외교적 수단에 의해 합의된 국제사회의 포괄적인 노력이 아니고서는 해결할 수 없다. 이라크의 예는 군사적인 해결수단이 정치적인 문제를 해결하는 데 있어 적절하지 못하다는 것을 보여주고 있다. 냉전시대의 군사적 동맹에 대한 수요는 실제로 쇠퇴하고 있으며, 오늘날 대립적 접근은 도움이 안 될 뿐만 아니라 심지어 해롭기까지 하다.

최근 몇 년 동안 우리는 공동가치를 기반으로 아시아태평양 국가들의 통합에 대한 주장들을 반복적으로 들어왔다. 이러한 통합주창자들이 주의하고 있는 것처럼, 지역통합에 대한 참여의 척도는 반드시 민주주의와 인권에 대한 국가들의 헌신이 되어야 한다. 그러나 이러한 개념의 해석은 너무나도 일방적이고 주관적이었다. 특히 다양성과 관용에 대해 전통적으로 존중해온 아시아태평양 국가들에게는 받아들이기 힘든 개념이다. 또한 이 개념에 의하여 각 국가들을 문명화된 국가와 그렇지 않은 나머지 국가들이라고 제멋대로 분류하여서도 안 된다.

그러한 접근방식에 대한 합리적인 대안은 존재한다. 관심사안별로 동등한 협력을 하면 된다. 많은 예들에서 보듯이 이 대안은 동등한 상호교류의 실제 메커니즘으로 이미 변해가고 있다.

그러한 예들 중의 하나로서 아세안지역안보포럼을 들 수 있다. 이 아세안안보포럼은 주요 지역 국가들을 포함하는 약 27개국으로 구성되어 있다. 현재 이 포럼은 역내 분쟁의 예방과 해결, 신뢰구축 형성, 새로운 안보위협에 대한 대처 등과 같은 현안들을 처리하는 대표적인 지역협의체로 자리매김하고 있다. 아세안안보포럼은 아시아태평양지역 내 미래안보체제의 원형으로 여겨지고 있다.

또 다른 예로서는 상하이협력기구를 들 수 있다. 짧은 역사에도 불구하고 강대국인 러시아와 중국을 포함하여 중앙아시아 4개국으로 구성된 상하이협력기구는 안보, 경제, 문화, 교육 등에 대한 안정을 추구하며 가입국들의 합의된 노력으로 인하여 상당한 진전을 보고 있다. 또한 상하이협력기구는 폐쇄적인 조직이 아니며 협의 당사자 혹은 옵서버로서 다른 국가들도 참여할 수 있는 개방된 지역기구이다. 초기에는 군사, 정치 그리고 신뢰구축장치로서 시작된 기구이지만 현재는 다양한 차원의 문제를 다루면서 성장하고 있는 기구이다.

물론, 우리는 현실적인 생각을 해야만 한다. 아시아태평양지역에 성숙한 안보와 협력의 체제를 갖추는 것은 1, 2년 심지어 5년이나 10년 안에 끝날 문제가 아님을 인식해야 한다. 그래서 지금이야말로 이러한 방향으로 가기 위한 구상을 시작해야 할 때이다. 우리는 복잡한 문제를 해결하는 수단으로서 공동의 지혜, 보편적으로 인정된 규범들과 국제법 원칙 그리고 협상과 협의에 기반하여 아시아태평양지역의 안보와 협력의 투명한 구조를 구축하기 위한 기회를 얻었다. "아세안 방법"이 그러한 기회가 될 것이다.

그렇게 하기 위해서는 군사적 우위의 확보, 다른 국가들의 안보를 약화시키는 지나친 군사력 증강, 군비경쟁 확대, 아시아태평양지역 내에서의 새로운 군사기지 건설과 군사동맹 협의, 그리고 역내 미사일방어시스템 형성 등을 지양해야만 한다. 그러한 방법들은 명백히 파국으로 이어졌다. 새로운 구조를 구축하기 위한 방안은 다자외교 지지, 지역기구와 협의체 사이의 관계 발전, 그리고 상호존중과 서로의 관심사안에 대한 고려 등에 의거해야만 한다. 그리고 모든 아시아태평양지역 국가들과 지역 연합들이 국제관계에 있어 비 무력, 분쟁의 평화적 해결과 같은 원칙들에 대한 그들의 의지를 확인하는 것이 중요하다. 이러한 원칙들은 역내 역사적, 문화적, 문명적 흐름에 비추어 봤을 때 생소한 것은 아니다. 이미 이 원칙들은 러시아가 참여하여 1976년에 체결된 "발리협약(Bali Treaty on Amity and Cooperation in the Southeast Asia)"과 "남중국해 당사국 행동선언문(the China-ASEAN Declaration on Conduct in the South China Sea)" 및 많은 지역협약들에서 확립되었다. 그리고 확실히 이러한 원칙들은 전 아시아지역 내에서 행동규범으로서 인정되고 있다. 우리는 양자 관계뿐만 아니라 다자관계의 틀 안에서도 신뢰조치를 좀 더 포괄적으로 적용해야 하는 것은 중요하다고 생각한다.

우리는 지역연합들 사이의 관계를 강화하고 아시아태평양지역 안에서 광범위한 파트너 네트워크를 형성하는 것을 지지한다. 또한 역내 존재하는 지역기구들 간의 협력에 대한 협정을 체결하고, 각 해당기구가 서로에게 옵서버로서의 지위를 부여할 것을 제안한다. 현재 이러한 방향으로 가기 위한 첫 번째 단계들이 진행되고 있다. 특히, 상하이협력기구와 ASEAN은 관련 각서에 서명을 한 상태이다.

아세안지역안보포럼의 틀 안에서 다루어지는 안보 현안들에 대한 협력의 포괄적인 발전에 대해 특별한 관심을 가질 필요가 있다. 물론 이 안보포럼은 현대화될 필요가 있을 뿐만 아니라 포럼의 활동은 구체적인 결과에 집중해야만 한다. 그러나 우리는 아세안지역안보포럼이, 역내 집단안보체제를 형성하고 평화와 안정을 유지하는 문제들에 대응하기 위하여, 자유로운 협의체에서 시작하여 안보현안에 대해 전략적으로 올바른 제도로 발전해 가고 있다는 것을 알고 있다.

아시아지역 중에 안보문제가 가장 중요한 현안으로서 대두되고 있는 곳은 바로 동북아시아지역이다. 이 지역은 한반도에 존재하고 북한과 한국뿐만 아니라 미국, 중국, 일본, 러시아와 같은 국제사회의 강대국들의 이목이 집중되고 있는 교차로와 같은 곳이다. 동북아시아지역은 위의 언급한 6개국의 참여한 안보분야의 다자협력 메커니즘을 구축하는 것을 포함하여 한반도의 핵문제를 해결 진전에 대한 가능성과 병행하는 특별한 접근법이 필요하다. 러시아는 협상실무그룹 의장국으로서 그러한 메커니즘의 기초가 될 수 있는 주요 원칙들의 초안을 준비하였다.

러시아는 정책결정에 있어 지역의 모든 국가들과 또는 전통적인 파트너 국가들뿐만 아니라 교역 및 경제관계, 전략적 대화관계, 그리고 상호이해의 수준이 높아지고 있는 새로운 국가들과의 균형 잡힌 양자관계의 발전을 위해 최선의 노력을 하고 있다.

러시아는 지금까지 중국과 인도, 한국, 그리고 베트남 등과 전략적 파트너십 관계를 형성하여 발전해 나가고 있다. 이 아시아태평양지역에서 러시아의 가장 중요한 파트너 국가 중의 하나는 미국이다. 러시아는 미국과의 관계를 계획할 때, 협력에 관한 막대한 잠재력뿐만 아니라 일반적으로 양국의 관계가 국제정세 및 전략적 안정성에 어떤 영향력을 미칠 수 있는지에 대해서도 고려하고 있다. 또한, 러시아는 동북아시아 및 동남아시아 국가들과의 다면적인 협력 관계를 강화하면서 ASEAN과의 파트너십 관계를 더욱 발전시키는 것을 목표로 하고 있다. 게다가 러시아는 호주와 뉴질랜드와의 관계에 대해서도 밝은 전망을 가지고 있다.

지리적인 위치와 역사의 장점을 가지고 있는 러시아는 아시아유럽정상회의(ASEM)이나 동아시아정상회의(EAS)를 포함한 모든 중요한 아시아 관련 포럼이나 협의체들의 멤버로서의 부정할 수 없는 권리를 가지는 유일한 유라시아 국가이다. 이외에도 "러시아-인도-중국" 뿐만 아니라 "브라질-러시아-인도-중국"으로 이어지는 새로운 형태의 협력관계를 발전시키는 것도 중요하다는 것을 덧붙이고 싶다. 이러한 국가들이 세계경제발전과 미래의 지역적 세계적 구조를 형성하는 데 있어 중요한 역할을 할 것이라고 믿는다.

2008년 호주 수상인 케빈 루드는 APEC 국가들 및 인도가 참여한 아시아태평양공동체(Asia-Pacific Community)의 창설을 제안하였다. 아시아태평양공동체는 협력, 정치, 안보, 경제, 자원 등 망라한 모든 분야를 포함하고 있다. 비록 이러한 생각이 그 자체로 새로운 것은 아니지만, 협력을 위한 포괄적인 지역 기구들에 대한 개념이 아시아태평양 국가들 사이에서 점차 부상하고 있다는 것을 증명하고 있다. 이러한 생각을 좀 더 구체화시키는 것과 현 지역 정세와 기존의 협의 구조들에 대한 고려가 절대적으로 요구된다. 그러나 이 생각을 종합적으로 생각해봐야 하는 이유가 있다.

역내 평화체제에 대한 논의가 진행되고 있지만, 우리는 특정 문제들과 기존의 과제들을 무시할 수는 없다.

지난 15년에서 20여 년 동안 아시아의 전례 없는 경제성장이 진행되어 왔다. 현재 우리는 세계의 경제적 국면뿐만 아니라 정치적 국면의 중요한 변화를 이끌 수 있는 장기적인 지정학적 경향에 대해서 논의하고 있다. 1990년에 세계 GDP 중 아시아가 차지하는 비율은 8%였다. 그러나 2007년에는 15%를 차지하고 있다. 전문가들의 예측에 따르면, 2050년 아시아의 비율은 50%보다 더 증가할 것이다. 인구적인 측면에서는 2050년에는 지구의 약 90억 인구 중 60억 인구가 아시아에 거주하게 될 것이다. 또한 세계의 금 및 경화 보유가 이곳 아시아에 집중되고 있다. 심지어 현재 5조 미국달러에 달하는 세계 금 및 경화 보유고 중에서 2조 달러는 중국이, 약 1조 달러는 일본이 보유하고 있다. 이외에도 대만, 홍콩, 그리고 한국 등의 보유고도 추가해야 한다. 러시아는 금융위기 전에는 8천억 미국달러를 보유하고 있었으나 현재는 약 5천억 미국달러를 보유하고 있다.

일부 예측에 따르면, 중국과 인도는 30~40년 안에 GDP 규모로 봤을 때 미국과 일본을 뛰어넘어 세계경제순위 1위와 2위의 국가가 될 것이라고 한다. 적어도 지난 20년 동안 중국의 GDP의 연간 평균 성장률은 10% 수준을 유지해 왔다. 이러한 아시아 국가들의 놀라운 경제성장은 세계 정치에 있어서도 새로운 요소가 되었다.

또 하나의 새로운 경향은 약 5억 7천만의 인구를 가지고 있는 ASEAN이 2015년까지 단일 시장과 경제공동체를 형성하겠다는 목표의 현실화이다. 이것은 유럽연합과 아시아 국가들 중에서는 일본과 비교할 만한 새로운 정치경제의 중심지가 형성된다는 것을 의미한다. 현재는 더 큰 규모에서의 협력이 논의되고 있다. 예를 들어 일본, 중국, 한국, 호주, 뉴질랜드, 그리고 인도를 포함하여 이미 기능적으로 운영되고 있는 ASEAN+3, ASEAN+6 그리고 동아시아정상회의 같은 것들이 그것이다.

만약 우리가 아시아 국가들이 가장 우려하는 문제들에 대해서 이야기를 하고자 한다면, 아시아 국가들의 문제들과 미국이나 유럽이 가지고 있는 문제들은 상당한 차이가 있다는 것을 알게 될 것이다. 첫 번째는 자연재해로부터의 보호이다. 1997년과 2006년 사이에 무려 백만 명이 넘는 아시아 사람들이 자연재해로 인하여 죽었다. 이 사망자의 숫자는 그 기간 동안 사망한 아시아 인구의 80%가 넘는 비율이다. 이러한 자연재해로 인하여 발생한 경제적 손실은 수십억 미국달러에 이르는 것으로 추측된다. 이것은 자연재해 완화에 대한 공동대처방안 개발이 왜 최우선 해결과제 중의 하나인지에 대한 이유이다. 러시아는 그러한 아시아 국가들에게 인도주의적 원조를 제공해준 경험이 있다. 그러나 이 지역은 공동으로 합의된 노력이 요구된다.

현재 러시아는 세계 금융위기 속에서 경제적 어려움을 겪고 있는 많은 국가들에게 원조를 제공해 주고 있다. 이러한 원조는 양자기반이나 G20과 G8 정상회의 동안 채택된 결정들의 틀 안에서, 그리고 특별위기극복자금을 설립한 유라시안 경제공동체의 범위 안에서 이루어졌다.

러시아와 다른 아시아태평양 국가들은 현재의 금융위기를 해소하고 세계 금융구조를 개혁하려는 방안에 대한 공통의 입장을 취하고 있다. 우리는 모든 지역국가들과 그 국가들의 그룹들과 함께 이러한 문제들에 대해 긴밀한 협력을 할 준비가 되어 있다.

아시아지역에서 식량안보문제는 점점 더 심각해지고 있다. 일부 전문가들에 의하면, 2배에 가까운 쌀 가격의 상승은 역내 후진국들의 빈민층 숫자를 수백만까지도 증가시킬 수 있다는 것을 의미한다. 이 식량문제도 역시 공동대처 노력이 요구된다. 러시아는 특수한 농업 잠재력을 보유하고 있고 따라서 국내 수요를 충족하는 것은 물론 다른 국가들을 원조하기 위해 최선의 노력을 다할 것이며 미래에 러시아가 세계 식량시장에서 중요한 역할을 담당할 수 있을 것이다.

아시아 국가들에게 에너지 안보문제 역시 매우 중요한 이슈이다. 현재 금융위기에도 불구하고 아시아태평양지역의 에너지 시장은 세계에서 가장 역동적인 지역 중의 하나로 발전해 왔다. 국제에너지기구에 따르면, 2025년에는 아시아태평양지역의 주요 국가들의 석유 수요가 전 세계 수요의 4분의 1을 넘을 것이며, 천연가스에 대한 수요는 세계 수요의 1.8배를 능가할 것이라는 예측을 내놓았다. 실제로, 중국과 인도와 같은 아시아지역의 거대국가들 경제성장의 미래전망은 석유와 천연가스와 같은 자원의 안정적 공급에 크게 의존하고 있다.

현재 석유와 가스의 주요 생산국 중의 하나인 러시아는 에너지자원의 소비국들의 지리적인 수입창구를 다변화하고 안전하고 영구적인 공급을 보장할 수 있는 에너지 공급 시스템을 아시아태평양지역에 구축하기 위해 노력하고 있다. 우리는 물론 수요와 공급의 실제 상관관계에 기반하여 탄소 제품들에 대한 안정적이고 예측 가능한 가격을 유지하는 데 관심을 가지고 있다. 또한 공동에너지절약 프로젝트들과 대체에너지 개발에 참여할 준비가 되어 있다.

환경보호는 경제개발의 문제들을 해결하는 데 있어 점차 중요한 역할을 하고 있다. 환경보호 문제는 다양한 국제협력의 틀 안에서 중요한 의제들 중 하나가 되었다. 러시아는 책임감을 가지고 이 문제에 접근하고 있다. 이에 해당하는 사례가 바로 교토 프로토콜을 실현하기 위한 러시아의 노력이다. 국제적인 수준에서 필요한 조치들은 이미 취해지고 있다. 지역통합에 대한 러시아의 참여는 러시아 국내의 사회경제개발 프로그램의 효과적인 이행을 촉진할 것이라고 확신한다. 첨단과학기술 분야에서의 산업협력 강화, 아시아태평양지역과 유럽을 연결하는 화물 운송체제의 구축 등도 매우 중요하다는 것을 덧붙이고 싶다.

지역 간 연계 개발은 러시아의 시베리아와 극동지역에는 특히 중요하다. 이것은 러시아가 2012년 APEC의 의장국이라는 점을 볼 때, APEC회의가 왜 블라디보스토크에서 개최되어야 하는지에 대한 이유이다.

시베리아와 극동지역의 막대한 자원 잠재력은 러시아의 타고난 경쟁력이다. 러시아의 천연자원과 경제적 능력은 역내와 세계의 지정학적 지도에서의 러시아의 역할을 정의해 주고 있다. 만약 사할린까지 포함한다면, 러시아의 천연가스 보유량은 36조 입방미터보다 많다. 이 보유량은 세계의 어느 국가와도 비교가 되지 않는다. 우리는 단지 동 시베리아와 극동지역만을 이야기하고 있는 것이다.

현재 극동지역에서 러시아의 주요 목표는 다른 국가들에의 투자매력을 높임과 동시에, 지역산업을 강화하기 위하여 그리고 지역민들의 삶의 질을 높이기 위하여 극동지역을 러시아 경제권으로 완전히 통합시키는 것이다.

시베리아와 극동지역에서 러시아는 연간 8천만 톤의 석유를 운반할 수 있는 동 시베리아와 태평양을 연결하는 파이프라인의 기능을 개선하는 동시에, 새로운 전력선 설비를 포함하여 다양한 에너지 프로젝트 건설 추진을 계획하고 있다.

이러한 자원들은 대규모의 에너지 및 가스 처리 단지의 설립과, 조선·항공 그리고 우주 산업과 같은 현대적이고 첨단기술 제품생산 시설들을 위한 기반이 되어야 한다.

이러한 것은 이 지역의 실행프로그램에 대한 러시아의 견해이다. 그러한 프로그램의 실현은 우리의 안보뿐만 아니라 세계의 다른 지역들의 특정한 여건들을 고려한 경제적 기반에 의거하여 안정적인 세계체제를 형성할 수 있도록 해 줄 것이다.

동아시아의 평화, 협력 그리고 안보체제

Charles MORRISON
East-West Center 소장

동아시아지역은 평화체제를 발전시켜 오면서 과거 30여 년 동안 많은 진전이 있었다. 그러나 이 기간 동안 전쟁의 부재에도 불구하고, 국가 간 관계는 여전히 불신의 정도가 상당하고 "전략적 협력"보다는 "전략적 경쟁"을 그 특징으로 하고 있다. 여론조사는 무역, 영토, 혹은 다른 국가 간 갈등을 확대시킬 수 있는 잠재력을 가진 민감한 민족주의의 강도가 상대적으로 높다는 것을 확인시켜 주었다.

현재를 평화체제라고 언급하면서 우리가 놓치고 있는 것들 중에는 실존 위협들과 내부 분쟁들, 그리고 인간안보문제 등이 있다. 동아시아가 세계체제의 중심부가 되어감에 따라 지역과 세계질서를 위해서는 높은 수준의 협력과 분쟁완화 능력이 요구된다.

실존 위협에 직면하고 있다고 믿는 국가들을 하나의 평화체제 안으로 편입시키는 것은 매우 어려울 수도 있다. 예를 들어 북한의 경우, 평화체제로 편입시키기 위한 제안들을 담은 거래는 핵무기 포기에 따른 체제보장과 경제원조 간의 일종의 교환이다. 그러나 북한이 자신의 안보딜레마를 해소하는 것으로서 이 교환을 생각하고 있는지에 대해서는 명확하지 않다.

교육과 연구 협력은 평화와 협력체제의 중요한 측면들이다. 특히, 경쟁부터 협력까지 근본적인 국가적 접근법들을 변화시키기 위해서는 문화, 역사, 그리고 현안들에 대한 상호 혹은 공동의 이해를 발전시키기는 더 많은 노력들이 요구된다.

미국은 동아시아지역에 속한 국가는 아니다. 그러나 실제적으로 미국은 모든 면에서 동아시아 국가들과 연계되어 있다. 이 글의 목적은 동아시아의 다자협력구조를 변화시키기 위한 여러 가지 제안들을 담고 있으며 국가 간 기구인 북태평양지역포럼(North Pacific regional forum)에 대한 생각을 제안하는 것으로 끝맺고 있다.

이번 패널은 동아시아 평화체제 구축과 관련된 문제의 해결을 요구하고 있다. 이와 관련해서 우리는 우리가 어디까지 왔는지에 대한 인식을 하는 것으로 시작해야만 한다. 동아시아에서 국가 간 분쟁이 발생한지는 30년이 흘렀고, 동북아시아에서는 50년이 흘렀다. 그 기간 동안 때때로 정치적·경제적 긴장이 발생하였음에도 불구하고, 강대국들은 서로를 인정하고 대체로 건설적인 상호 관계와 막대한 양의 무역과 투자를 이루어 왔다는 것을 주목해야 할 것이다.

만약 인도차이나에서 분쟁이 종결된 1979년의 지역상황과 2009년의 지역상황을 비교해 본다면, 국가 경제뿐만 아니라 지역 상호의존에 눈부신 성장이 있어 왔다. 그리고 세계은행에서 평가한 절대빈곤도 많은 지역에서 사라져가고 있다. 통신과 운송수단, 국제관광, 세계의 여러 언어 특히 아시아 언어들에 대한 연구도 상당히 확대되고 있다. 대중문화의 산물들은 비교적 자유롭게 유통되었으며 그 결과 아시아지역 도시의 중상류층 젊은이들의 라이프스타일은 비슷해지고 있다. 이뿐 아니라 지역 협력의 극적인 성장도 있어 왔다. 1993년 이전에는 아시아태평양지역 주요 국가들의 정상들이 만나는 회의가 존재하지 않았었다. 하지만 지금은 정기적으로 매년 그러한 회의를 개최하고 있다. 인적 교류 측면에서도 마찬가지로 그동안 인적 접촉 및 상호교류가 상당히 확대되어 왔다.

그래서 첫 번째 의문은 분쟁 억제에 기여할 만한, 심화된 그리고 공식적인 조약이나 다른 제도적 수단의 유무에 대한 것이 아니라, 최소한의 개념 정립 차원에서 국가 간 협력관계를 이끌어내는 사실상 통합의 의미를 지니고 있는 평화체제가 이미 존재하는지에 대한 것이다. 나는 대부분은 우리가 이 지역에서 이러한 평화체제를 찾았다라고 생각한다. 그리고 사실 이 제주 평화포럼은 그러한 평화체제의 지속적인 발전과 협력을 위해 세계 곳곳에서 오신 분들의 열망의 한 표현이라고 생각한다.

그러나 지속적인 발전이라고 말하는 것은 마찬가지로 아직도 가야 할 길이 멀었다는 것을 인정하는 것과 같다. 평화, 그것은 단순히 전쟁의 부재만을 의미하는 것이 아니다. 평화로운 동아시아의 전망은 잠재적 분쟁에 대한 평화적 해결 규범의 통합 및 높은 수준의 국제적 협력, 국내 체제의 적법성에 대한 포괄적인 수용, 기후변화와 같은 중대한 국제현안 극복 및 모두에 대한 경제적 지원 달성에 대한 성공을 포함하고 있다.

지금 놓치고 있는 것은 무엇인가?

가장 중요하다고 생각하는 것은 분쟁의 부재에도 불구하고 역내 국가 간 상호교류는 상당한 불신이 존재하며 심지어 전략적 협력보다는 전략적 경쟁이라는 용어가 더 적절히 다자간 협력의 원동력으로 설명되고 있다. 자유무역지대, 전략적 파트너십, 그리고 다양한 형태의 다자협력을 포함한 역내 많은 제도적 발전은 건전한 지역질서라는 목적을 위한 어떠한 수렴보다는 국가의 영향력을 확대 혹은 보호하기 위한 국력의 지속적인 책략을 반영한 것이다. 또한 여론조사에서는 적어도 더 큰 국가들의 국민들 사이에 그러한 다자협력에 대한 상대적으로 높은 수준의 의심과 민족주의적 성향을 확인할 수 있다.

지속적인 국가경쟁은 평화체제의 가장 큰 도전이 되고 있다. 동아시아와 광범위한 아시아태평양지역은 중국의 영향력이 다른 국가들에 비해서 지속적으로 증가하고 있고, 국제관계 이론과 역사는 우리에게 힘의 전이가 잠재적으로 지역의 불안정을 암시한다는 점에서 이 지역은 중요한 구조적 변화에 직면하고 있다. 이러한 것 이외에도, 때론 숨겨져 있기도 하고 때론 드러나기도 하는, 오염된 해양문제, 역사문제, 세계화로 인한 경쟁적 이점의 변화, 자원 및 에너지 경쟁, 핵을 포함한 무기증강에 대한 압력 등의 연관된 긴장들이 존재하고 있다. 지나친 국가 간의 경쟁은 장기적인 노력이 필요한 이러한 문제들을 확대 혹은 왜곡할 수 있으며 따라서 국가의 정치적 상황을 복잡하게 만들고 있다.

우리의 이상적인 평화체제에 관하여 간과하고 있는 두 번째 요소는 이러한 국가들의 집합 조건으로서, 국가 간의 우호관계를 강화하고 서로간의 경제를 통합하기 위하여 국가 간에 서로 신뢰를 해야 하는 동시에 국가 내부적으로 안정적이고 잘 통치되어야 한다는 점이다. 동아시아에서는 실존하는 위협에 직면하고 있다고 믿거나 믿는 것처럼 보이는 매우 불안한 정부들이 존재하고 있다. 즉, 그런 정부들은 국가자체가 위협받고 있다거나 적어도 자신의 정권이 위협받고 있다고 믿고 있다. 실존 위협에 직면하고 있는 정권은 지역의 다른 국가들과 신뢰를 구축할 수 없을 뿐만 아니라 역내 다른 국가들과 사실상 기본적으로 내부적인 것들인 그들의 안보문제를 쉽게 해결할 수도 없다. 그러한 정부들 중의 하나는 북한이며, 추후에 다시 언급할 것이다.

세 번째 요소로는 심지어 꽤 신뢰성 있는 국가들 중에서도 특히 소수민족문제와 같은 가시적인 내부 분쟁들이 존재할 수도 있다는 것이다. 이러한 문제는 민족국가 자체나 그들의 중앙정부에 위협적이지 않을 수는 있다. 하지만 그 문제들은 명백히 불행한 민족들을 상징하며 통치력에 대한 도전이 되고 있다. 외부의 동정과 지원이 있다면 그러한 소수민족과 관련된 문제들은 국가들 사이의 의혹을 키울 수 있다. 역내의 많은 국가들은 다민족으로 구성되어 있으며 소수민족문제들이 곪아가고 있기 때문에, 이 문제 또한 장기적인 현안이다.

네 번째로, 인간안보 측면에서 세계 곳곳은 잠재적 전염병부터 지구온난화, 에너지와 물 공급, 소득 양극화 심화 및 국가 복지까지의 다양한 문제들과 직면하고 있다. 우리는 지역적 수준에서 이러한 모든 문제들을 해결할 수 있는 평화체제를 기대할 수는 없다. 우리가 기대할 수 있고 해야만 하는 것은 그러한 문제들에 대한 자연스러운 국가 간 협력이다. 이러한 협력은 두 가지 차원에서 이루어질 수 있다. 그것은 초국경적인 인간안보문제에 대한 협력과 국내 문제들에 대한 경험의 공유 협력이다.

이외에도 빠진 요소가 한 가지 더 있다. 동아시아는 오늘날 단순히 세계체제의 지역적 하부구조가 아니다. 세계의 중심은 북대서양지역에서 범태평양지역으로 급속하게 이동되고 있다. 그리고 이것은 세계의 안정이 범태평양지역과 아시아지역 간의 협력과 분쟁의 본질에 달려 있다는 것을 의미한다. 이러한 이유로, 내가 평화, 안보, 협력체제가 굳건해지고 광범위해지는 것을 촉구하는 것이다. 현재에는 동아시아나 아시아태평양지역 중 어느 곳 하나도 건전한 세계질서를 위해 요구되는 현안 해결에 대한 주도적인 역할을 하지 못하고 있다.

체제의 한계

사실 오늘날 평화체제에 대한 거의 모든 논문들은 한반도에 초점을 맞추고 있다. 이것은 한국전쟁이 지니고 있는 냉전적 특성 때문이다. 이것은 소위 평화체제는 관련 국가들 사이의 복잡한 협상절차 안에서 작용될 수 있다는 것을 또한 제시하고 있다. 다른 제안들도 제시되었지만, 그것들은 대체로 동일한 기본 교환협정으로 요약된다. 즉, 북한은 군사적 보장과 경제원조를 통한 국가인지도 상승 및 증가된 안보에 대한 대가로 핵무기의 야망을 반드시 포기해야 한다.

그러나 그러한 한반도의 연착륙에 대한 협상 자체를 북한이 실존 위협으로 인식하기 때문에 그러한 협상을 하는 것은 상당히 어렵다. 이것은 북한

이 분단국가의 약자라는 사실을 판명하고 있다. 만약 현 북한의 경제체제가 암시적으로 실패로 간주된다면, 그것은 국가 정당성의 기초와 존재가치로 의존해 오던 국가 정체성이 없다는 의미와 같기 때문에 북한 지도층을 위한 안전하고 실행 가능한 중국식 혹은 베트남식 경제전환은 없다고 할 수 있다. 따라서 북한 관점에서는 만약 그들이 경제 및 인적 교류에 참여한다면, 약속된 안보와 원조는 안보딜레마를 완화시키기보다는 그러한 딜레마를 두드러지게 할 것이라고 인식하고 있다.

더욱이 만약 핵무기 문제가 해결되거나 최소한 통제가 이루어진다고 하더라도, 1994년 이후의 상황을 비추어 봤을 때, 북한의 위기에 대한 인권과 인도주의와 같은 차원의 개입과 관련해서 평양에 대한 외부의 비판은 끝나지 않을 것이다. 북한 정부는 그러한 비판들을 국가체제를 전복시키려는 노력으로 보고 상당히 예민하게 반응하고 있다. 이러한 매우 근본적인 이유들로 인하여, 만약 평화체제가 북한에게 안보를 제공할 수 없다면, 북한은 핵무기 프로그램의 폐기를 지연시키거나 외부에 저항하는 것을 지속하게 될 것이다.

그렇다면 어떻게 해야 하는가? 먼저, 북한이 왜 지역과 세계안보를 위협하고 있는지, 왜 핵 비확산조약하에서 핵 보유국으로 결코 인정받을 수 없는지, 왜 적절한 유엔제재가 엄격하게 시행되어야 하는지, 그리고 왜 북한 스스로의 생존을 위해 핵무기 프로그램을 포기해야만 하는지에 대해 설명하기 위하여 지속적이고 조용한 노력들이 필요하다. 북한 핵 프로그램으로부터의 위협은 세계 핵확산 체제, 동북아시아 체제의 취약함, 그리고 잠재적으로 핵이 불온세력에 넘어갈 수 있는(loose nuk) 문제들을 함축적으로 반영하고 있다.

두 번째로는, 기회들이 제한될 수 있겠지만, 북한과의 확대된 경제적·사회적 대화를 가능하면 심화시켜야 한다.

세 번째로, 북한을 제외한 다섯 국가들은 그들이 동의한 제재에 대한 효과적인 실행을 위하여 연대를 유지해야 한다. 이것을 위해서는 상당히 조용한 협력이 다시 한 번 필요하다.

그리고 마지막으로 핵무기 프로그램을 폐기하기 위한 지속적인 노력뿐만 아니라 예방적인 차원에서 비확산 감시를 증가시키고 효과적으로 만드는 것도 필요하다.

우리는 북한 문제를 해결할 수 있는 합법적인 협정이나 일괄타결의 가능성이 있다고 믿고 싶은 유혹을 느낀다. 그러나 나는 평양의 지도자들의 정치적인 기반이 취약하다면 이러한 기대는 이루어지기 힘들 것이라고 본다. 협상의 진전은 같은 지도층이 평양을 통치하는 한 점진적 기반 위에 생겨날 것이다. 그동안 가능한 한 많은 북한 집단들에 손을 뻗음으로써 안보 예방은 불가결한 것이 되었다.

필수 요소들

북한이나 미얀마와 같은 국가는 동아시아의 다른 국가들이 평화, 협력 그리고 상호 안보를 구축하는 과정을 방해해서는 안 된다. 이러한 과정들을 심화시키길 원하는 국가들에게는 특히 전략적 경쟁의 배경을 비교해 볼 때, 다음의 두 가지 요소들이 매우 중요하다.

첫 번째는 이스트웨스트 센터(East-West Center)와 같이 지역에 대한 대학원 수준의 교육이다. 급격히 통합되는 지역에 문화와 역사, 사회구조, 그리고 현안들과 지역의 범세계적 의무들에 대한 교육의 기회들을 제공해야 한다. 그리고 다른 국가들이 교육정책과 내용에 대한 협력을 강화할 수 있는 기회 역시 제공되어야 한다.

두 번째 보완적인 요소는 비정부 분야와 학계 사이에 지속적이고 심화된 협력적인 연구노력이 이루어져야 한다는 것이다. 이러한 기회들은 확실히 증가하고 있으나, 지역요구에 부응하지 못할 뿐만 아니라 국제적인 협력과 동아시아의 평화, 안보 그리고 협력체제를 촉진시키는 촉매제 역할도 못하고 있다.

미국의 역할과 북태평양 협력

이 패널의 유일한 미국인으로서, 동아시아 평화체제에서 미국의 역할에 대해서 몇 마디하고 싶다. 특히 정부간, 다자간 협력 과정에 대한 이야기를 하고자 한다.

확실히, 미국은 동아시아의 전통적인 지역적 정의 안에 속하지는 않는다. 그러나 미국은 동아시아의 안보와 경제 체제의 일부분이다. 작년에 디커플링(decoupling)이 발생하지 않았을 때 명백해졌던 것처럼 미국은 동아시아 경제의 중요한 부분을 차지하고 있다. 미국은 동아시아지역 내에서 가장 넓은 동맹관계를 가지고 있으며 역내 핵 비확산 노력에 중요한 역할을 하고 있다. 또한 미국은 인도 지진해일과 같은 자연재해에 가장 신속히 대응할 수 있는 능력이 있으며, 역내 문화와 사회에 대한 강한 영향력을 지속적으로 유지하고 있다.

전반적으로 동아시아지역에서 미국의 역할은 지리적인 가까움에 근거하기보다는, 다른 차원에서 유럽의 한 국가로서 미국이 유럽에서 하는 역할과 비슷하다고 할 수 있다. 북대서양지역은 유러피안 프로세스, 대서양 양안 지역기구들, 그리고 여러 국제기구들 안에서 미국과 유럽이 활발한 교류를 하고 있다. 아무도 이런 모든 것들이 정확히 같은 방향으로 움직이고 있다고 주장하고 있지는 않지만, 그것들이 대화와 협력의 강화된 구조를 구축하면서, 평화의 가변적 지리의 보충재로서 기여하고 있다.

물론 아시아는 영토와 인구, 문화적 다양성 측면에서 훨씬 더 큰 지역이다. 그러나 미국의 아시아에서의 역할을 평가할 때, 동아시아지역, APEC과 일치하는 대서양 혹은 아시아태평양지역, 북태평양지역 등 이 세 가지 다른 지역적 차원에서 생각해 볼 수 있다. 물론 동북아시아, 동남아시아, 중앙아시아 등을 포함 다른 지역들도 있다. 그러나 전자의 세 지역들은 이번 토론 주제와 가장 관련이 깊다.

우리는 정상회의 수준에서 ASEAN+3과 같은 동아시아 기구와 동아시아 정상회의, 그리고 경제협력에 초점을 맞춘 APEC 회의와 같은 어느 정도

광범위한 회원국을 보유한 아시아태평양기구에 참여하고 있다. APEC은 정치안보 면에서 상당한 제약을 가지고 있기 때문에, 미국은 동아시아정상회의에 참가해야만 하는지에 관해서 고민하고 있다. 그러나 현재 동아시아정상회의는 APEC과 같이 동등한 국가들의 회의로서 단지 내부동력을 가진 계층 간 기구일 뿐이다. 이러한 개념이 변하지 않는다면, 미국은 차위층 범주에 속하게 될 것이며, 이것은 미국의 이익과 잠재적 기여 가능성을 제약하게 될 것이다. 더욱이 미국이 동아시아정상회의에 참여하게 된다면, 동아시아지역 의제의 넓은 범위가 더욱 매력적이기 때문에 APEC 정상회의에 관한 미국의 관심이 지속될지 의문을 가지게 될 것이다.

하나의 대안은 주권인정국가들의 회원자격을 제한하는 동시에, 공식적으로 APEC 경제 프로세스와 APEC 정상회의를 분리하고, 거기에 새로운 연례 아시아태평양 정상회의에 다른 명칭과 포괄적인 의제를 부여하는 것이다. 이러한 조치는 새로운 아시아태평양 정상회의가 경제 프로세스로서의 APEC과 정치 프로세스로서의 아세안지역안보포럼을 통해 녹아든 생각들을 통합시키면서 지역적·세계적 정치 및 안보 현안들을 처리할 수 있게 된다. 이러한 생각은 내가 참여했던 태평양경제협력위원에서 제시된 바가 있다.

북태평양지역은 국제적인 지역으로서의 정체성이 희박하다. 유일하게 존재하는 다자 정부간 프로세스라면 현재 하나의 과제에 초점을 맞춘 북태평양지역 국가 중 캐나다가 빠진 6자 회담이 있다. 그나마 6자 회담도 정상이나 장관급 회의는 아니고 또한 현재 진행되고 있지는 않다. 북태평양 국가들의 G-2나 G-3에 대한 제안들은 있어 왔다. 그러나 이는 양자 혹은 삼자 협력을 촉진하려는 목적이지 북태평양 협력의 발전을 목표로 하고 있지는 않다.

물론 이러한 소규모의 다자협력은 아시아태평양, 동아시아 그리고 양자 회담들을 보충하기 위하여 비교적 작은 그룹으로 북태평양지역만의 포럼을 개발하려는 주요 북태평양 국가들에는 매우 유용할 수도 있다. 이 그룹들은 반드시 정기적인 정상회의 개최를 포함할 필요가 없으며 좀 더 친숙한 배경 안에서 그리고 처리 가능한 현안들에 대해서 태평양 양안의 접촉을 용이하게 할 수 있을 것이다. 이 그룹의 중요한 과제들 중의 하나는 회원국들 간의 상호교류 관계를 경쟁적인 것에서 협력적인 것으로 변하게 하는 것이다. 나는 처음부터 북한이 참여하리라고 생각하지는 않지만, 일정 조건들이 충족이 되었을 때 북한의 참여도 가능하리라고 본다. 그리고 사실 이러한 이웃 국가들로 구성된 작은 그룹은 적어도 국제적인 차원의 안보딜레마를 해결할 수 있을 것이다.

그러나 어떠한 구조이든, 명백히 미국은 동아시아에 대해 과거에 보여주었던 것보다 더욱 강하고 지속적이며 건설적인 관심을 보여주어야 할 필요가 있다. 동아시아지역의 인구, 경제 및 기술적 발전과 여전히 불분명한 지정학적 궤도 덕분에 동아시아는 세계 그 어떤 지역보다도 구조적으로 미국의 미래에 중요한 지역이 되었다. 새로운 미국 행정부의 막중한 의제에도 불구하고 이러한 사실의 인식과 더 실질적이고 일관적인 전략을 개발하기 위한 노력을 시작하리라고 생각한다.

색 인

상생과 공영의 동아시아 질서 [제1권]
공동의 비전을 향하여

인　쇄: 2010년　12월 10일
발　행: 2010년　12월 16일
편　자: 동아시아재단 · 제주평화연구원

동아시아재단
110-032 서울시 종로구 신교동 59, 4층
전　화: (02) 325-2604~6 / 팩　스: (02) 325-2898
E-mail: mail@keaf.org　http://www.keaf.org

제주평화연구원
697-120 제주특별자치도 서귀포시 중문동 2572번지
전　화: (064) 735-6500 / 팩　스: (064) 735-6512
E-mail: jejupeace@jpi.or.kr　http://www.jpi.or.kr

발행인: 부성옥
발행처: 도서출판 오름
등록번호: 제2-1548호(1993. 5. 11)
서울특별시 서초구 서초동 1420-6
전　화: (02) 585-9122, 9123 / 팩　스: (02) 584-7952
E-mail: oruem@oruem.co.kr
URL: http://www.oruem.co.kr

ISBN 978-89-7778-340-9　　93340　　　정가 20,000원

*잘못된 책은 교환해 드립니다.